Tokyo Revengers

BAJIS BRIEF

1

Manga
Yukinori Natsukawaguchi

Originalwerk
Ken Wakui

INHALT

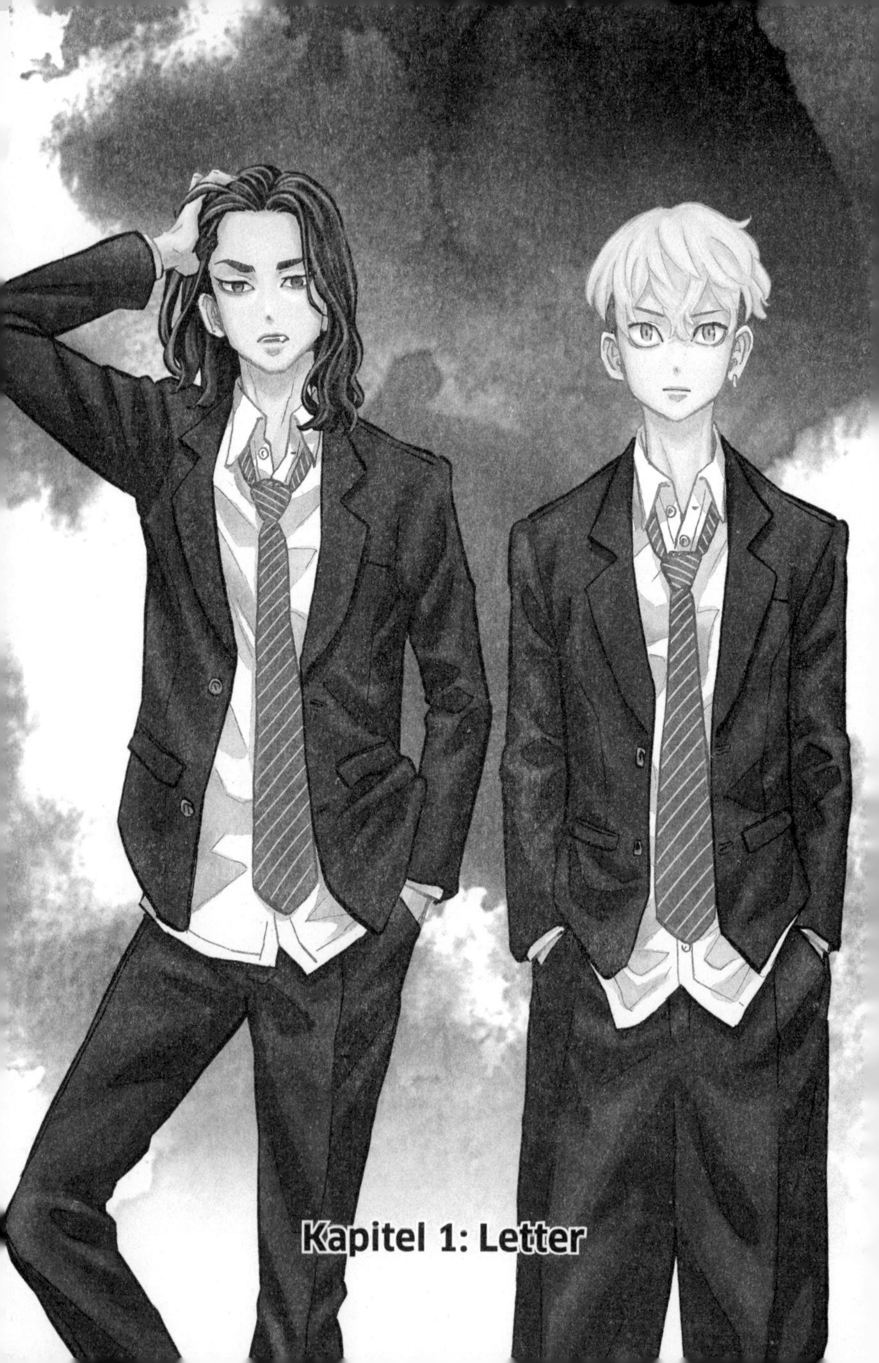
Kapitel 1: Letter

STOPP!!

Hallo liebe Manga-Fans,
bitte nehmt Euch die Zeit, diesen Text genau zu lesen, denn es geht hier um ein Thema, welches wir nicht unkommentiert lassen wollen.

Wir freuen uns immens, dass TOKYO REVENGERS auf Deutsch bei uns veröffentlicht wird und nun endlich unsere Regale schmücken kann. Wir haben Euren Ruf danach gehört und uns natürlich darüber Gedanken gemacht, wie wir die Serie bestmöglich für Euch herausbringen können. Wie Ihr sicherlich wisst, ist das **Manji-Symbol** ein wichtiges visuelles Zeichen der Tokyo-Manji-Gang, die ein Dreh- und Angelpunkt der Story dieser Manga-Serie ist. Dabei handelt es sich um eine links gewendelte Swastika, die bei einigen Leser*innen, die sich nicht mit asiatischer Kultur auskennen, erst mal für Erstaunen und Erschrecken sorgen kann.

Es ist uns ganz wichtig klarzustellen, dass es sich in dieser Manga-Serie **nicht um ein Symbol des Hasses und des Antisemitismus handelt**. In Asien hat das Manji in verschiedenen Religionen unterschiedliche Bedeutungen, doch allen ist gemein, dass es als glücksbringend und mit dem Göttlichen in Verbindung gebracht und deshalb seit Tausenden von Jahren immer wieder in Abbildungen verwendet wird. Im buddhistisch geprägten Japan ist es zum Beispiel ein Symbol der Reinheit, welches der indische Prinz Gautama – also Buddha selbst – verwendete. Man findet es dementsprechend in vielen Tempeln und auf vielen Statuen wieder. Auch auf Stadtplänen oder in Familiennamen wird das Manji immer wieder verwendet. Der Begriff „Manji" an sich ist inzwischen Teil der japanischen Jugendsprache geworden und wird gerne an Wörter angehängt, um zu zeigen, dass etwas besonders toll oder genial ist.

TOKYO REVENGERS spielt in Japan und in diesem kulturellen Kontext ist das Manji auch zu verstehen. Wir als CARLSEN MANGA! möchten Euch aber noch einmal zum Thema Hakenkreuz-Darstellung sensibilisieren und Euch insbesondere für **Cosplays oder Fanarts** bewusst machen, dass nicht jeder gleich den kulturellen Kontext versteht und es Leute verletzen kann, wenn Ihr es unkommentiert und unbedacht darstellt und veröffentlicht.

Bei weiteren Fragen zu Hintergründen, näheren Erläuterungen und Ratschlägen für Fanarts bitten wir Euch, unsere CARLSEN MANGA!-Seite zu besuchen. Ihr findet sie unter **www.carlsenmanga.de/manji**

Wir von CARLSEN MANGA! und Autor Ken Wakui **verurteilen Antisemitismus und Rassismus** jedweder Art und möchten Euch Lesern noch mal versichern, dass TOKYO REVENGERS diese Themen auf gar keinen Fall in irgendeiner Form verherrlicht oder verteidigt.

Eure CARLSEN-MANGA-Redaktion

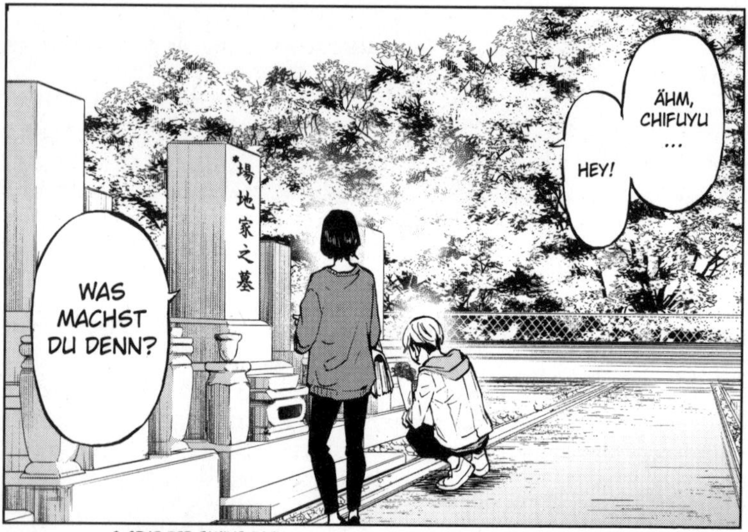

* GRAB DER FAMILIE BAJI

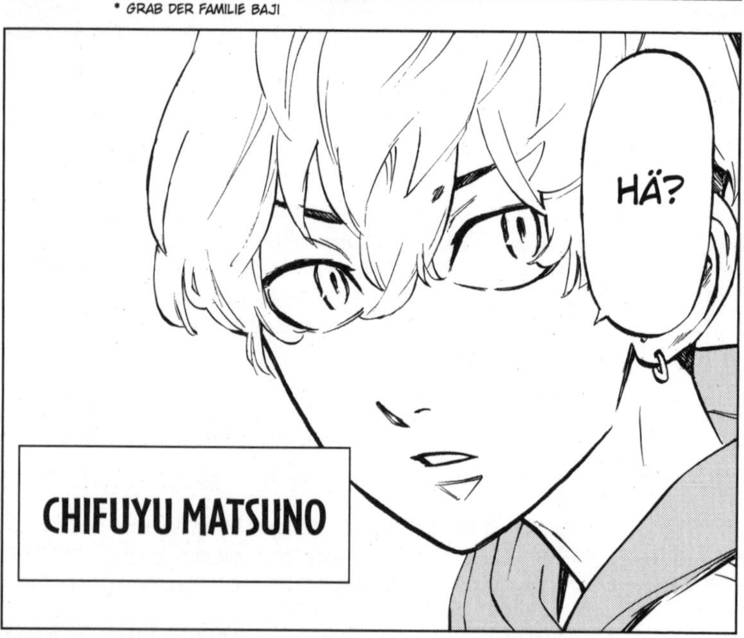

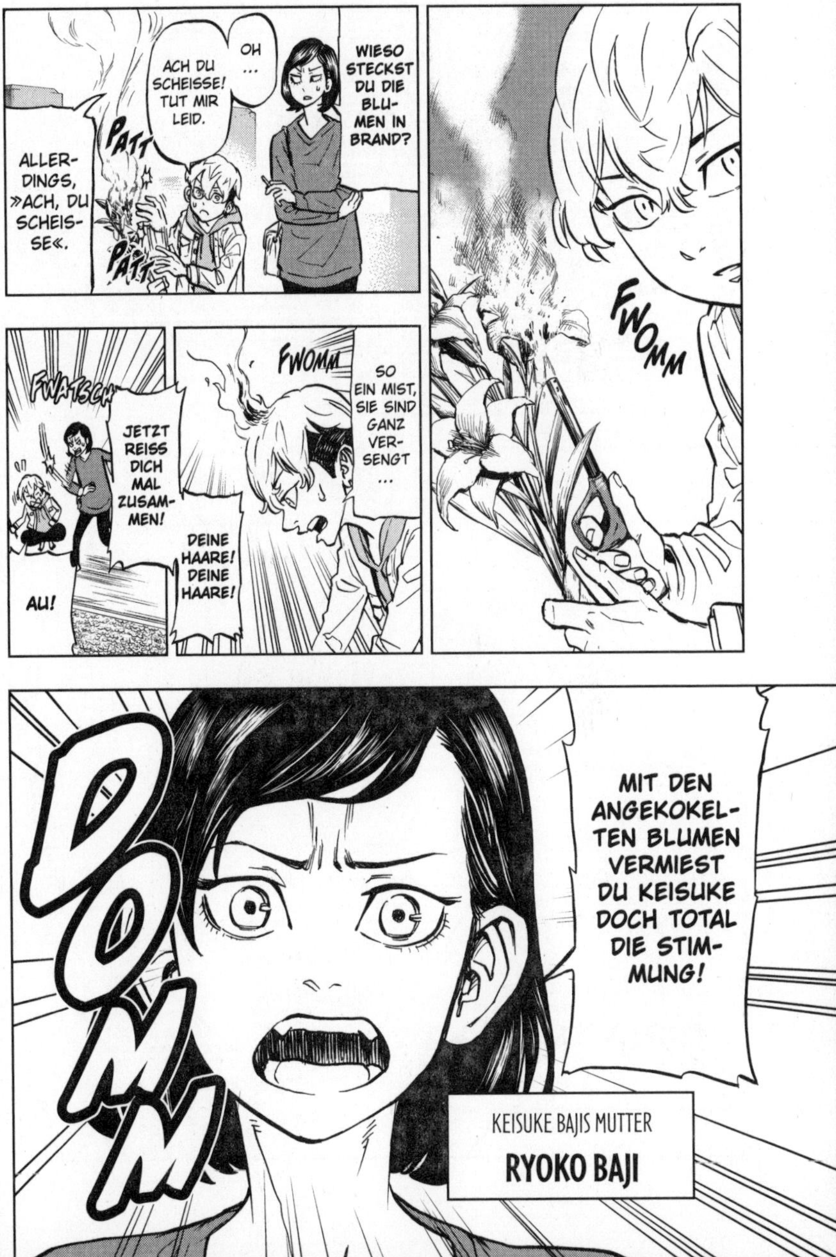
FWOMM
WIESO STECKST DU DIE BLUMEN IN BRAND?
OH …
ACH DU SCHEISSE! TUT MIR LEID.
PATT
PATT
ALLER-DINGS, »ACH, DU SCHEIS-SE«.
FWOMM
SO EIN MIST, SIE SIND GANZ VER-SENGT …
DEINE HAARE! DEINE HAARE!
FWATSCH
JETZT REISS DICH MAL ZUSAM-MEN!
AU!
MIT DEN ANGEKOKEL-TEN BLUMEN VERMIEST DU KEISUKE DOCH TOTAL DIE STIM-MUNG!
DOMM
KEISUKE BAJIS MUTTER
RYOKO BAJI

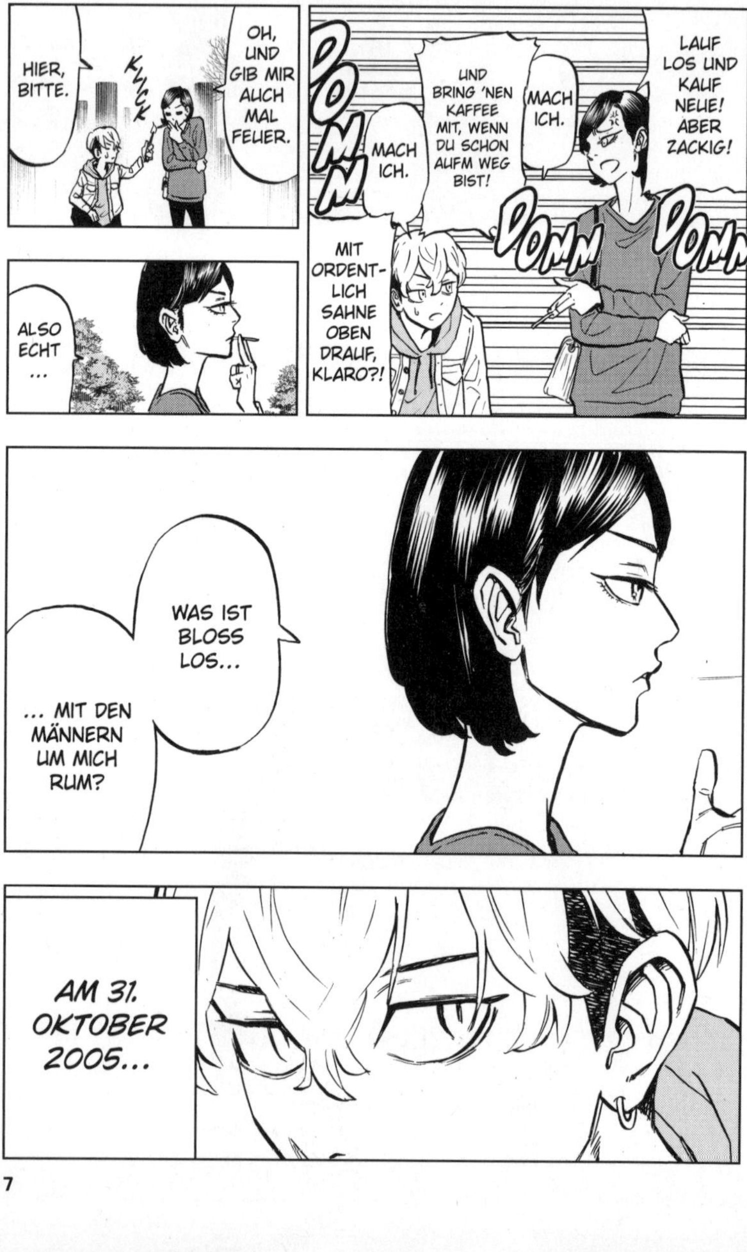
LAUF LOS UND KAUF NEUE! ABER ZACKIG!
DOMM DOMM
MACH ICH.
UND BRING 'NEN KAFFEE MIT, WENN DU SCHON AUFM WEG BIST!
MACH ICH.
MIT ORDENT-LICH SAHNE OBEN DRAUF, KLARO?!
DOMM
OH, UND GIB MIR AUCH MAL FEUER.
KLICK
HIER, BITTE.
ALSO ECHT ...
WAS IST BLOSS LOS...
... MIT DEN MÄNNERN UM MICH RUM?
AM 31. OKTOBER 2005...

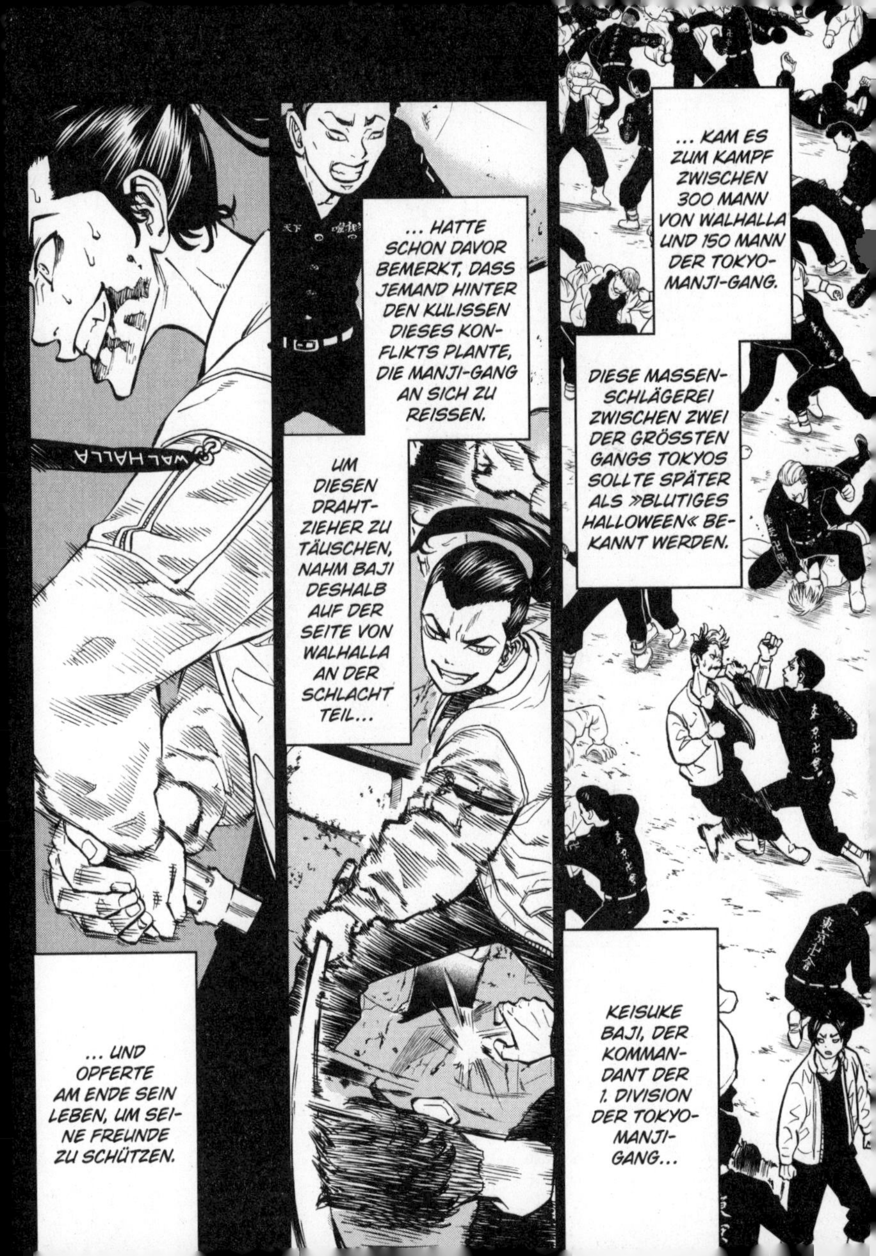
… KAM ES ZUM KAMPF ZWISCHEN 300 MANN VON WALHALLA UND 150 MANN DER TOKYO-MANJI-GANG.
DIESE MASSEN-SCHLÄGEREI ZWISCHEN ZWEI DER GRÖSSTEN GANGS TOKYOS SOLLTE SPÄTER ALS »BLUTIGES HALLOWEEN« BEKANNT WERDEN.
KEISUKE BAJI, DER KOMMANDANT DER 1. DIVISION DER TOKYO-MANJI-GANG …
… HATTE SCHON DAVOR BEMERKT, DASS JEMAND HINTER DEN KULISSEN DIESES KONFLIKTS PLANTE, DIE MANJI-GANG AN SICH ZU REISSEN.
UM DIESEN DRAHTZIEHER ZU TÄUSCHEN, NAHM BAJI DESHALB AUF DER SEITE VON WALHALLA AN DER SCHLACHT TEIL …
… UND OPFERTE AM ENDE SEIN LEBEN, UM SEINE FREUNDE ZU SCHÜTZEN.

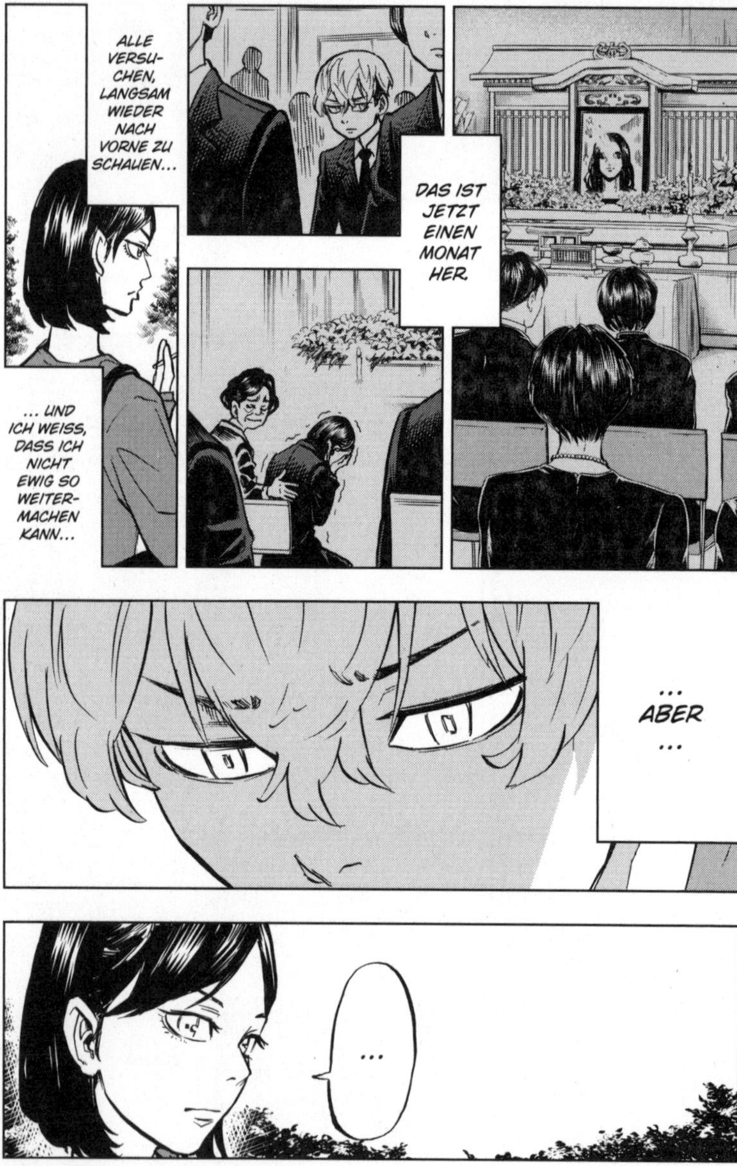
DAS IST JETZT EINEN MONAT HER.
ALLE VERSUCHEN, LANGSAM WIEDER NACH VORNE ZU SCHAUEN...
... UND ICH WEISS, DASS ICH NICHT EWIG SO WEITERMACHEN KANN...
... ABER ...
...

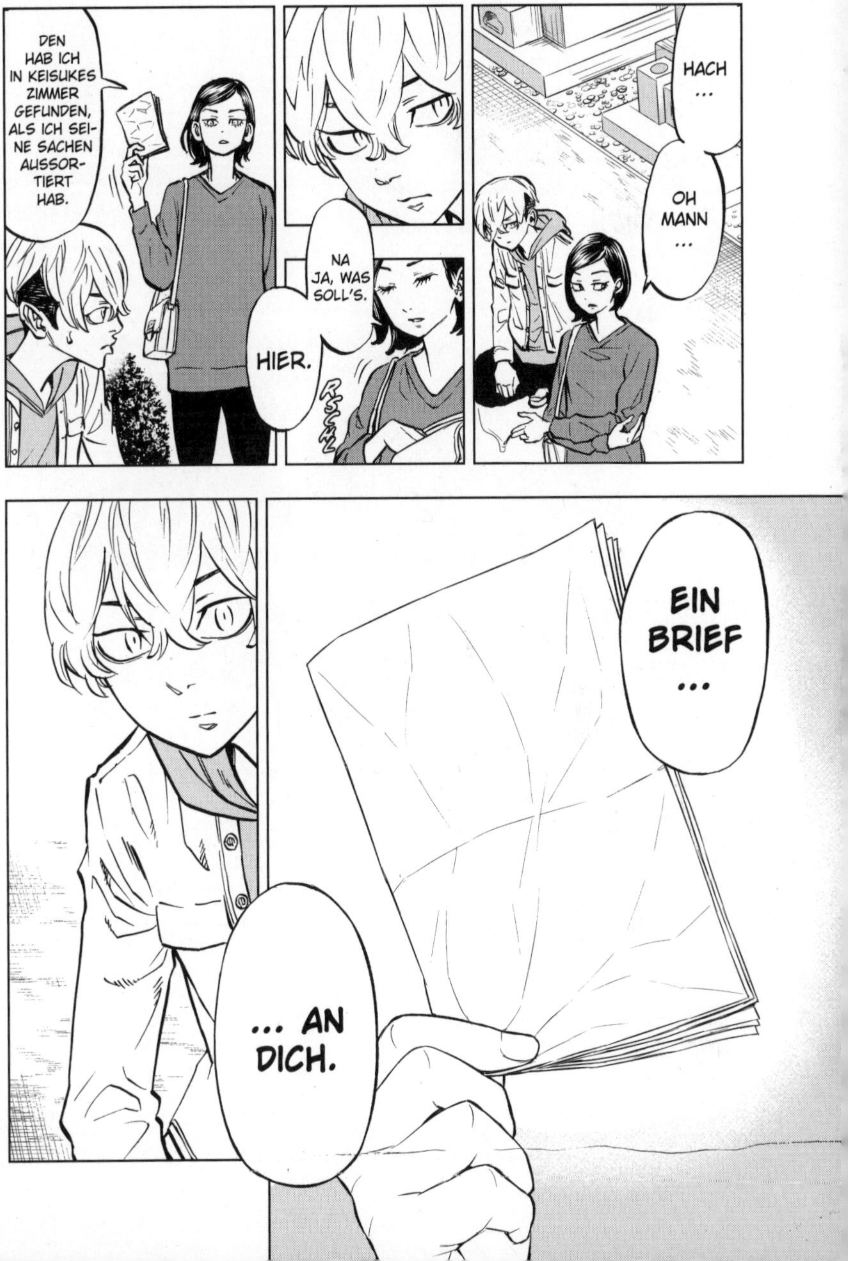
HACH ...
OH MANN ...
NA JA, WAS SOLL'S.
HIER.
RASCHEL
DEN HAB ICH IN KEISUKES ZIMMER GEFUNDEN, ALS ICH SEINE SACHEN AUSSORTIERT HAB.
EIN BRIEF ...
... AN DICH.

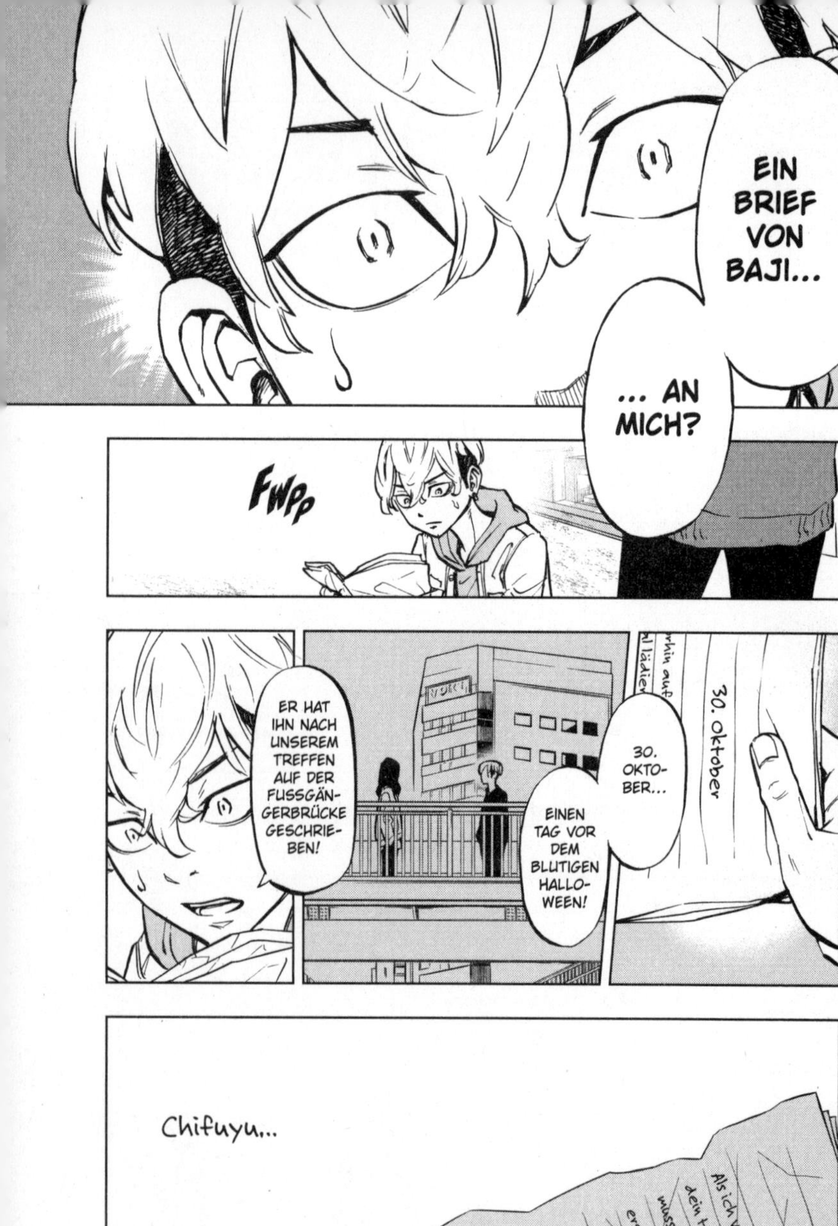
EIN BRIEF VON BAJI...
... AN MICH?
FWPP
30. oktober
30. OKTOBER...
EINEN TAG VOR DEM BLUTIGEN HALLOWEEN!
ER HAT IHN NACH UNSEREM TREFFEN AUF DER FUSSGÄNGERBRÜCKE GESCHRIEBEN!
Chifuyu...

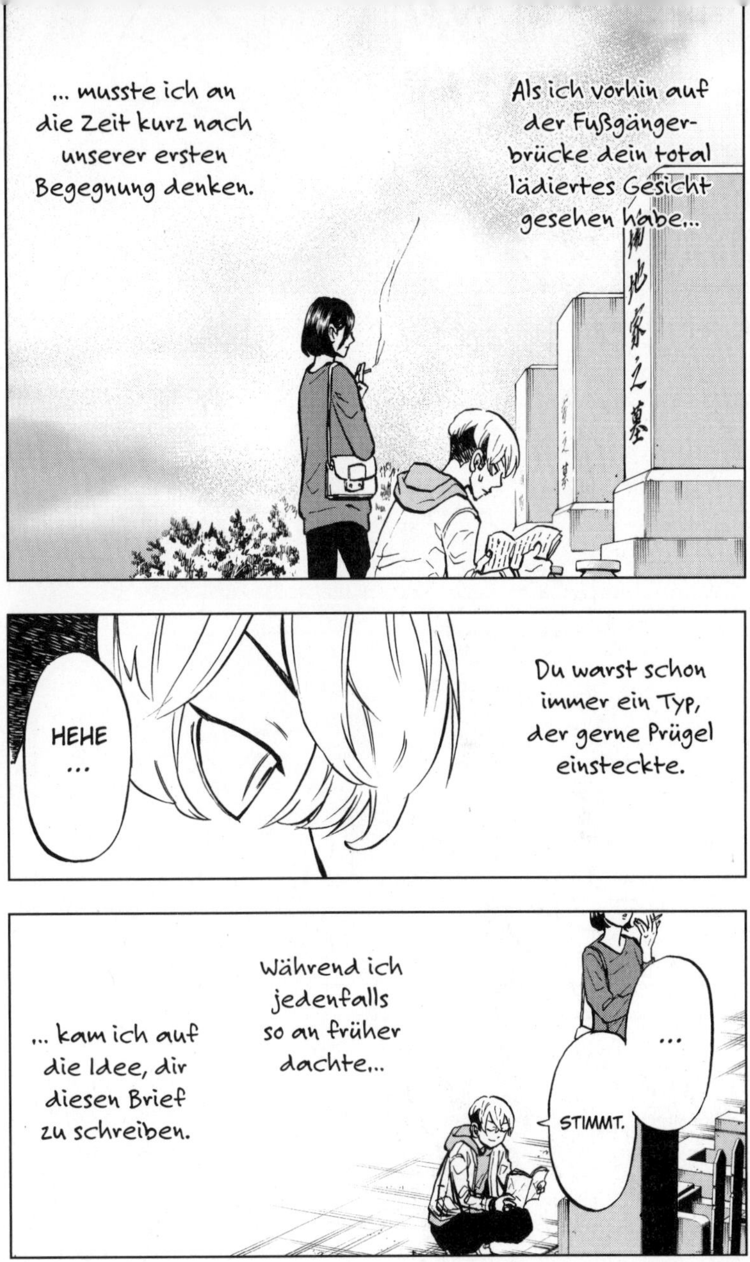
Als ich vorhin auf der Fußgänger-brücke dein total lädiertes Gesicht gesehen habe...
... musste ich an die Zeit kurz nach unserer ersten Begegnung denken.
Du warst schon immer ein Typ, der gerne Prügel einsteckte.
HEHE ...
...
STIMMT.
Während ich jedenfalls so an früher dachte...
... kam ich auf die Idee, dir diesen Brief zu schreiben.

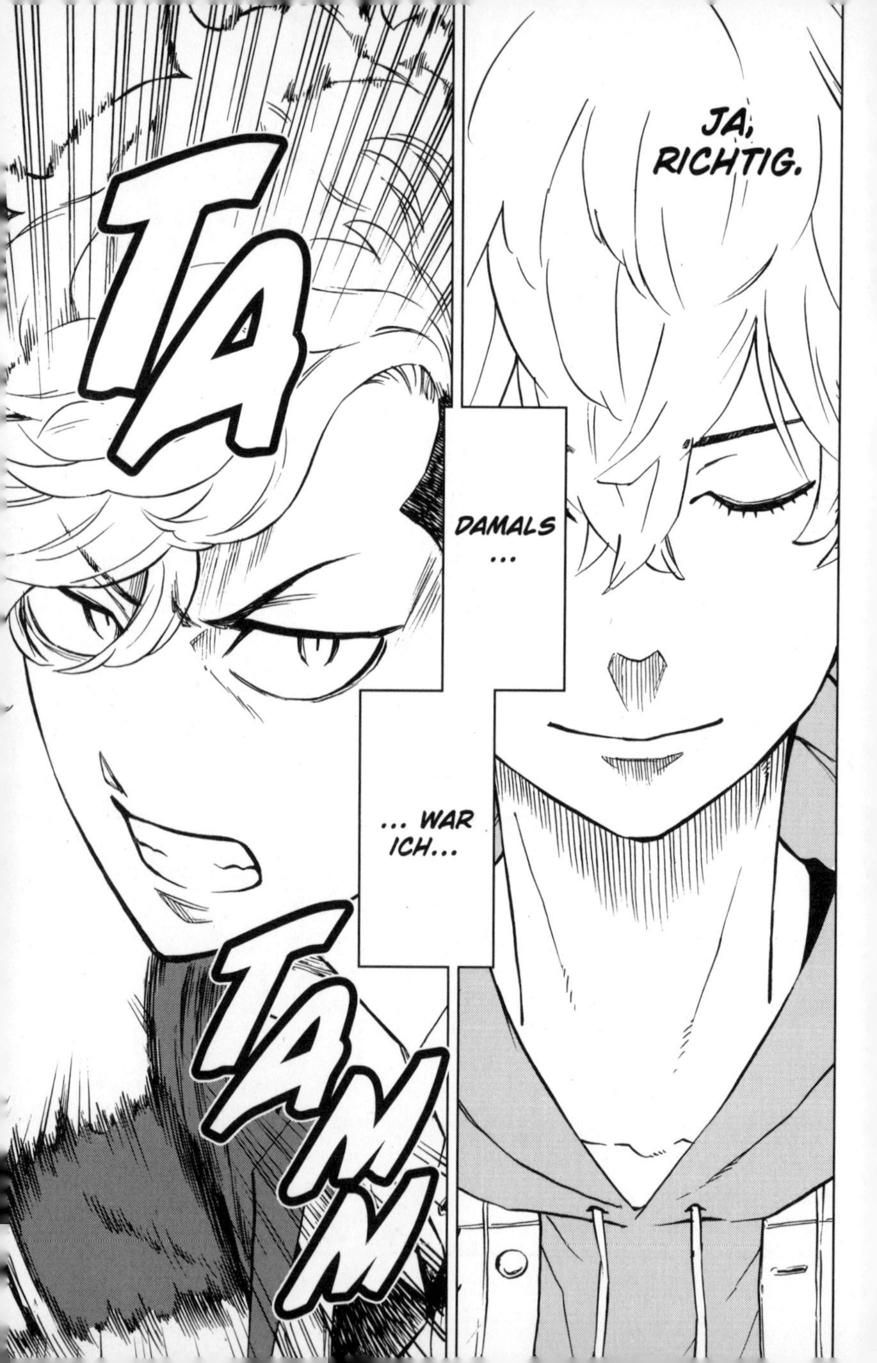

JA, RICHTIG.
DAMALS ...
... WAR ICH...
TA
TAMM

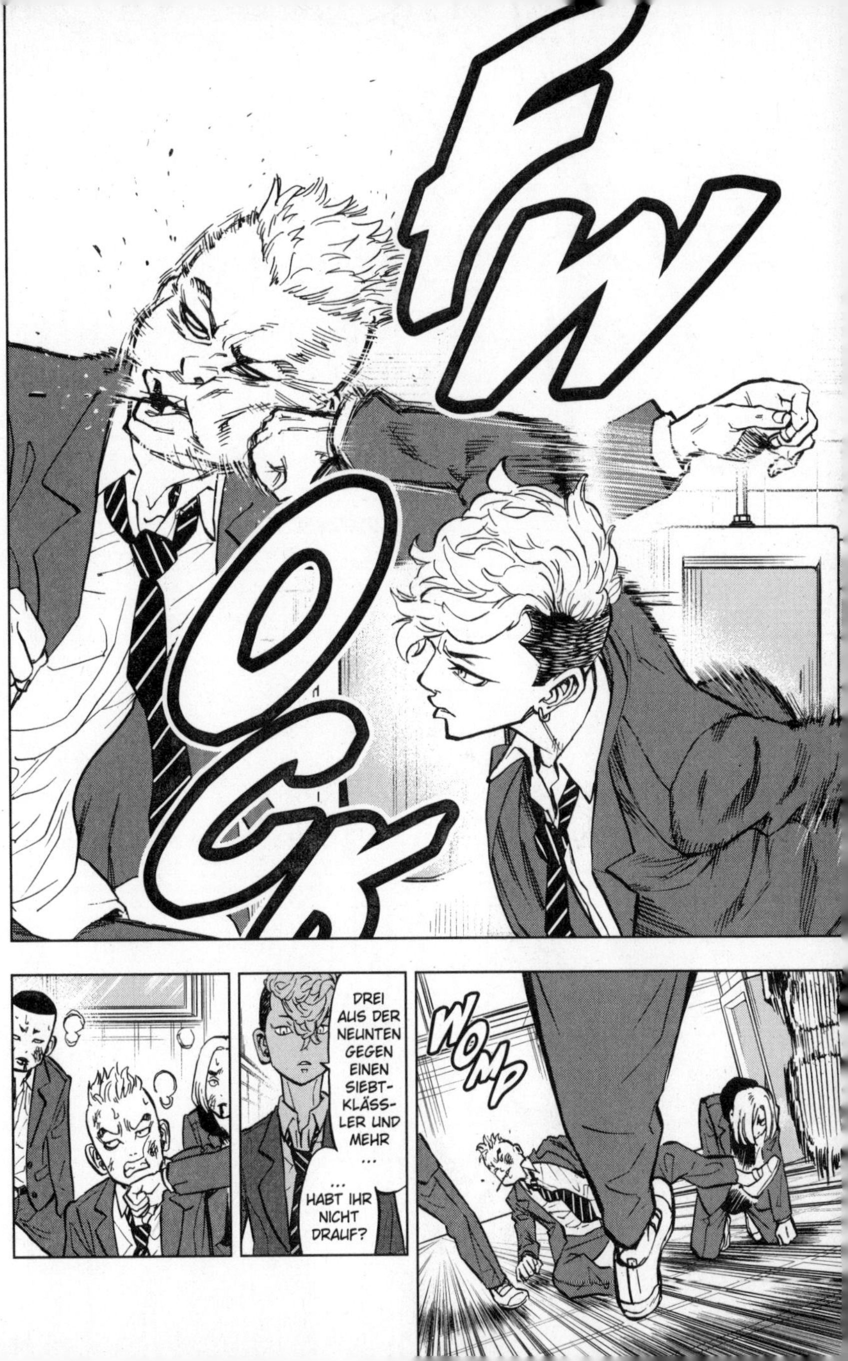
WOMP
DREI AUS DER NEUNTEN GEGEN EINEN SIEBTKLÄSSLER UND MEHR ...
... HABT IHR NICHT DRAUF?

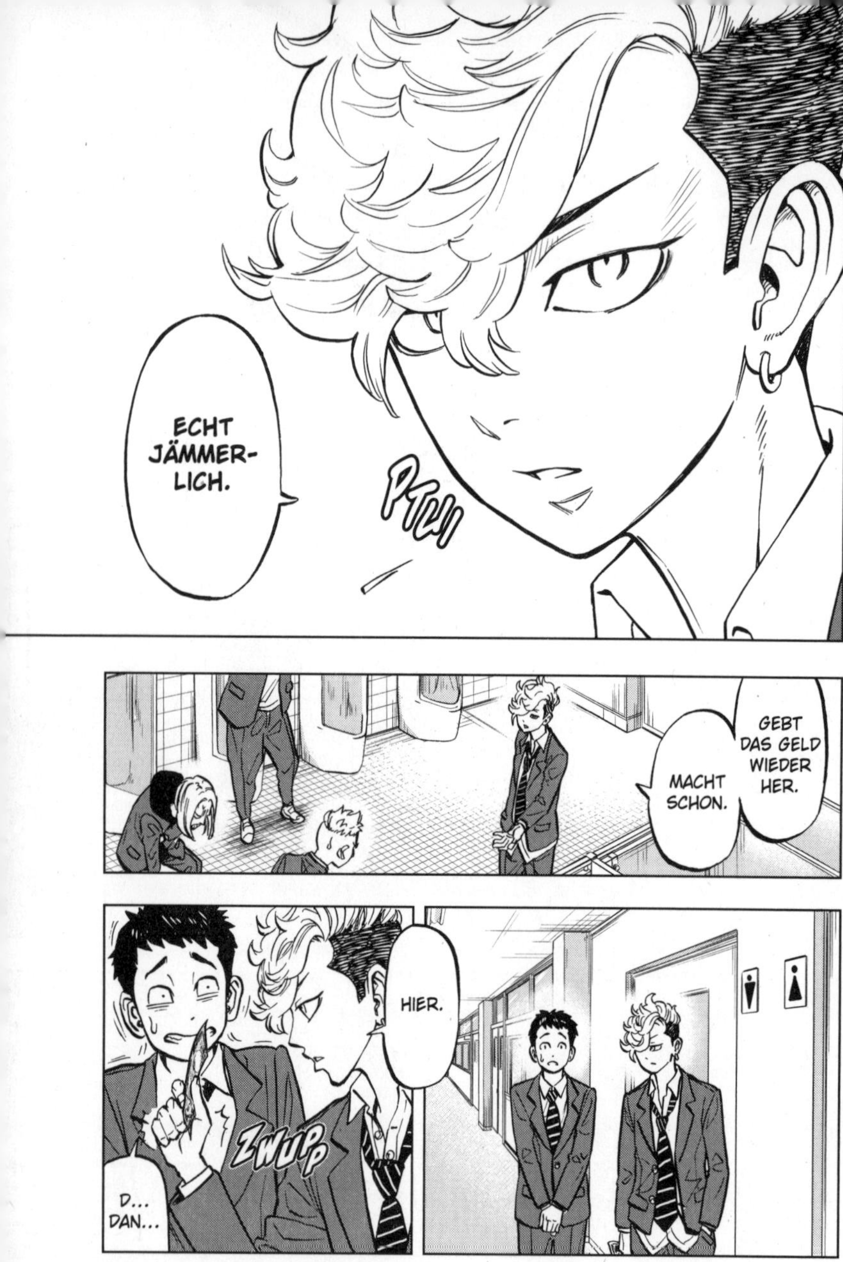
ECHT JÄMMER-LICH.
PTUI
GEBT DAS GELD WIEDER HER.
MACHT SCHON.
HIER.
ZWUPP
D... DAN...

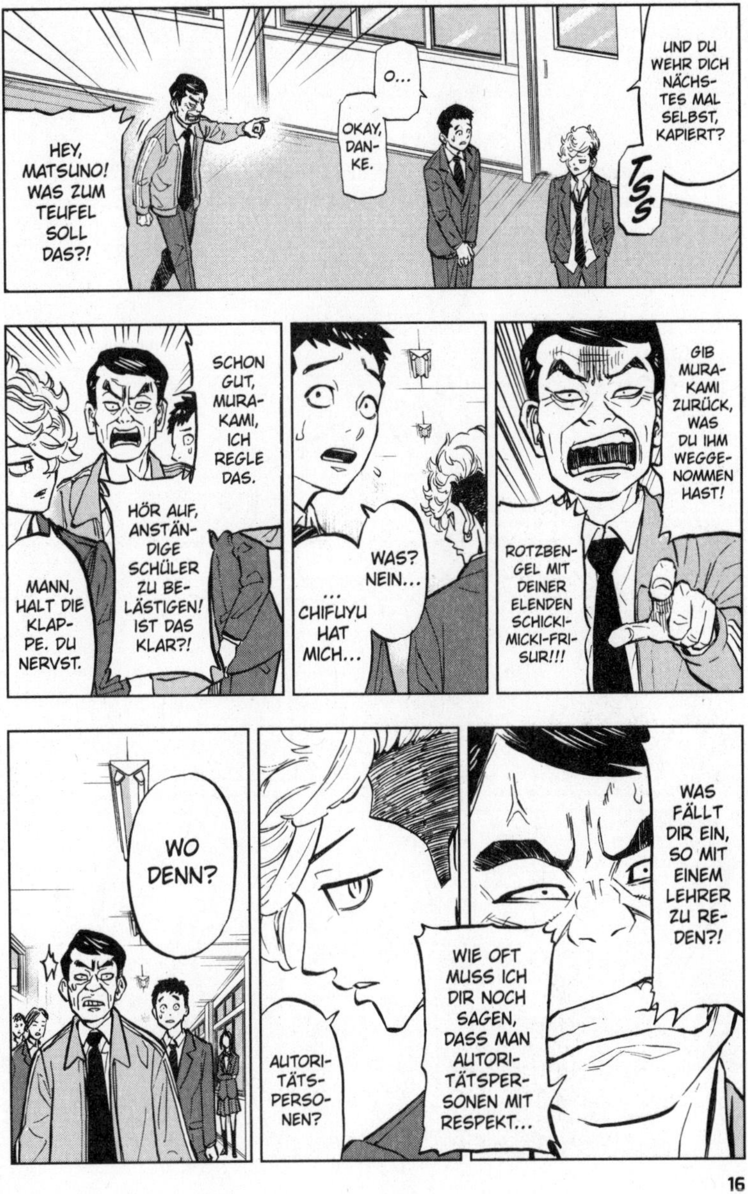
UND DU WEHR DICH NÄCHSTES MAL SELBST, KAPIERT?
TSS
O...
OKAY, DANKE.
HEY, MATSUNO! WAS ZUM TEUFEL SOLL DAS?!
GIB MURAKAMI ZURÜCK, WAS DU IHM WEGGENOMMEN HAST!
ROTZBENGEL MIT DEINER ELENDEN SCHICKIMICKI-FRISUR!!!
WAS? NEIN...
... CHIFUYU HAT MICH...
SCHON GUT, MURAKAMI, ICH REGLE DAS.
HÖR AUF, ANSTÄNDIGE SCHÜLER ZU BELÄSTIGEN! IST DAS KLAR?!
MANN, HALT DIE KLAPPE. DU NERVST.
WAS FÄLLT DIR EIN, SO MIT EINEM LEHRER ZU REDEN?!
WIE OFT MUSS ICH DIR NOCH SAGEN, DASS MAN AUTORITÄTSPERSONEN MIT RESPEKT...
AUTORITÄTSPERSONEN?
WO DENN?

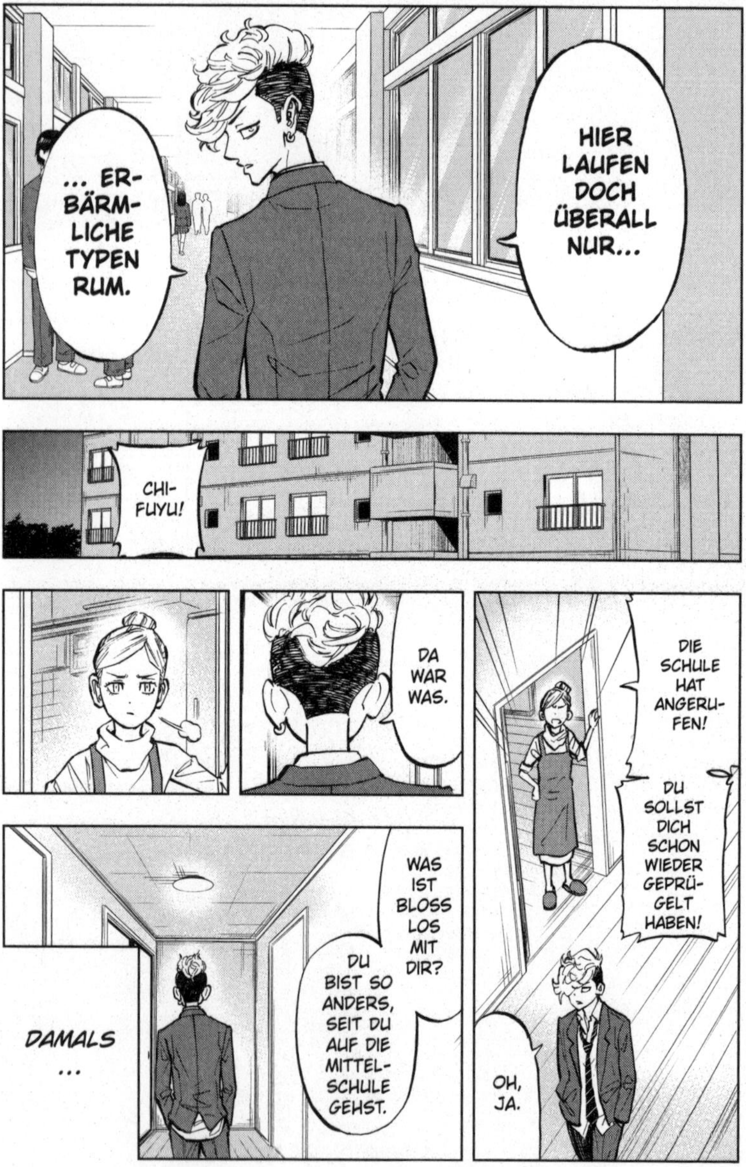
HIER LAUFEN DOCH ÜBERALL NUR...
... ER-BÄRM-LICHE TYPEN RUM.
CHI-FUYU!
DIE SCHULE HAT ANGERU-FEN!
DU SOLLST DICH SCHON WIEDER GEPRÜ-GELT HABEN!
OH, JA.
DA WAR WAS.
WAS IST BLOSS LOS MIT DIR?
DU BIST SO ANDERS, SEIT DU AUF DIE MITTEL-SCHULE GEHST.
DAMALS ...

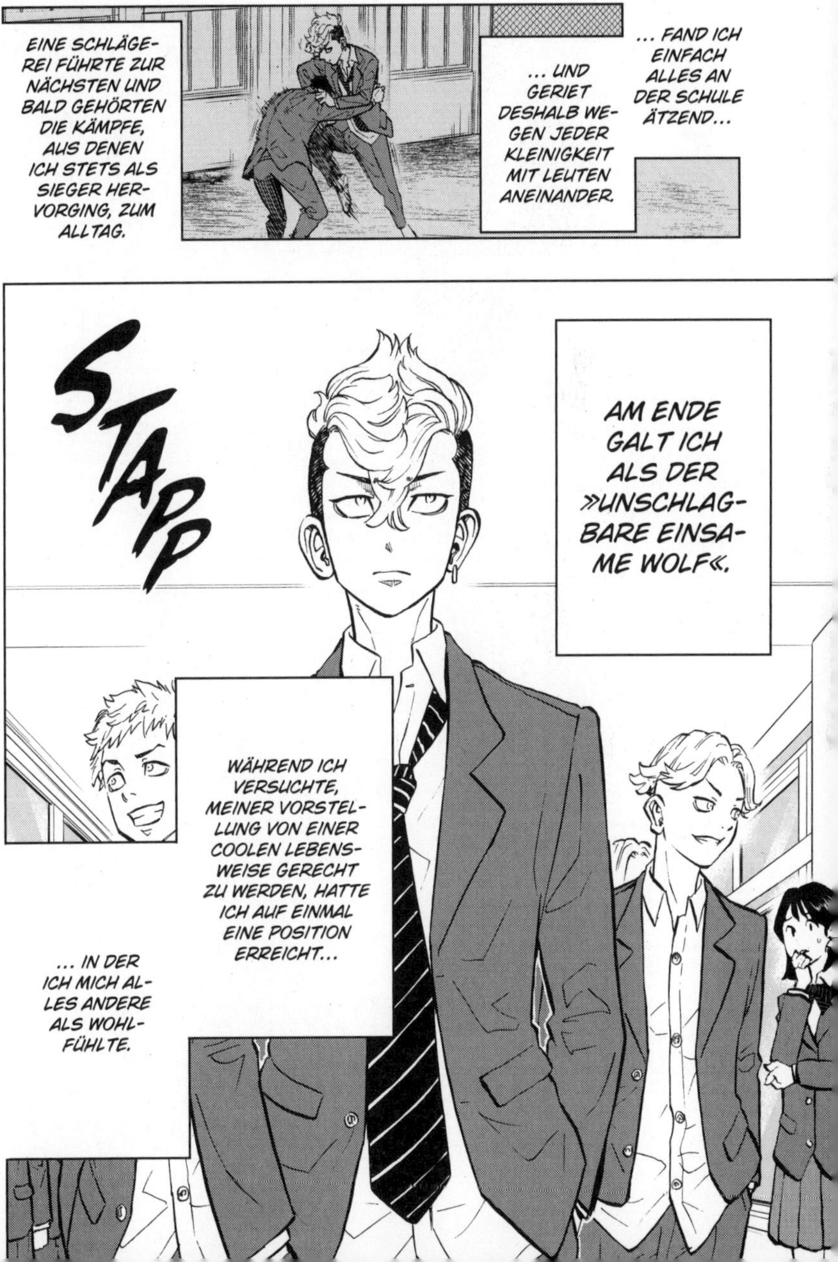
... FAND ICH EINFACH ALLES AN DER SCHULE ÄTZEND...
... UND GERIET DESHALB WEGEN JEDER KLEINIGKEIT MIT LEUTEN ANEINANDER.
EINE SCHLÄGEREI FÜHRTE ZUR NÄCHSTEN UND BALD GEHÖRTEN DIE KÄMPFE, AUS DENEN ICH STETS ALS SIEGER HERVORGING, ZUM ALLTAG.
AM ENDE GALT ICH ALS DER »UNSCHLAGBARE EINSAME WOLF«.
STAPP
WÄHREND ICH VERSUCHTE, MEINER VORSTELLUNG VON EINER COOLEN LEBENSWEISE GERECHT ZU WERDEN, HATTE ICH AUF EINMAL EINE POSITION ERREICHT...
... IN DER ICH MICH ALLES ANDERE ALS WOHLFÜHLTE.

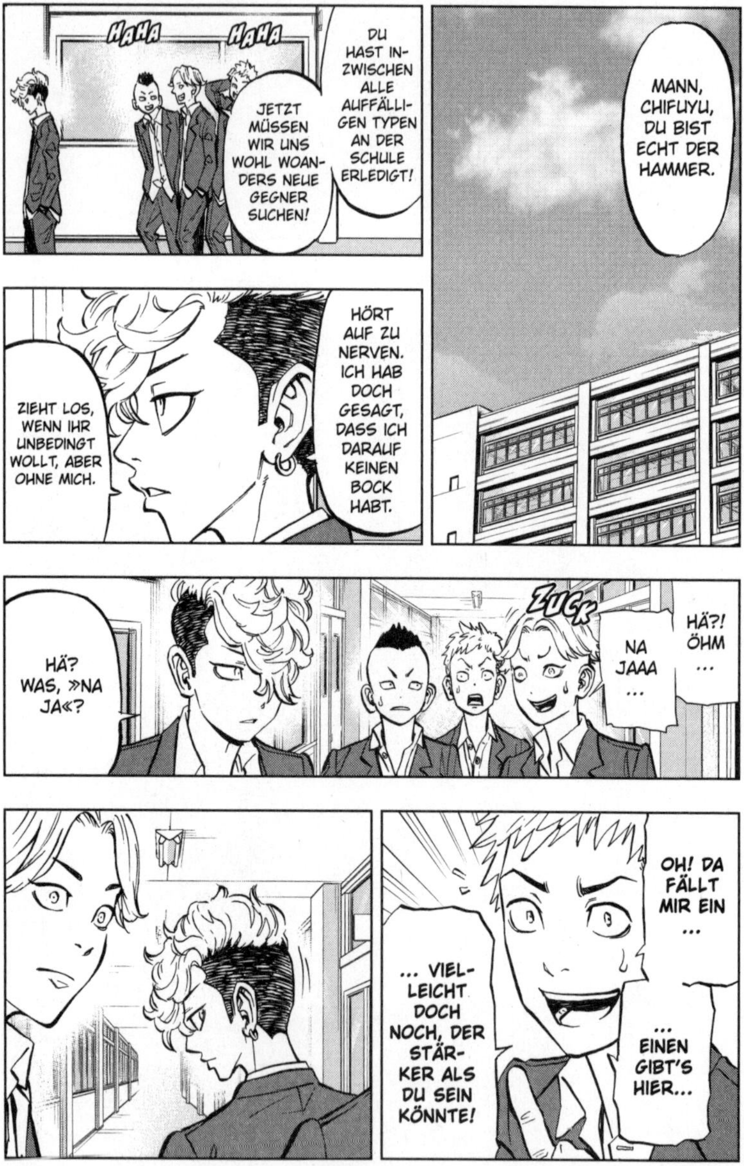
MANN, CHIFUYU, DU BIST ECHT DER HAMMER.
HAHA
HAHA
DU HAST INZWISCHEN ALLE AUFFÄLLIGEN TYPEN AN DER SCHULE ERLEDIGT!
JETZT MÜSSEN WIR UNS WOHL WOANDERS NEUE GEGNER SUCHEN!
HÖRT AUF ZU NERVEN. ICH HAB DOCH GESAGT, DASS ICH DARAUF KEINEN BOCK HABT.
ZIEHT LOS, WENN IHR UNBEDINGT WOLLT, ABER OHNE MICH.
ZUCK
HÄ?! ÖHM ...
NA JAAA ...
HÄ? WAS, »NA JA«?
OH! DA FÄLLT MIR EIN ...
... EINEN GIBT'S HIER...
... VIELLEICHT DOCH NOCH, DER STÄRKER ALS DU SEIN KÖNNTE!

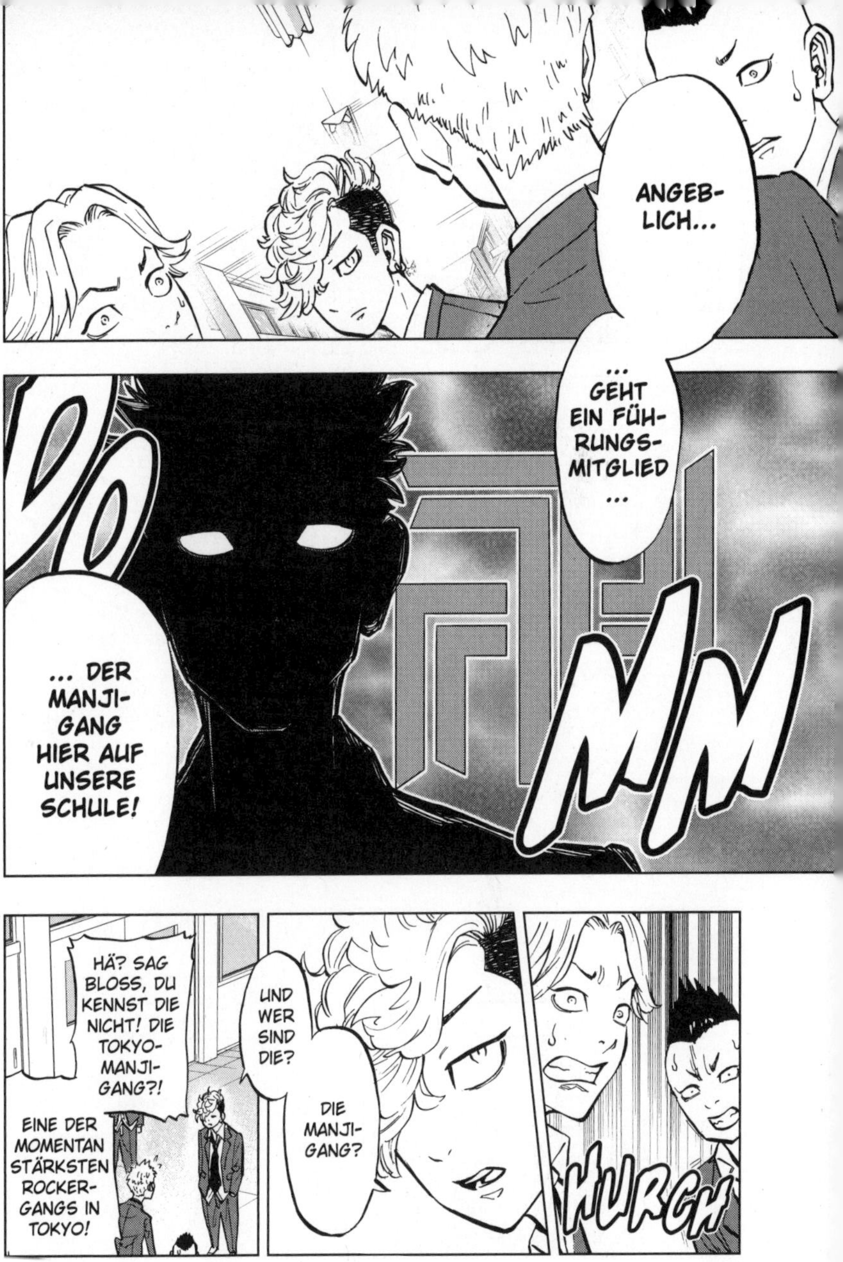
ANGEB-LICH...
... GEHT EIN FÜH-RUNGS-MITGLIED ...
... DER MANJI-GANG HIER AUF UNSERE SCHULE!
MM
WURGH
UND WER SIND DIE?
DIE MANJI-GANG?
HÄ? SAG BLOSS, DU KENNST DIE NICHT! DIE TOKYO-MANJI-GANG?!
EINE DER MOMENTAN STÄRKSTEN ROCKER-GANGS IN TOKYO!

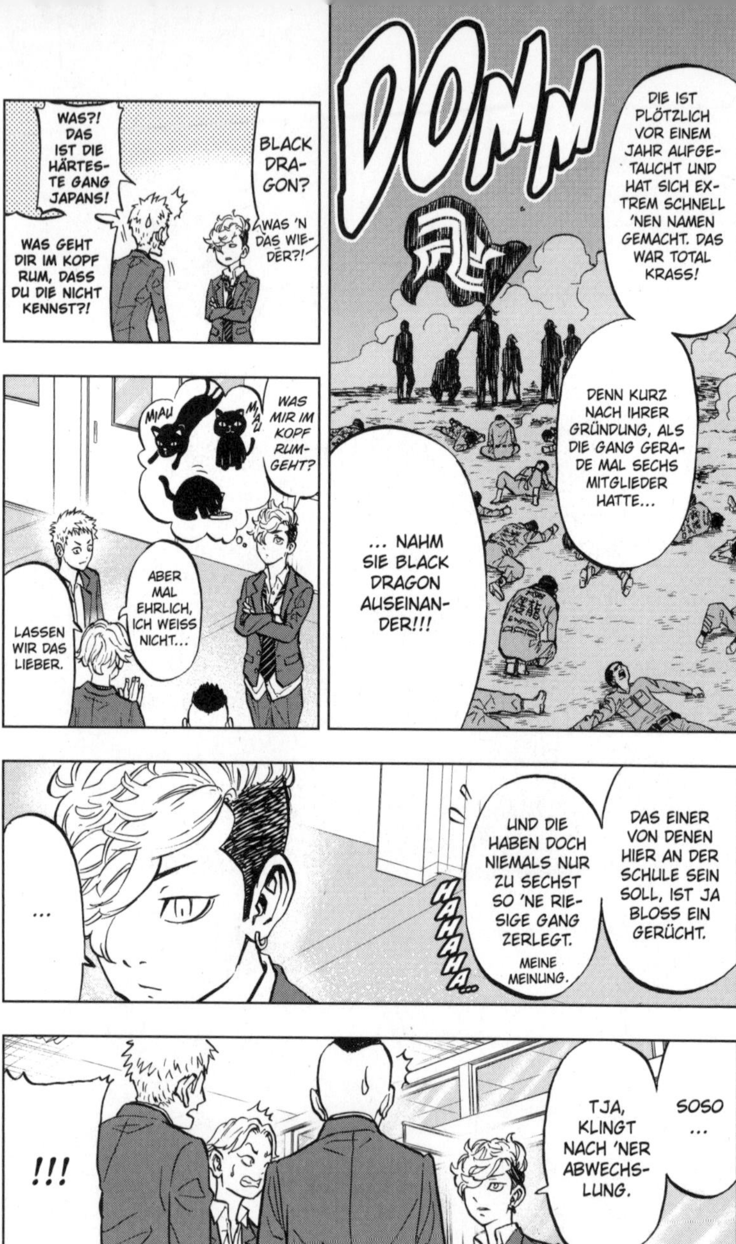
BLACK DRAGON?
WAS 'N DAS WIEDER?!
WAS?! DAS IST DIE HÄRTESTE GANG JAPANS!
WAS GEHT DIR IM KOPF RUM, DASS DU DIE NICHT KENNST?!
WAS MIR IM KOPF RUMGEHT?
MIAU
MIAU
ABER MAL EHRLICH, ICH WEISS NICHT...
LASSEN WIR DAS LIEBER.
DOMM
DIE IST PLÖTZLICH VOR EINEM JAHR AUFGETAUCHT UND HAT SICH EXTREM SCHNELL 'NEN NAMEN GEMACHT. DAS WAR TOTAL KRASS!
DENN KURZ NACH IHRER GRÜNDUNG, ALS DIE GANG GERADE MAL SECHS MITGLIEDER HATTE...
... NAHM SIE BLACK DRAGON AUSEINANDER!!!
DAS EINER VON DENEN HIER AN DER SCHULE SEIN SOLL, IST JA BLOSS EIN GERÜCHT.
UND DIE HABEN DOCH NIEMALS NUR ZU SECHST SO 'NE RIESIGE GANG ZERLEGT.
MEINE MEINUNG.
HAHAHAHA...
...
SOSO ...
TJA, KLINGT NACH 'NER ABWECHSLUNG.
!!!

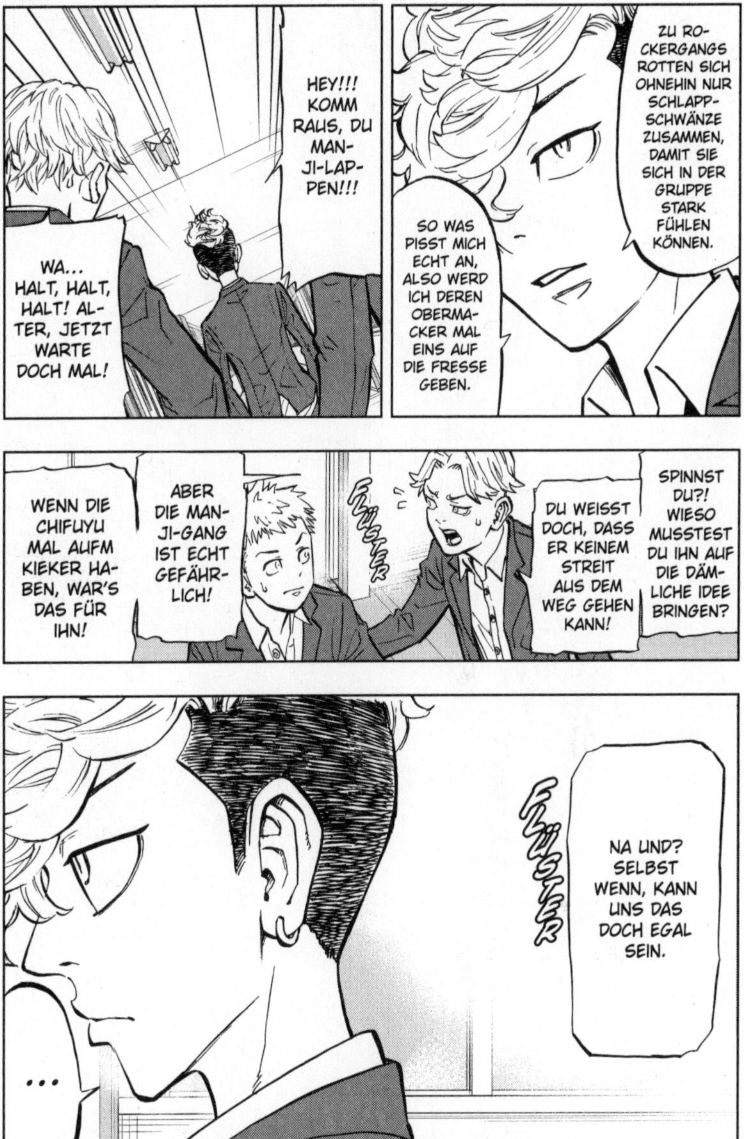
ZU ROCKERGANGS ROTTEN SICH OHNEHIN NUR SCHLAPPSCHWÄNZE ZUSAMMEN, DAMIT SIE SICH IN DER GRUPPE STARK FÜHLEN KÖNNEN.
SO WAS PISST MICH ECHT AN, ALSO WERD ICH DEREN OBERMACKER MAL EINS AUF DIE FRESSE GEBEN.
HEY!!! KOMM RAUS, DU MANJI-LAPPEN!!!
WA… HALT, HALT, HALT! ALTER, JETZT WARTE DOCH MAL!
SPINNST DU?! WIESO MUSSTEST DU IHN AUF DIE DÄMLICHE IDEE BRINGEN?
DU WEISST DOCH, DASS ER KEINEM STREIT AUS DEM WEG GEHEN KANN!
FLÜSTER
ABER DIE MANJI-GANG IST ECHT GEFÄHRLICH!
WENN DIE CHIFUYU MAL AUFM KIEKER HABEN, WAR'S DAS FÜR IHN!
FLÜSTER
NA UND? SELBST WENN, KANN UNS DAS DOCH EGAL SEIN.
…

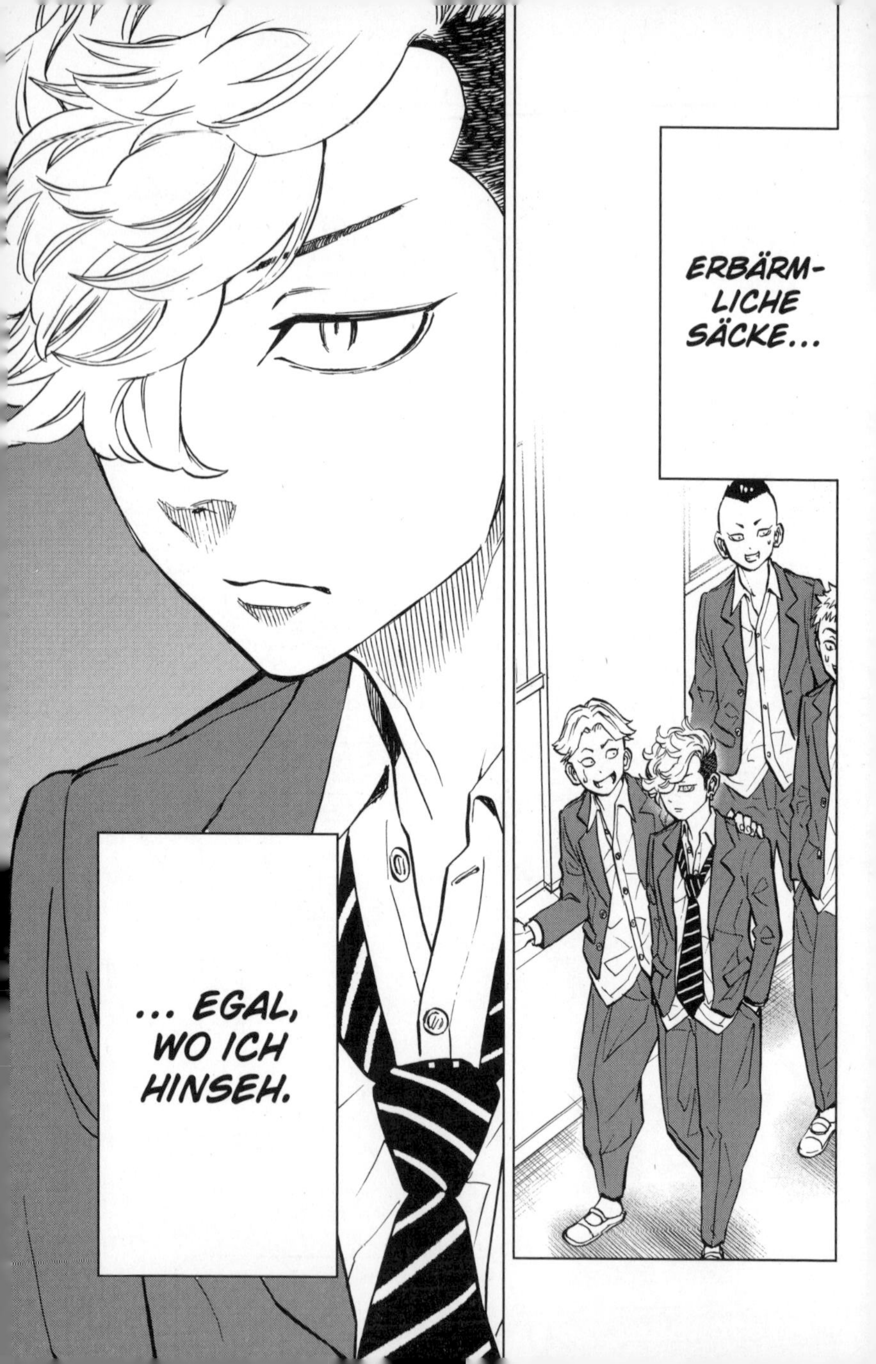

ERBÄRMLICHE SÄCKE...
... EGAL, WO ICH HINSEH.

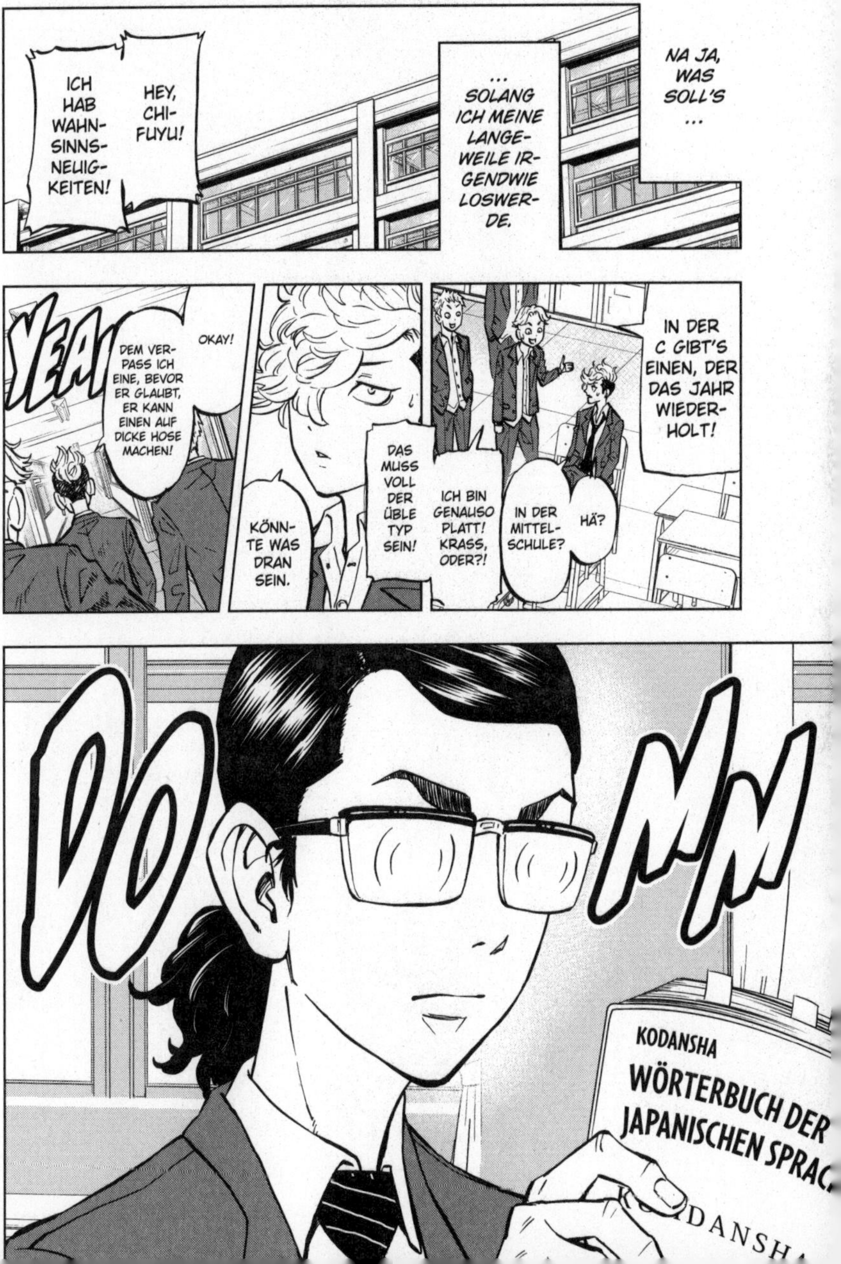
NA JA, WAS SOLL'S ...
... SOLANG ICH MEINE LANGEWEILE IRGENDWIE LOSWERDE.
HEY, CHIFUYU!
ICH HAB WAHNSINNSNEUIGKEITEN!
IN DER C GIBT'S EINEN, DER DAS JAHR WIEDERHOLT!
HÄ?
IN DER MITTELSCHULE?
ICH BIN GENAUSO PLATT! KRASS, ODER?!
DAS MUSS VOLL DER ÜBLE TYP SEIN!
KÖNNTE WAS DRAN SEIN.
OKAY!
DEM VERPASS ICH EINE, BEVOR ER GLAUBT, ER KANN EINEN AUF DICKE HOSE MACHEN!
DOOMM
KODANSHA
WÖRTERBUCH DER JAPANISCHEN SPRAC

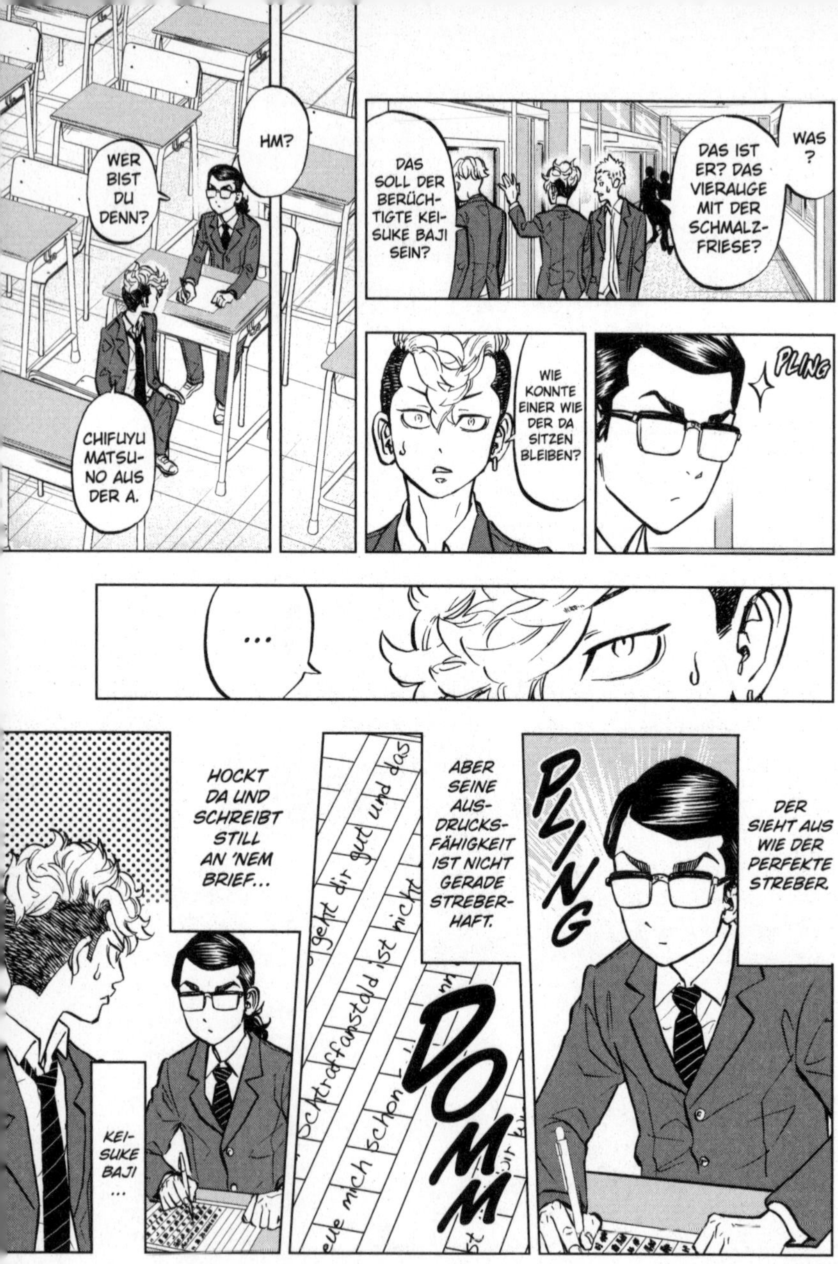
WAS ?
DAS IST ER? DAS VIERAUGE MIT DER SCHMALZ-FRIESE?
DAS SOLL DER BERÜCHTIGTE KEI-SUKE BAJI SEIN?
PLING
WIE KONNTE EINER WIE DER DA SITZEN BLEIBEN?
HM?
WER BIST DU DENN?
CHIFUYU MATSU-NO AUS DER A.
...
DER SIEHT AUS WIE DER PERFEKTE STREBER.
PLING
ABER SEINE AUS-DRUCKS-FÄHIGKEIT IST NICHT GERADE STREBER-HAFT.
geht dir gut und das
Schtraffanstald ist nicht
DOMM
HOCKT DA UND SCHREIBT STILL AN 'NEM BRIEF...
KEI-SUKE BAJI ...

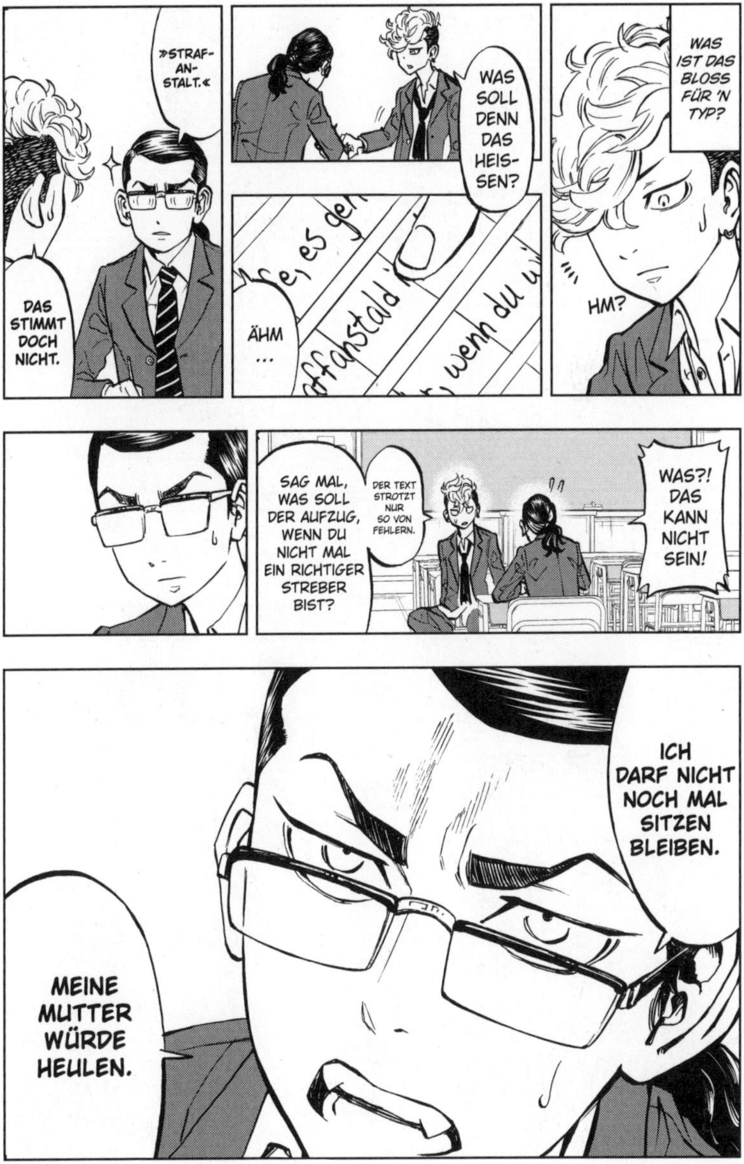
WAS IST DAS BLOSS FÜR 'N TYP?
HM?
WAS SOLL DENN DAS HEIS-SEN?
ÄHM ...
»STRAF-AN-STALT.«
DAS STIMMT DOCH NICHT.
WAS?! DAS KANN NICHT SEIN!
DER TEXT STROTZT NUR SO VON FEHLERN.
SAG MAL, WAS SOLL DER AUFZUG, WENN DU NICHT MAL EIN RICHTIGER STREBER BIST?
ICH DARF NICHT NOCH MAL SITZEN BLEIBEN.
MEINE MUTTER WÜRDE HEULEN.

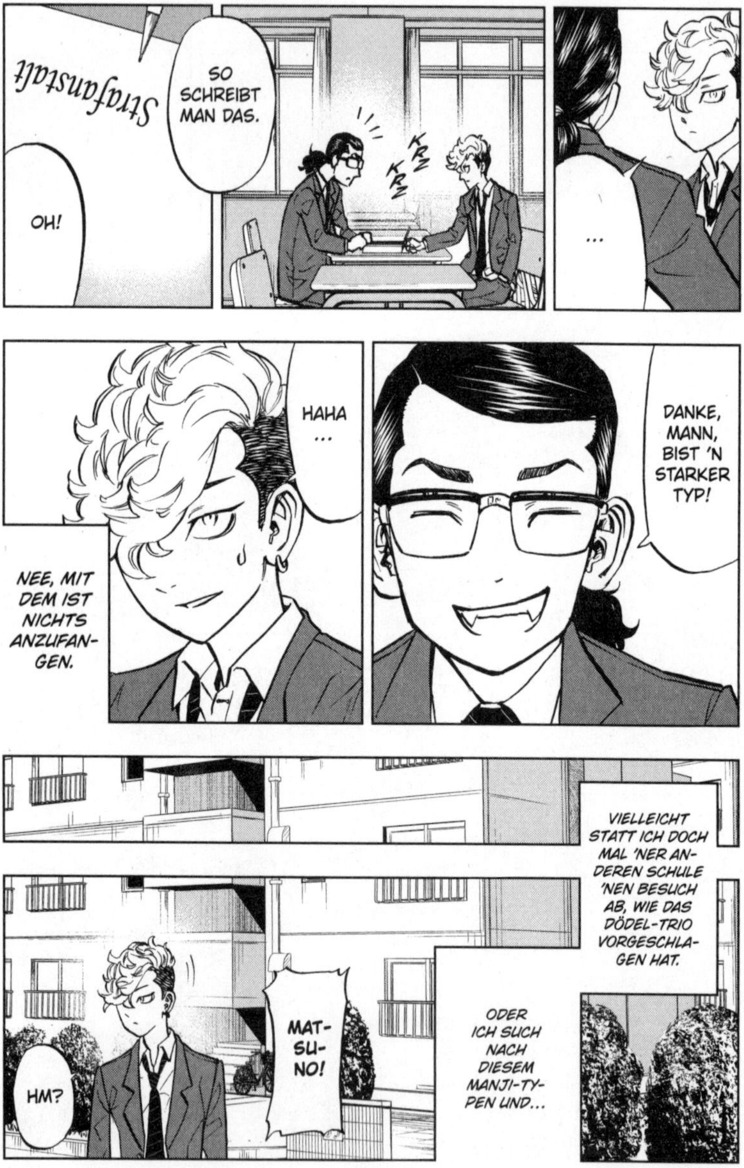
...
SO SCHREIBT MAN DAS.
KRZ KRZ
Strafanstalt
OH!
DANKE, MANN, BIST 'N STARKER TYP!
HAHA ...
NEE, MIT DEM IST NICHTS ANZUFAN-GEN.
VIELLEICHT STATT ICH DOCH MAL 'NER AN-DEREN SCHULE 'NEN BESUCH AB, WIE DAS DÖDEL-TRIO VORGESCHLA-GEN HAT.
ODER ICH SUCH NACH DIESEM MANJI-TY-PEN UND...
MAT-SU-NO!
HM?

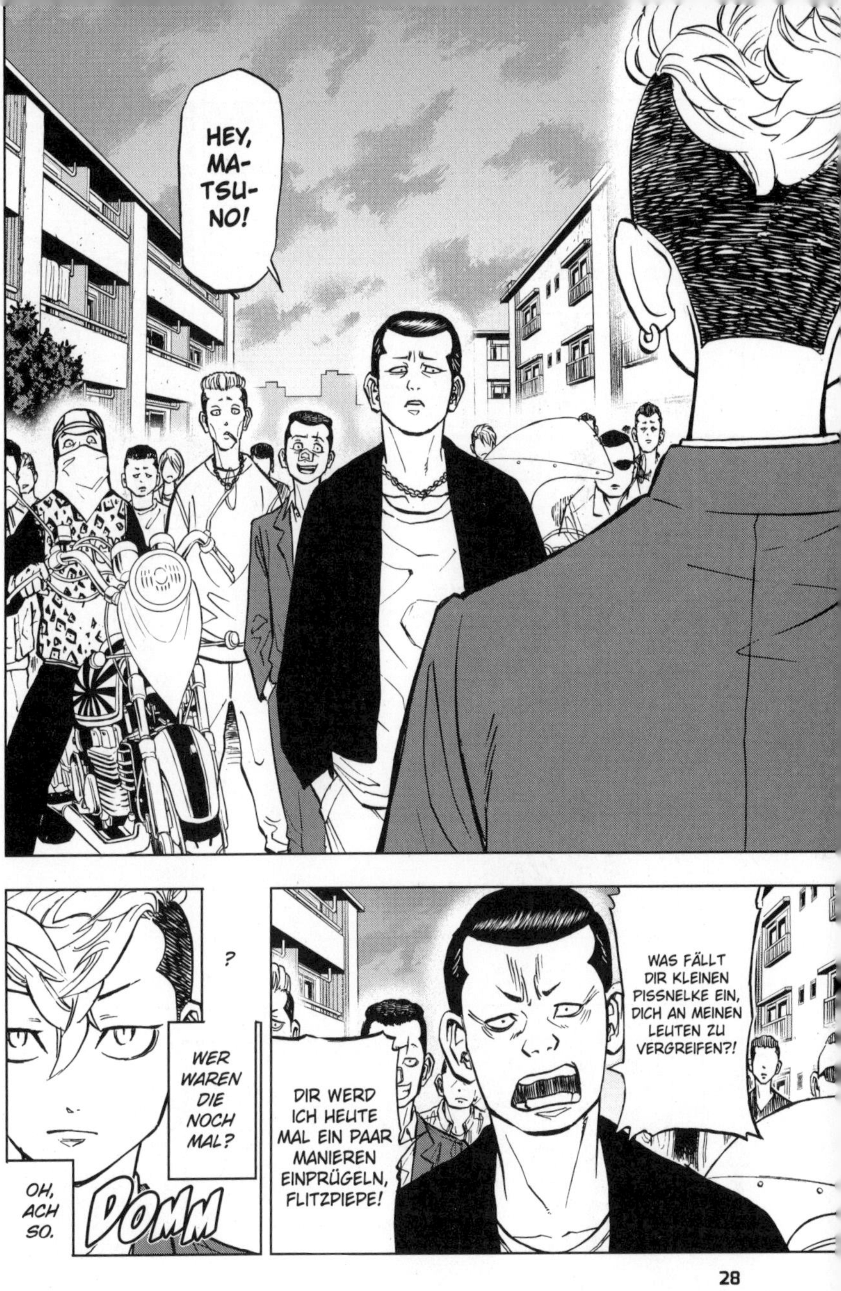
HEY, MA-TSU-NO!
WAS FÄLLT DIR KLEINEN PISSNELKE EIN, DICH AN MEINEN LEUTEN ZU VERGREIFEN?!
DIR WERD ICH HEUTE MAL EIN PAAR MANIEREN EINPRÜGELN, FLITZPIEPE!
?
WER WAREN DIE NOCH MAL?
DOMM
OH, ACH SO.

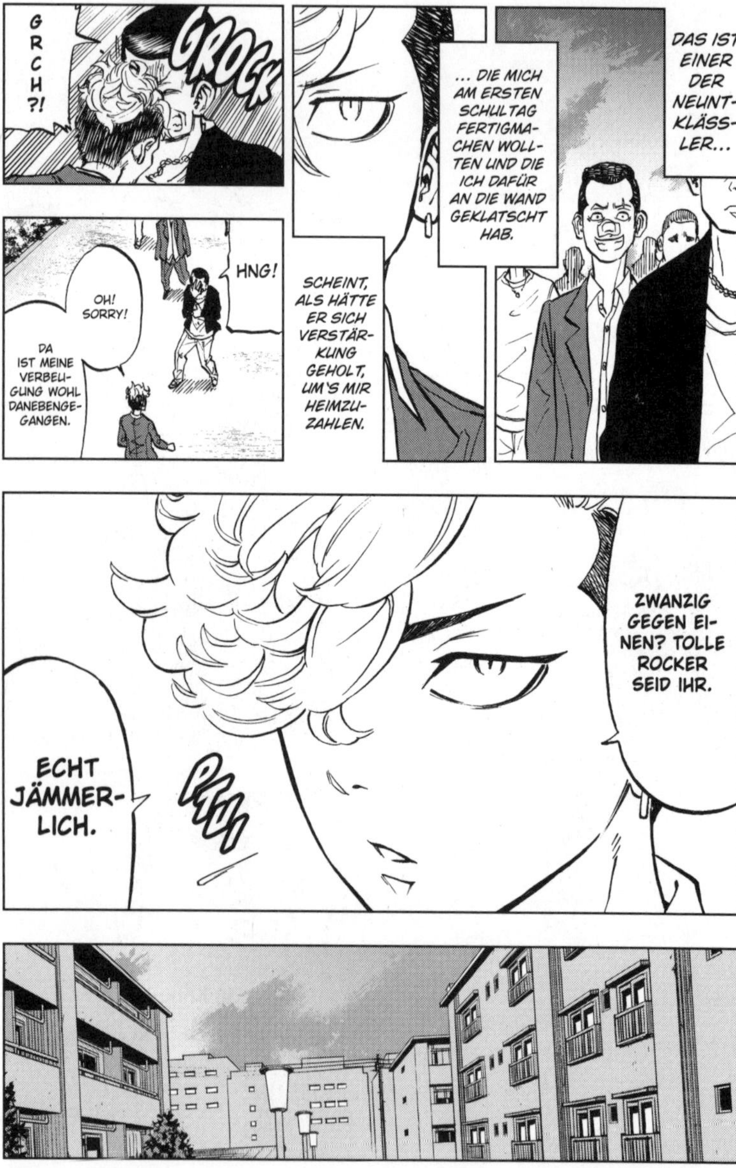
DAS IST EINER DER NEUNTKLÄSSLER…
… DIE MICH AM ERSTEN SCHULTAG FERTIGMACHEN WOLLTEN UND DIE ICH DAFÜR AN DIE WAND GEKLATSCHT HAB.
SCHEINT, ALS HÄTTE ER SICH VERSTÄRKUNG GEHOLT, UM'S MIR HEIMZUZAHLEN.
GROCK
GRCH?!
HNG!
OH! SORRY!
DA IST MEINE VERBEUGUNG WOHL DANEBENGEGANGEN.
ZWANZIG GEGEN EINEN? TOLLE ROCKER SEID IHR.
ECHT JÄMMERLICH.

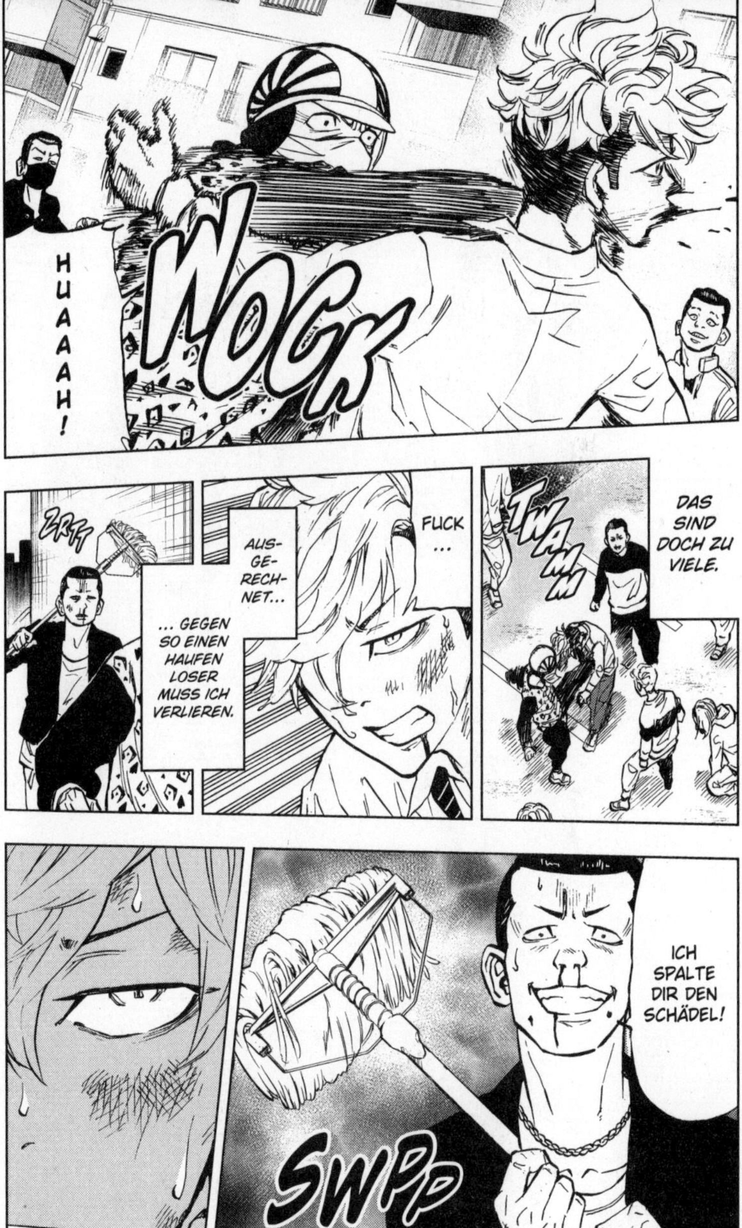

WOCK
HUAAAAH!
TWAMM
DAS SIND DOCH ZU VIELE.
FUCK ...
AUS-GE-RECH-NET...
... GEGEN SO EINEN HAUFEN LOSER MUSS ICH VERLIEREN.
ICH SPALTE DIR DEN SCHÄDEL!
SWPP

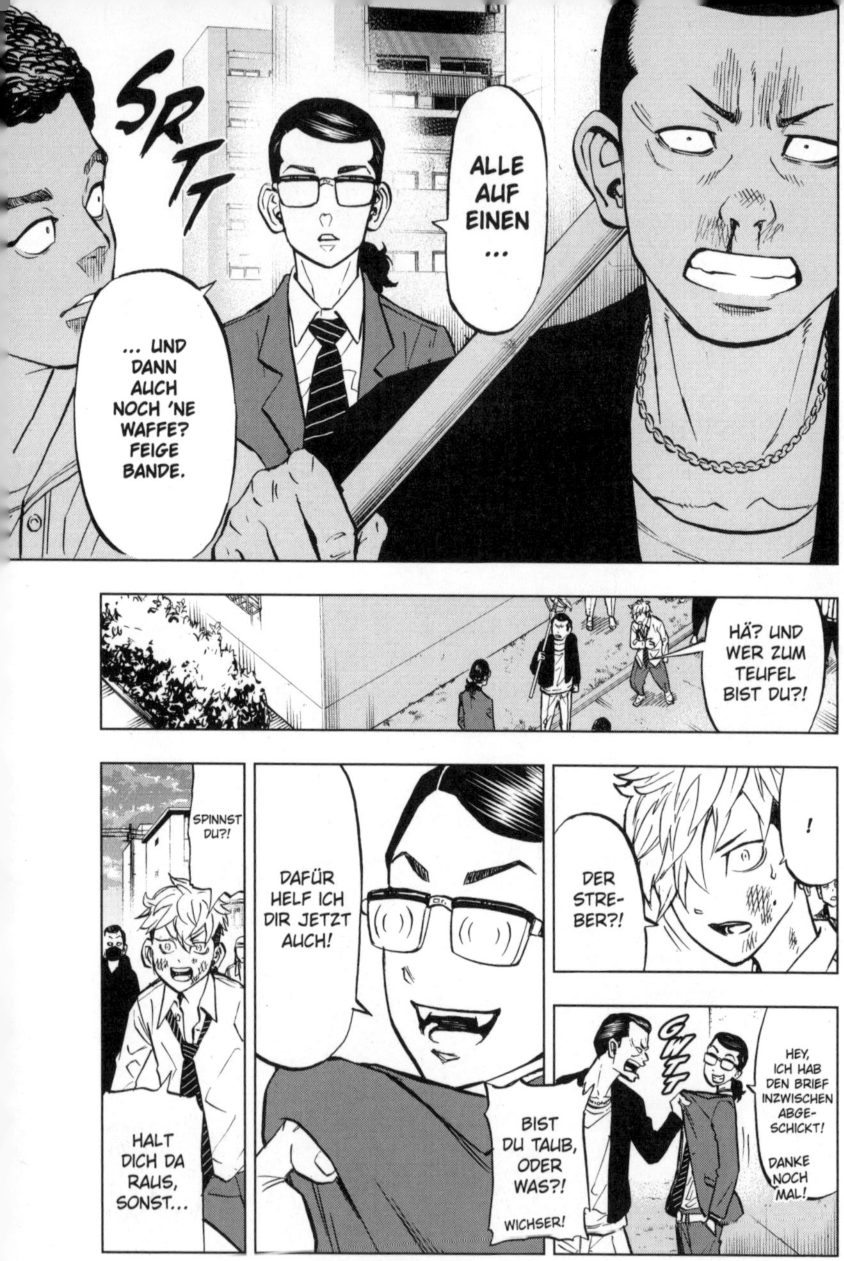
ALLE AUF EINEN ...
SRTT
... UND DANN AUCH NOCH 'NE WAFFE? FEIGE BANDE.
HÄ? UND WER ZUM TEUFEL BIST DU?!
!
DER STRE-BER?!
HEY, ICH HAB DEN BRIEF INZWISCHEN ABGE-SCHICKT!
DANKE NOCH MAL!
BIST DU TAUB, ODER WAS?!
WICHSER!
DAFÜR HELF ICH DIR JETZT AUCH!
SPINNST DU?!
HALT DICH DA RAUS, SONST...

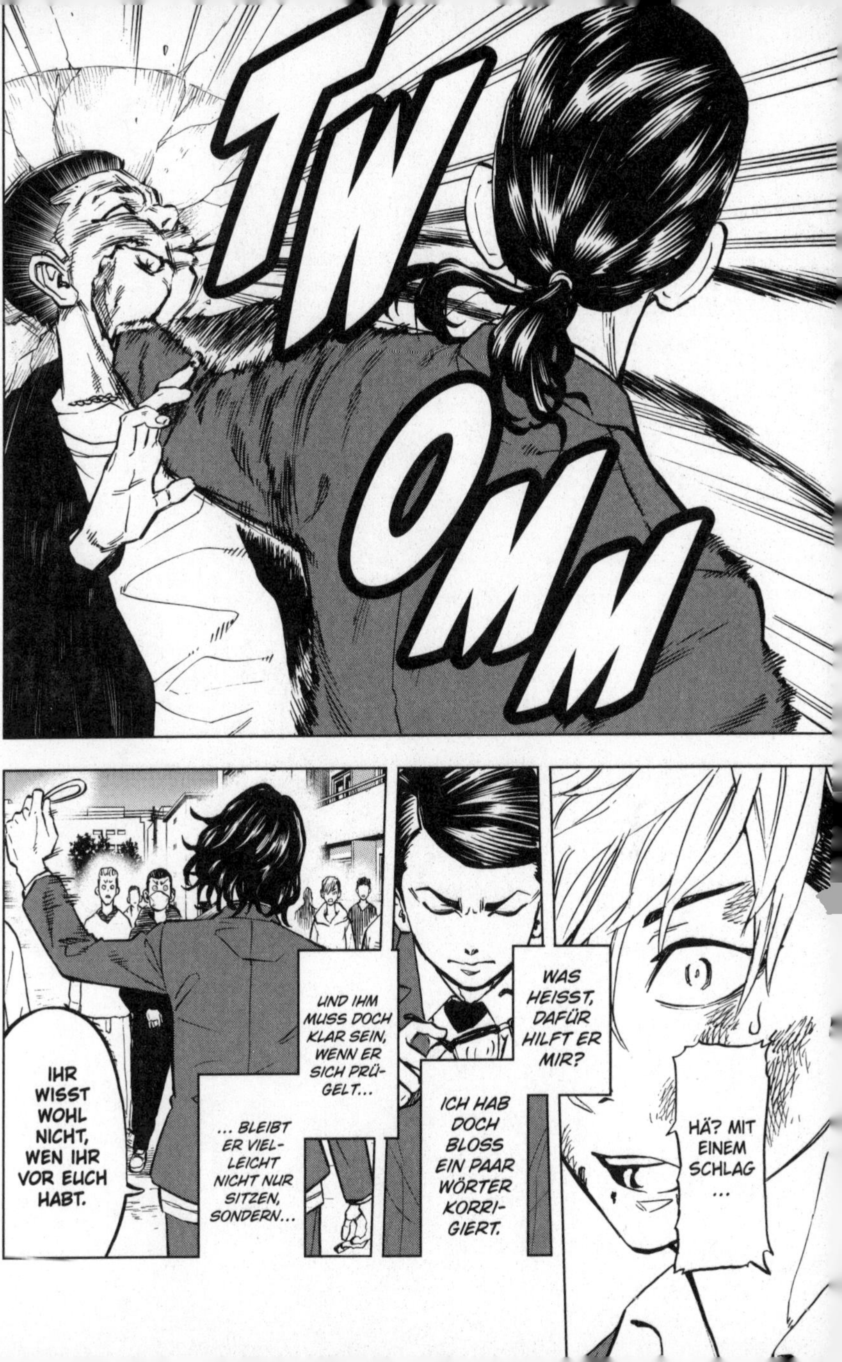
TWOMM
HÄ? MIT EINEM SCHLAG …
WAS HEISST, DAFÜR HILFT ER MIR?
ICH HAB DOCH BLOSS EIN PAAR WÖRTER KORRIGIERT.
UND IHM MUSS DOCH KLAR SEIN, WENN ER SICH PRÜGELT…
… BLEIBT ER VIELLEICHT NICHT NUR SITZEN, SONDERN…
IHR WISST WOHL NICHT, WEN IHR VOR EUCH HABT.

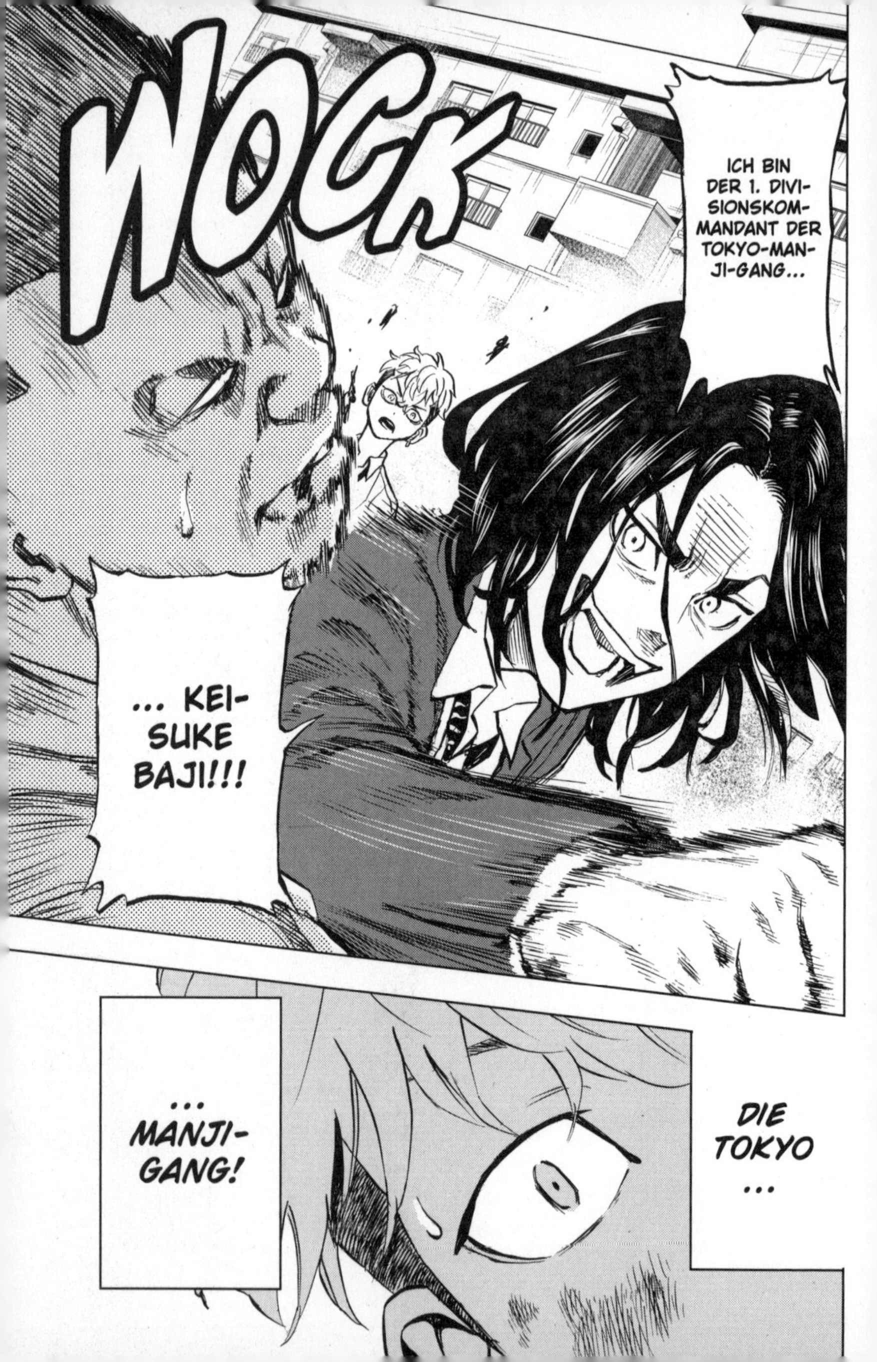
WOCK
ICH BIN DER 1. DIVISIONSKOMMANDANT DER TOKYO-MANJI-GANG...
... KEISUKE BAJI!!!
DIE TOKYO ...
... MANJI-GANG!

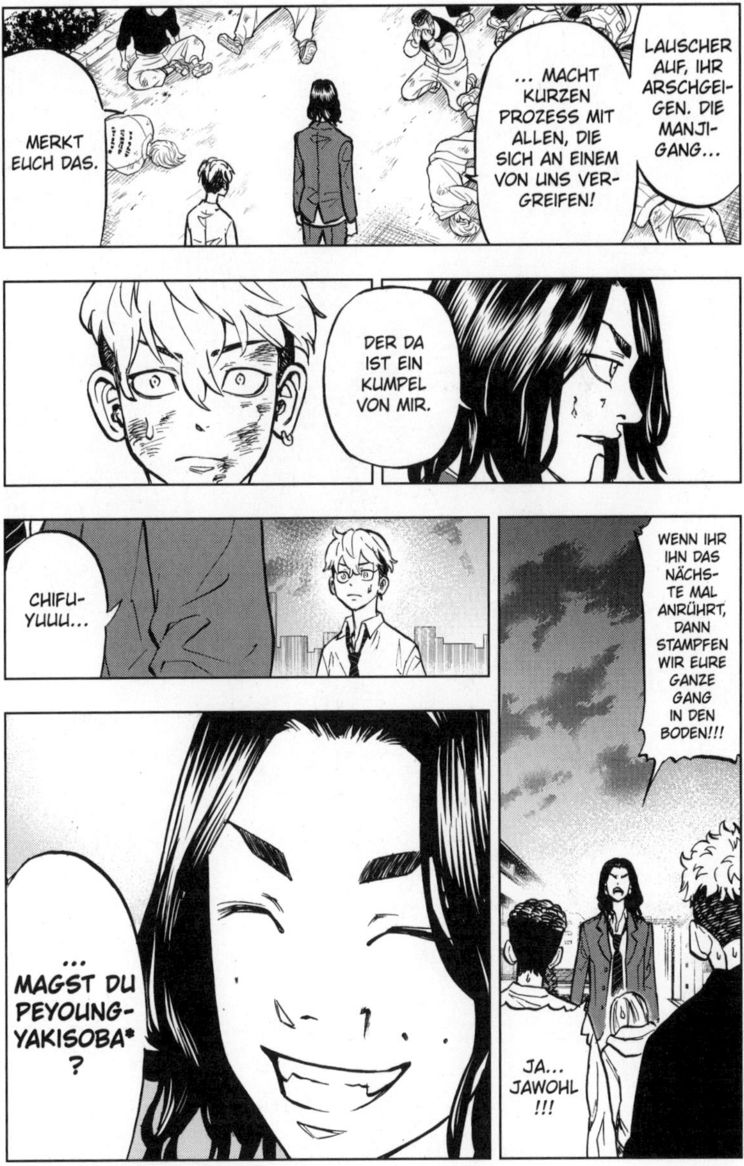

* FERTIGNUDELGERICHT DER FIRMA »PEYOUNG«

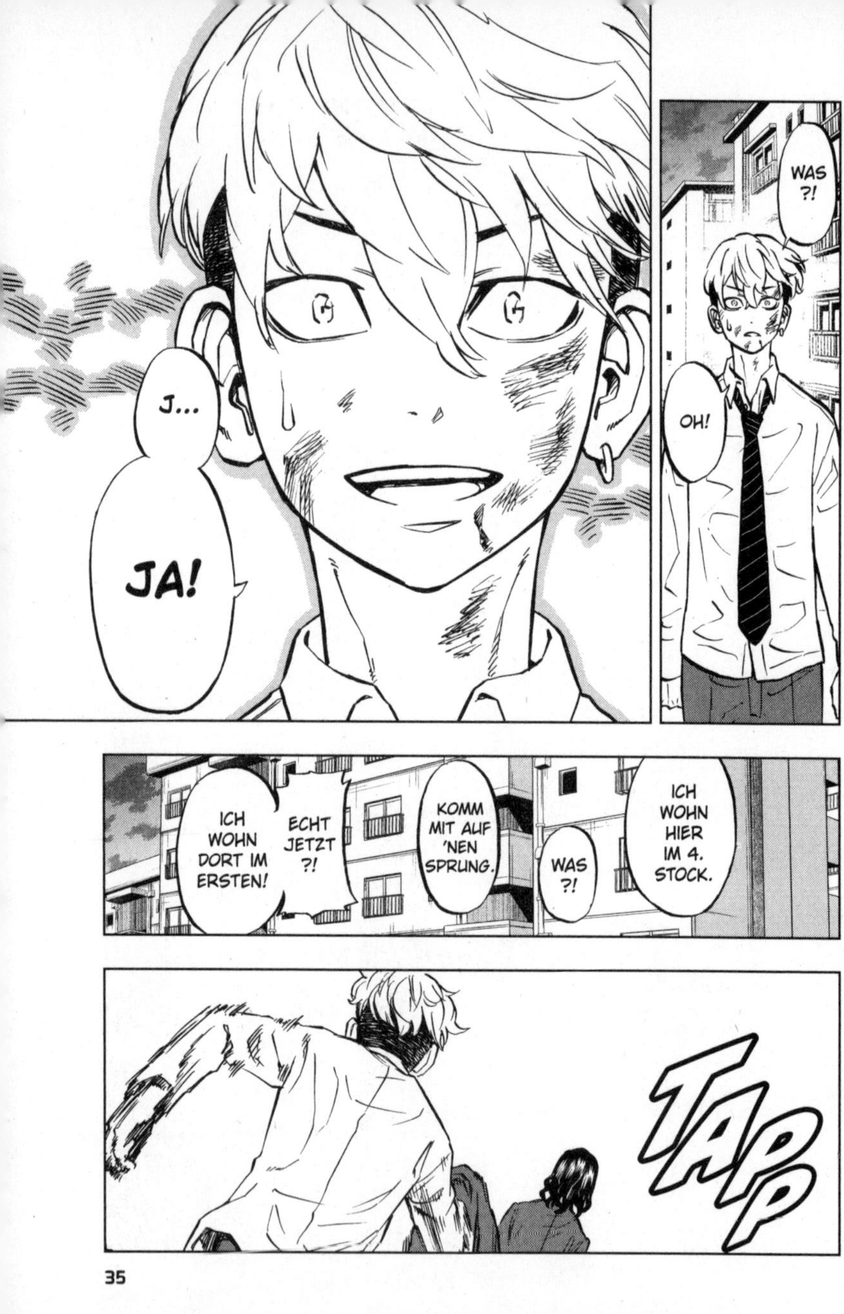
WAS ?!
OH!
J...
JA!
ICH WOHN HIER IM 4. STOCK.
WAS ?!
KOMM MIT AUF 'NEN SPRUNG.
ECHT JETZT ?!
ICH WOHN DORT IM ERSTEN!
TAPP

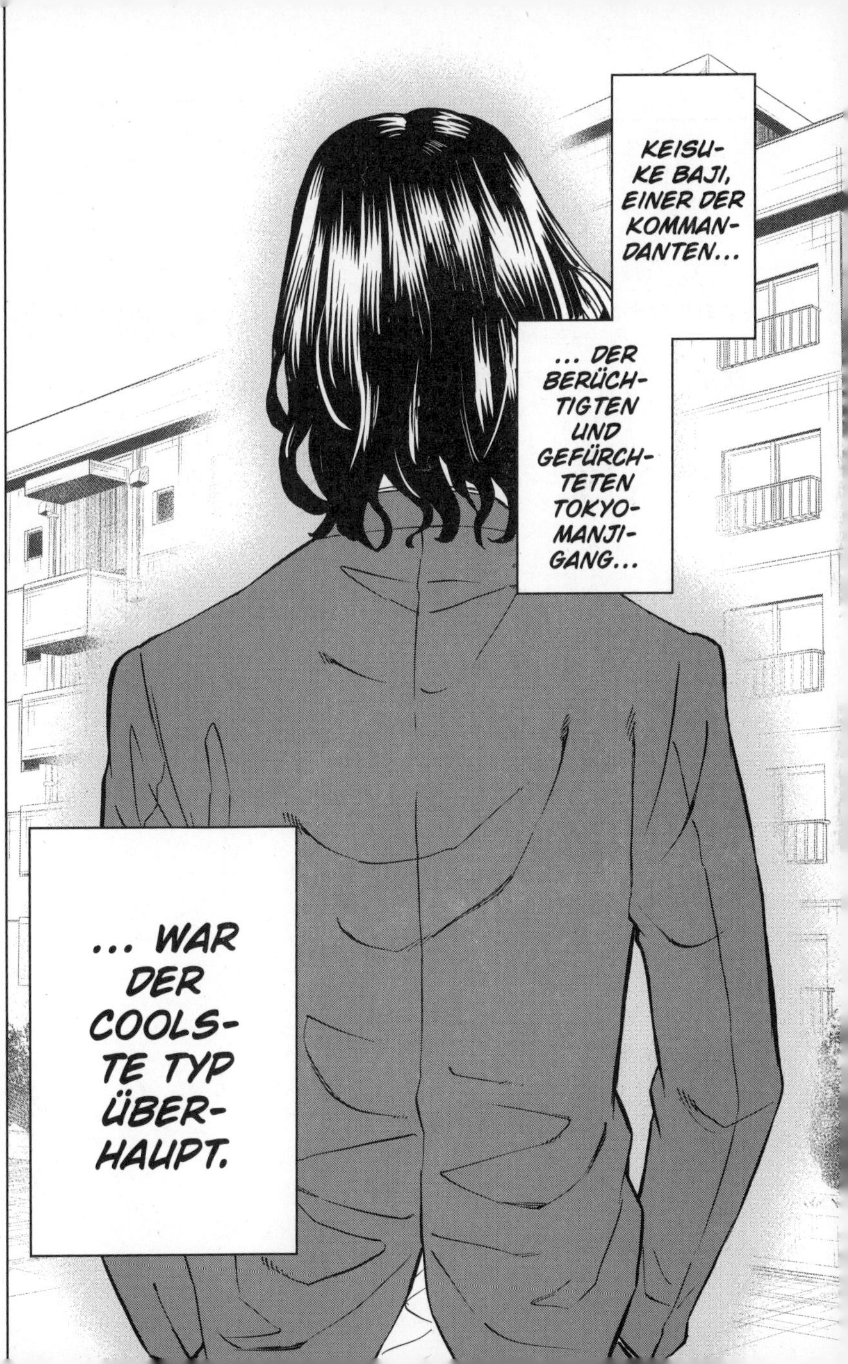
KEISUKE BAJI, EINER DER KOMMANDANTEN...
... DER BERÜCHTIGTEN UND GEFÜRCHTETEN TOKYO-MANJI-GANG...
... WAR DER COOLSTE TYP ÜBERHAUPT.

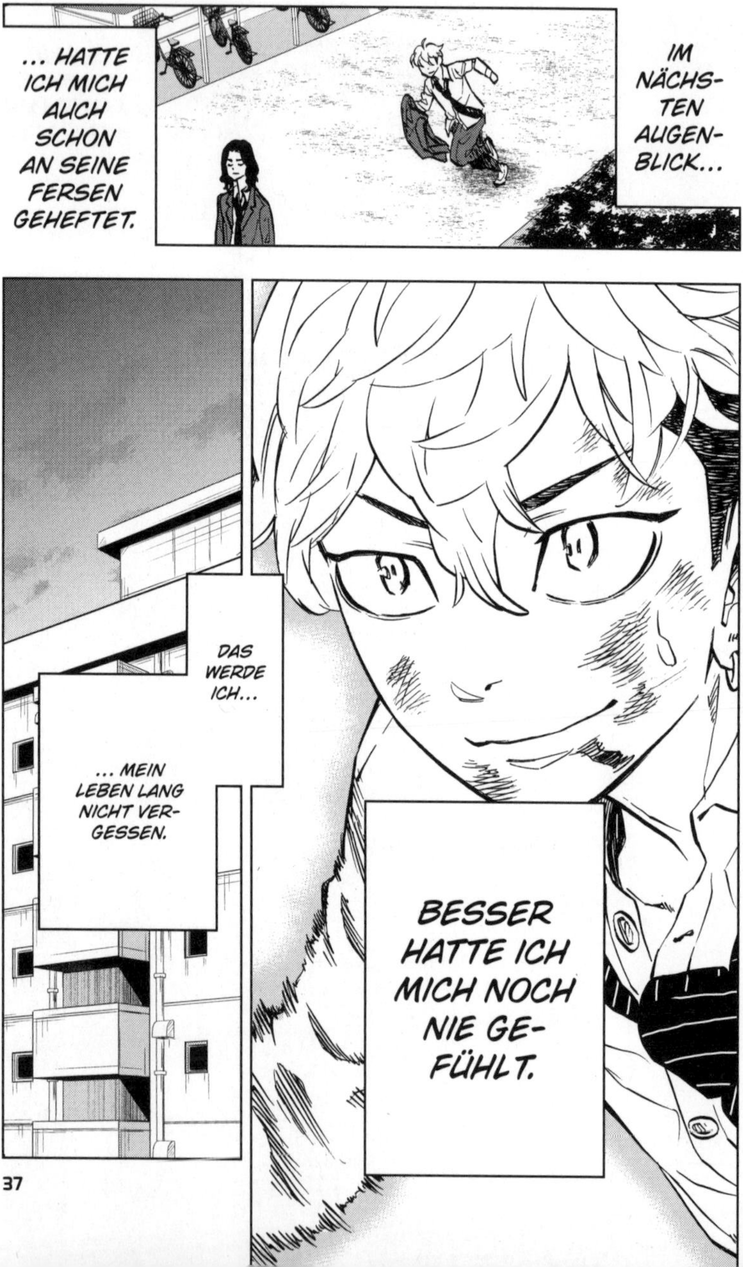
IM NÄCHSTEN AUGENBLICK...
... HATTE ICH MICH AUCH SCHON AN SEINE FERSEN GEHEFTET.
BESSER HATTE ICH MICH NOCH NIE GEFÜHLT.
DAS WERDE ICH...
... MEIN LEBEN LANG NICHT VERGESSEN.

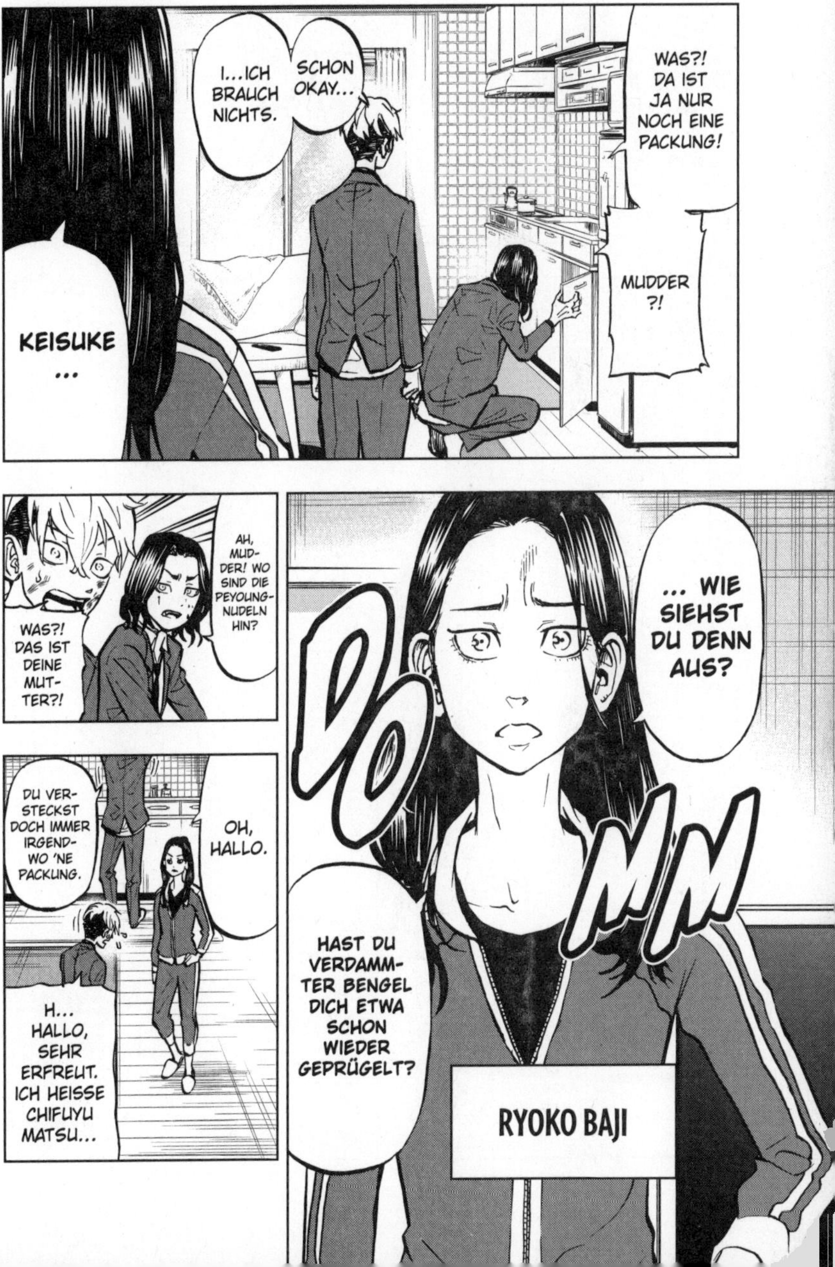
WAS?! DA IST JA NUR NOCH EINE PACKUNG!
MUDDER ?!
SCHON OKAY...
I...ICH BRAUCH NICHTS.
KEISUKE ...
... WIE SIEHST DU DENN AUS?
DOMM
HAST DU VERDAMMTER BENGEL DICH ETWA SCHON WIEDER GEPRÜGELT?
RYOKO BAJI
AH, MUDDER! WO SIND DIE PEYOUNG-NUDELN HIN?
WAS?! DAS IST DEINE MUTTER?!
OH, HALLO.
DU VERSTECKST DOCH IMMER IRGENDWO 'NE PACKUNG.
H... HALLO, SEHR ERFREUT. ICH HEISSE CHIFUYU MATSU...

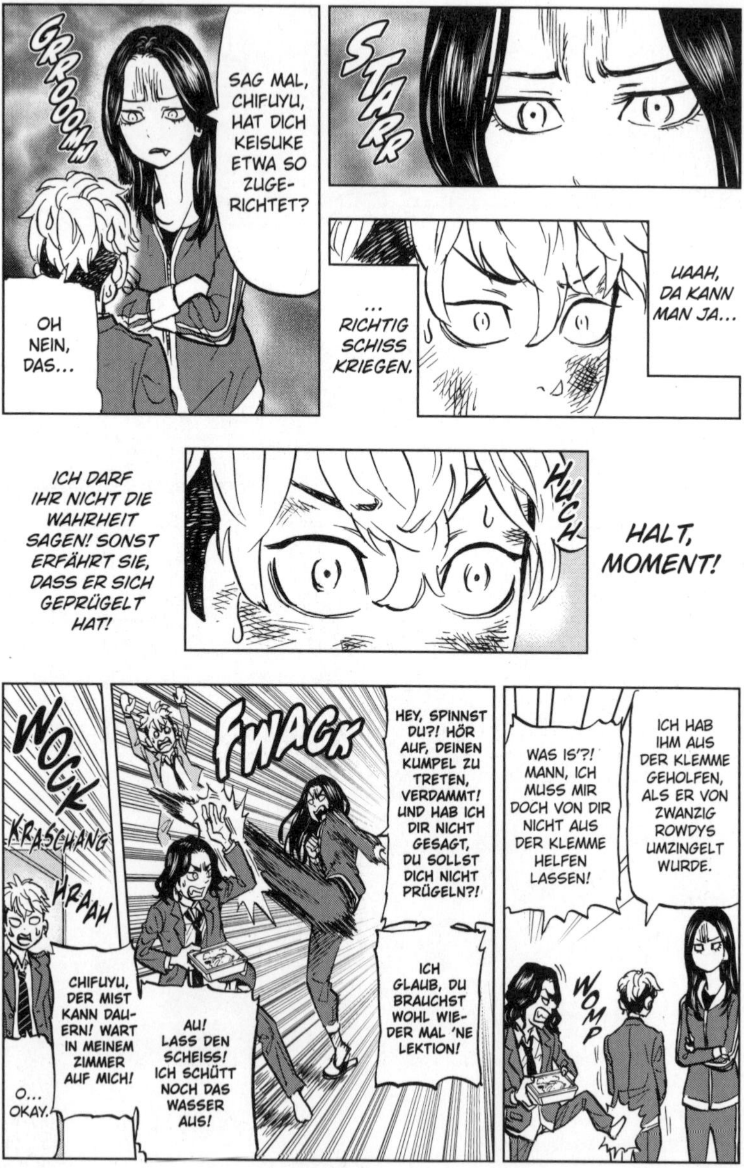
STARR
GRROOOMM
SAG MAL, CHIFUYU, HAT DICH KEISUKE ETWA SO ZUGE-RICHTET?
OH NEIN, DAS…
UAAH, DA KANN MAN JA…
… RICHTIG SCHISS KRIEGEN.
HALT, MOMENT!
HUCH
ICH DARF IHR NICHT DIE WAHRHEIT SAGEN! SONST ERFÄHRT SIE, DASS ER SICH GEPRÜGELT HAT!
ICH HAB IHM AUS DER KLEMME GEHOLFEN, ALS ER VON ZWANZIG ROWDYS UMZINGELT WURDE.
WAS IS'?! MANN, ICH MUSS MIR DOCH VON DIR NICHT AUS DER KLEMME HELFEN LASSEN!
WOMP
HEY, SPINNST DU?! HÖR AUF, DEINEN KUMPEL ZU TRETEN, VERDAMMT! UND HAB ICH DIR NICHT GESAGT, DU SOLLST DICH NICHT PRÜGELN?!
FWACK
ICH GLAUB, DU BRAUCHST WOHL WIE-DER MAL 'NE LEKTION!
AU! LASS DEN SCHEISS! ICH SCHÜTT NOCH DAS WASSER AUS!
WOCK
KRASCHANG
UAAAH
CHIFUYU, DER MIST KANN DAU-ERN! WART IN MEINEM ZIMMER AUF MICH!
O… OKAY.

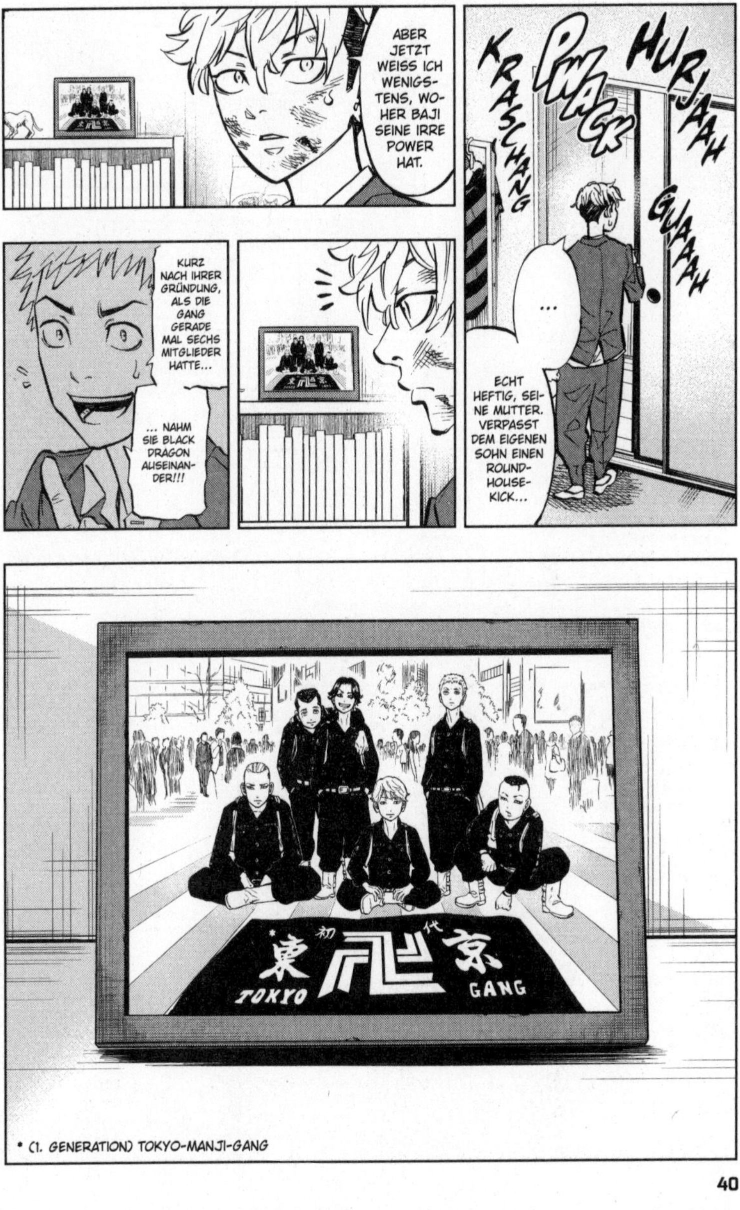

* (1. GENERATION) TOKYO-MANJI-GANG

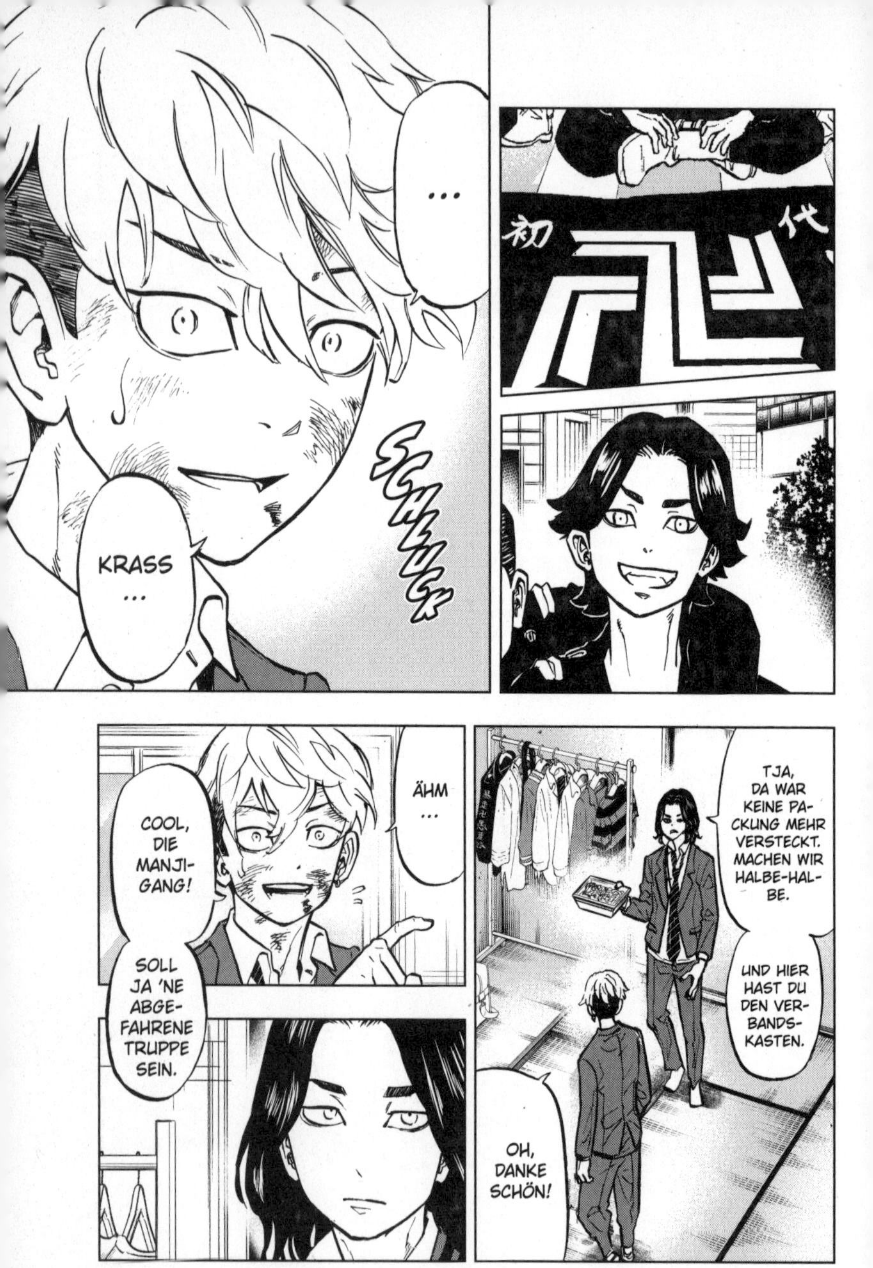
初 代
...
SCHLUCK
KRASS ...
TJA, DA WAR KEINE PACKUNG MEHR VERSTECKT. MACHEN WIR HALBE-HALBE.
UND HIER HAST DU DEN VERBANDSKASTEN.
OH, DANKE SCHÖN!
ÄHM ...
COOL, DIE MANJI-GANG!
SOLL JA 'NE ABGEFAHRENE TRUPPE SEIN.

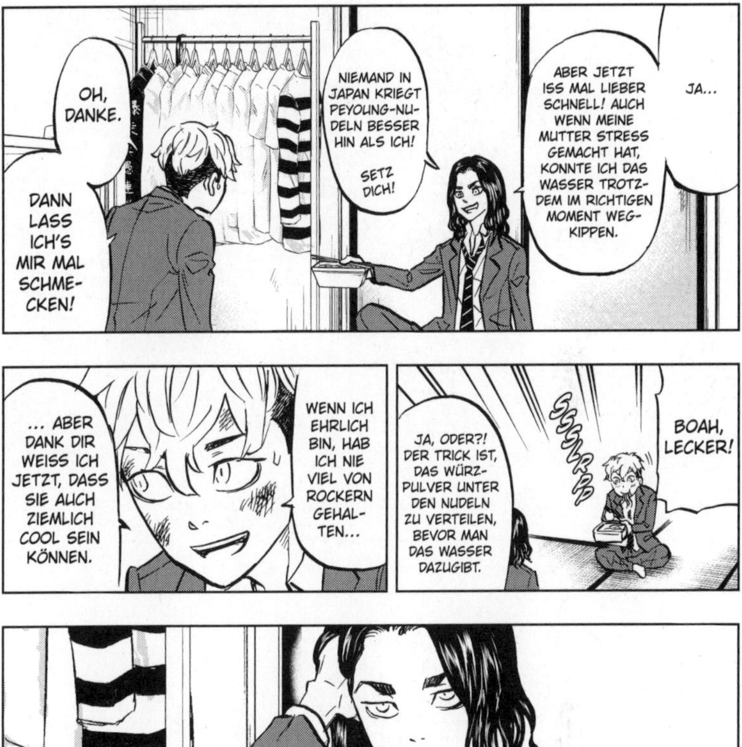
JA…
ABER JETZT ISS MAL LIEBER SCHNELL! AUCH WENN MEINE MUTTER STRESS GEMACHT HAT, KONNTE ICH DAS WASSER TROTZDEM IM RICHTIGEN MOMENT WEGKIPPEN.
NIEMAND IN JAPAN KRIEGT PEYOUNG-NUDELN BESSER HIN ALS ICH!
SETZ DICH!
OH, DANKE.
DANN LASS ICH'S MIR MAL SCHMECKEN!
BOAH, LECKER!
SSSLRPP
JA, ODER?! DER TRICK IST, DAS WÜRZPULVER UNTER DEN NUDELN ZU VERTEILEN, BEVOR MAN DAS WASSER DAZUGIBT.
WENN ICH EHRLICH BIN, HAB ICH NIE VIEL VON ROCKERN GEHALTEN…
… ABER DANK DIR WEISS ICH JETZT, DASS SIE AUCH ZIEMLICH COOL SEIN KÖNNEN.
ICH HAB MIR GEDACHT, DASS ICH GERN IN EURE GANG…
BDUM

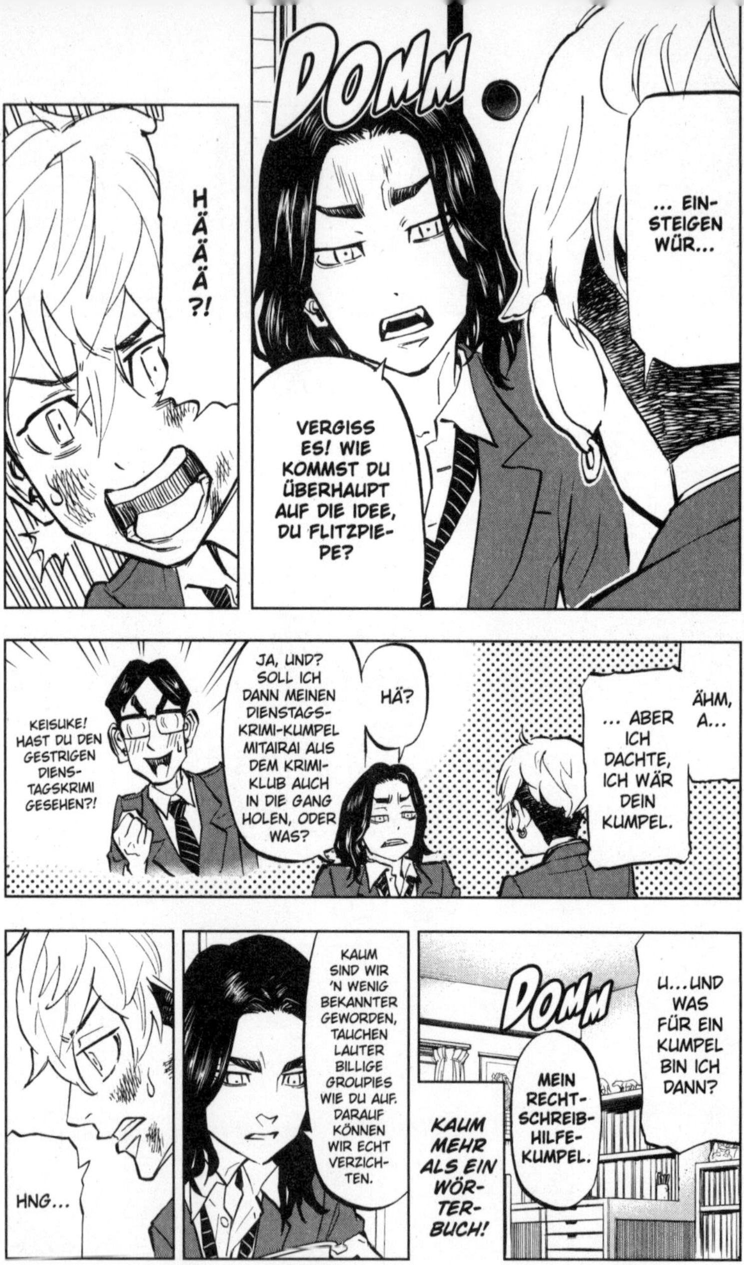
... EIN-STEIGEN WÜR...
DOMM
VERGISS ES! WIE KOMMST DU ÜBERHAUPT AUF DIE IDEE, DU FLITZPIEPE?
HÄÄÄ?!
ÄHM, A...
... ABER ICH DACHTE, ICH WÄR DEIN KUMPEL.
HÄ?
JA, UND? SOLL ICH DANN MEINEN DIENSTAGS-KRIMI-KUMPEL MITAIRAI AUS DEM KRIMI-KLUB AUCH IN DIE GANG HOLEN, ODER WAS?
KEISUKE! HAST DU DEN GESTRIGEN DIENS-TAGSKRIMI GESEHEN?!
U...UND WAS FÜR EIN KUMPEL BIN ICH DANN?
DOMM
MEIN RECHT-SCHREIB-HILFE-KUMPEL.
KAUM MEHR ALS EIN WÖR-TER-BUCH!
KAUM SIND WIR 'N WENIG BEKANNTER GEWORDEN, TAUCHEN LAUTER BILLIGE GROUPIES WIE DU AUF. DARAUF KÖNNEN WIR ECHT VERZICH-TEN.
HNG...

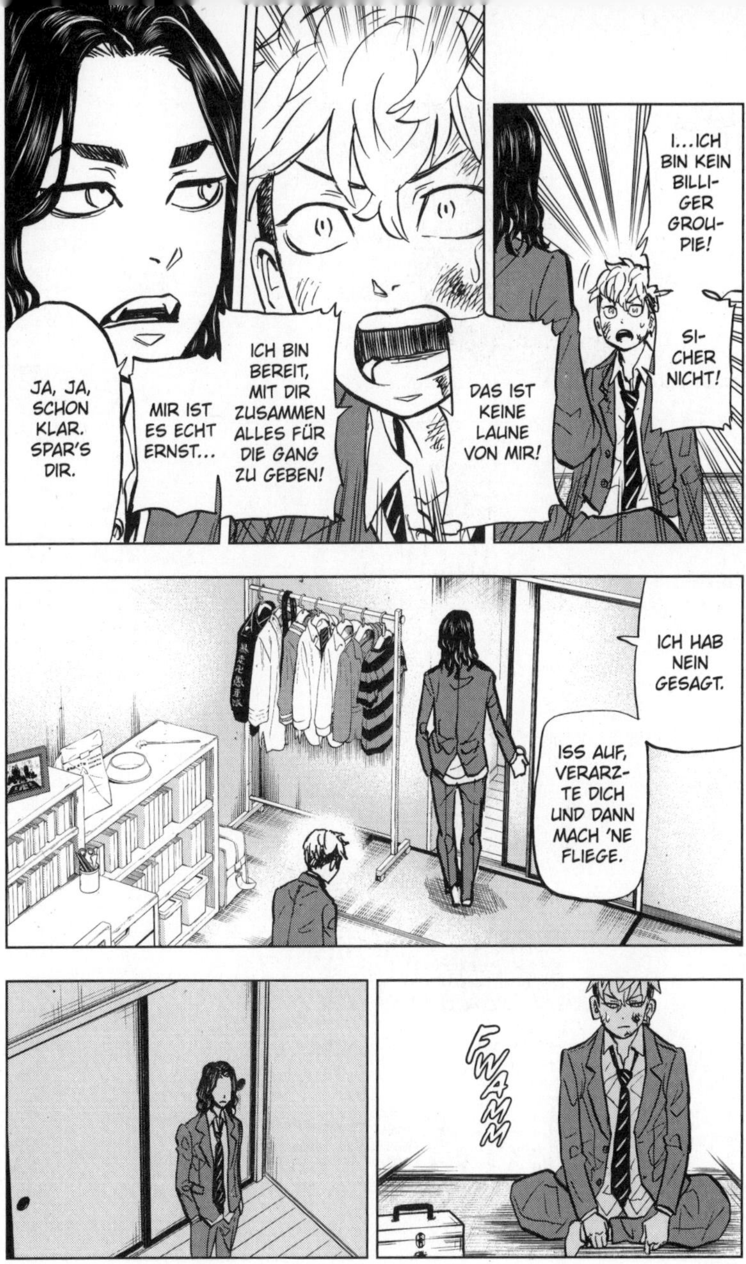
I...ICH BIN KEIN BILLIGER GROUPIE!
SICHER NICHT!
DAS IST KEINE LAUNE VON MIR!
ICH BIN BEREIT, MIT DIR ZUSAMMEN ALLES FÜR DIE GANG ZU GEBEN!
MIR IST ES ECHT ERNST...
JA, JA, SCHON KLAR. SPAR'S DIR.
ICH HAB NEIN GESAGT.
ISS AUF, VERARZTE DICH UND DANN MACH 'NE FLIEGE.
FWAMM

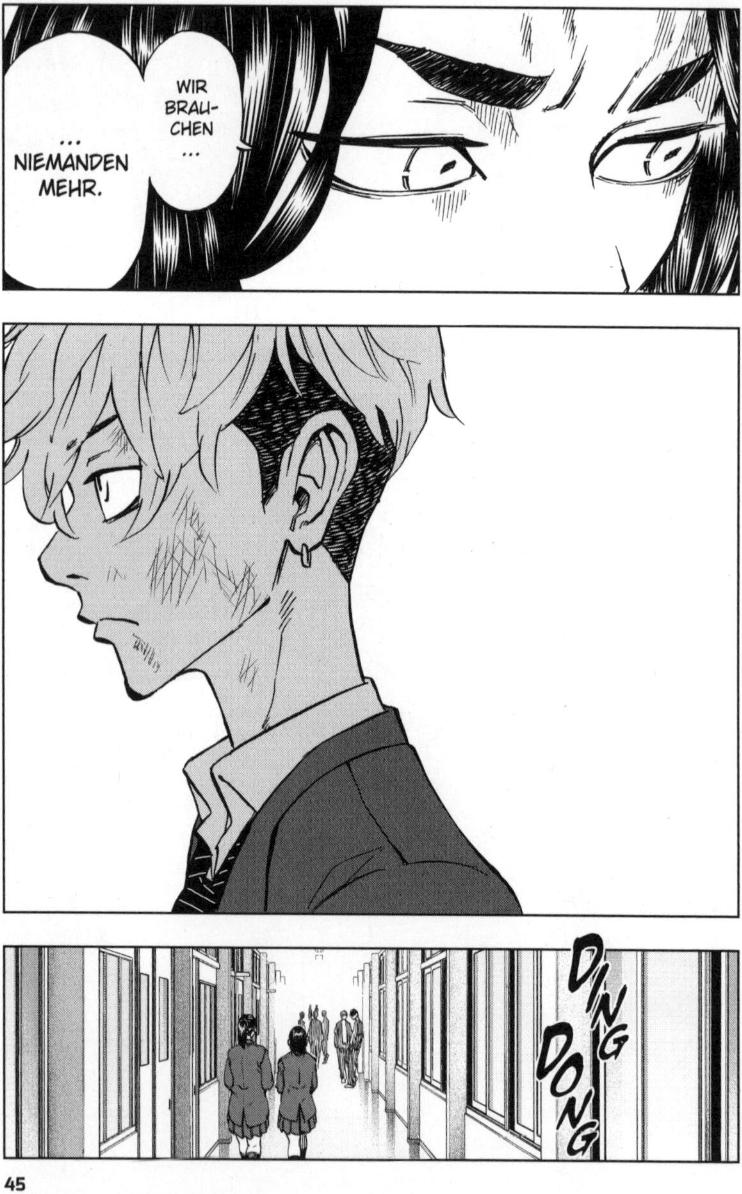
WIR BRAUCHEN …
… NIEMANDEN MEHR.
DING DONG

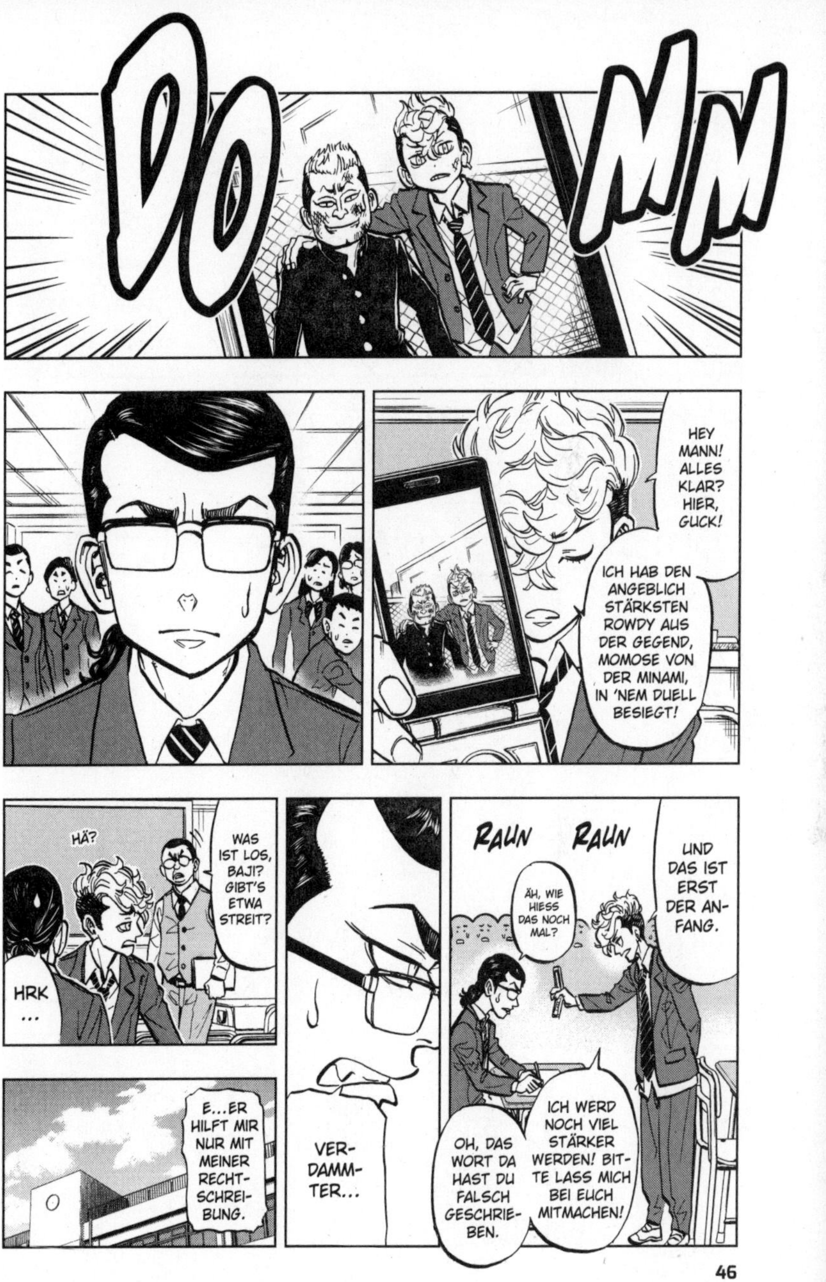
DOMM
HEY MANN! ALLES KLAR? HIER, GUCK!
ICH HAB DEN ANGEBLICH STÄRKSTEN ROWDY AUS DER GEGEND, MOMOSE VON DER MINAMI, IN 'NEM DUELL BESIEGT!
RAUN RAUN
UND DAS IST ERST DER ANFANG.
ÄH, WIE HIESS DAS NOCH MAL?
ICH WERD NOCH VIEL STÄRKER WERDEN! BITTE LASS MICH BEI EUCH MITMACHEN!
OH, DAS WORT DA HAST DU FALSCH GESCHRIEBEN.
VERDAMMTER...
WAS IST LOS, BAJI? GIBT'S ETWA STREIT?
HÄ?
HRK...
E...ER HILFT MIR NUR MIT MEINER RECHTSCHREIBUNG.

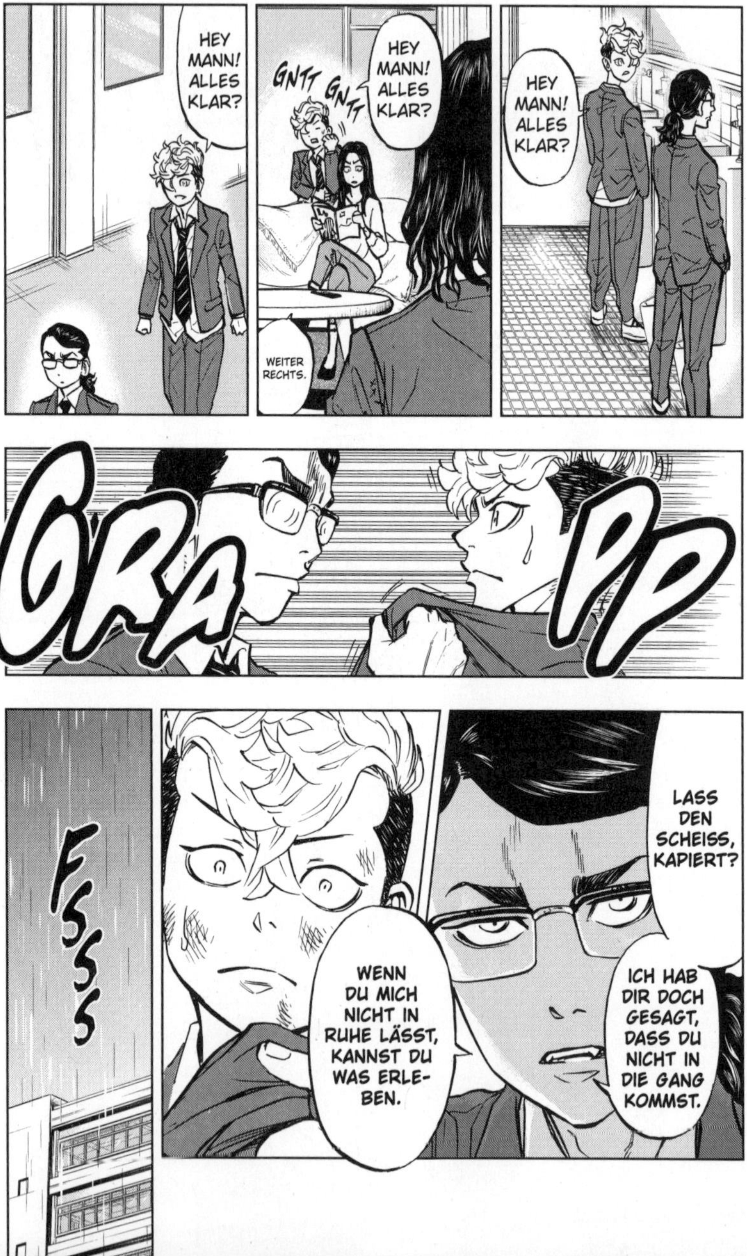
HEY MANN! ALLES KLAR?
HEY MANN! ALLES KLAR?
GNTT GNTT
WEITER RECHTS.
HEY MANN! ALLES KLAR?
GRAPP
LASS DEN SCHEISS, KAPIERT?
ICH HAB DIR DOCH GESAGT, DASS DU NICHT IN DIE GANG KOMMST.
WENN DU MICH NICHT IN RUHE LÄSST, KANNST DU WAS ERLE-BEN.
FSSS

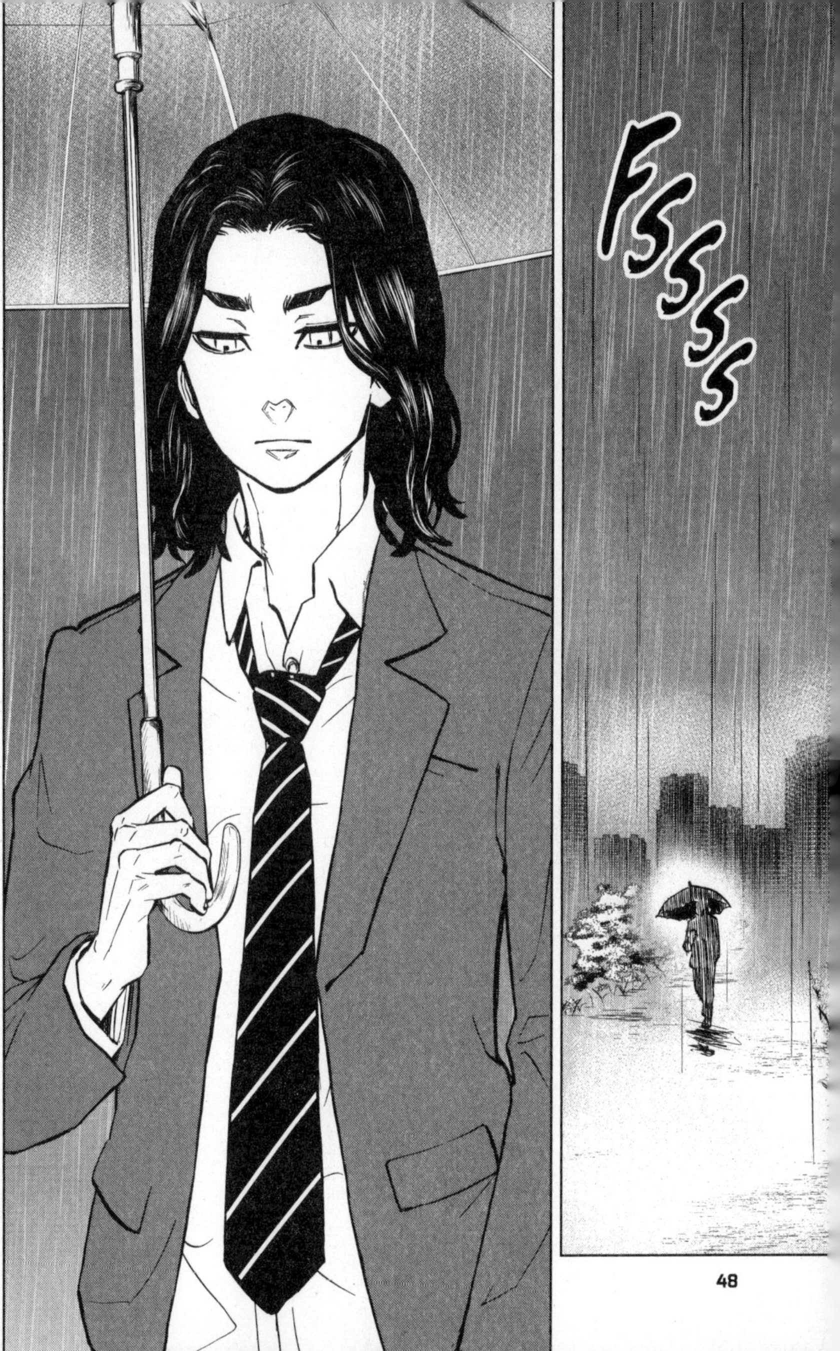
FSSSSS

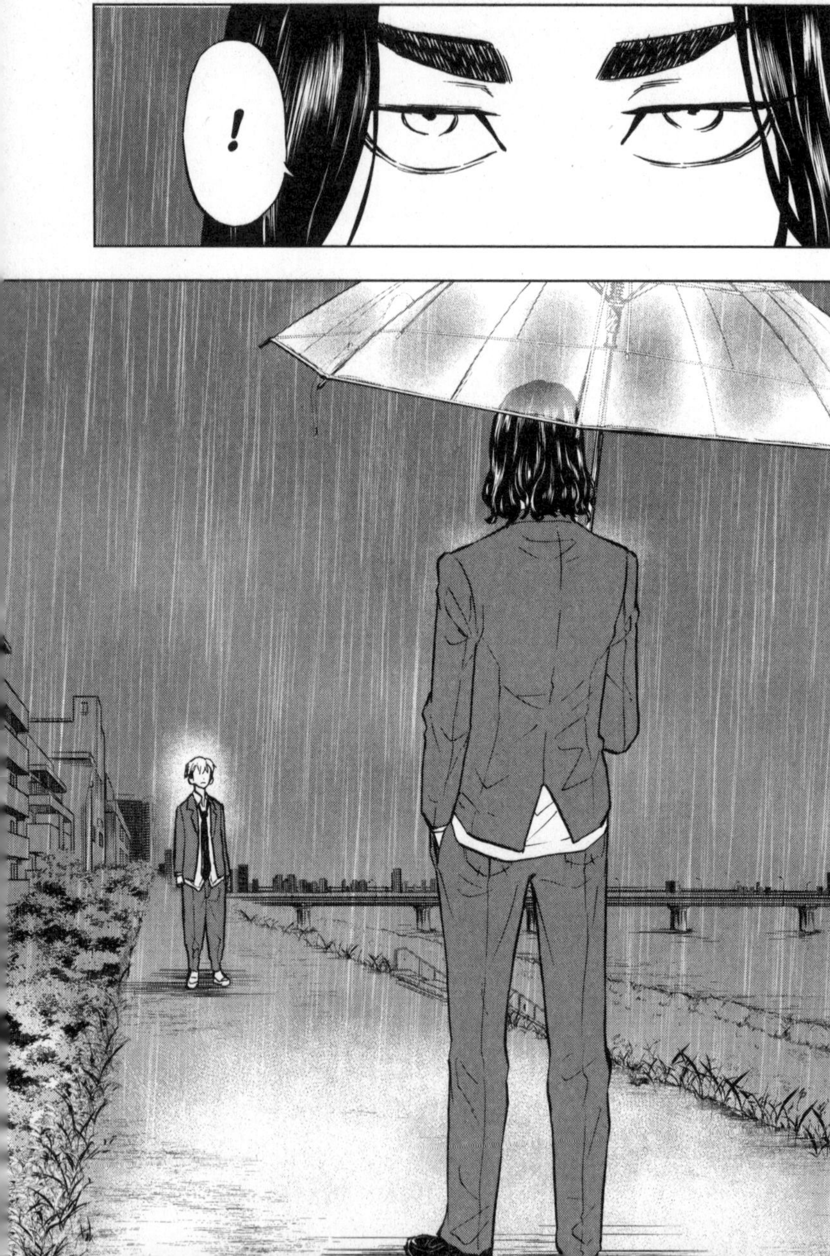

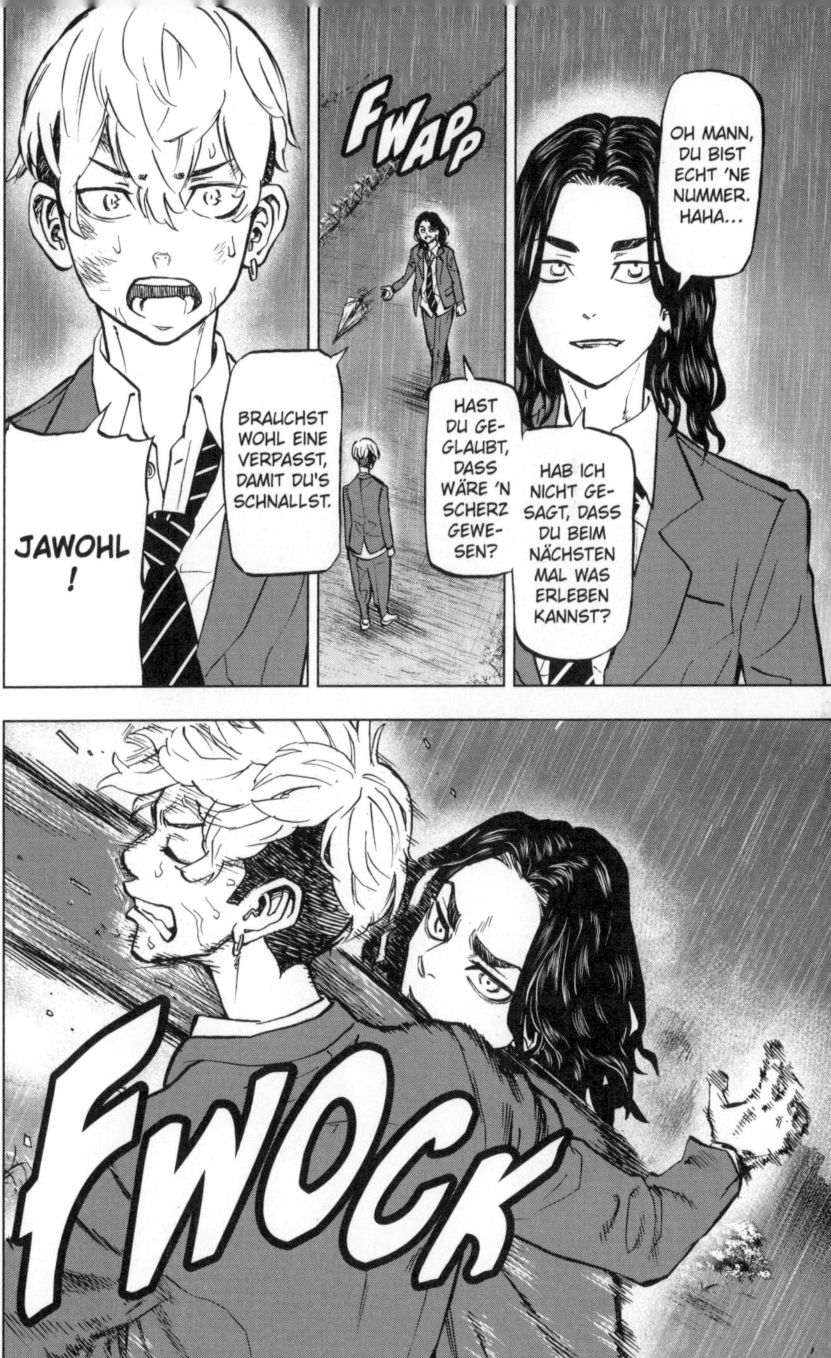
OH MANN, DU BIST ECHT 'NE NUMMER. HAHA…
HAB ICH NICHT GESAGT, DASS DU BEIM NÄCHSTEN MAL WAS ERLEBEN KANNST?
FWAPP
HAST DU GEGLAUBT, DASS WÄRE 'N SCHERZ GEWESEN?
BRAUCHST WOHL EINE VERPASST, DAMIT DU'S SCHNALLST.
JAWOHL !
FWOCK

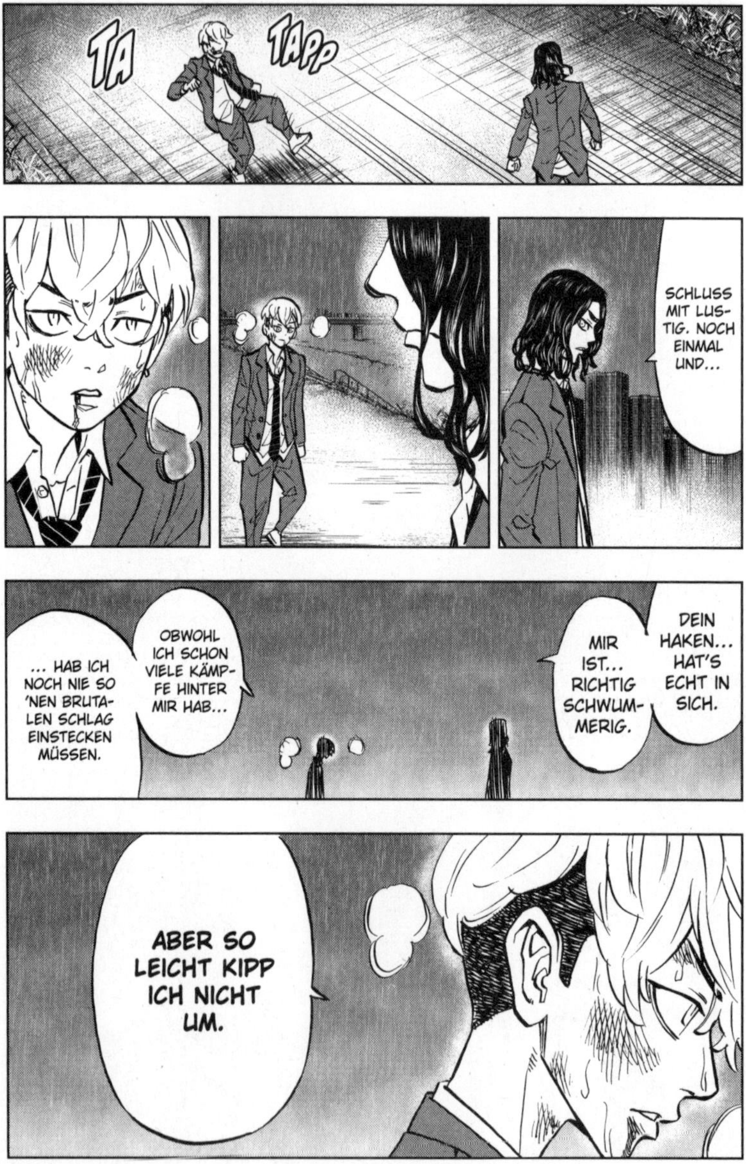
TAPP
TA
SCHLUSS MIT LUS-TIG. NOCH EINMAL UND…
DEIN HAKEN… HAT'S ECHT IN SICH.
MIR IST… RICHTIG SCHWUM-MERIG.
OBWOHL ICH SCHON VIELE KÄMPF-FE HINTER MIR HAB…
… HAB ICH NOCH NIE SO 'NEN BRUTA-LEN SCHLAG EINSTECKEN MÜSSEN.
ABER SO LEICHT KIPP ICH NICHT UM.

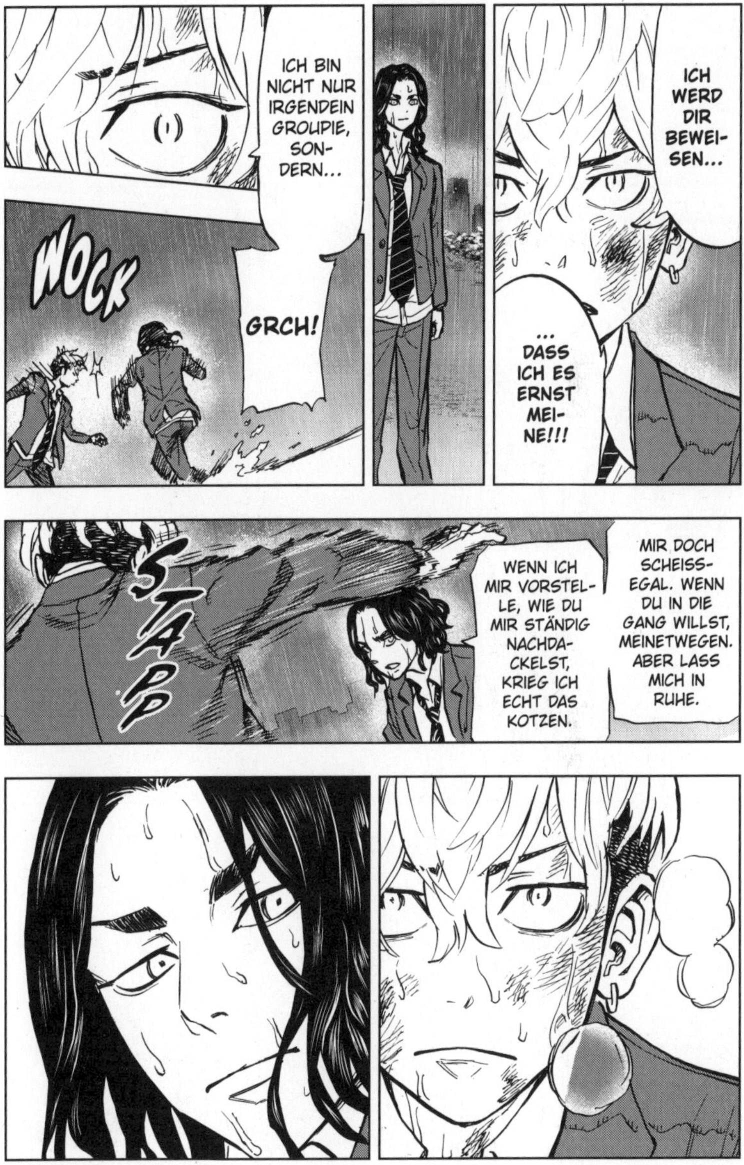
ICH WERD DIR BEWEI-SEN...
... DASS ICH ES ERNST MEI-NE!!!
ICH BIN NICHT NUR IRGENDEIN GROUPIE, SON-DERN...
WOCK
GRCH!
MIR DOCH SCHEISS-EGAL. WENN DU IN DIE GANG WILLST, MEINETWEGEN. ABER LASS MICH IN RUHE.
WENN ICH MIR VORSTEL-LE, WIE DU MIR STÄNDIG NACHDA-CKELST, KRIEG ICH ECHT DAS KOTZEN.
STAPP

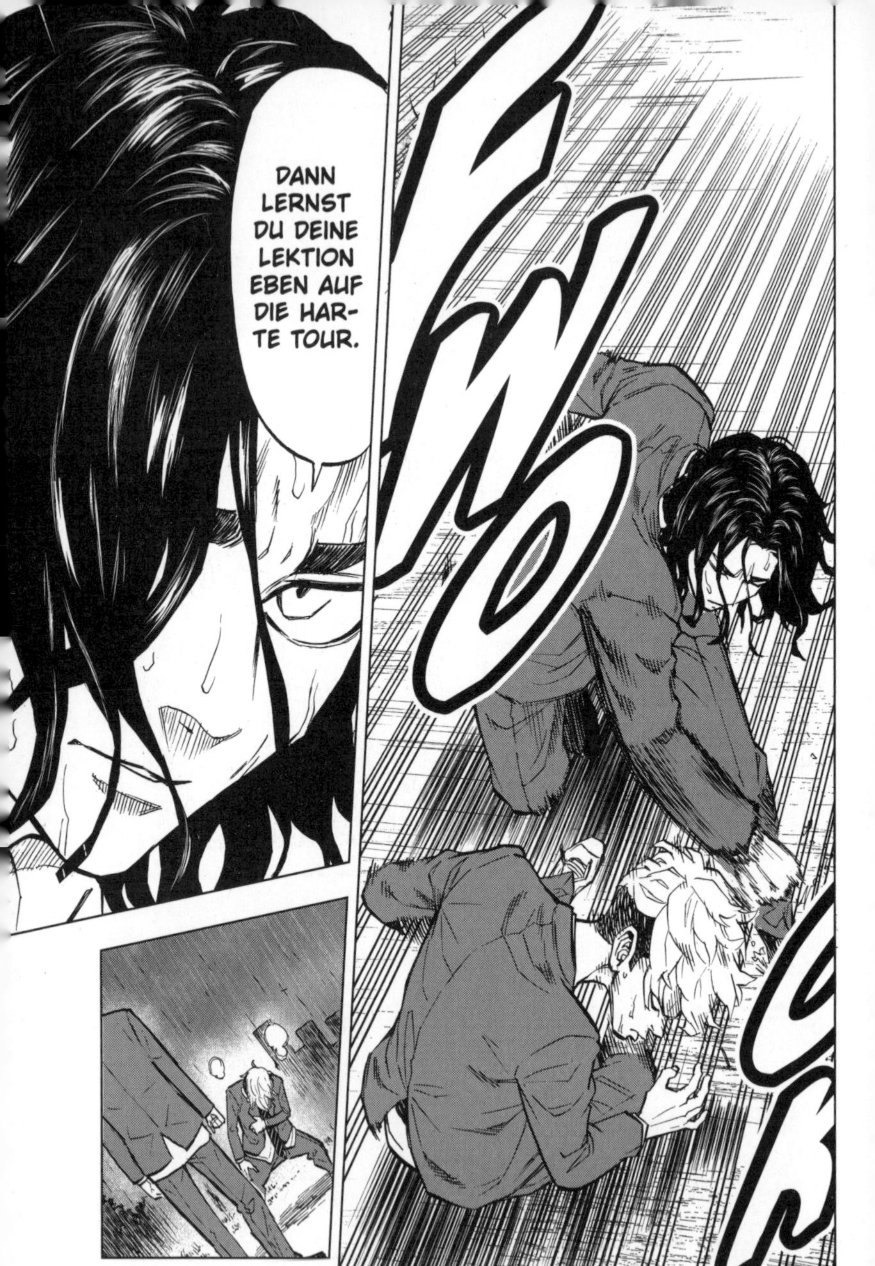
DANN LERNST DU DEINE LEKTION EBEN AUF DIE HARTE TOUR.

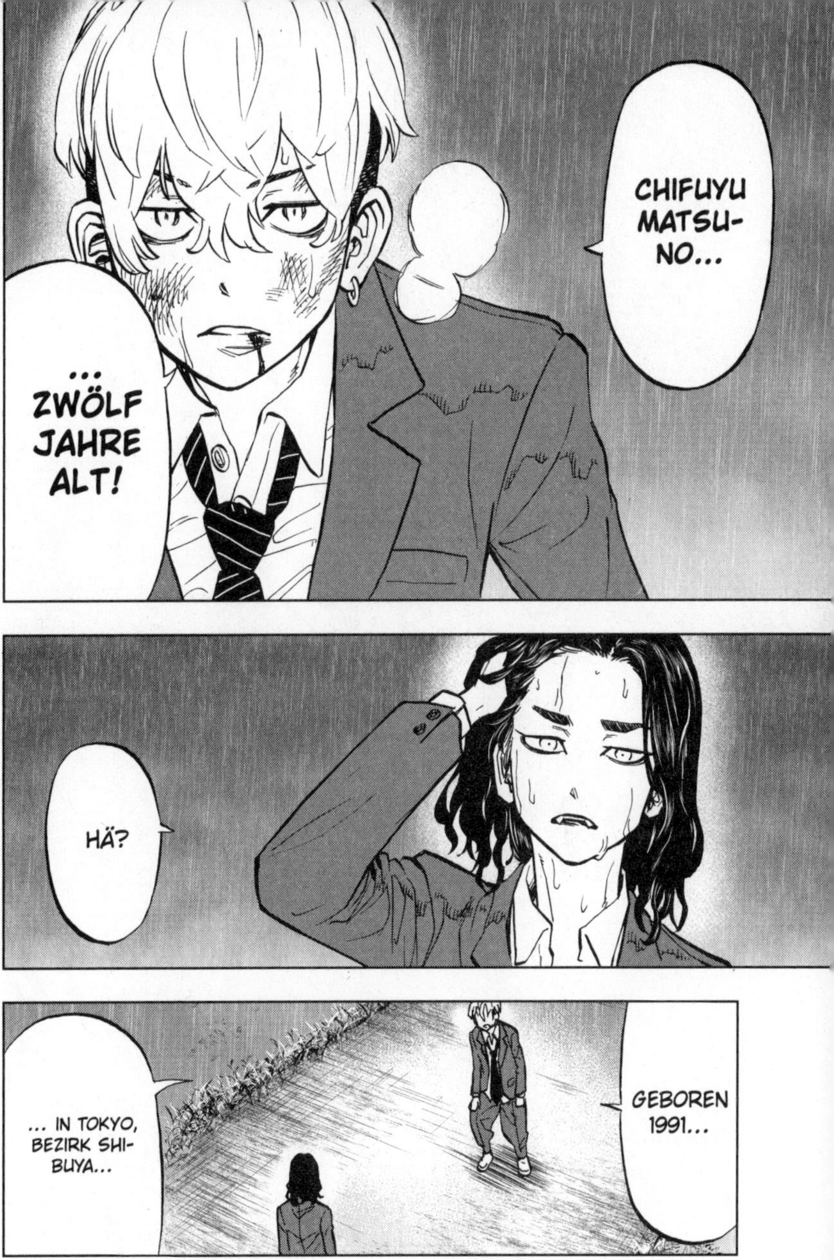
CHIFUYU MATSU-NO...
... ZWÖLF JAHRE ALT!
HÄ?
GEBOREN 1991...
... IN TOKYO, BEZIRK SHI-BUYA...

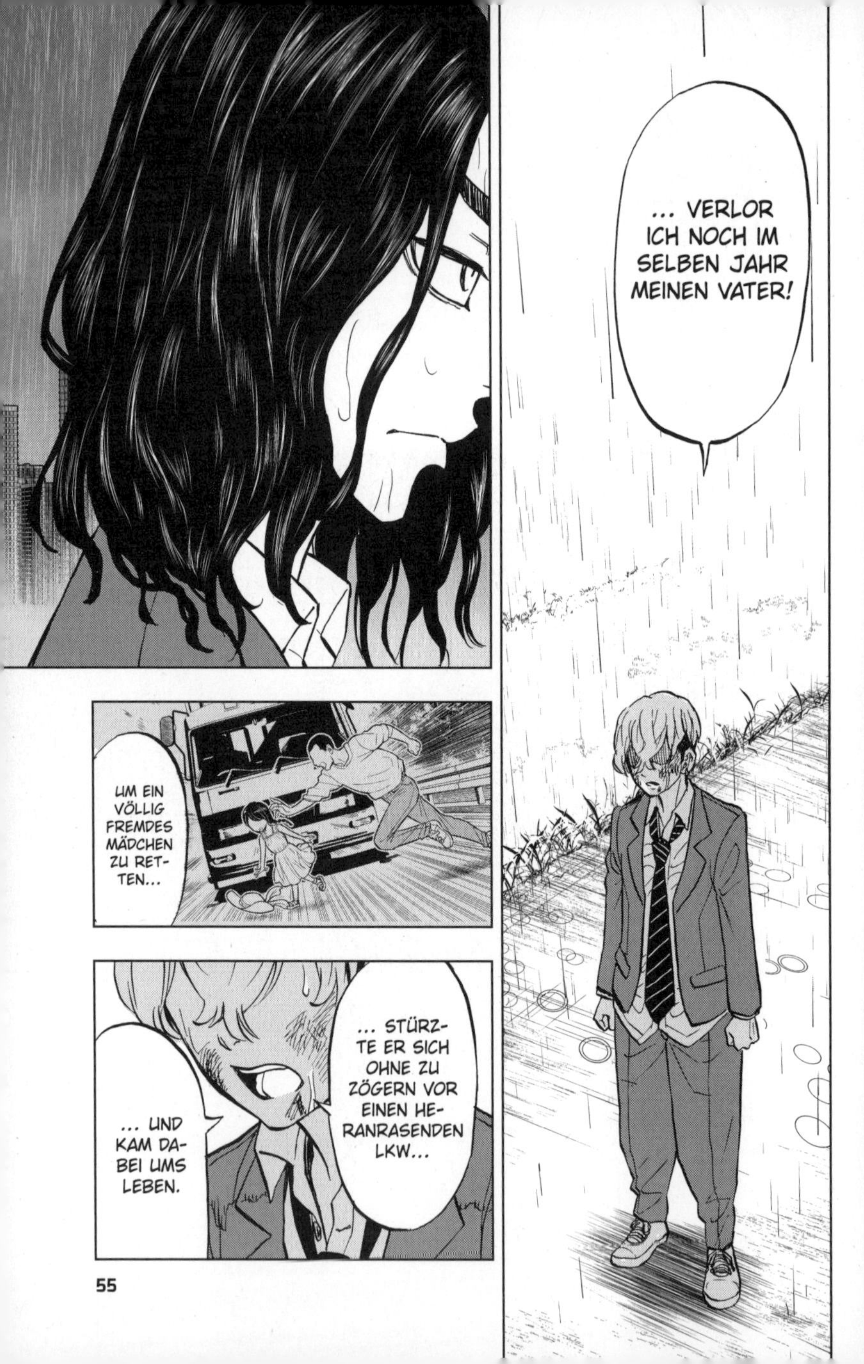
... VERLOR ICH NOCH IM SELBEN JAHR MEINEN VATER!
UM EIN VÖLLIG FREMDES MÄDCHEN ZU RETTEN...
... STÜRZTE ER SICH OHNE ZU ZÖGERN VOR EINEN HERANRASENDEN LKW...
... UND KAM DABEI UMS LEBEN.

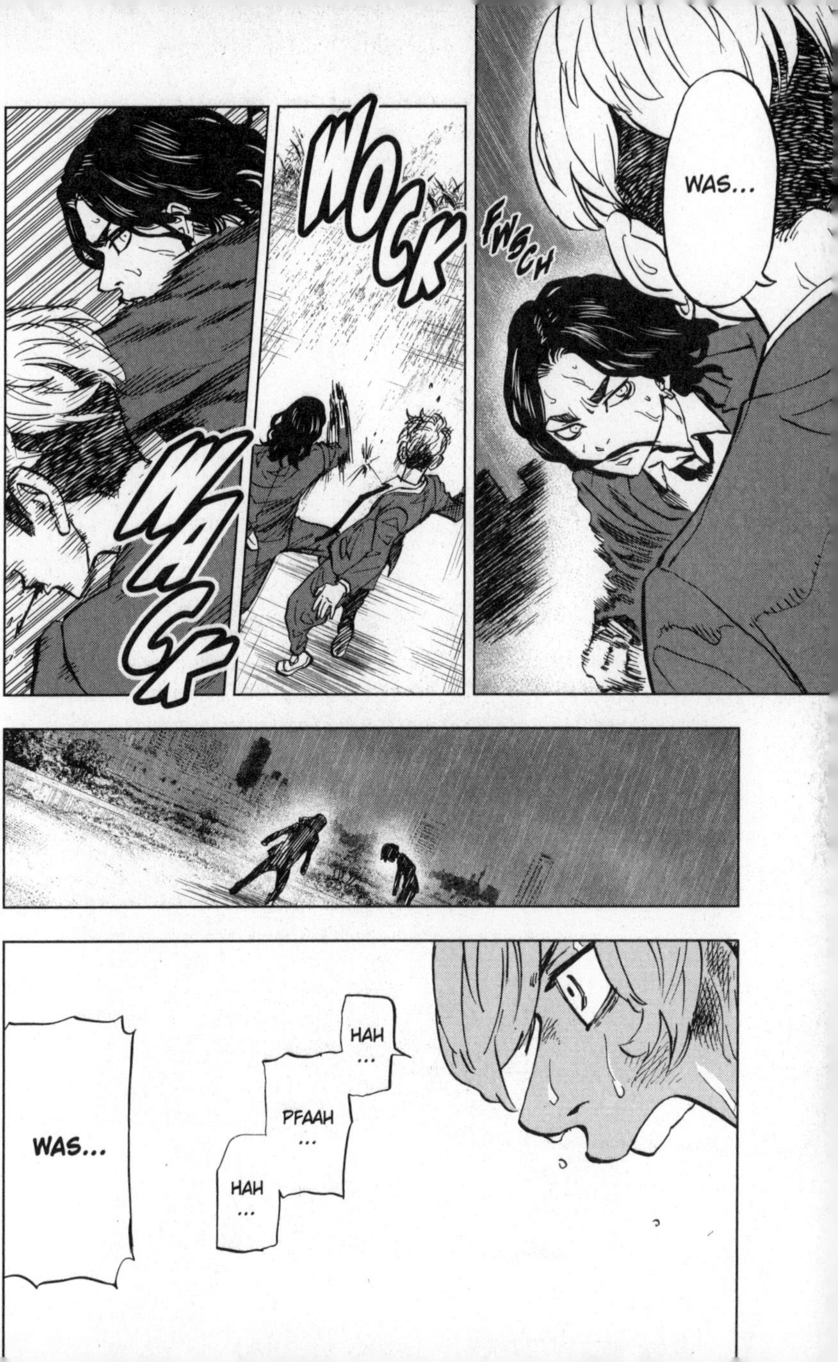
WAS...
FWSCH
WOCK
WACK
HAH...
PFAAH...
HAH...
WAS...

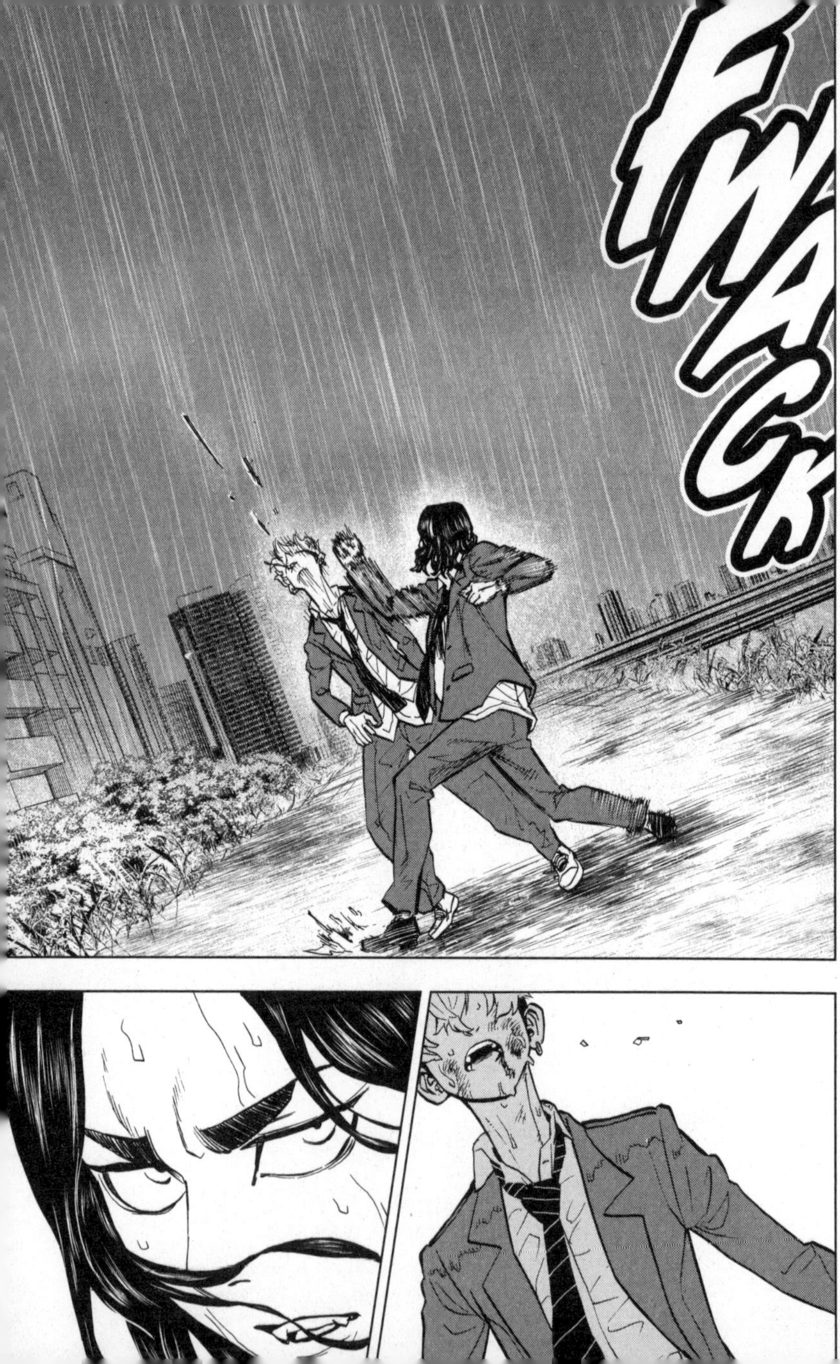

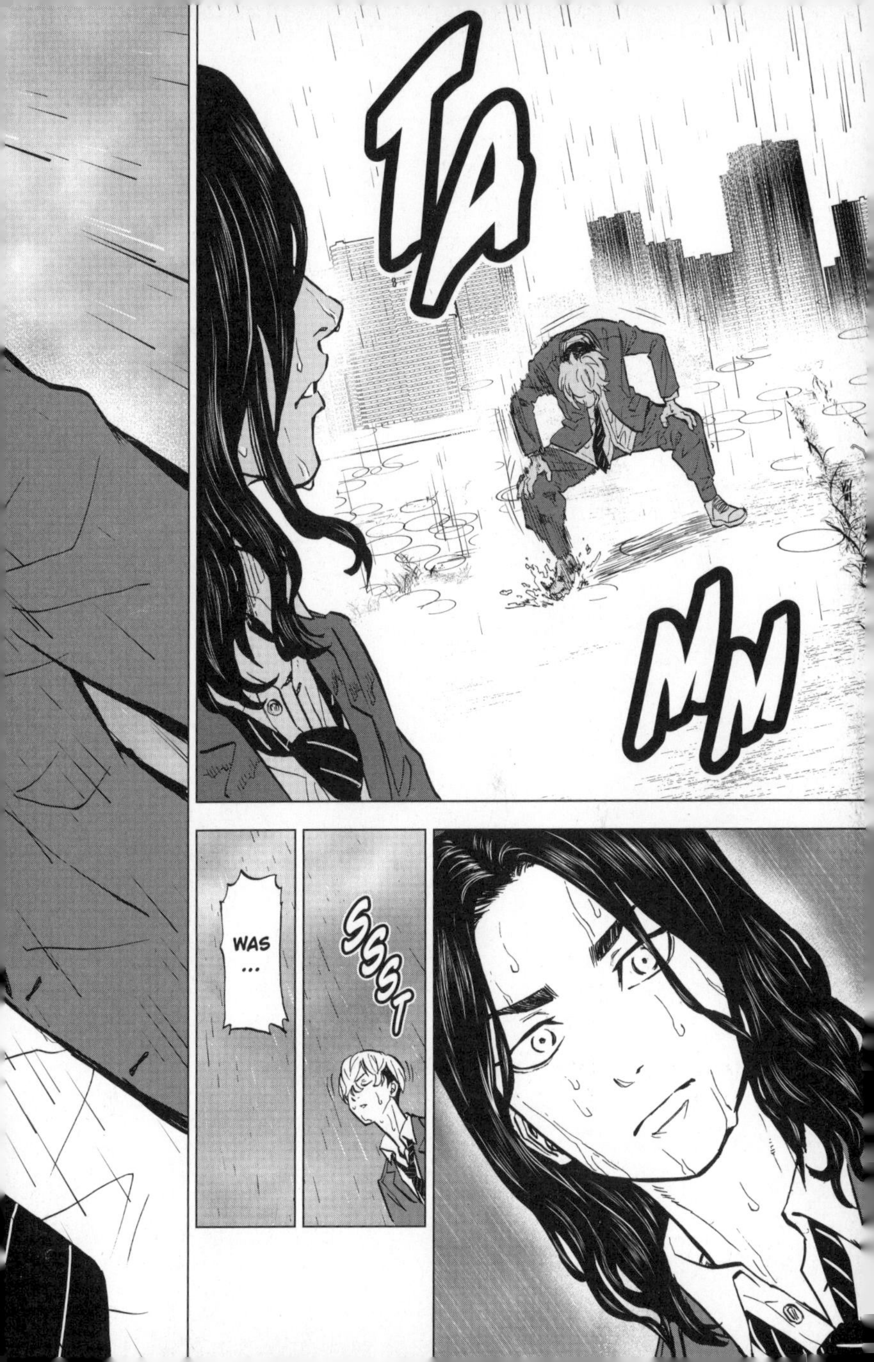
TA
MM
WAS ...
SSST

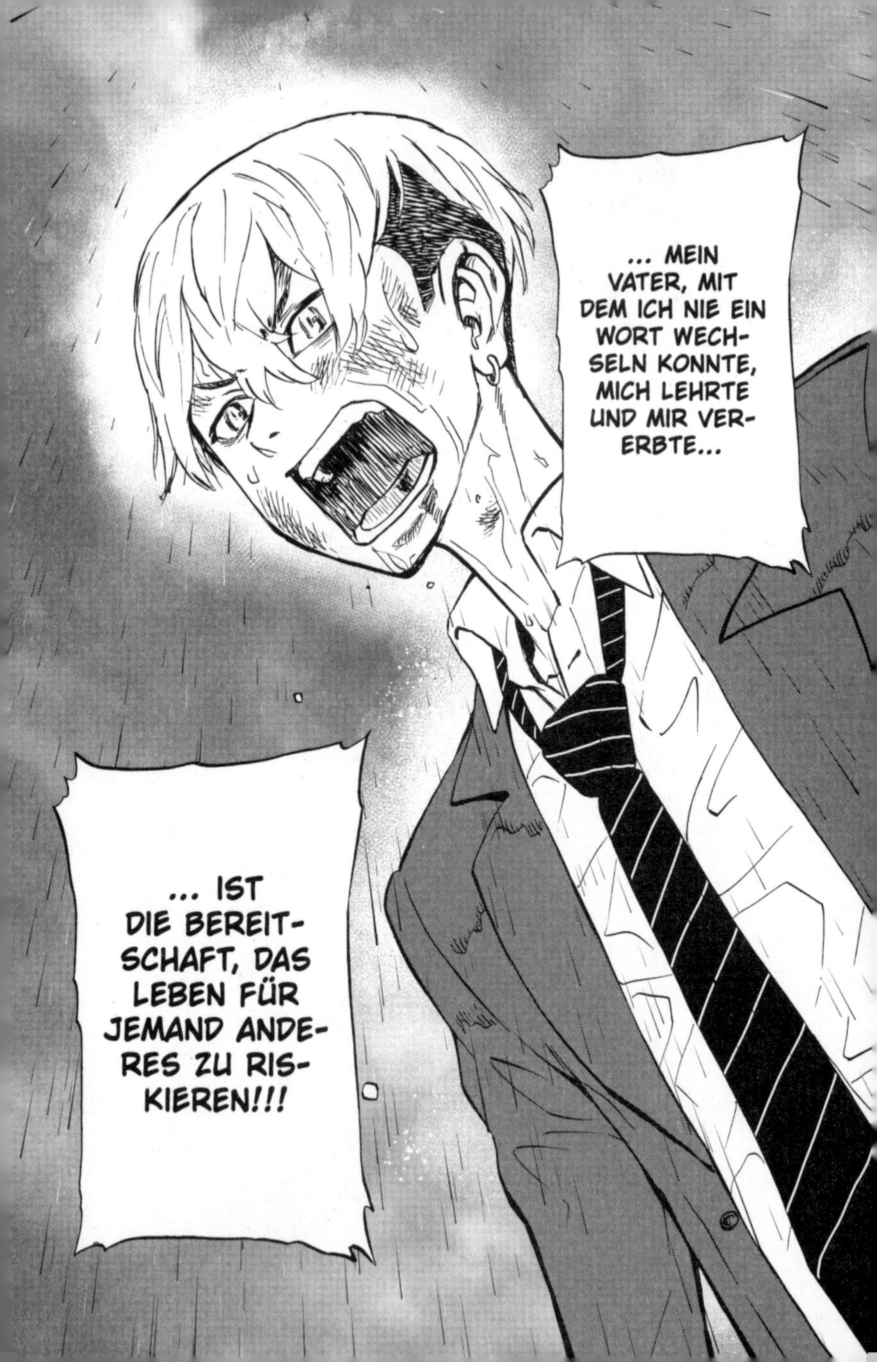
... MEIN VATER, MIT DEM ICH NIE EIN WORT WECHSELN KONNTE, MICH LEHRTE UND MIR VERERBTE...
... IST DIE BEREITSCHAFT, DAS LEBEN FÜR JEMAND ANDERES ZU RISKIEREN!!!

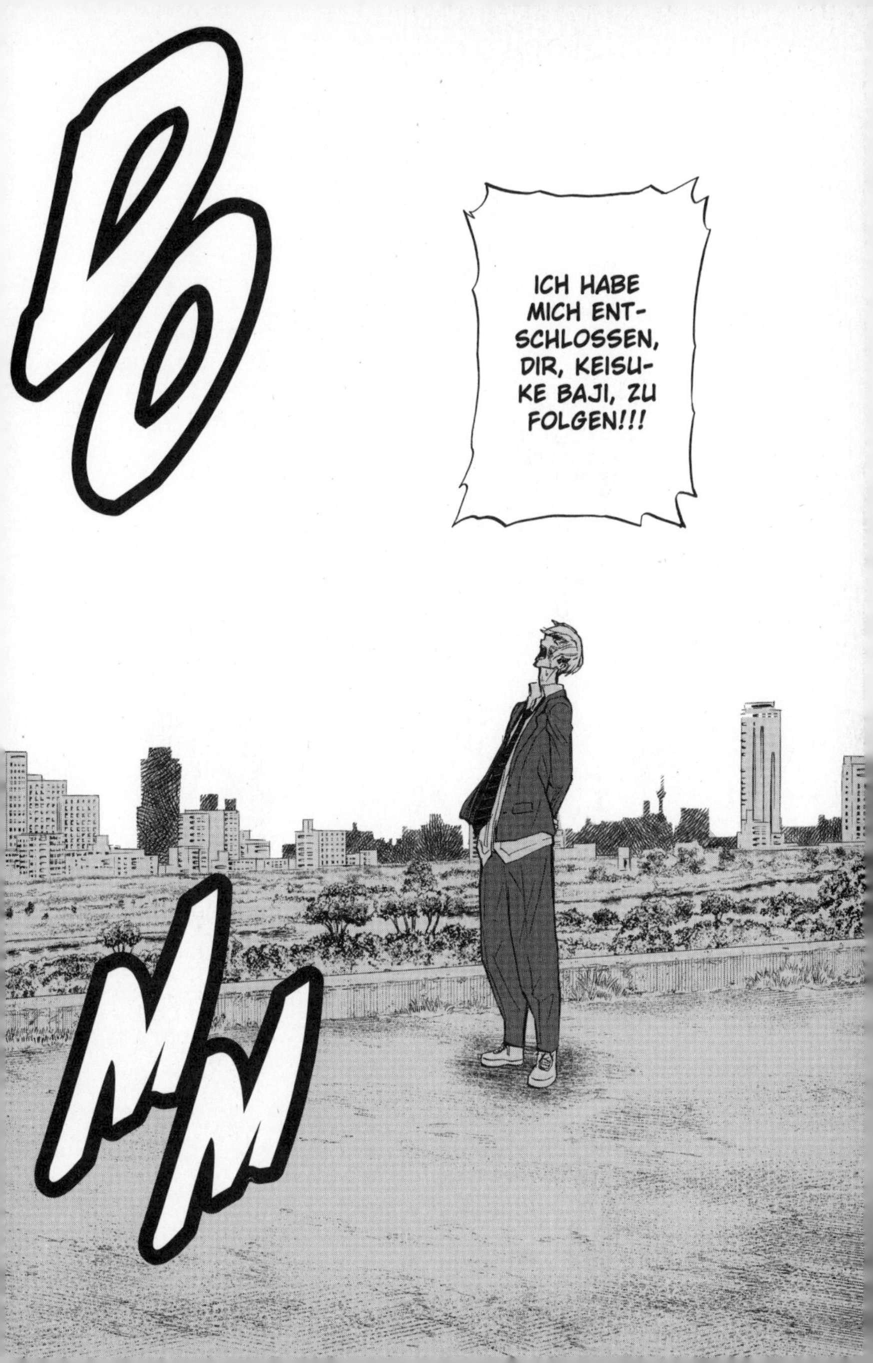
ICH HABE MICH ENT-SCHLOSSEN, DIR, KEISU-KE BAJI, ZU FOLGEN!!!
DOMM

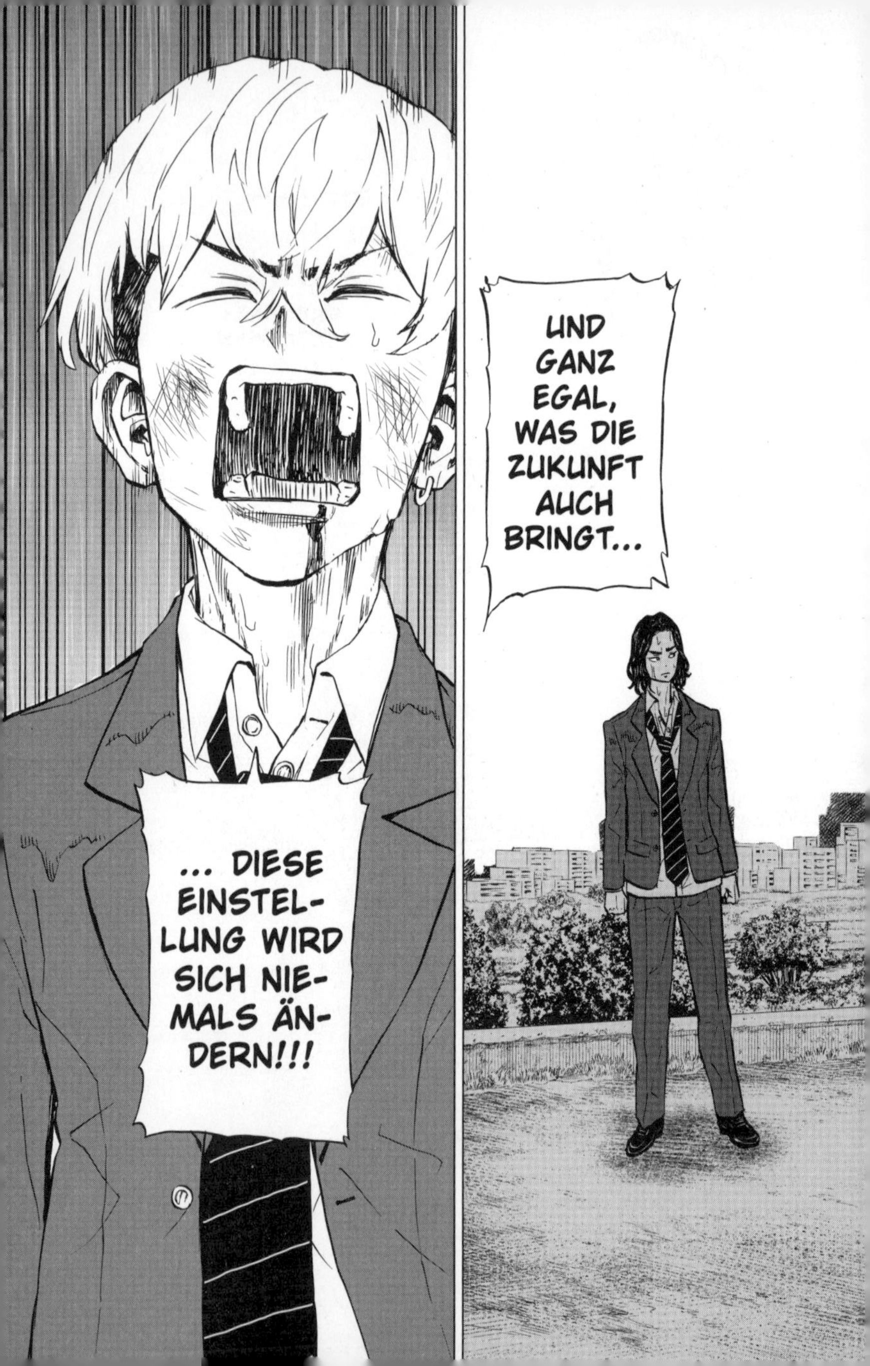
UND GANZ EGAL, WAS DIE ZUKUNFT AUCH BRINGT...
... DIESE EINSTELLUNG WIRD SICH NIEMALS ÄNDERN!!!

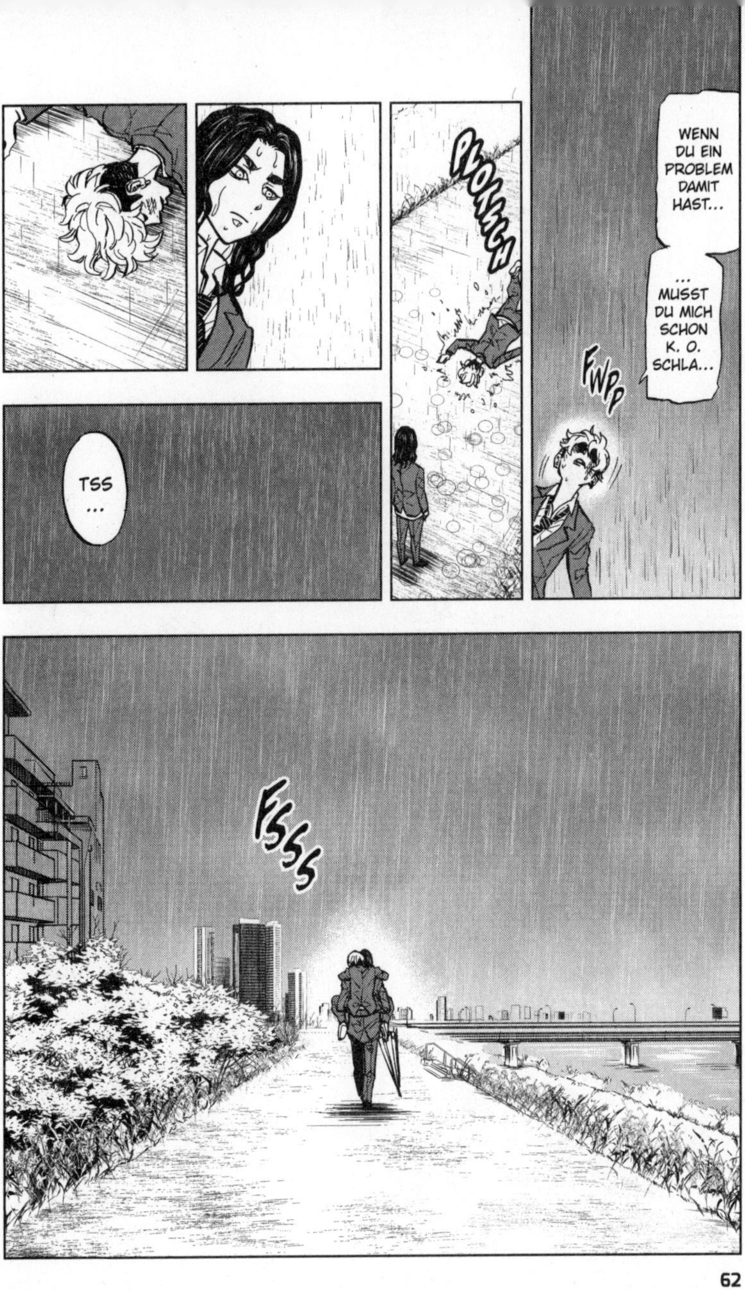
WENN DU EIN PROBLEM DAMIT HAST…
… MUSST DU MICH SCHON K. O. SCHLA…
FWPP
PLOMCH
TSS …
FSSS

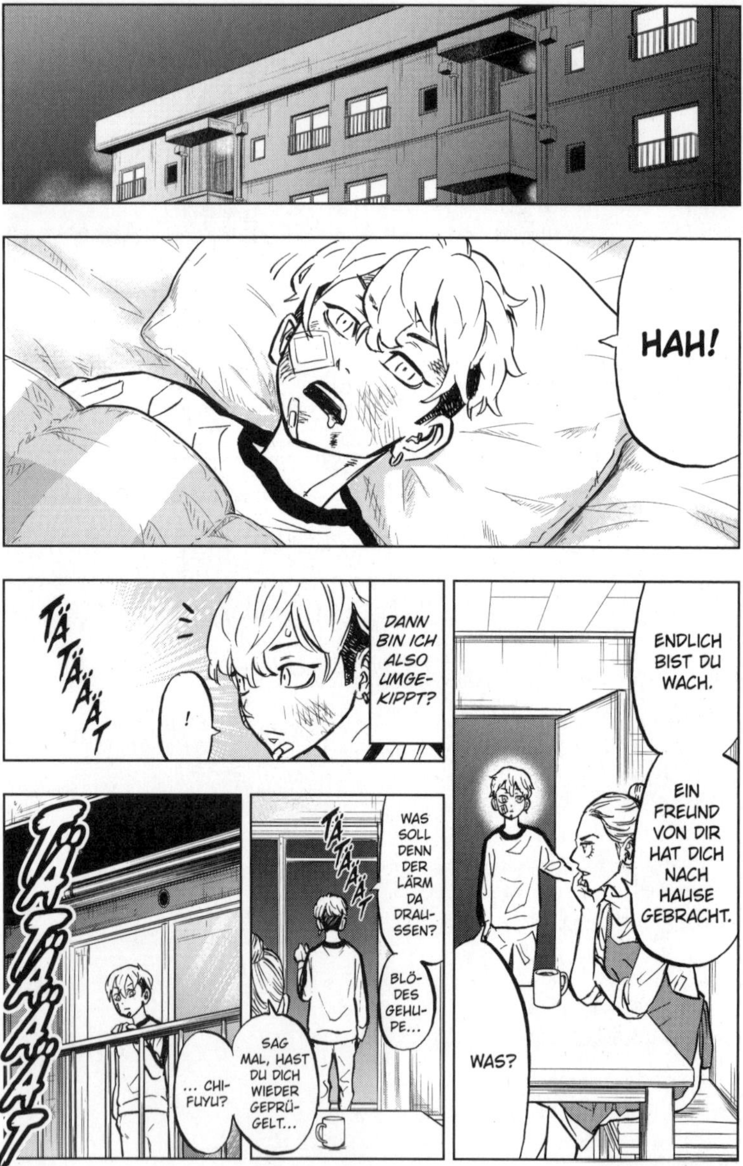
HAH!
ENDLICH BIST DU WACH.
EIN FREUND VON DIR HAT DICH NACH HAUSE GEBRACHT.
WAS?
DANN BIN ICH ALSO UMGE-KIPPT?
!
TÄTÄÄÄT
WAS SOLL DENN DER LÄRM DA DRAU-SSEN?
BLÖ-DES GEHU-PE…
TÄTÄÄÄT
SAG MAL, HAST DU DICH WIEDER GEPRÜ-GELT…
… CHI-FUYU?
TÄTÄÄÄT

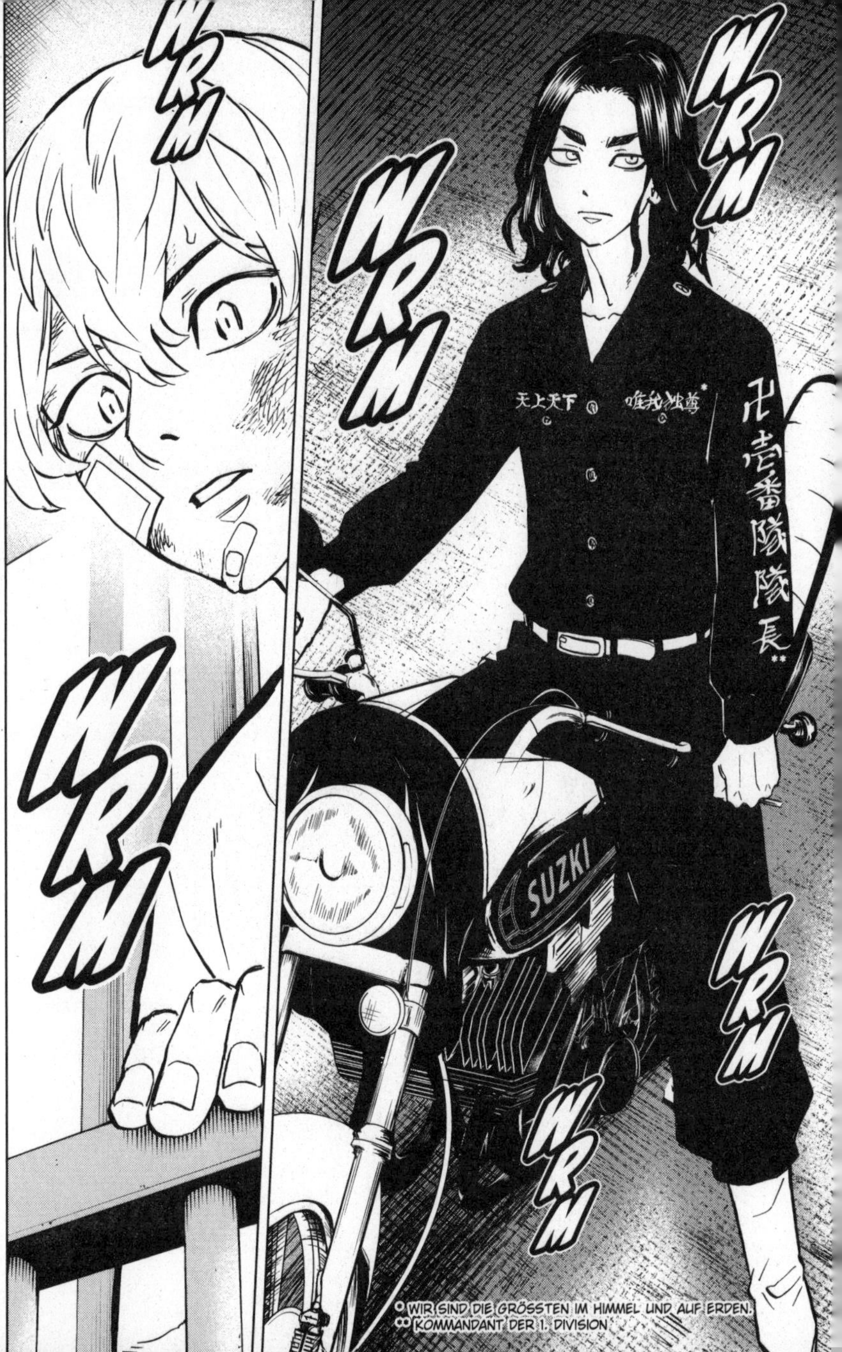
WRM
WRM
天上天下 唯我独尊*
卍壱番隊隊長**
WRM
WRM
WRM
WRM
WRM
* WIR SIND DIE GRÖSSTEN IM HIMMEL UND AUF ERDEN.
** KOMMANDANT DER 1. DIVISION

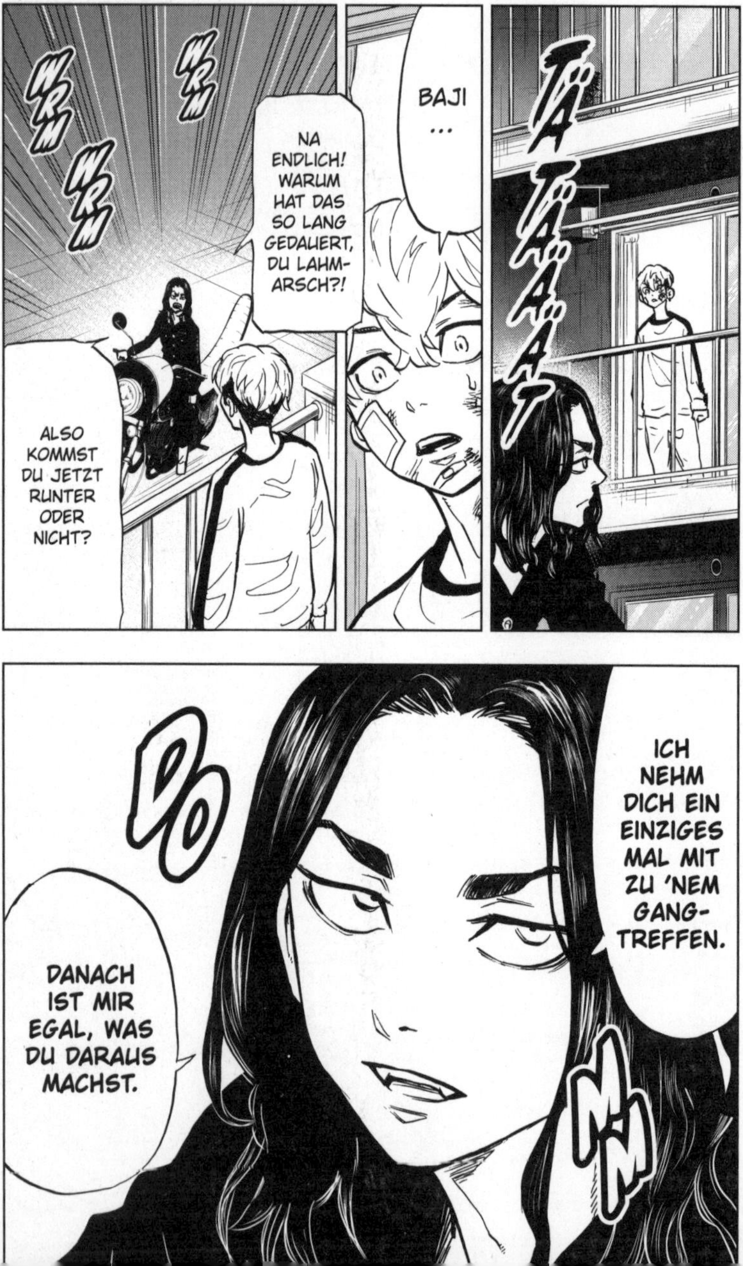
BAJI …
NA ENDLICH! WARUM HAT DAS SO LANG GEDAUERT, DU LAHM-ARSCH?!
WRM WRM WRM
ALSO KOMMST DU JETZT RUNTER ODER NICHT?
ICH NEHM DICH EIN EINZIGES MAL MIT ZU 'NEM GANG-TREFFEN.
DO
DANACH IST MIR EGAL, WAS DU DARAUS MACHST.

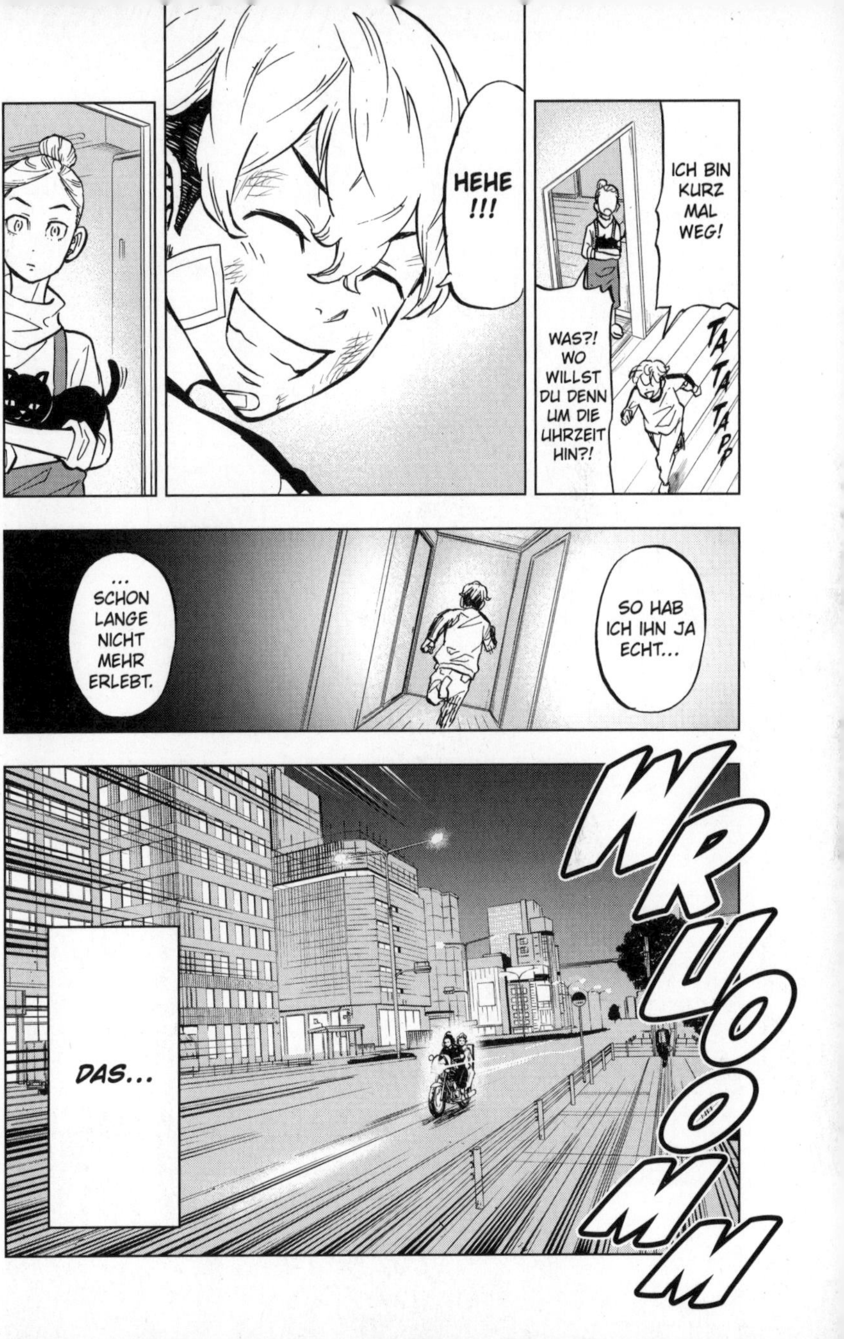
ICH BIN KURZ MAL WEG!
WAS?! WO WILLST DU DENN UM DIE UHRZEIT HIN?!
TATATAPP
HEHE !!!
SO HAB ICH IHN JA ECHT...
... SCHON LANGE NICHT MEHR ERLEBT.
WRUOOMM
DAS...

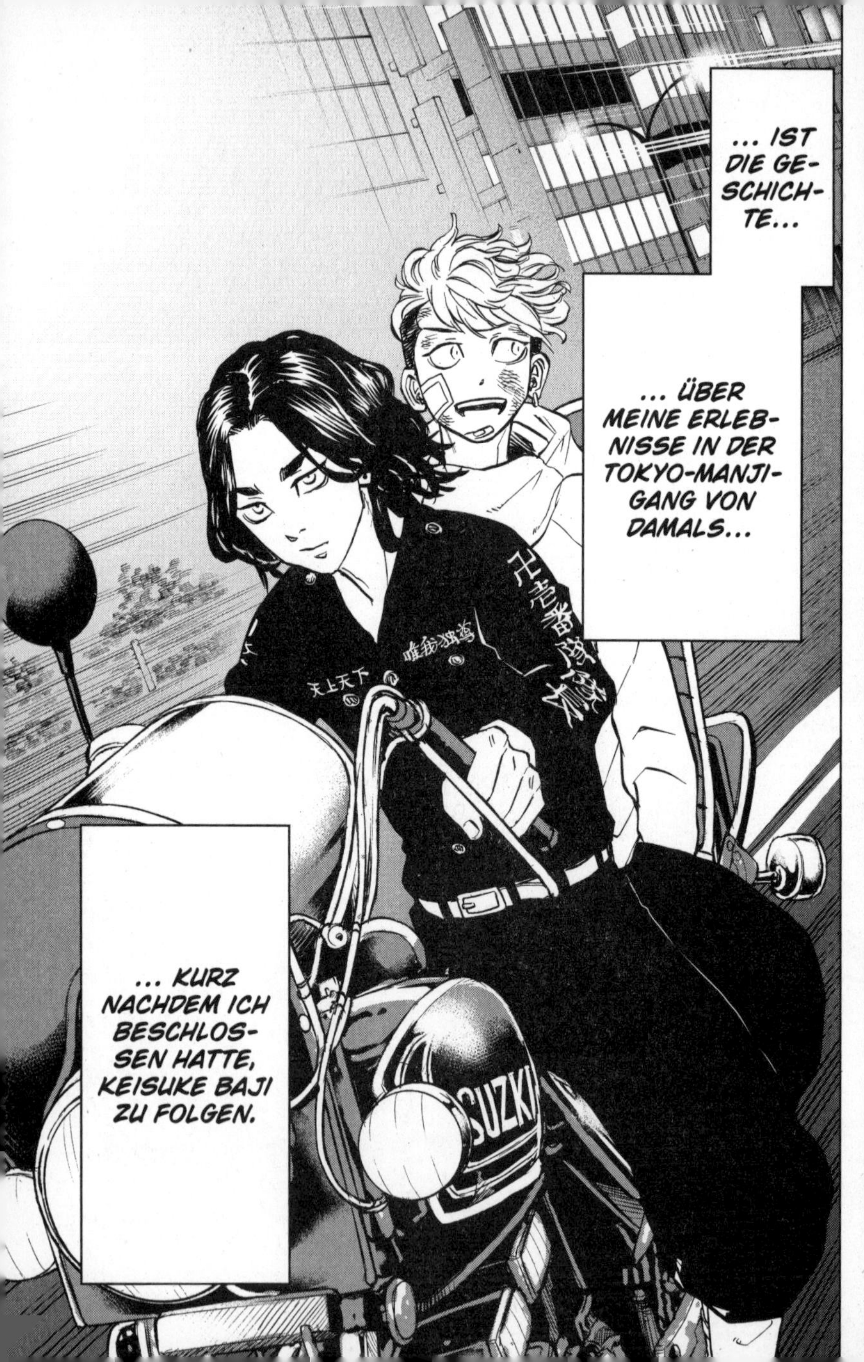
... IST DIE GESCHICHTE...
... ÜBER MEINE ERLEBNISSE IN DER TOKYO-MANJI-GANG VON DAMALS...
... KURZ NACHDEM ICH BESCHLOSSEN HATTE, KEISUKE BAJI ZU FOLGEN.

Tokyo Revengers

BAJIS BRIEF

Kapitel 2: The Heel

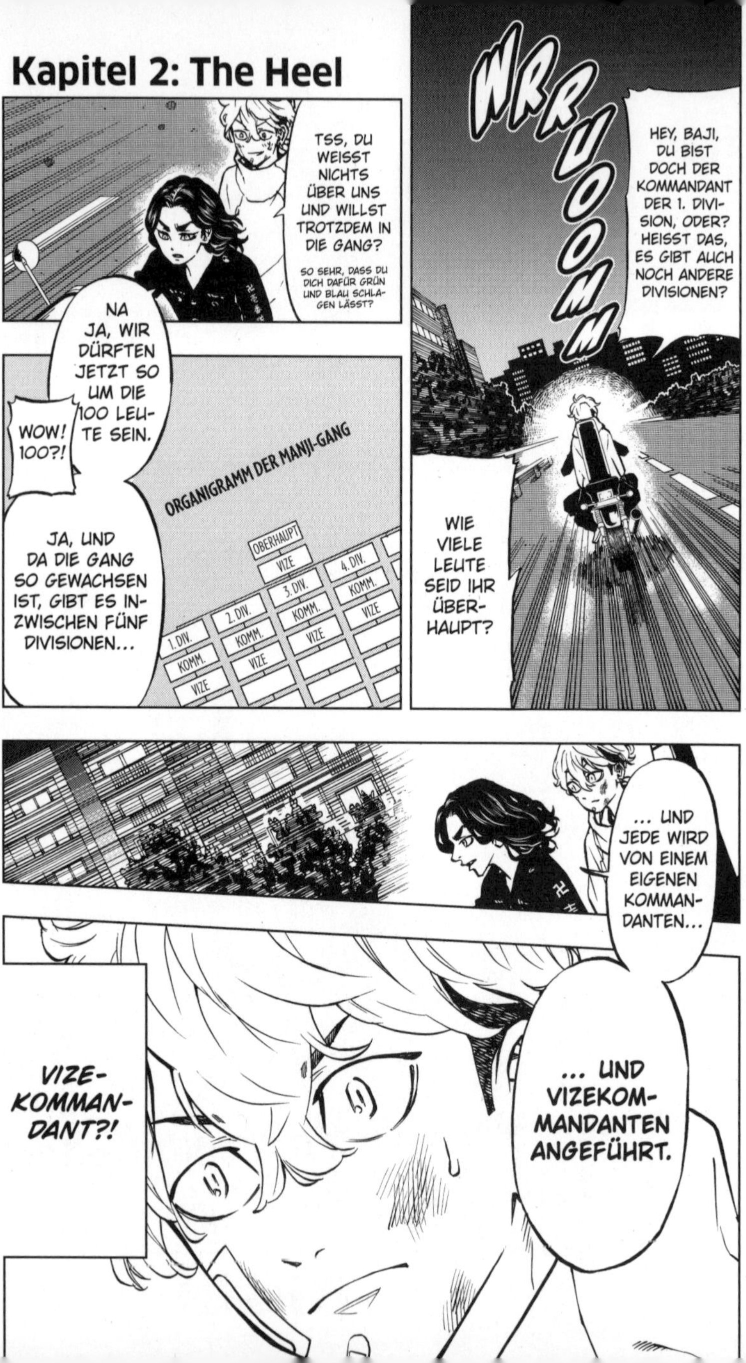

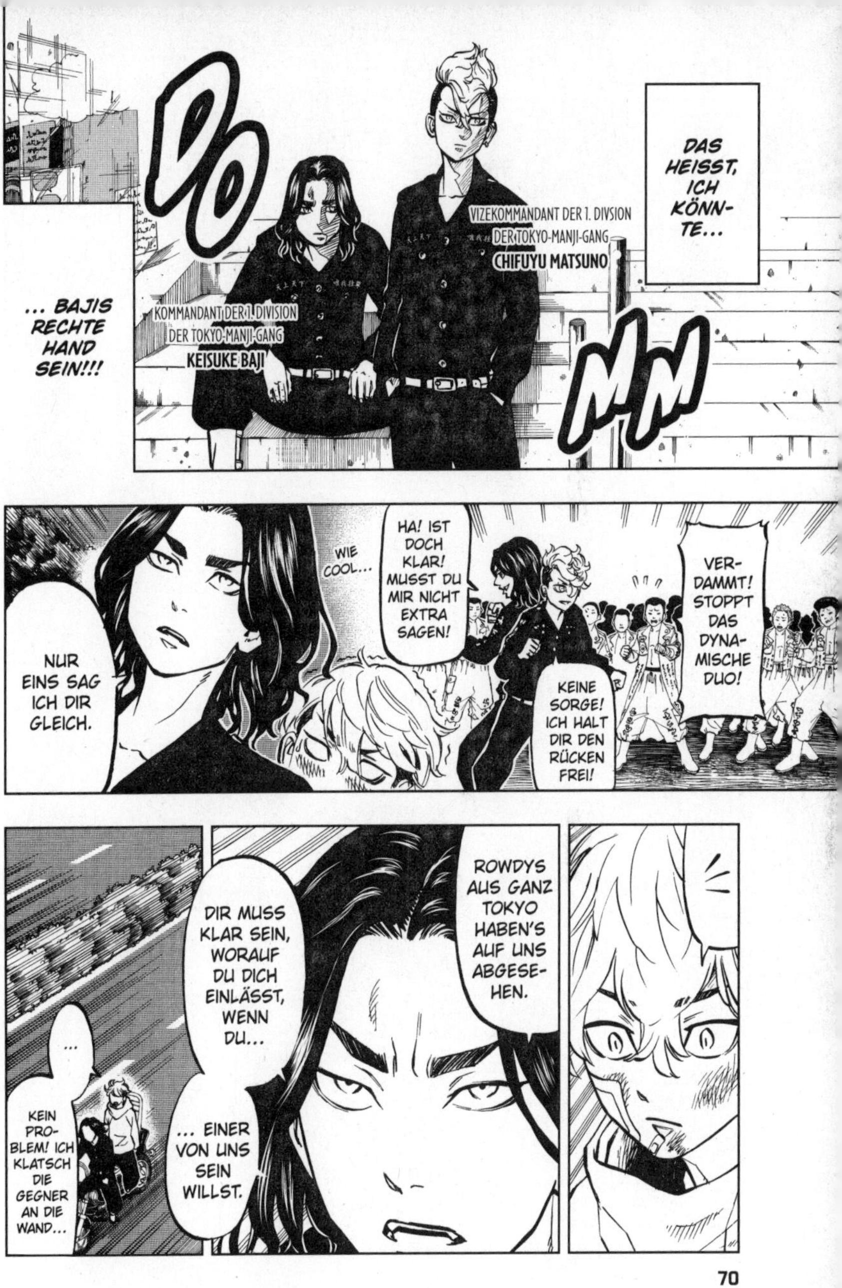
DAS HEISST, ICH KÖNNTE…
VIZEKOMMANDANT DER 1. DIVSION DER TOKYO-MANJI-GANG CHIFUYU MATSUNO
KOMMANDANT DER 1. DIVISION DER TOKYO-MANJI-GANG KEISUKE BAJI
… BAJIS RECHTE HAND SEIN!!!
VERDAMMT! STOPPT DAS DYNAMISCHE DUO!
KEINE SORGE! ICH HALT DIR DEN RÜCKEN FREI!
HA! IST DOCH KLAR! MUSST DU MIR NICHT EXTRA SAGEN!
WIE COOL…
NUR EINS SAG ICH DIR GLEICH.
ROWDYS AUS GANZ TOKYO HABEN'S AUF UNS ABGESEHEN.
DIR MUSS KLAR SEIN, WORAUF DU DICH EINLÄSST, WENN DU…
… EINER VON UNS SEIN WILLST.
…
KEIN PROBLEM! ICH KLATSCH DIE GEGNER AN DIE WAND…

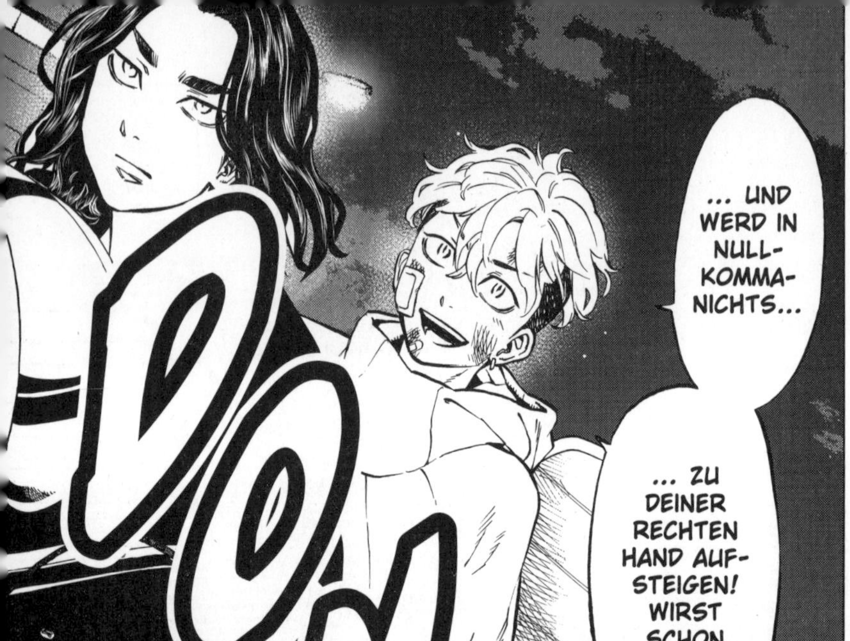
... UND WERD IN NULL-KOMMA-NICHTS...
... ZU DEINER RECHTEN HAND AUF-STEIGEN! WIRST SCHON SEHEN!
DOMM
神卍風*

* GÖTTERWIND

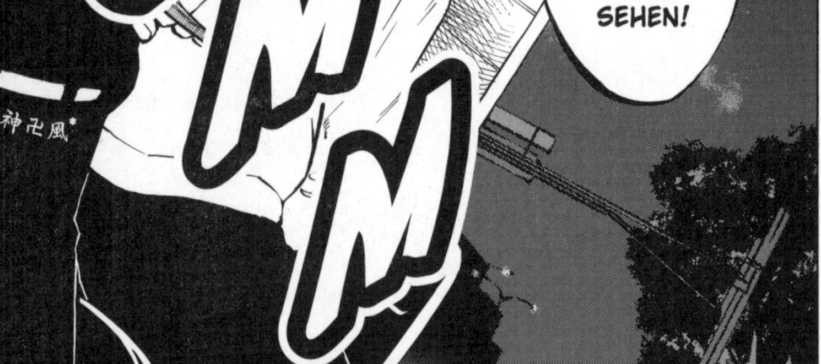
WIR SIND GLEICH DA. DA VORN UM DIE ECKE BEIM PARK.
DRÖPP
OH...
OKAY...
ER HAT MICH IGNO-RIERT!

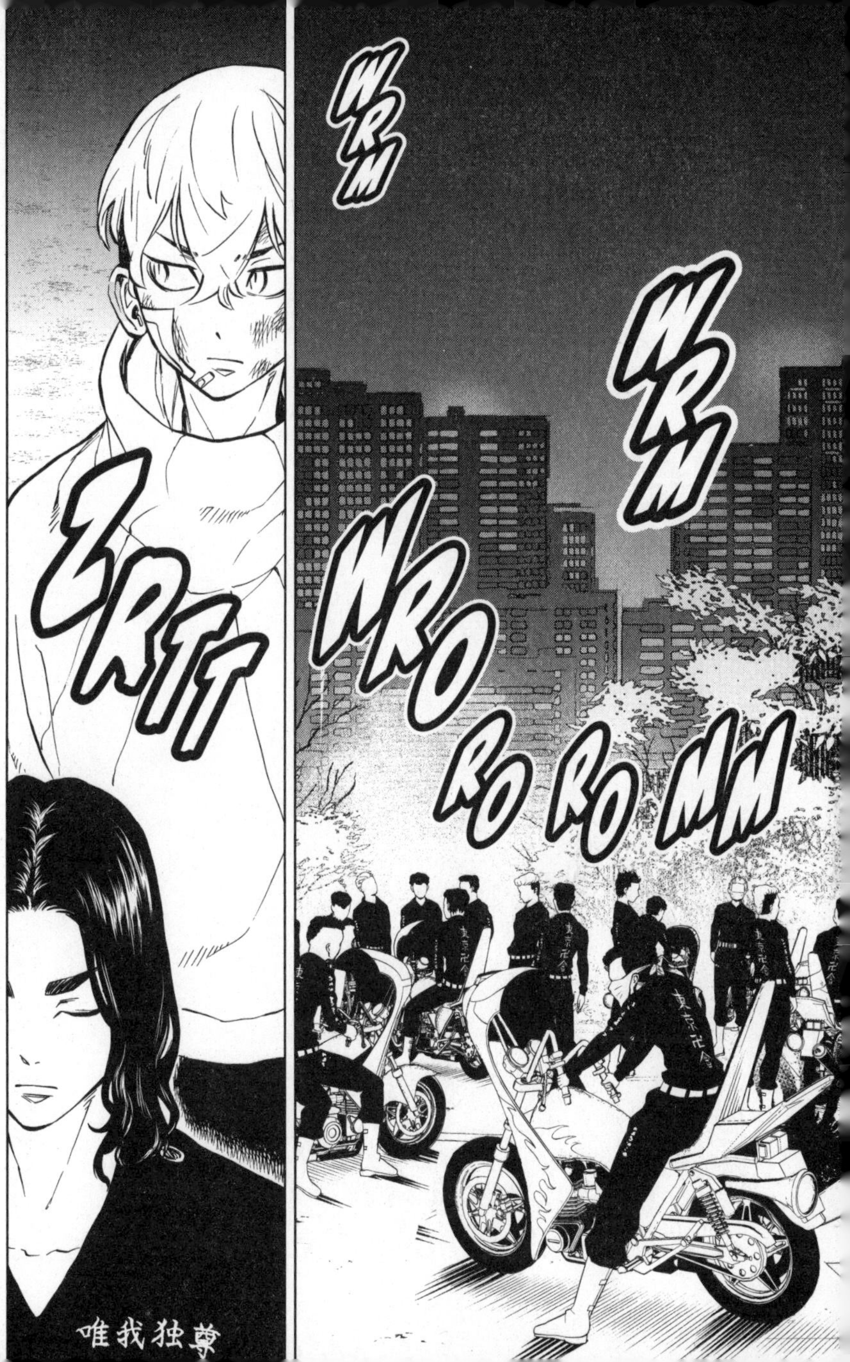
WRM
WRM
WROROROMM
ZRTT
唯我独尊

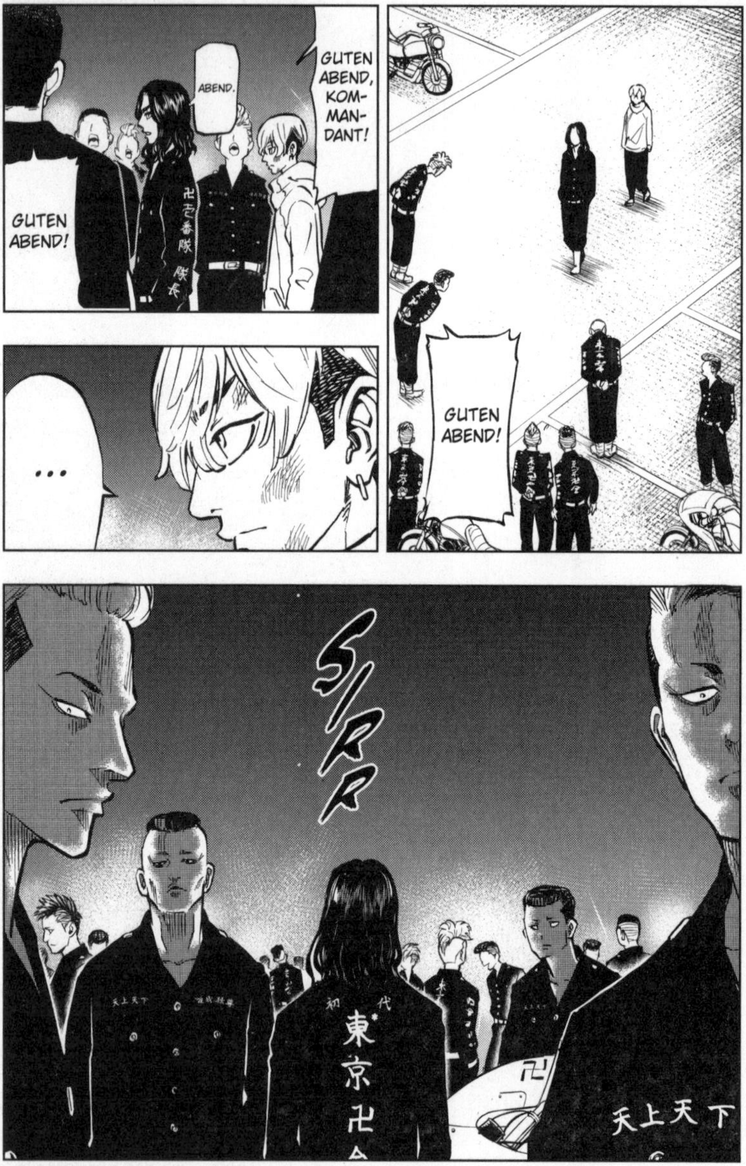

* (1. GENERATION) TOKYO-MANJI-GANG

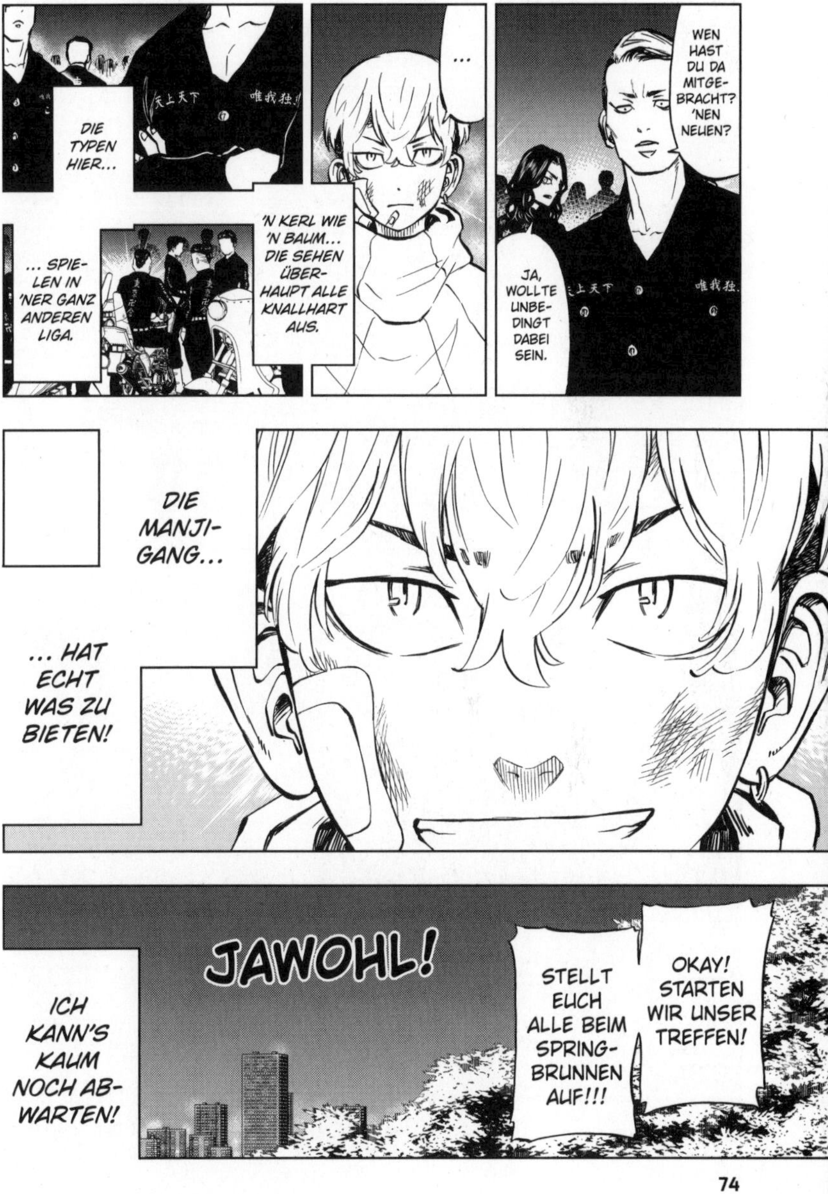
WEN HAST DU DA MITGE-BRACHT? 'NEN NEUEN?
JA, WOLLTE UNBE-DINGT DABEI SEIN.
...
'N KERL WIE 'N BAUM... DIE SEHEN ÜBER-HAUPT ALLE KNALLHART AUS.
DIE TYPEN HIER...
... SPIE-LEN IN 'NER GANZ ANDEREN LIGA.
DIE MANJI-GANG...
... HAT ECHT WAS ZU BIETEN!
OKAY! STARTEN WIR UNSER TREFFEN!
STELLT EUCH ALLE BEIM SPRING-BRUNNEN AUF!!!
JAWOHL!
ICH KANN'S KAUM NOCH AB-WARTEN!

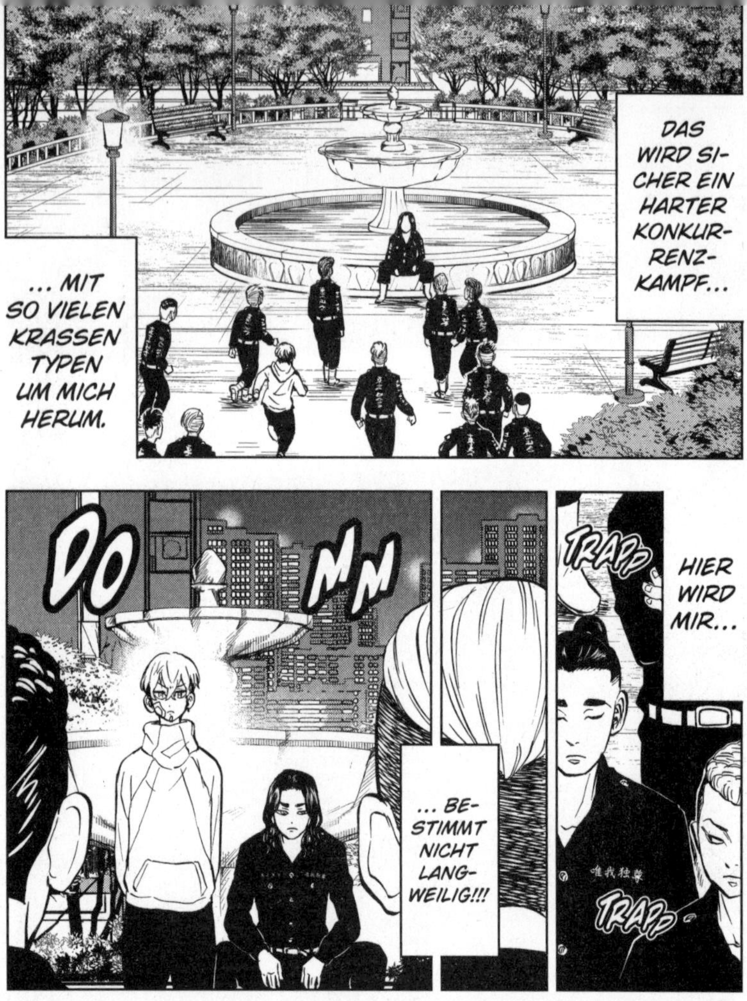
DAS WIRD SICHER EIN HARTER KONKURRENZKAMPF…
… MIT SO VIELEN KRASSEN TYPEN UM MICH HERUM.
TRAPP
HIER WIRD MIR…
TRAPP
… BESTIMMT NICHT LANGWEILIG!!!
DOMM
…
HEY.
JA, BITTE?
WAS KANN ICH FÜR DICH TUN?

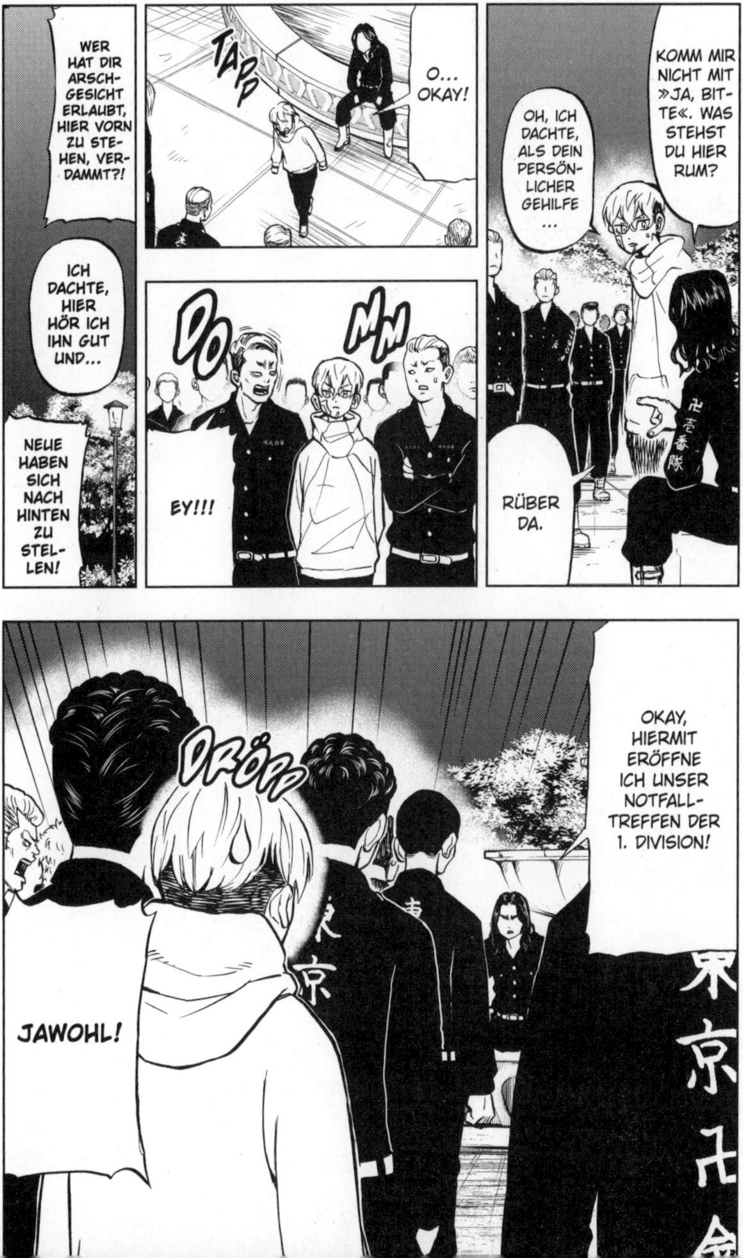
KOMM MIR NICHT MIT »JA, BITTE«. WAS STEHST DU HIER RUM?
OH, ICH DACHTE, ALS DEIN PERSÖNLICHER GEHILFE ...
RÜBER DA.
O... OKAY!
TAPP
DOMM
EY!!!
WER HAT DIR ARSCHGESICHT ERLAUBT, HIER VORN ZU STEHEN, VERDAMMT?!
ICH DACHTE, HIER HÖR ICH IHN GUT UND...
NEUE HABEN SICH NACH HINTEN ZU STELLEN!
OKAY, HIERMIT ERÖFFNE ICH UNSER NOTFALLTREFFEN DER 1. DIVISION!
DRÖPP
JAWOHL!

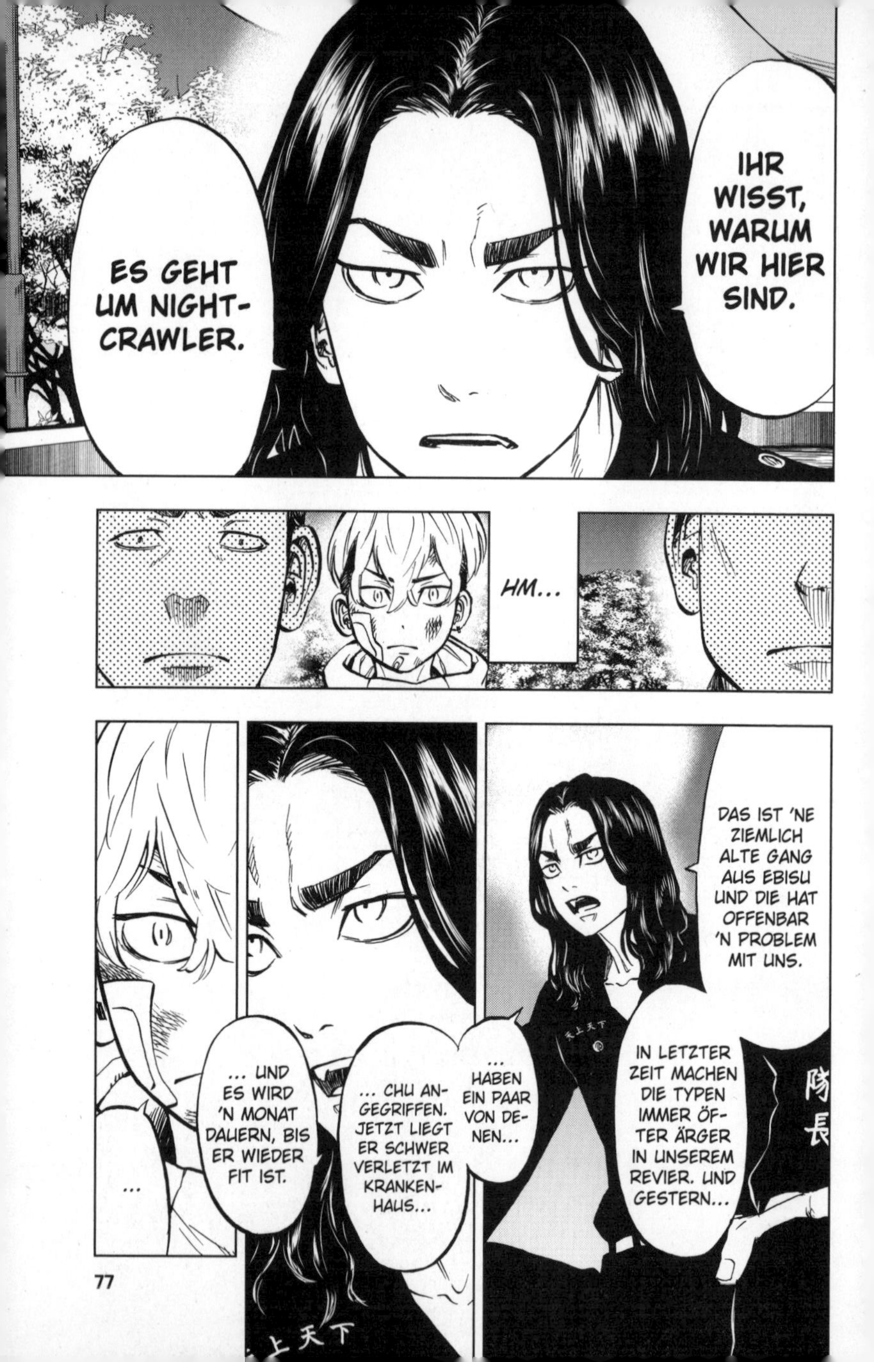
IHR WISST, WARUM WIR HIER SIND.
ES GEHT UM NIGHT-CRAWLER.
HM...
DAS IST 'NE ZIEMLICH ALTE GANG AUS EBISU UND DIE HAT OFFENBAR 'N PROBLEM MIT UNS.
IN LETZTER ZEIT MACHEN DIE TYPEN IMMER ÖFTER ÄRGER IN UNSEREM REVIER. UND GESTERN...
... HABEN EIN PAAR VON DENEN...
... CHU ANGEGRIFFEN. JETZT LIEGT ER SCHWER VERLETZT IM KRANKENHAUS...
... UND ES WIRD 'N MONAT DAUERN, BIS ER WIEDER FIT IST.
...

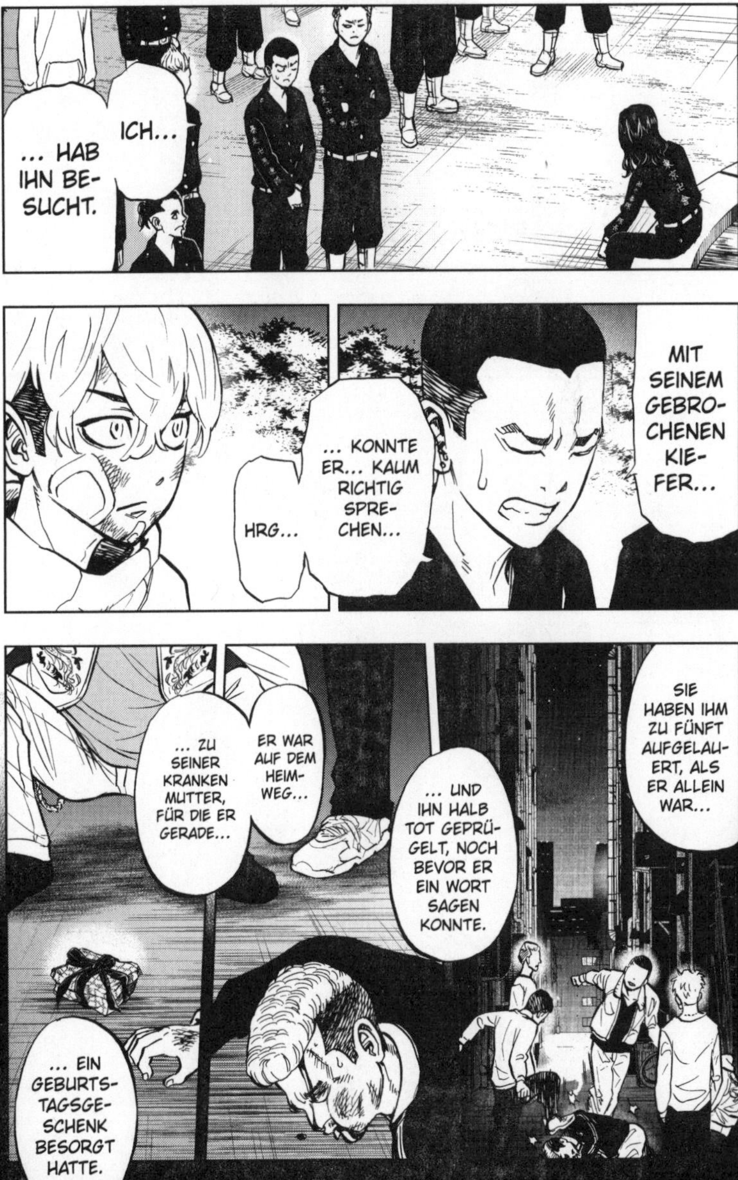
ICH…
… HAB IHN BE-SUCHT.
MIT SEINEM GEBRO-CHENEN KIE-FER…
… KONNTE ER… KAUM RICHTIG SPRE-CHEN…
HRG…
SIE HABEN IHM ZU FÜNFT AUFGELAU-ERT, ALS ER ALLEIN WAR…
… UND IHN HALB TOT GEPRÜ-GELT, NOCH BEVOR ER EIN WORT SAGEN KONNTE.
ER WAR AUF DEM HEIM-WEG…
… ZU SEINER KRANKEN MUTTER, FÜR DIE ER GERADE…
… EIN GEBURTS-TAGSGE-SCHENK BESORGT HATTE.

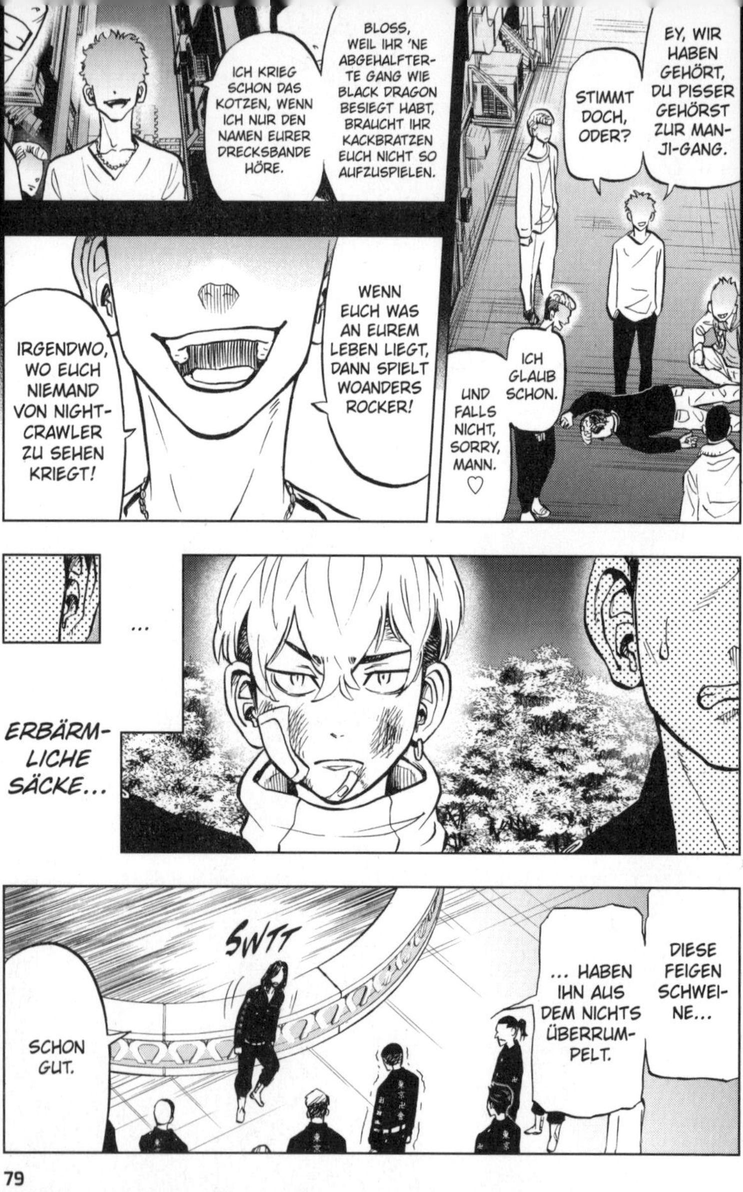
EY, WIR HABEN GEHÖRT, DU PISSER GEHÖRST ZUR MANJI-GANG.
STIMMT DOCH, ODER?
BLOSS, WEIL IHR 'NE ABGEHALFTERTE GANG WIE BLACK DRAGON BESIEGT HABT, BRAUCHT IHR KACKBRATZEN EUCH NICHT SO AUFZUSPIELEN.
ICH KRIEG SCHON DAS KOTZEN, WENN ICH NUR DEN NAMEN EURER DRECKSBANDE HÖRE.
ICH GLAUB SCHON.
UND FALLS NICHT, SORRY, MANN. ♡
WENN EUCH WAS AN EUREM LEBEN LIEGT, DANN SPIELT WOANDERS ROCKER!
IRGENDWO, WO EUCH NIEMAND VON NIGHTCRAWLER ZU SEHEN KRIEGT!
...
ERBÄRMLICHE SÄCKE...
DIESE FEIGEN SCHWEINE...
... HABEN IHN AUS DEM NICHTS ÜBERRUMPELT.
SWTT
SCHON GUT.

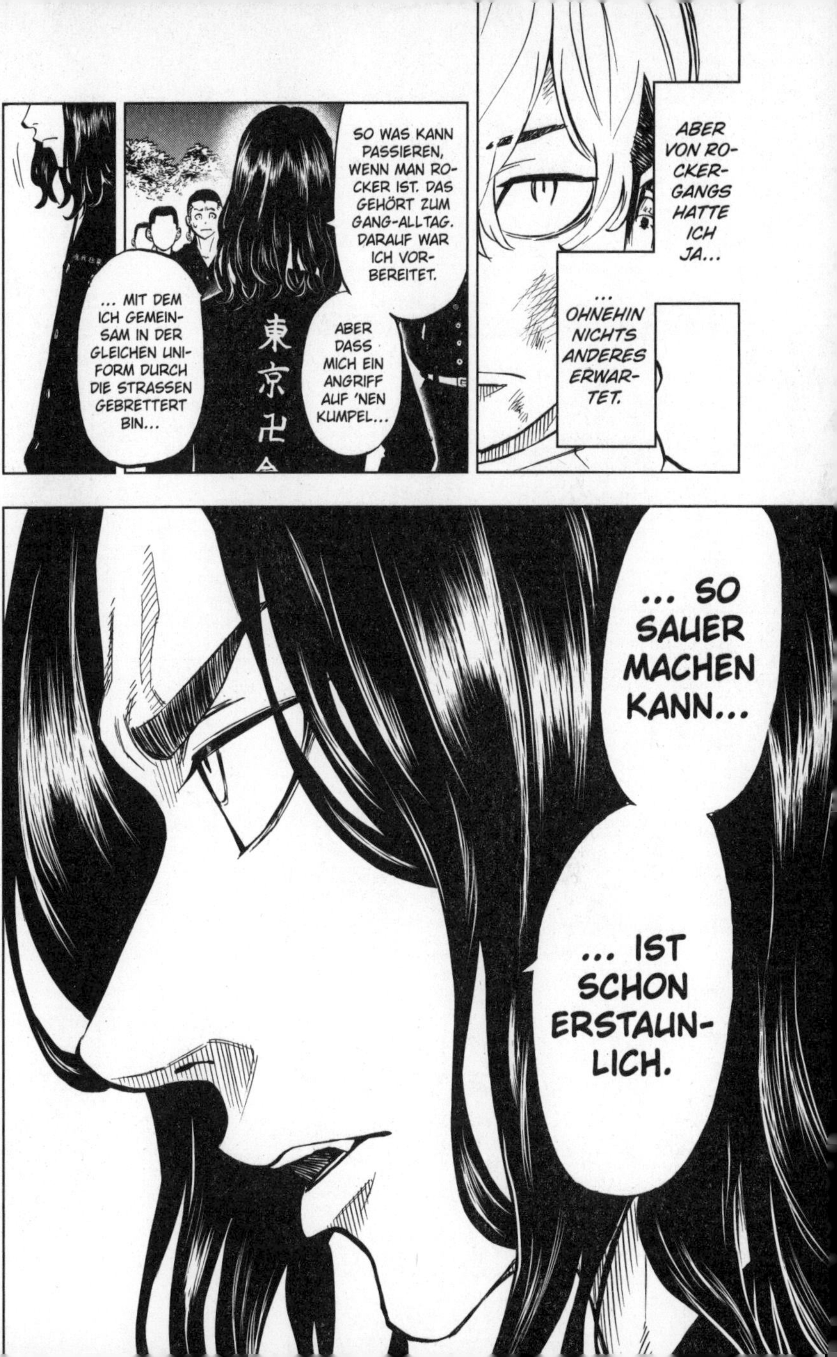
ABER VON ROCKER-GANGS HATTE ICH JA...
... OHNEHIN NICHTS ANDERES ERWARTET.
SO WAS KANN PASSIEREN, WENN MAN ROCKER IST. DAS GEHÖRT ZUM GANG-ALLTAG. DARAUF WAR ICH VORBEREITET.
東京卍
ABER DASS MICH EIN ANGRIFF AUF 'NEN KUMPEL...
... MIT DEM ICH GEMEINSAM IN DER GLEICHEN UNIFORM DURCH DIE STRASSEN GEBRETTERT BIN...
... SO SAUER MACHEN KANN...
... IST SCHON ERSTAUNLICH.

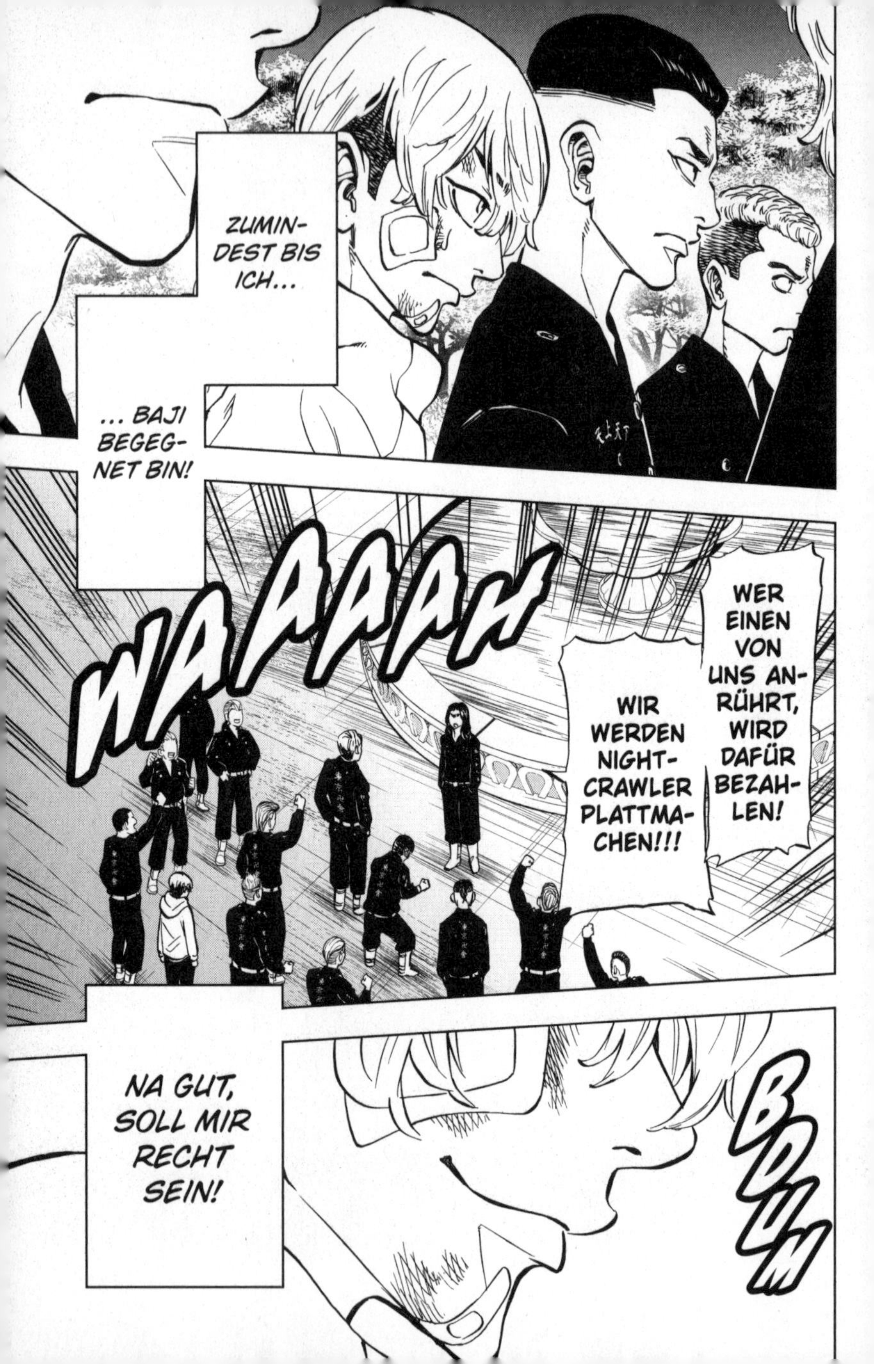
ZUMINDEST BIS ICH…
… BAJI BEGEGNET BIN!
WAAAAH
WER EINEN VON UNS ANRÜHRT, WIRD DAFÜR BEZAHLEN!
WIR WERDEN NIGHTCRAWLER PLATTMACHEN!!!
NA GUT, SOLL MIR RECHT SEIN!
BDUM

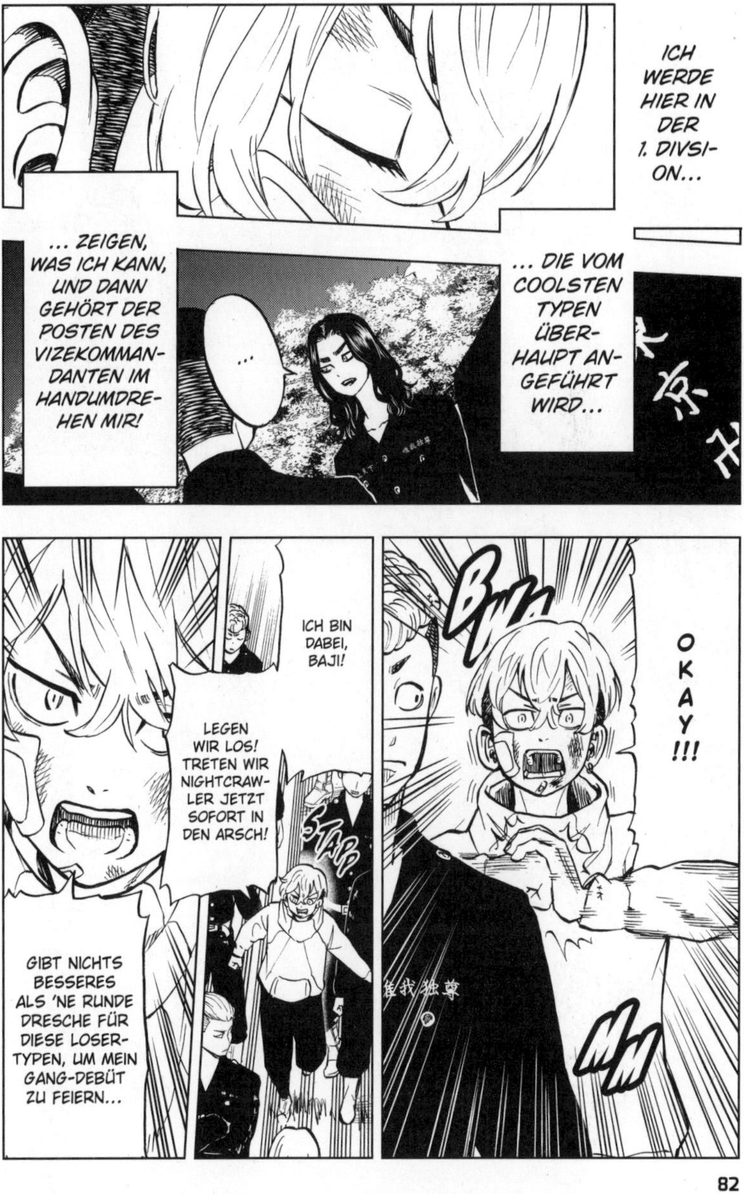
ICH WERDE HIER IN DER 1. DIVSI-ON...
... DIE VOM COOLSTEN TYPEN ÜBER-HAUPT AN-GEFÜHRT WIRD...
...
... ZEIGEN, WAS ICH KANN, UND DANN GEHÖRT DER POSTEN DES VIZEKOMMAN-DANTEN IM HANDUMDRE-HEN MIR!
OKAY!!!
ICH BIN DABEI, BAJI!
LEGEN WIR LOS! TRETEN WIR NIGHTCRAW-LER JETZT SOFORT IN DEN ARSCH!
GIBT NICHTS BESSERES ALS 'NE RUNDE DRESCHE FÜR DIESE LOSER-TYPEN, UM MEIN GANG-DEBÜT ZU FEIERN...

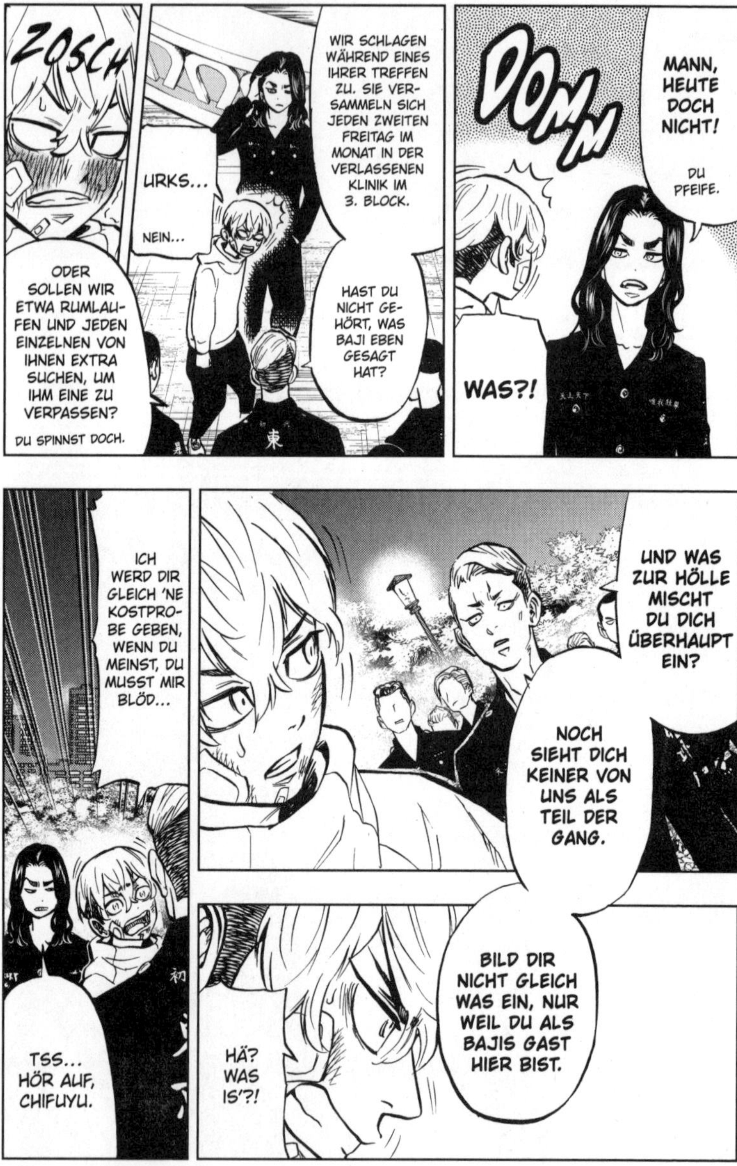
DOMM
MANN, HEUTE DOCH NICHT!
DU PFEIFE.
WAS?!
WIR SCHLAGEN WÄHREND EINES IHRER TREFFEN ZU. SIE VERSAMMELN SICH JEDEN ZWEITEN FREITAG IM MONAT IN DER VERLASSENEN KLINIK IM 3. BLOCK.
URKS...
NEIN...
HAST DU NICHT GEHÖRT, WAS BAJI EBEN GESAGT HAT?
ZOSCH
ODER SOLLEN WIR ETWA RUMLAUFEN UND JEDEN EINZELNEN VON IHNEN EXTRA SUCHEN, UM IHM EINE ZU VERPASSEN?
DU SPINNST DOCH.
UND WAS ZUR HÖLLE MISCHT DU DICH ÜBERHAUPT EIN?
NOCH SIEHT DICH KEINER VON UNS ALS TEIL DER GANG.
BILD DIR NICHT GLEICH WAS EIN, NUR WEIL DU ALS BAJIS GAST HIER BIST.
HÄ? WAS IS'?!
ICH WERD DIR GLEICH 'NE KOSTPROBE GEBEN, WENN DU MEINST, DU MUSST MIR BLÖD...
TSS... HÖR AUF, CHIFUYU.

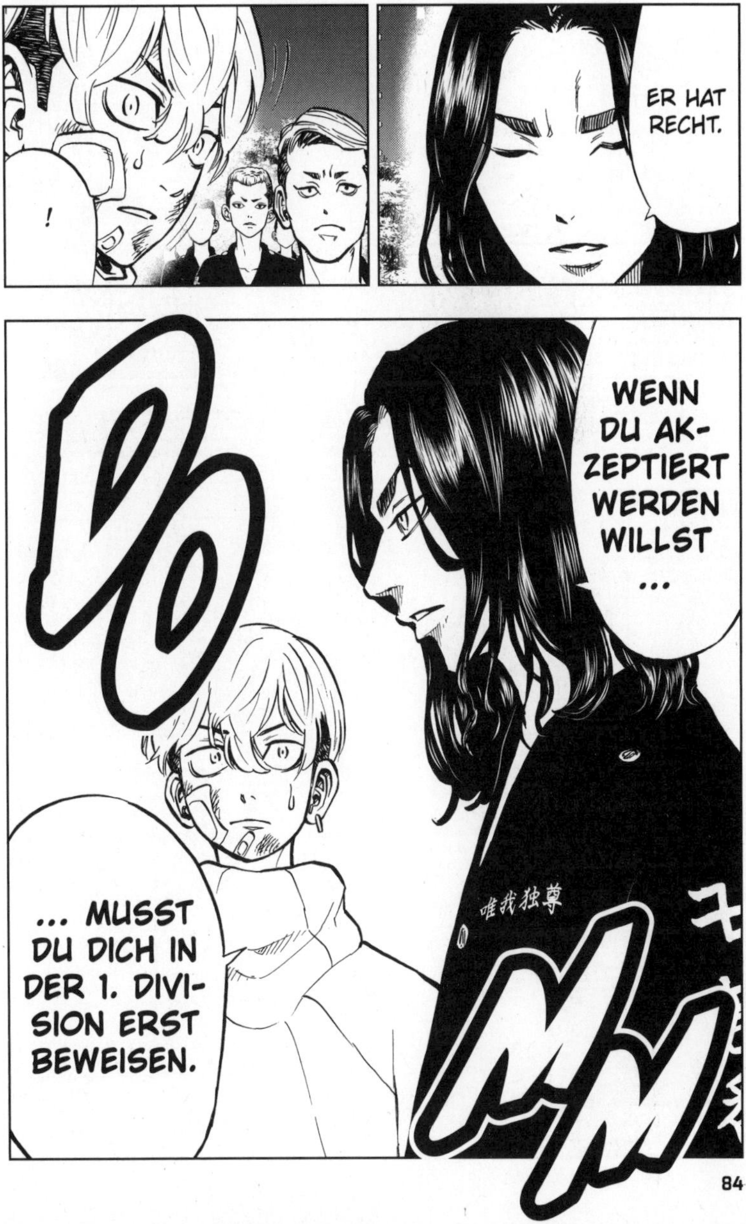
ER HAT RECHT.
!
WENN DU AKZEPTIERT WERDEN WILLST ...
... MUSST DU DICH IN DER 1. DIVISION ERST BEWEISEN.
唯我独尊

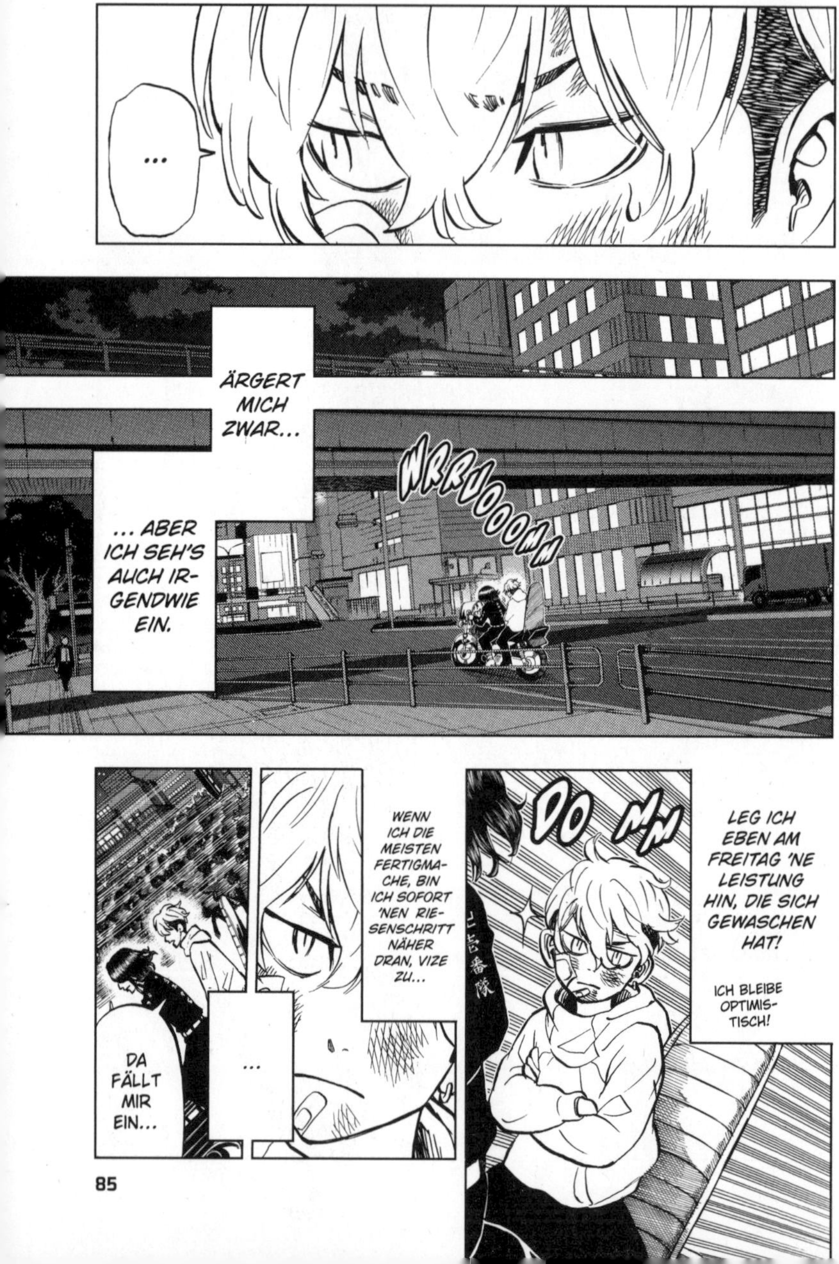
...
ÄRGERT MICH ZWAR...
WRRUOOOMM
... ABER ICH SEH'S AUCH IR-GENDWIE EIN.
DOMM
LEG ICH EBEN AM FREITAG 'NE LEISTUNG HIN, DIE SICH GEWASCHEN HAT!
ICH BLEIBE OPTIMIS-TISCH!
WENN ICH DIE MEISTEN FERTIGMA-CHE, BIN ICH SOFORT 'NEN RIE-SENSCHRITT NÄHER DRAN, VIZE ZU...
...
DA FÄLLT MIR EIN...

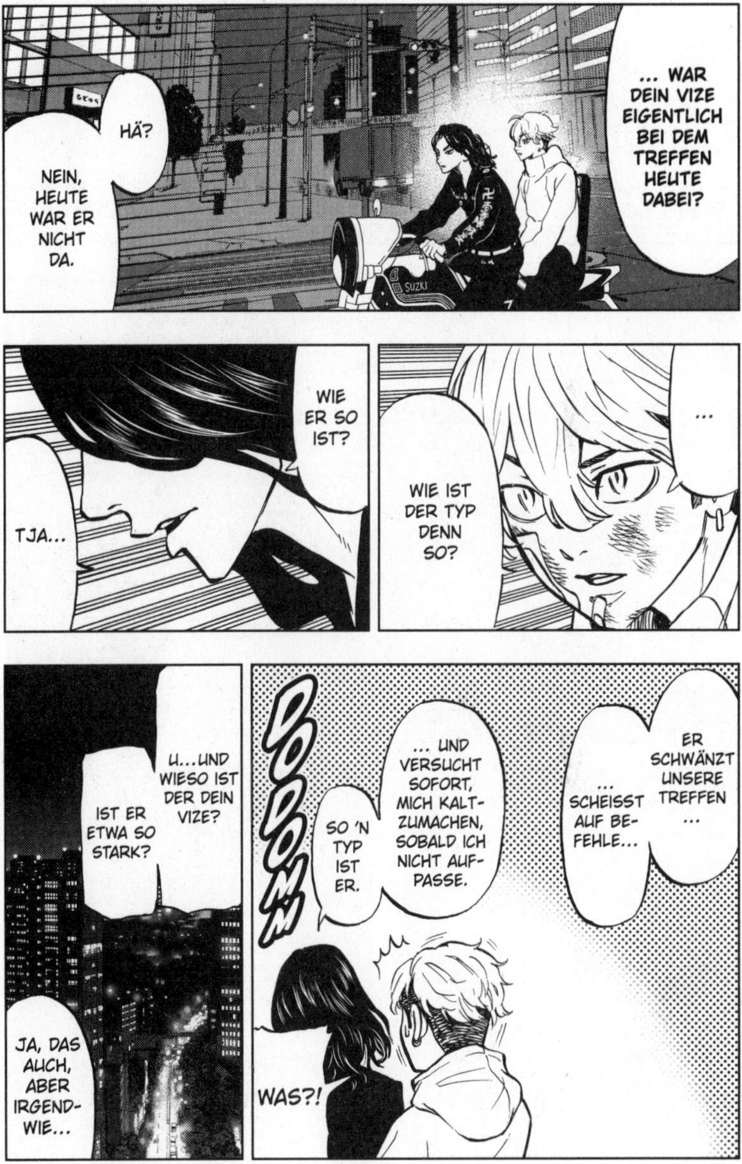
... WAR DEIN VIZE EIGENTLICH BEI DEM TREFFEN HEUTE DABEI?
HÄ?
NEIN, HEUTE WAR ER NICHT DA.
...
WIE IST DER TYP DENN SO?
WIE ER SO IST?
TJA...
ER SCHWÄNZT UNSERE TREFFEN ...
... SCHEISST AUF BE-FEHLE...
... UND VERSUCHT SOFORT, MICH KALT-ZUMACHEN, SOBALD ICH NICHT AUF-PASSE.
SO 'N TYP IST ER.
DODOMM
WAS?!
U...UND WIESO IST DER DEIN VIZE?
IST ER ETWA SO STARK?
JA, DAS AUCH, ABER IRGEND-WIE...

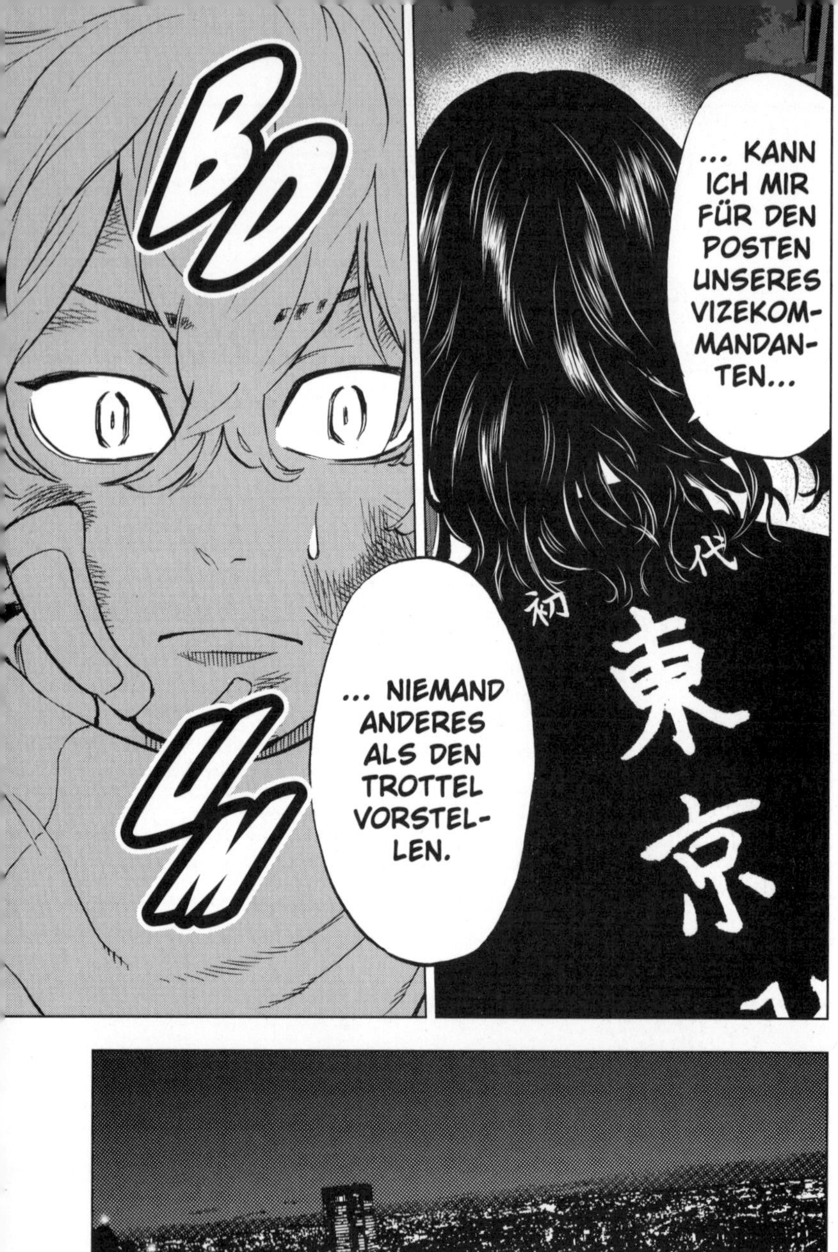
... KANN ICH MIR FÜR DEN POSTEN UNSERES VIZEKOMMANDANTEN...
BD
初代
東京
... NIEMAND ANDERES ALS DEN TROTTEL VORSTELLEN.
UM

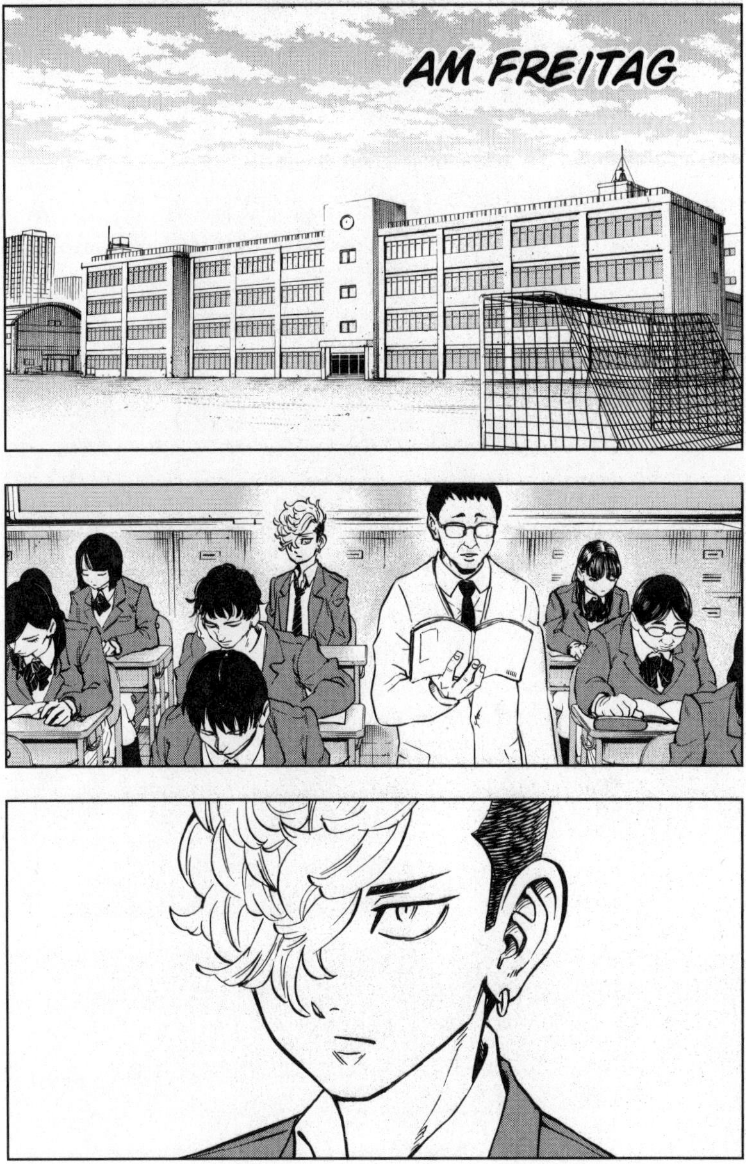
AM FREITAG

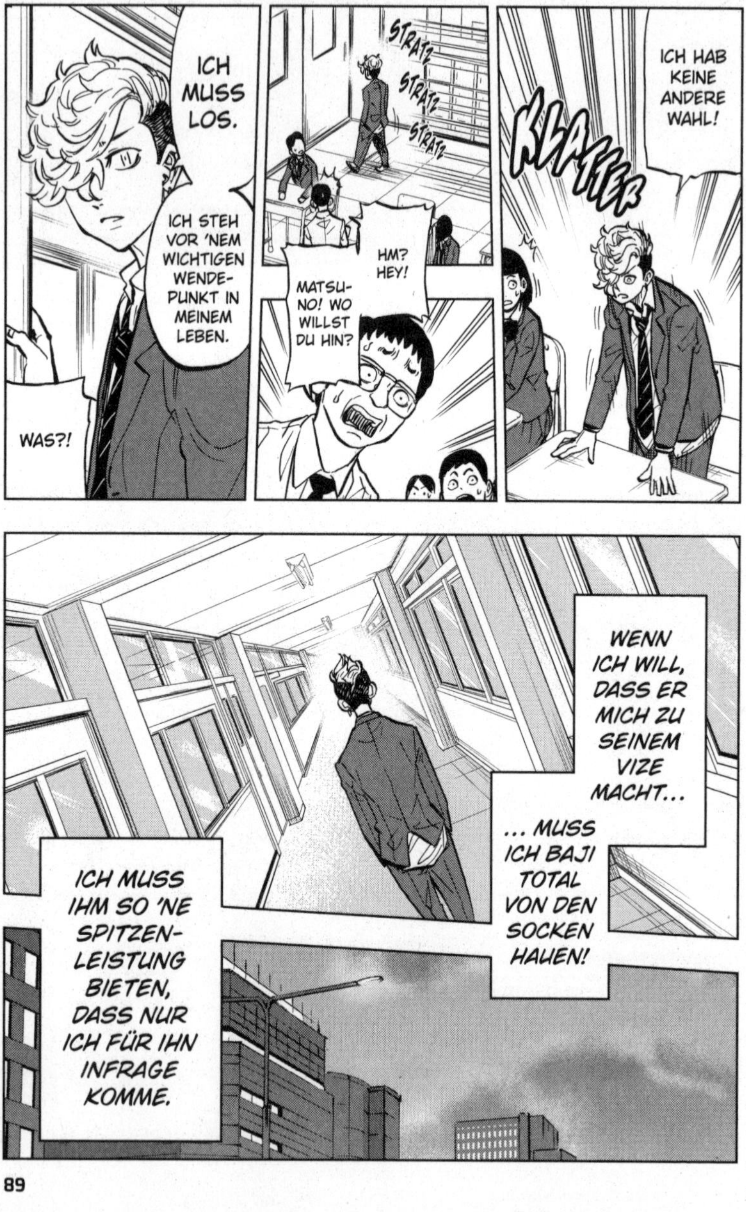
ICH HAB KEINE ANDERE WAHL!
KLATTER
HM? HEY!
MATSUNO! WO WILLST DU HIN?
STRATZ STRATZ STRATZ
ICH MUSS LOS.
ICH STEH VOR 'NEM WICHTIGEN WENDEPUNKT IN MEINEM LEBEN.
WAS?!
WENN ICH WILL, DASS ER MICH ZU SEINEM VIZE MACHT…
… MUSS ICH BAJI TOTAL VON DEN SOCKEN HAUEN!
ICH MUSS IHM SO 'NE SPITZENLEISTUNG BIETEN, DASS NUR ICH FÜR IHN INFRAGE KOMME.

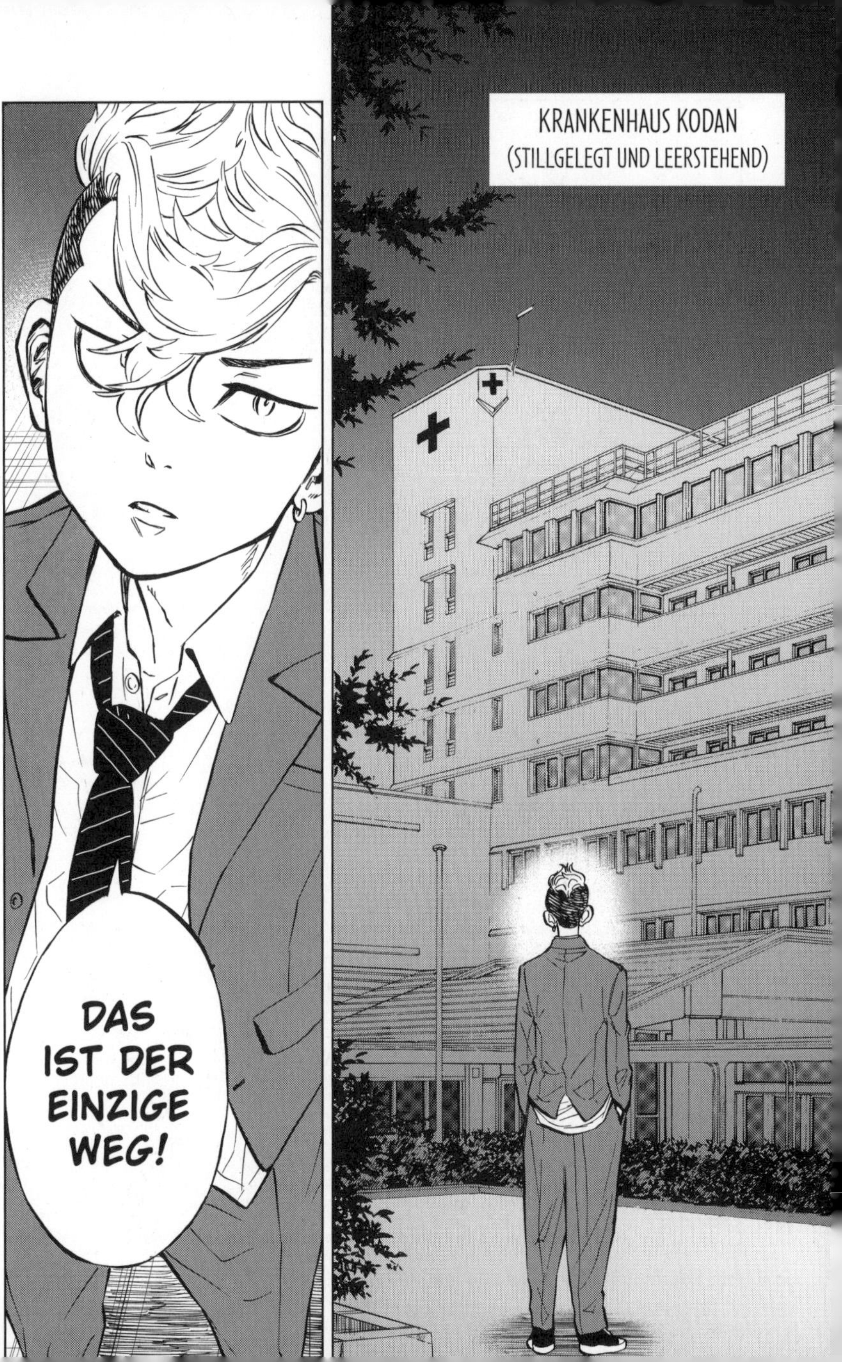
KRANKENHAUS KODAN
(STILLGELEGT UND LEERSTEHEND)
DAS IST DER EINZIGE WEG!

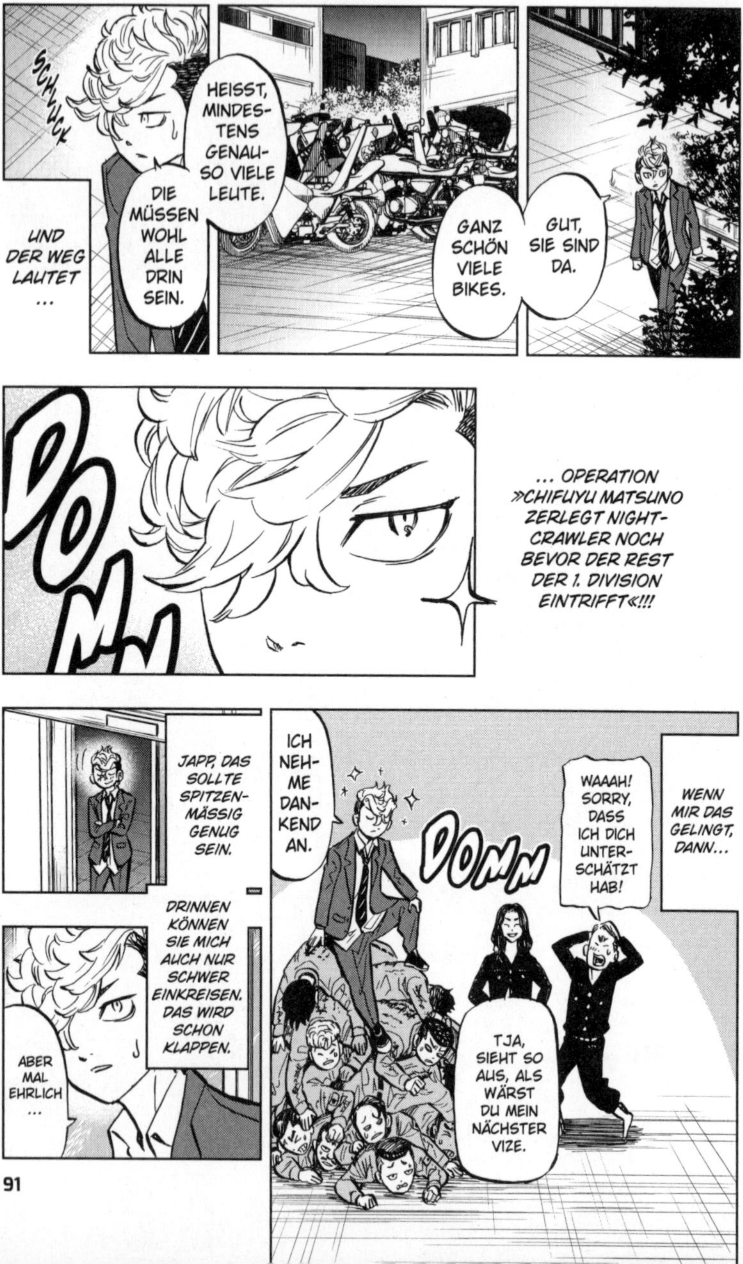
GUT, SIE SIND DA.
GANZ SCHÖN VIELE BIKES.
HEISST, MINDESTENS GENAUSO VIELE LEUTE.
DIE MÜSSEN WOHL ALLE DRIN SEIN.
SCHLUCK
UND DER WEG LAUTET ...
... OPERATION »CHIFUYU MATSUNO ZERLEGT NIGHT-CRAWLER NOCH BEVOR DER REST DER 1. DIVISION EINTRIFFT«!!!
DOMM
WENN MIR DAS GELINGT, DANN...
WAAAH! SORRY, DASS ICH DICH UNTERSCHÄTZT HAB!
ICH NEHME DANKEND AN.
DOMM
TJA, SIEHT SO AUS, ALS WÄRST DU MEIN NÄCHSTER VIZE.
JAPP, DAS SOLLTE SPITZENMÄSSIG GENUG SEIN.
DRINNEN KÖNNEN SIE MICH AUCH NUR SCHWER EINKREISEN. DAS WIRD SCHON KLAPPEN.
ABER MAL EHRLICH ...

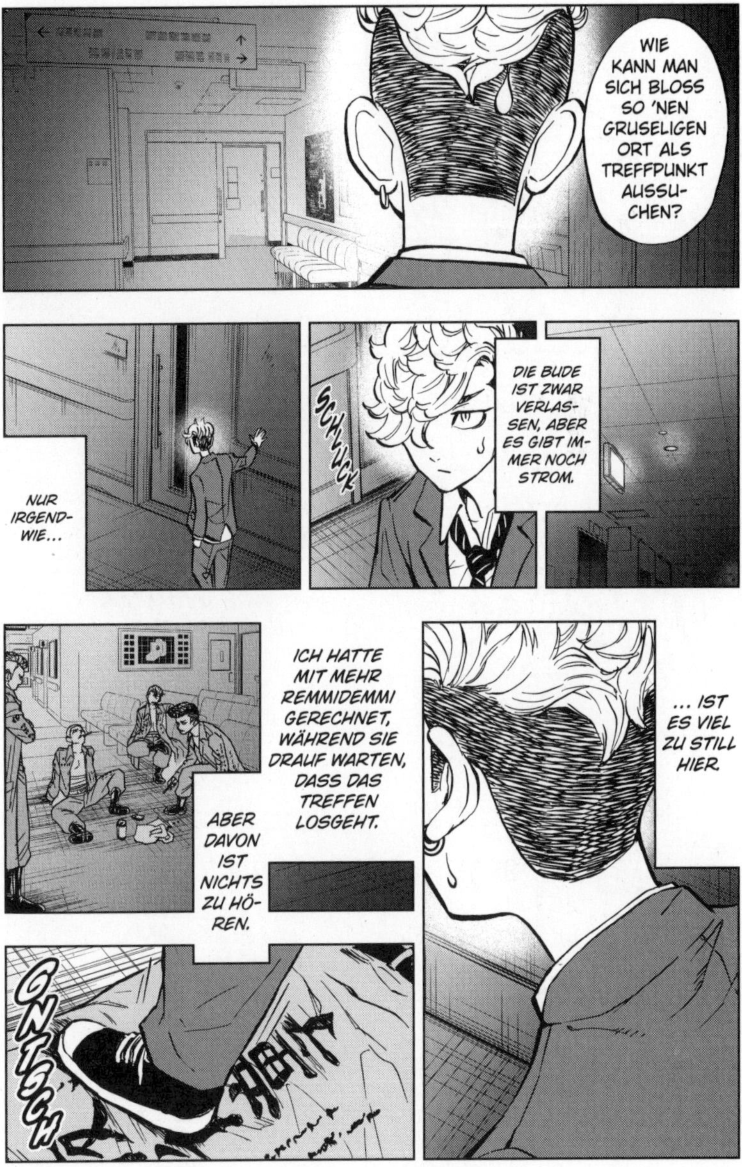
WIE KANN MAN SICH BLOSS SO 'NEN GRUSELIGEN ORT ALS TREFFPUNKT AUSSUCHEN?
DIE BUDE IST ZWAR VERLASSEN, ABER ES GIBT IMMER NOCH STROM.
SCHLUCK
NUR IRGENDWIE...
... IST ES VIEL ZU STILL HIER.
ICH HATTE MIT MEHR REMMIDEMMI GERECHNET, WÄHREND SIE DRAUF WARTEN, DASS DAS TREFFEN LOSGEHT.
ABER DAVON IST NICHTS ZU HÖREN.
GNTSCH

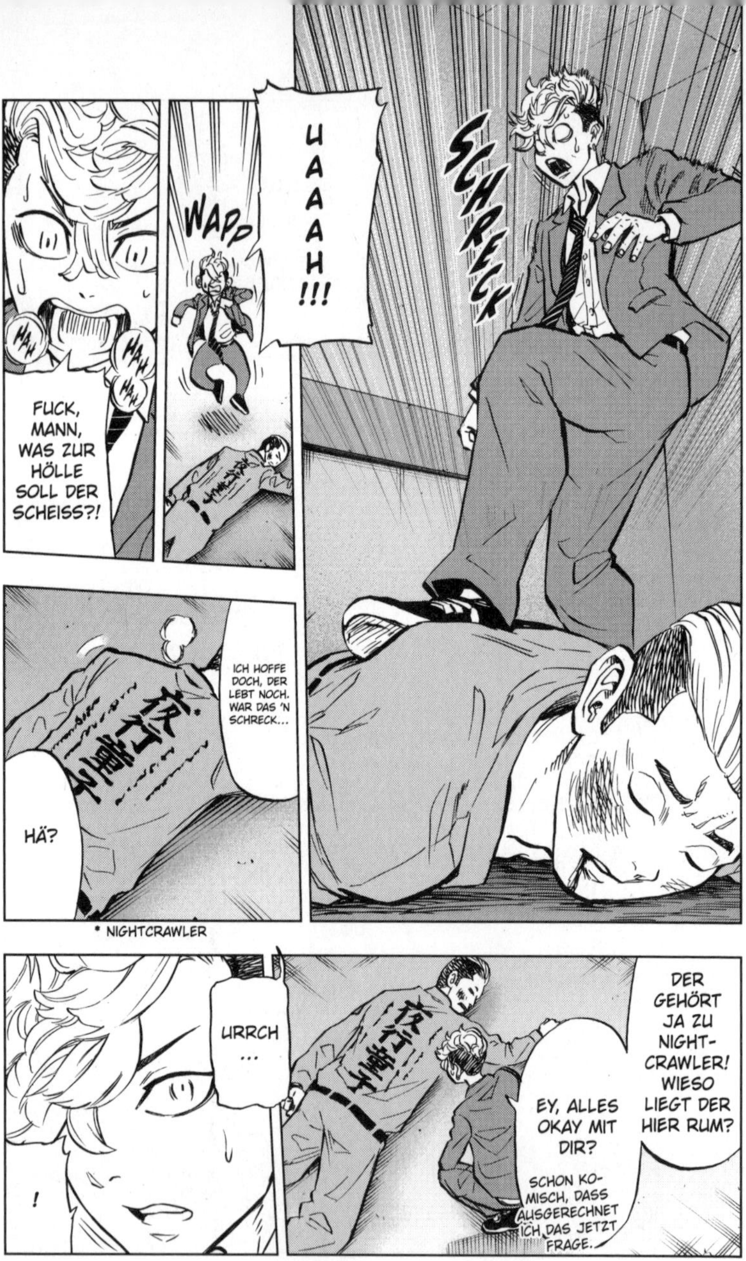
SCHRECK
UAAAAH!!!
WAPP
HAH HAH
HAH HAH
FUCK, MANN, WAS ZUR HÖLLE SOLL DER SCHEISS?!
ICH HOFFE DOCH, DER LEBT NOCH. WAR DAS 'N SCHRECK…
HÄ?
* NIGHTCRAWLER
DER GEHÖRT JA ZU NIGHT-CRAWLER! WIESO LIEGT DER HIER RUM?
EY, ALLES OKAY MIT DIR?
SCHON KO-MISCH, DASS AUSGERECHNET ICH DAS JETZT FRAGE.
URRCH …
!

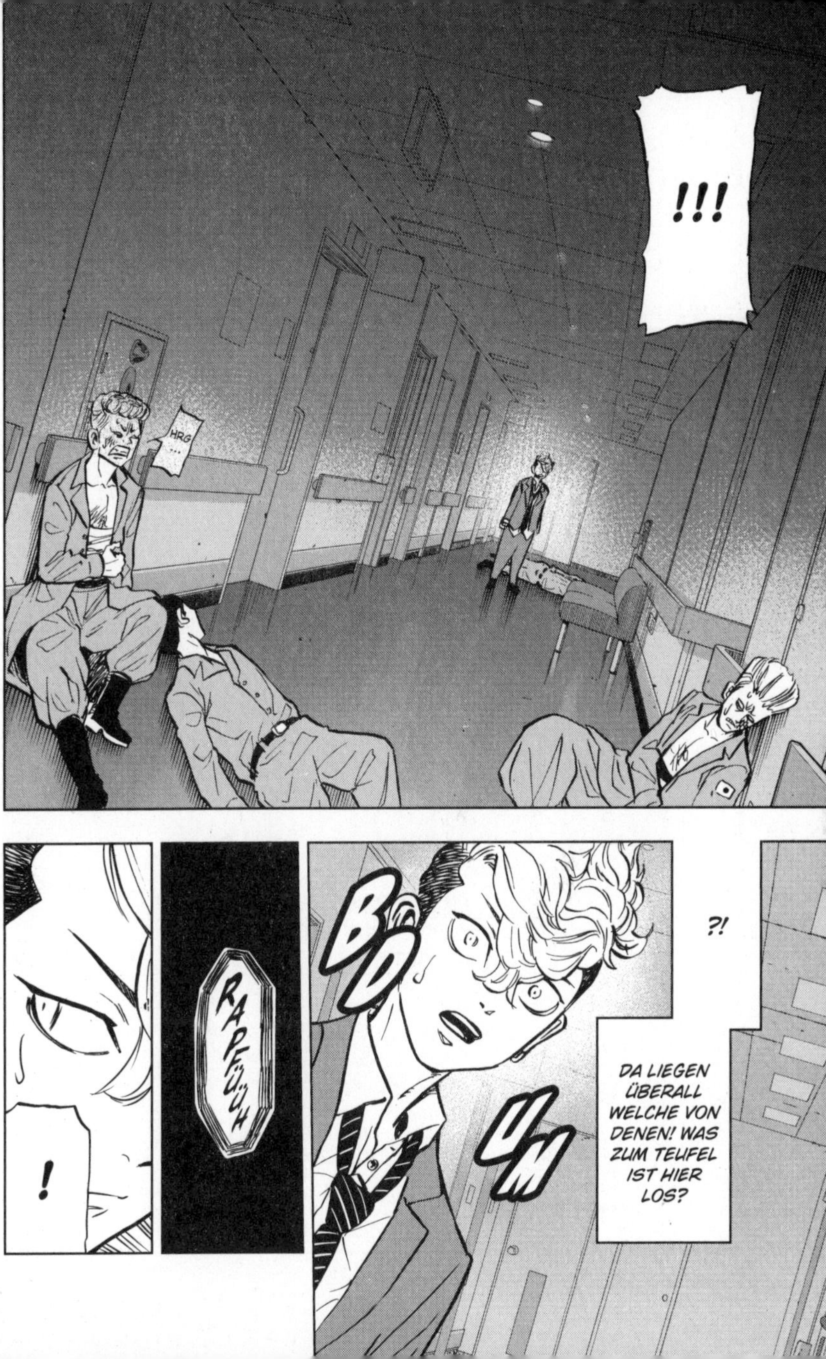
!!!
HRG ...
?!
BUMM
DA LIEGEN ÜBERALL WELCHE VON DENEN! WAS ZUM TEUFEL IST HIER LOS?
RAPFÜÜH
!

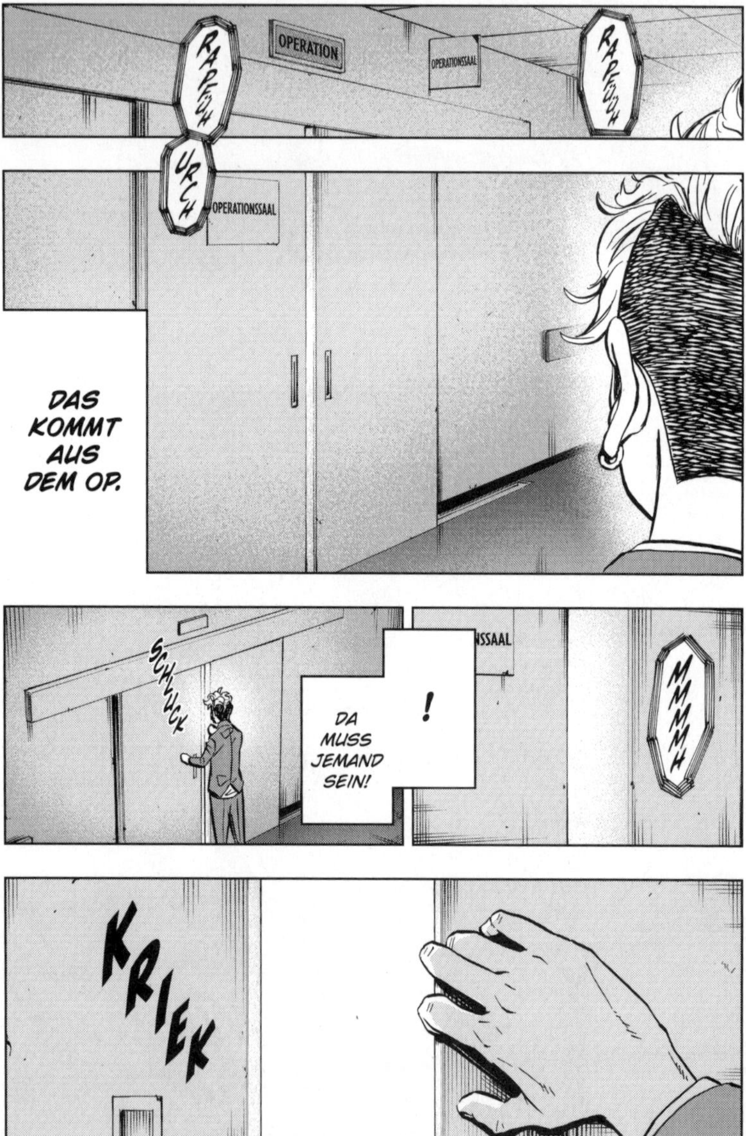
OPERATION
OPERATIONSSAAL
RAPFUUH
RAPFUUH
URCH
OPERATIONSSAAL
DAS KOMMT AUS DEM OP.
SCHLUCK
DA MUSS JEMAND SEIN!
!
MMMMH
KRIEK

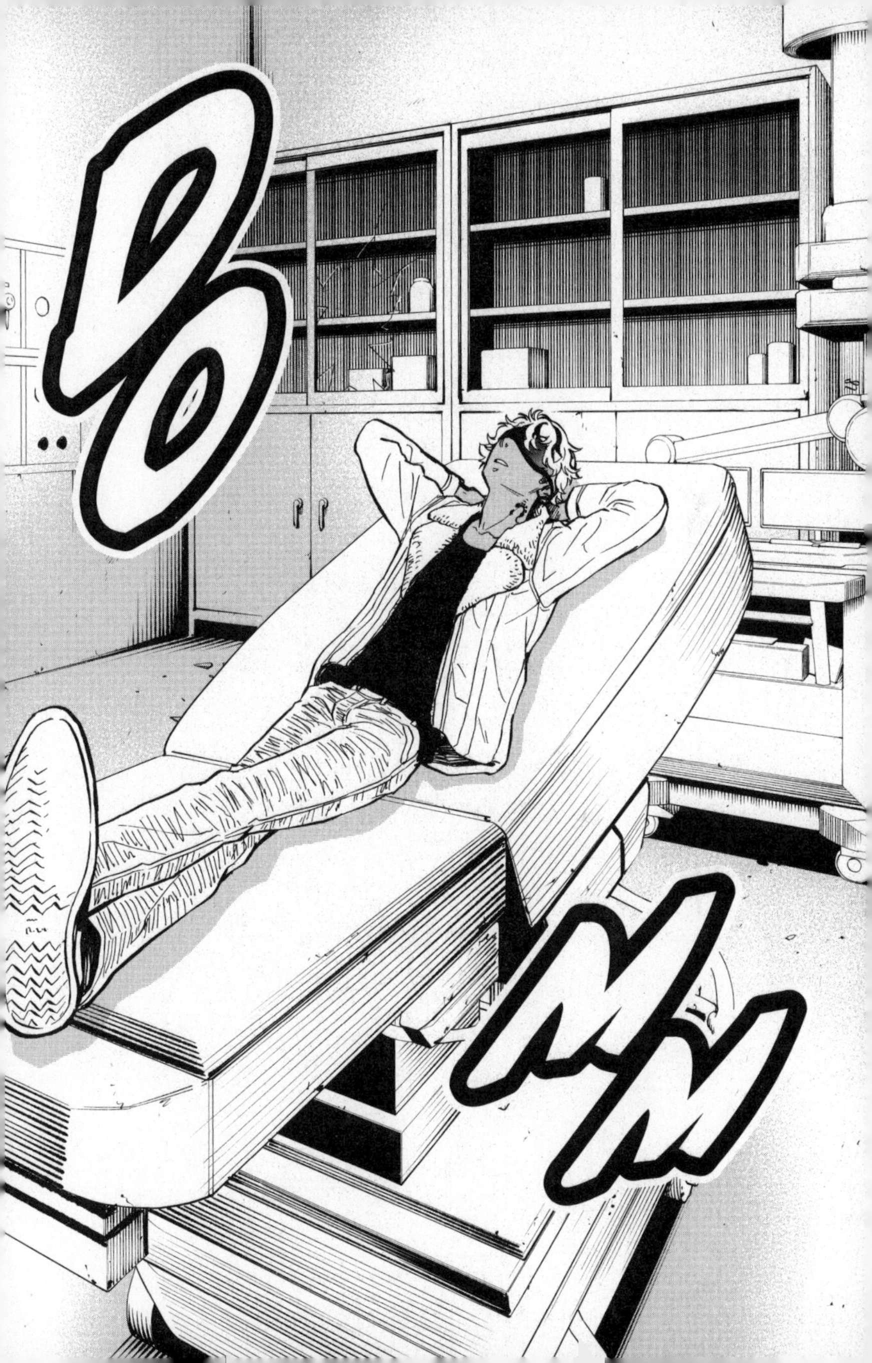

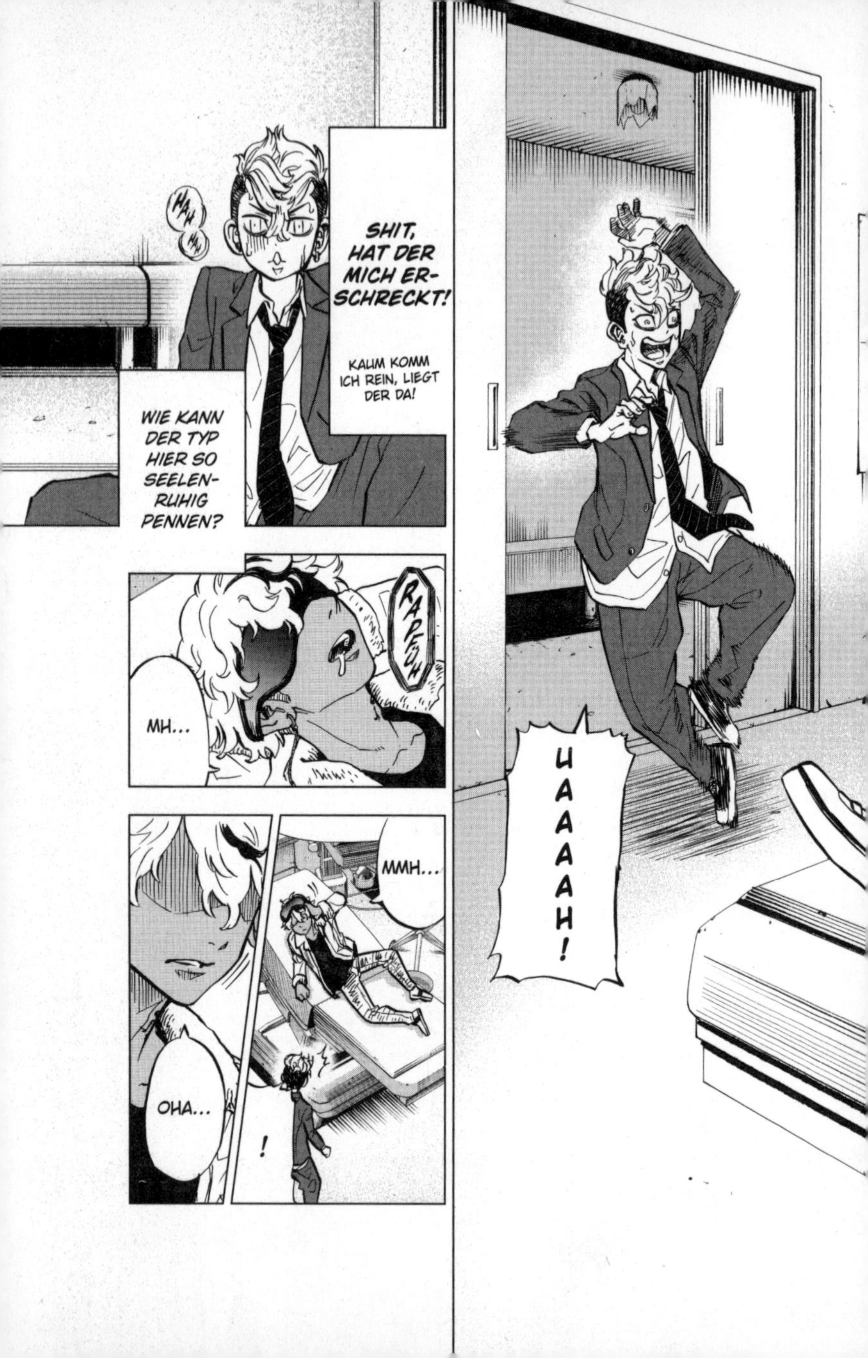
UAAAAAH!
HAH HAH
SHIT, HAT DER MICH ER-SCHRECKT!
KAUM KOMM ICH REIN, LIEGT DER DA!
WIE KANN DER TYP HIER SO SEELEN-RUHIG PENNEN?
RAPFÜH
MH…
MMH…
!
OHA…

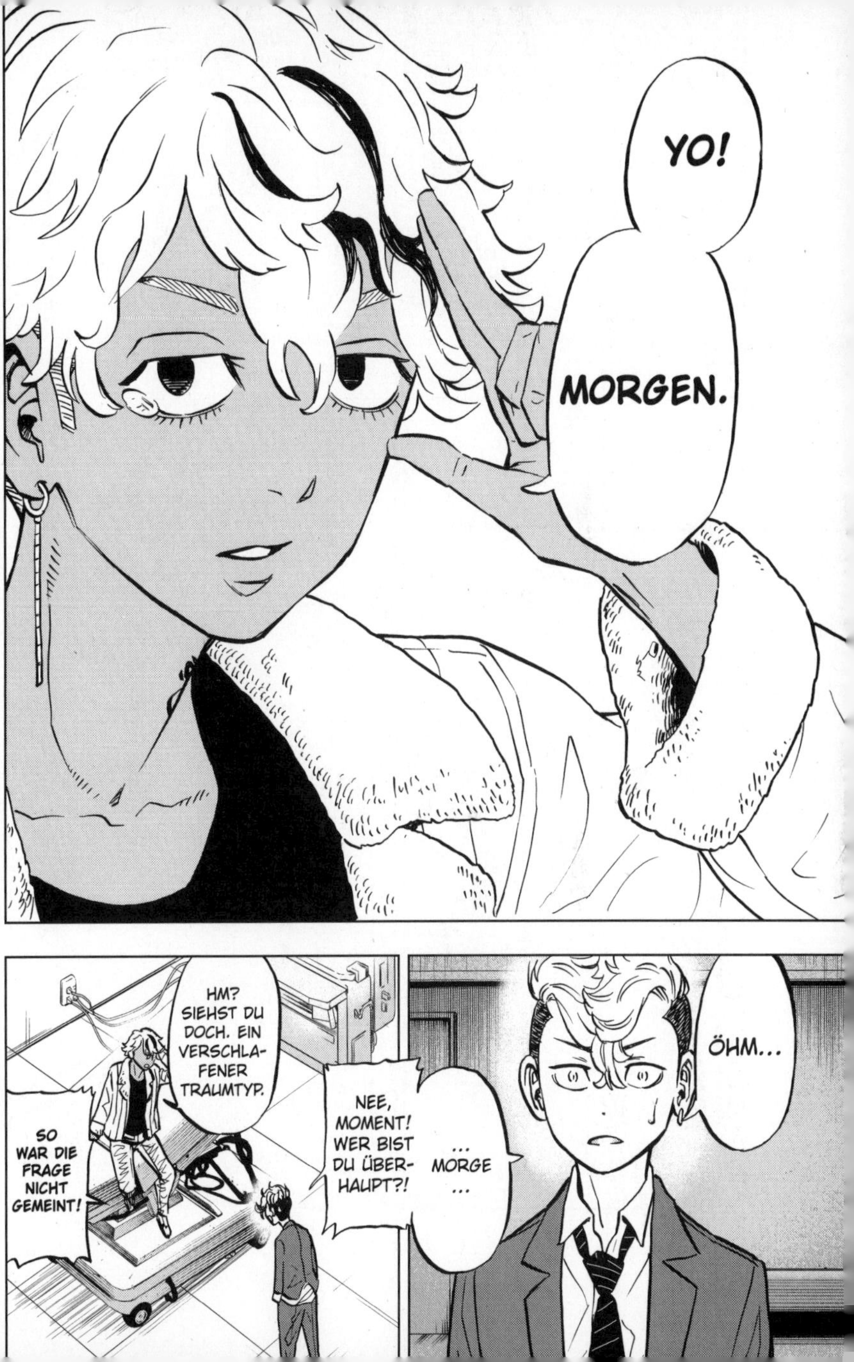
YO!
MORGEN.
ÖHM...
... MORGE ...
NEE, MOMENT! WER BIST DU ÜBERHAUPT?!
HM? SIEHST DU DOCH. EIN VERSCHLAFENER TRAUMTYP.
SO WAR DIE FRAGE NICHT GEMEINT!

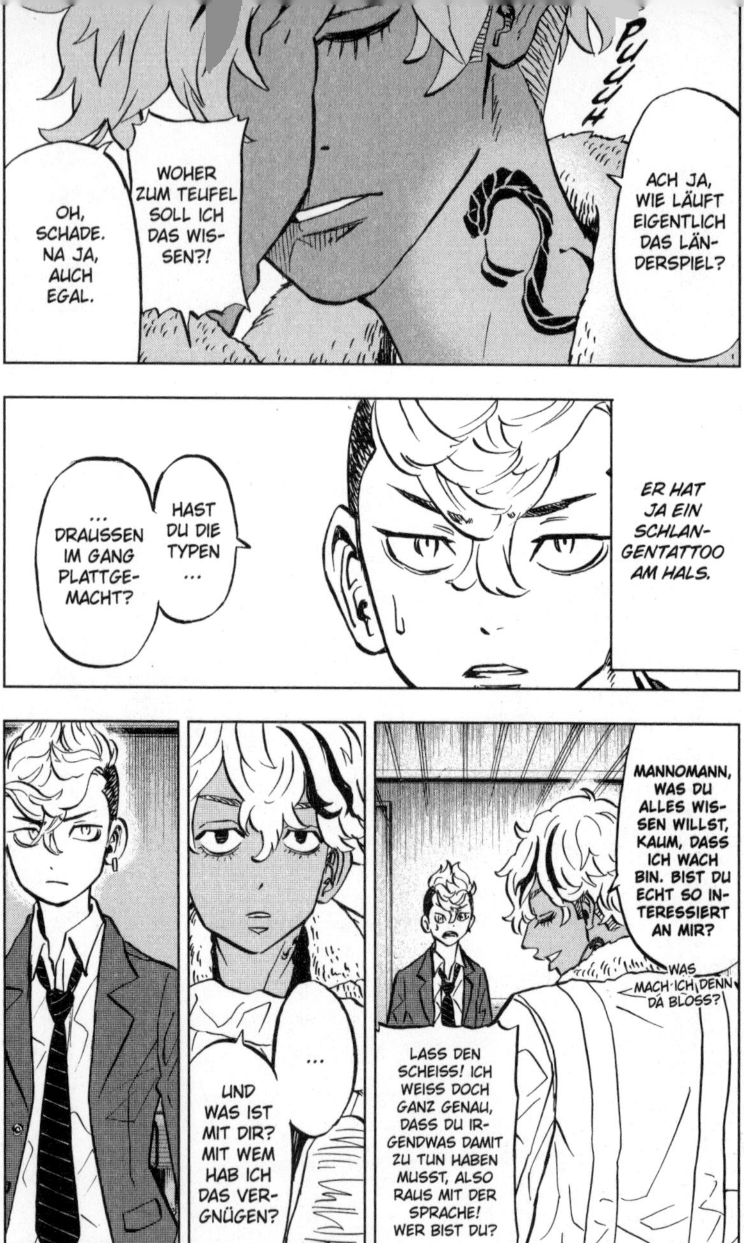
PUUUH
ACH JA, WIE LÄUFT EIGENTLICH DAS LÄNDERSPIEL?
WOHER ZUM TEUFEL SOLL ICH DAS WISSEN?!
OH, SCHADE. NA JA, AUCH EGAL.
ER HAT JA EIN SCHLANGENTATTOO AM HALS.
HAST DU DIE TYPEN ...
... DRAUSSEN IM GANG PLATTGEMACHT?
MANNOMANN, WAS DU ALLES WISSEN WILLST, KAUM, DASS ICH WACH BIN. BIST DU ECHT SO INTERESSIERT AN MIR?
WAS MACH ICH DENN DA BLOSS?
LASS DEN SCHEISS! ICH WEISS DOCH GANZ GENAU, DASS DU IRGENDWAS DAMIT ZU TUN HABEN MUSST, ALSO RAUS MIT DER SPRACHE! WER BIST DU?
...
UND WAS IST MIT DIR? MIT WEM HAB ICH DAS VERGNÜGEN?

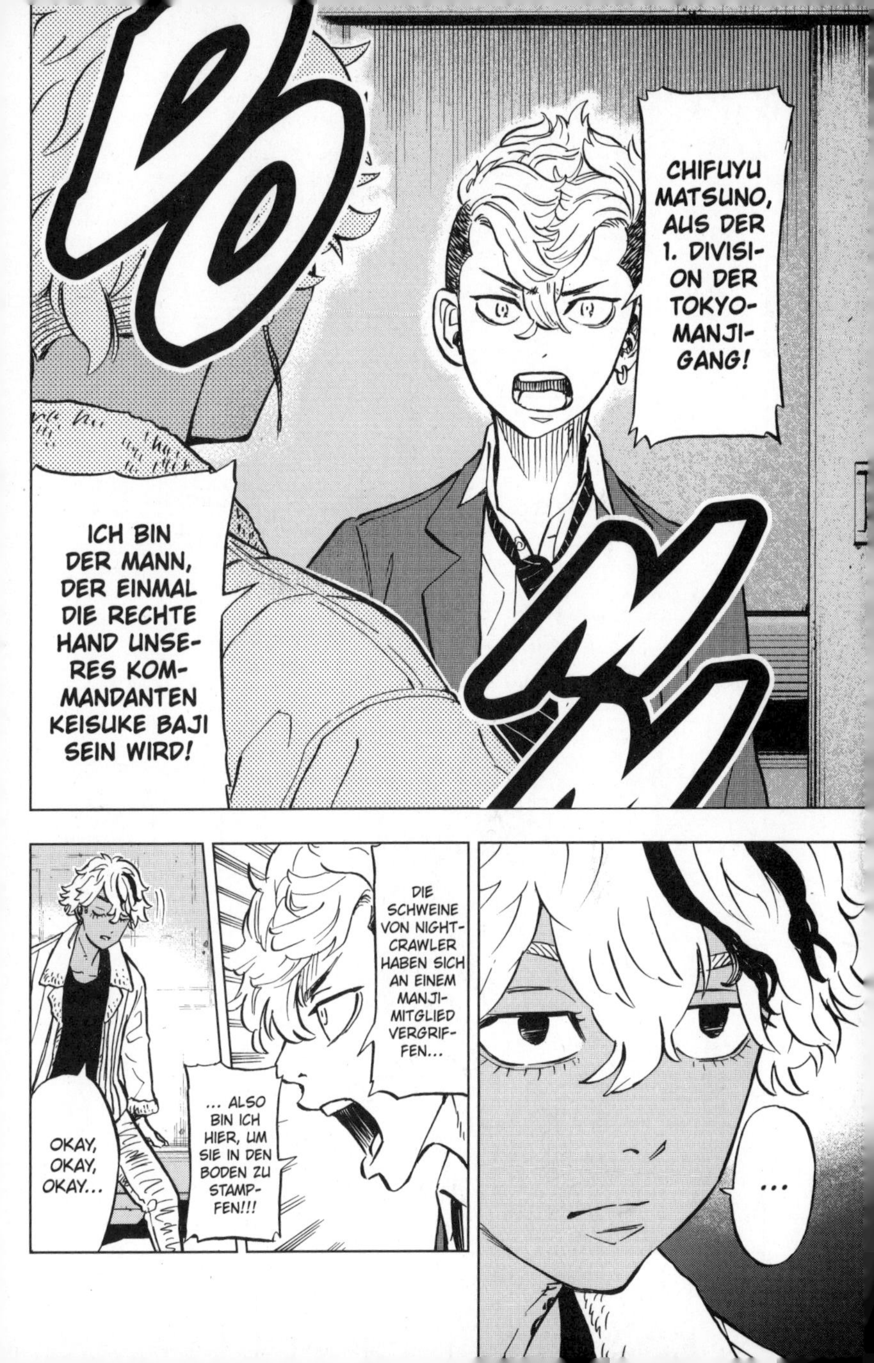
CHIFUYU MATSUNO, AUS DER 1. DIVISION DER TOKYO-MANJI-GANG!
ICH BIN DER MANN, DER EINMAL DIE RECHTE HAND UNSERES KOMMANDANTEN KEISUKE BAJI SEIN WIRD!
...
DIE SCHWEINE VON NIGHTCRAWLER HABEN SICH AN EINEM MANJI-MITGLIED VERGRIFFEN...
... ALSO BIN ICH HIER, UM SIE IN DEN BODEN ZU STAMPFEN!!!
OKAY, OKAY, OKAY...

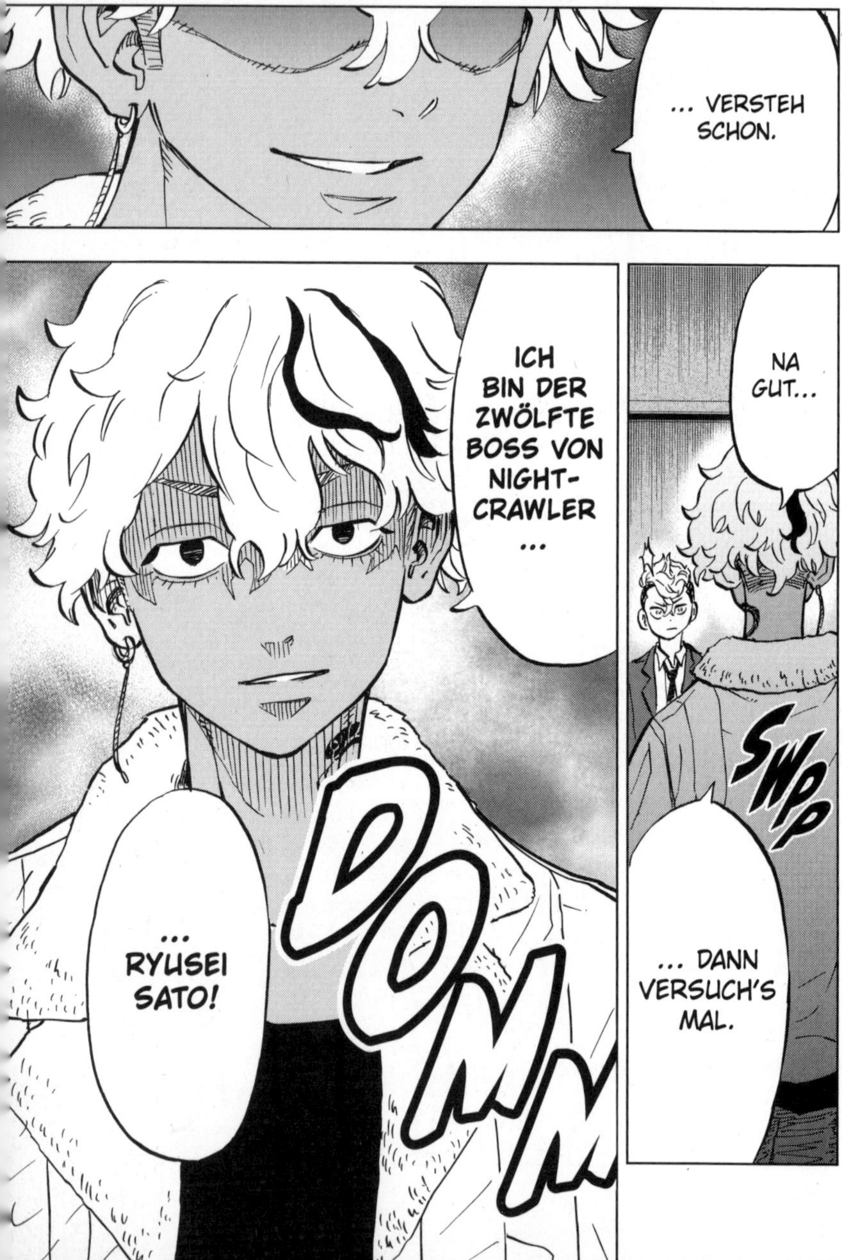
… VERSTEH SCHON.
NA GUT…
SWPP
… DANN VERSUCH'S MAL.
ICH BIN DER ZWÖLFTE BOSS VON NIGHT-CRAWLER …
DOMM
… RYUSEI SATO!

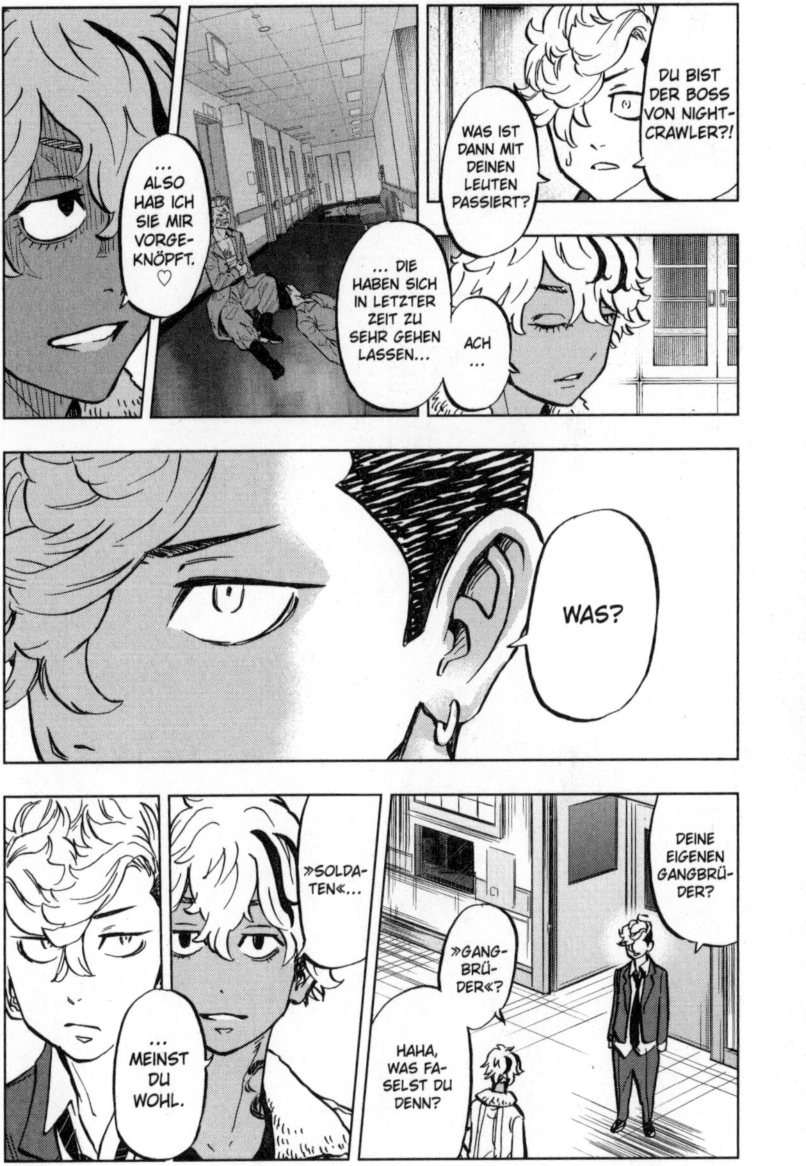
DU BIST DER BOSS VON NIGHT-CRAWLER?!
WAS IST DANN MIT DEINEN LEUTEN PASSIERT?
ACH ...
... DIE HABEN SICH IN LETZTER ZEIT ZU SEHR GEHEN LASSEN...
... ALSO HAB ICH SIE MIR VORGE-KNÖPFT. ♡
WAS?
DEINE EIGENEN GANGBRÜ-DER?
»GANG-BRÜ-DER«?
HAHA, WAS FA-SELST DU DENN?
»SOLDA-TEN«...
... MEINST DU WOHL.

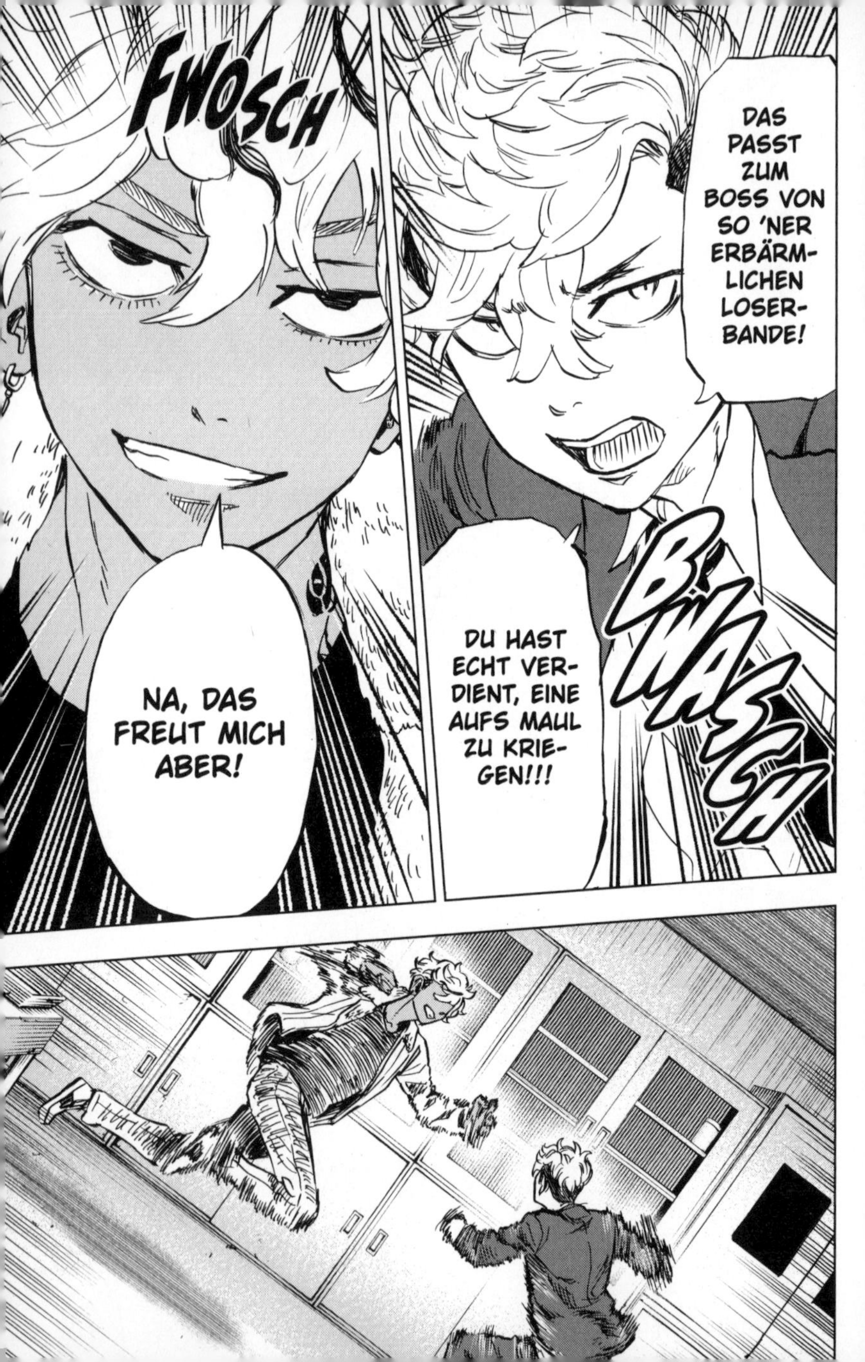
FWOSCH
DAS PASST ZUM BOSS VON SO 'NER ERBÄRMLICHEN LOSERBANDE!
DU HAST ECHT VERDIENT, EINE AUFS MAUL ZU KRIEGEN!!!
BWASCH
NA, DAS FREUT MICH ABER!

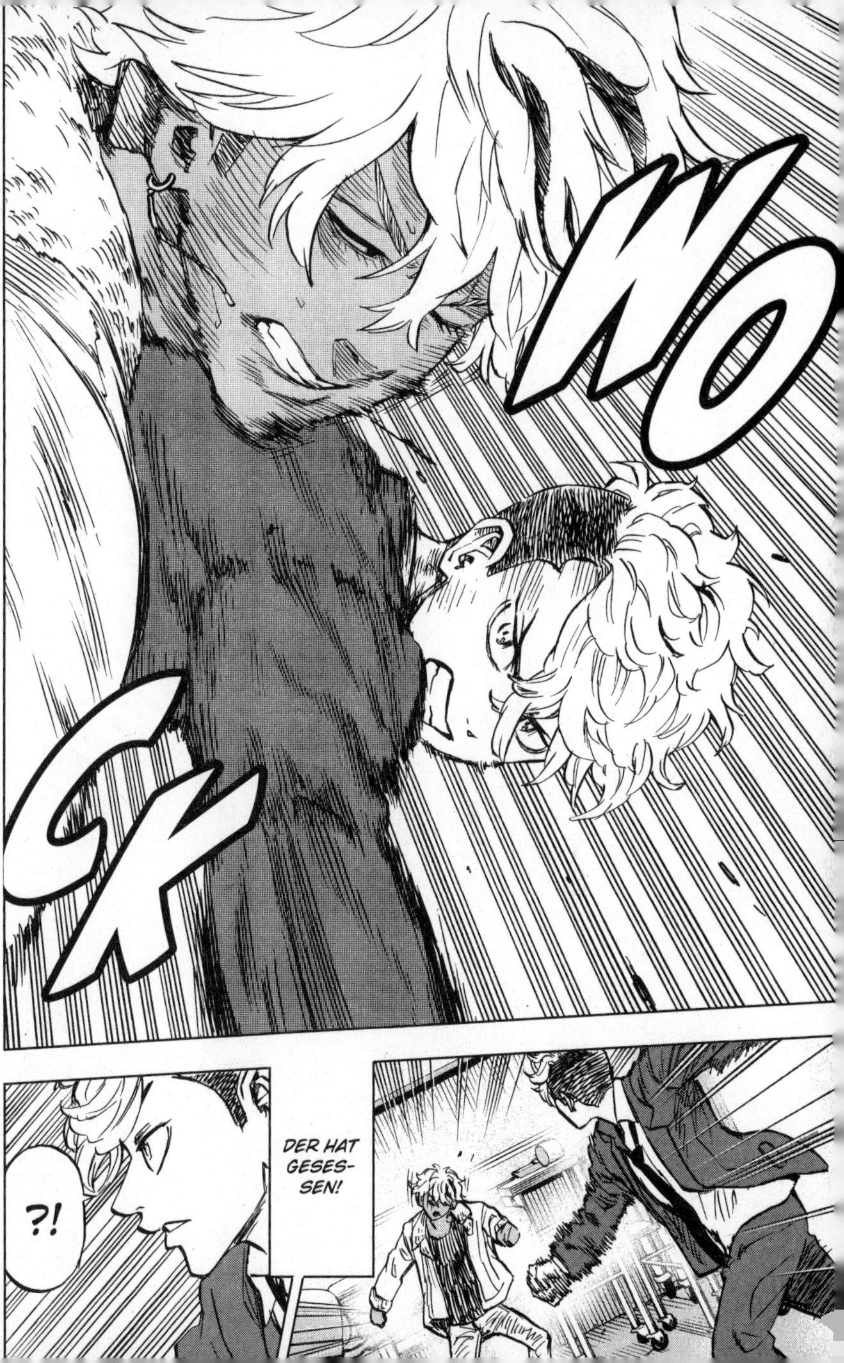

NO
GK
DER HAT GESES-SEN!
?!

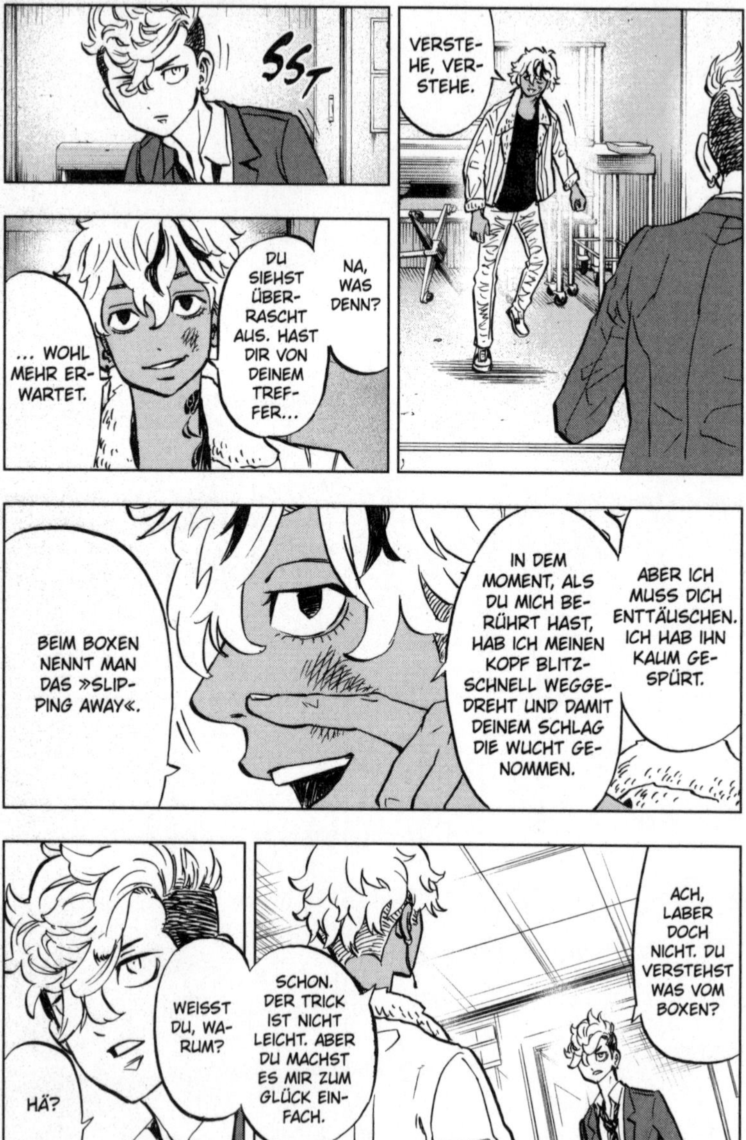
VERSTEHE, VERSTEHE.
SST
NA, WAS DENN?
DU SIEHST ÜBERRASCHT AUS. HAST DIR VON DEINEM TREFFER…
… WOHL MEHR ERWARTET.
ABER ICH MUSS DICH ENTTÄUSCHEN. ICH HAB IHN KAUM GESPÜRT.
IN DEM MOMENT, ALS DU MICH BERÜHRT HAST, HAB ICH MEINEN KOPF BLITZSCHNELL WEGGEDREHT UND DAMIT DEINEM SCHLAG DIE WUCHT GENOMMEN.
BEIM BOXEN NENNT MAN DAS »SLIPPING AWAY«.
ACH, LABER DOCH NICHT. DU VERSTEHST WAS VOM BOXEN?
SCHON. DER TRICK IST NICHT LEICHT. ABER DU MACHST ES MIR ZUM GLÜCK EINFACH.
WEISST DU, WARUM?
HÄ?

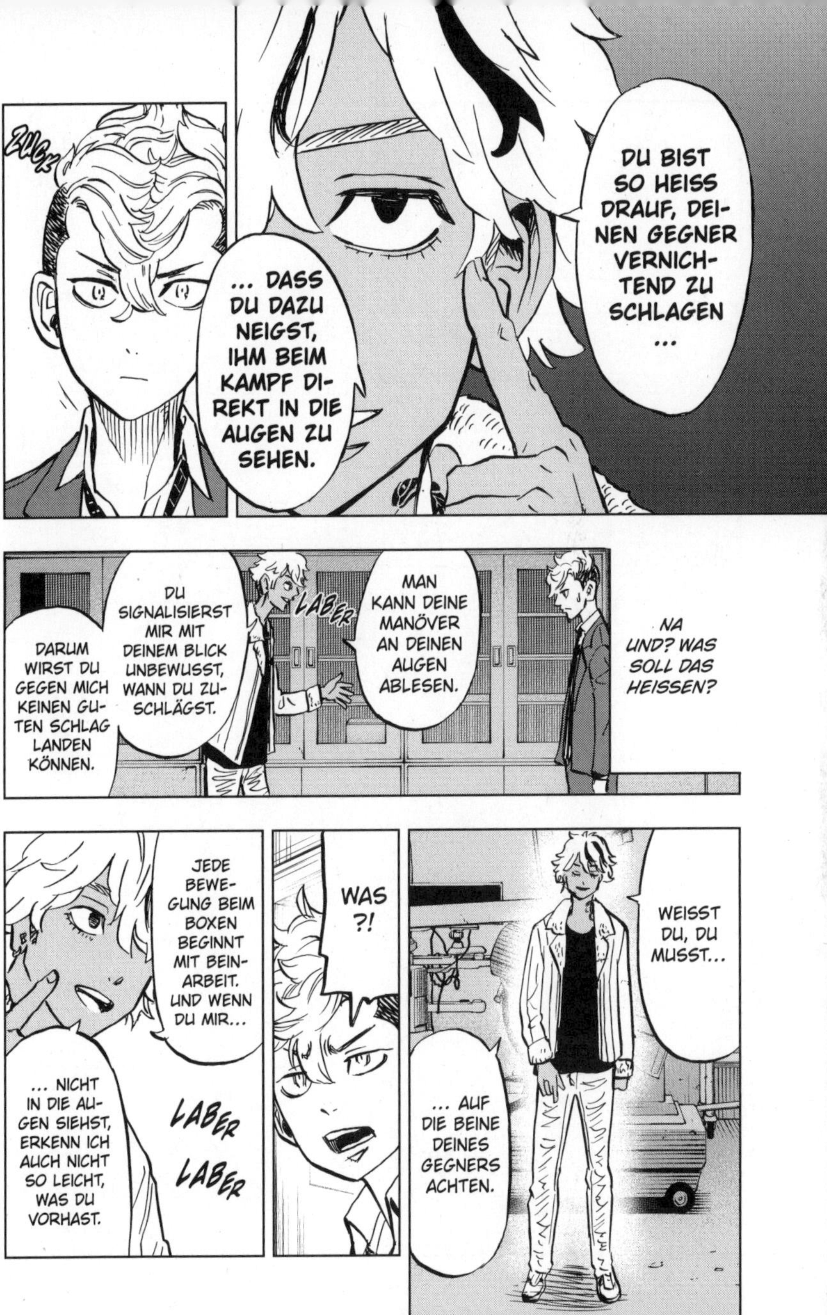

DU BIST SO HEISS DRAUF, DEINEN GEGNER VERNICHTEND ZU SCHLAGEN ...
... DASS DU DAZU NEIGST, IHM BEIM KAMPF DIREKT IN DIE AUGEN ZU SEHEN.
ZUCK
NA UND? WAS SOLL DAS HEISSEN?
MAN KANN DEINE MANÖVER AN DEINEN AUGEN ABLESEN.
LABER
DU SIGNALISIERST MIR MIT DEINEM BLICK UNBEWUSST, WANN DU ZUSCHLÄGST.
DARUM WIRST DU GEGEN MICH KEINEN GUTEN SCHLAG LANDEN KÖNNEN.
WEISST DU, DU MUSST...
... AUF DIE BEINE DEINES GEGNERS ACHTEN.
WAS ?!
JEDE BEWEGUNG BEIM BOXEN BEGINNT MIT BEINARBEIT. UND WENN DU MIR...
... NICHT IN DIE AUGEN SIEHST, ERKENN ICH AUCH NICHT SO LEICHT, WAS DU VORHAST.
LABER
LABER

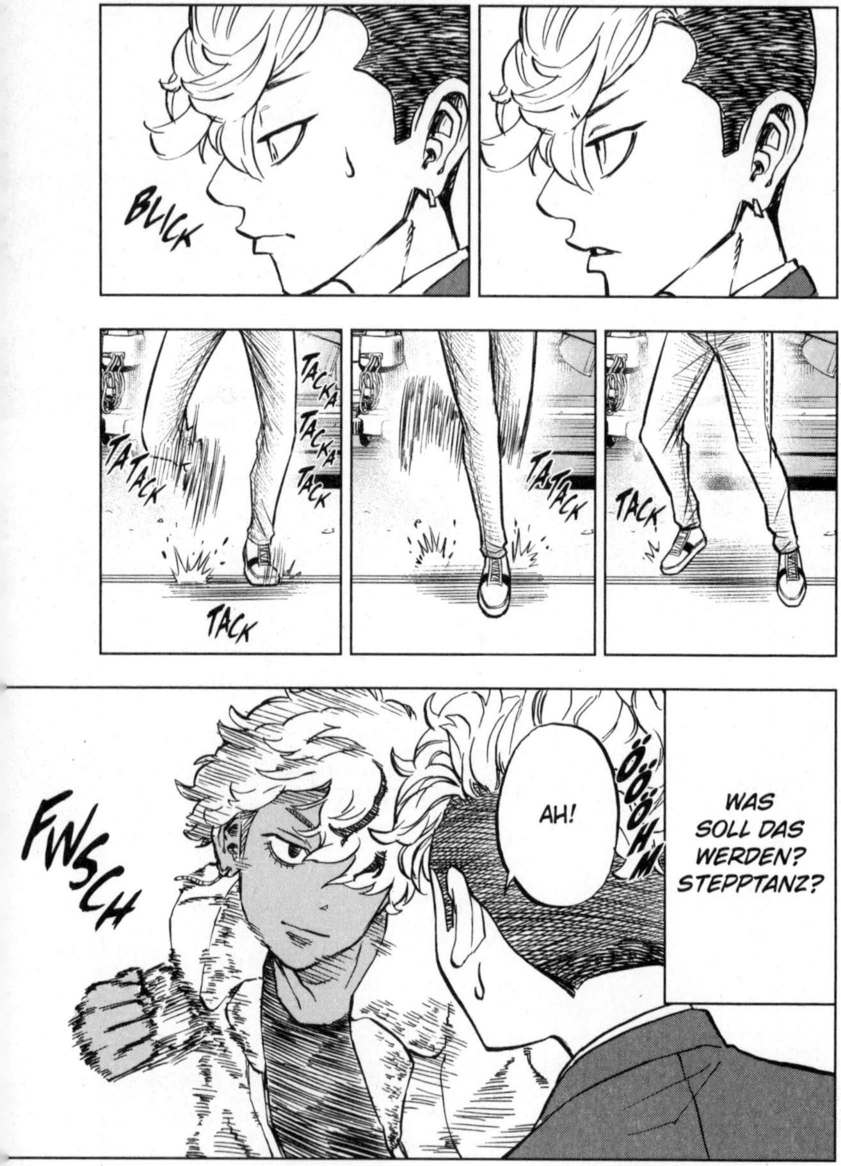
BLICK
TACK
TA TACK
TACKA
TACKA
TACK
TA TACK
TACK
WAS SOLL DAS WERDEN? STEPPTANZ?
ÖÖÖHM
AH!
FWSCH

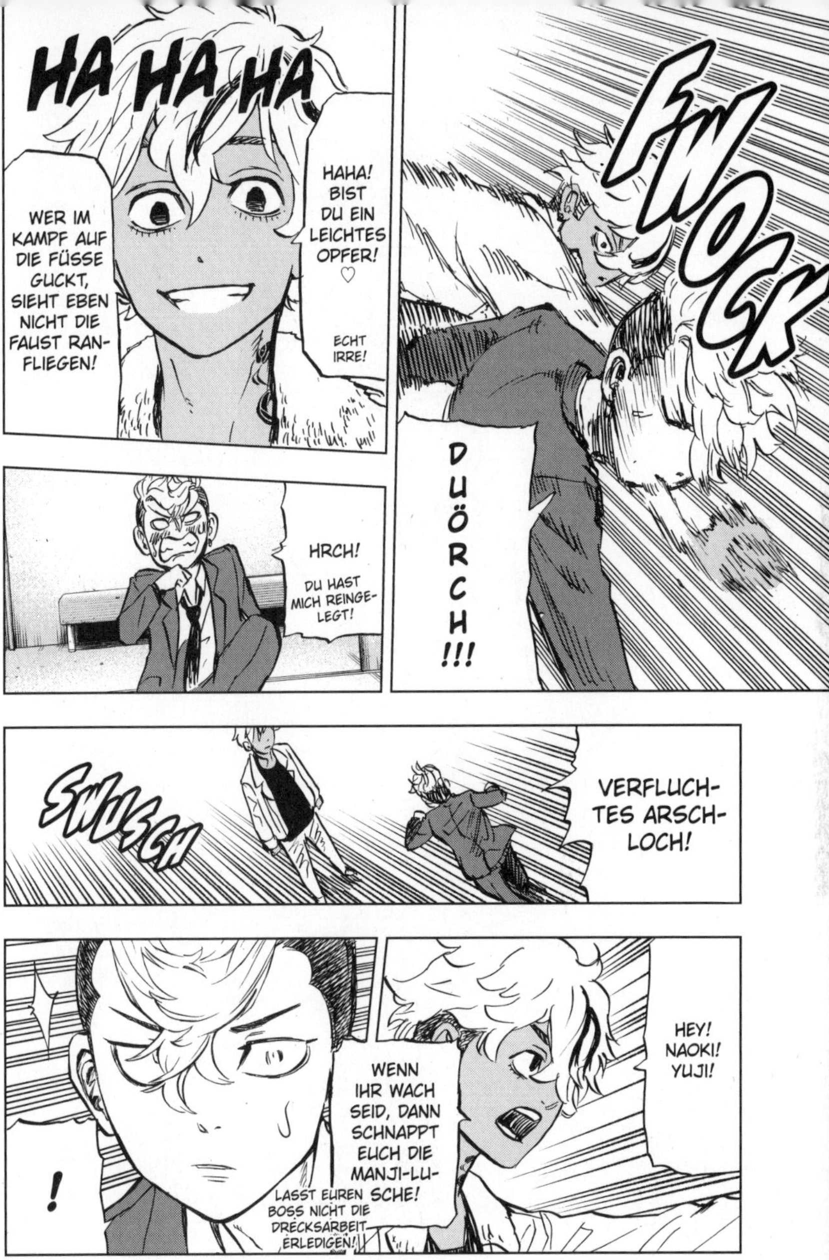
FWOCK
DUÖRCH!!!
HA HA HA
HAHA! BIST DU EIN LEICHTES OPFER! ♡
ECHT IRRE!
WER IM KAMPF AUF DIE FÜSSE GUCKT, SIEHT EBEN NICHT DIE FAUST RANFLIEGEN!
HRCH!
DU HAST MICH REINGELEGT!
VERFLUCHTES ARSCHLOCH!
SWUSCH
HEY! NAOKI! YUJI!
WENN IHR WACH SEID, DANN SCHNAPPT EUCH DIE MANJI-LUSCHE!
LASST EUREN BOSS NICHT DIE DRECKSARBEIT ERLEDIGEN!
!

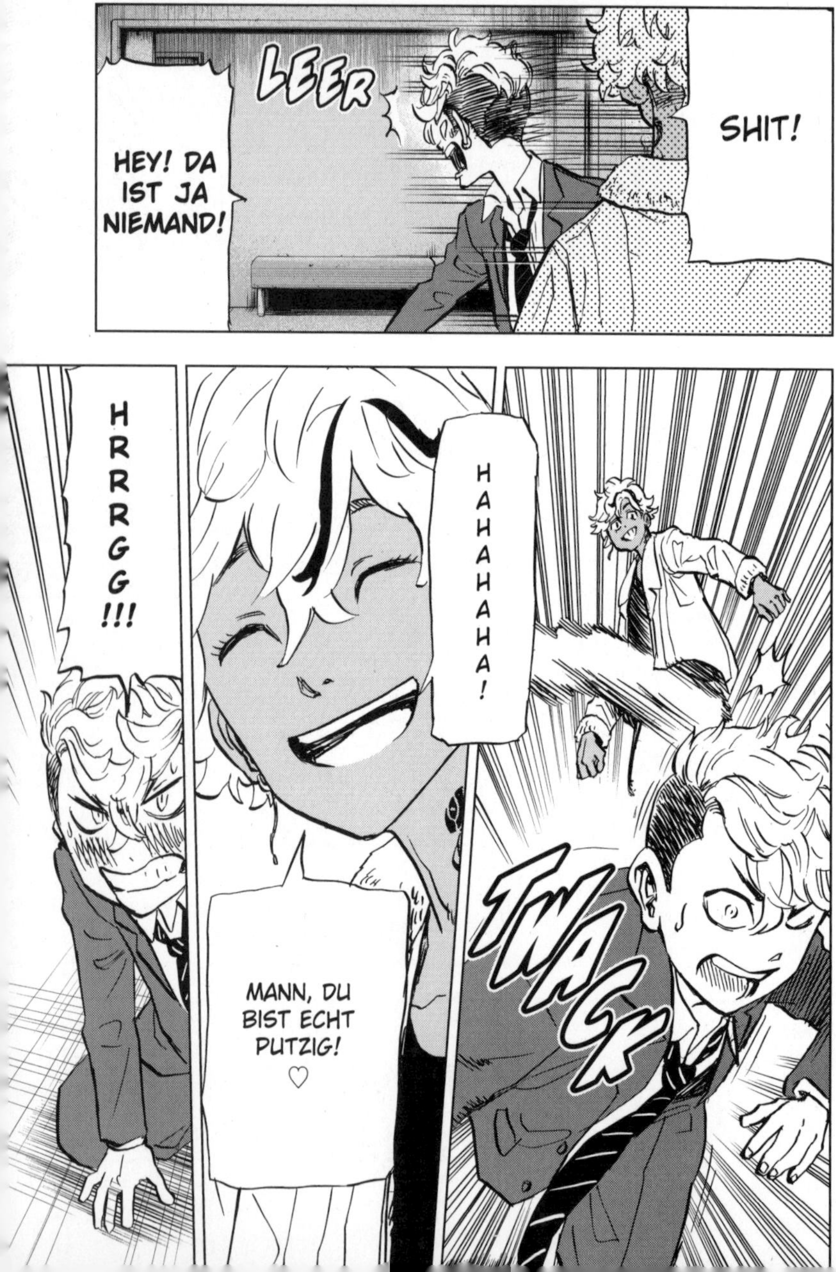
SHIT!
LEER
HEY! DA IST JA NIEMAND!
THWACK
HAHAHAHAHA!
MANN, DU BIST ECHT PUTZIG! ♡
HRRRGG!!!

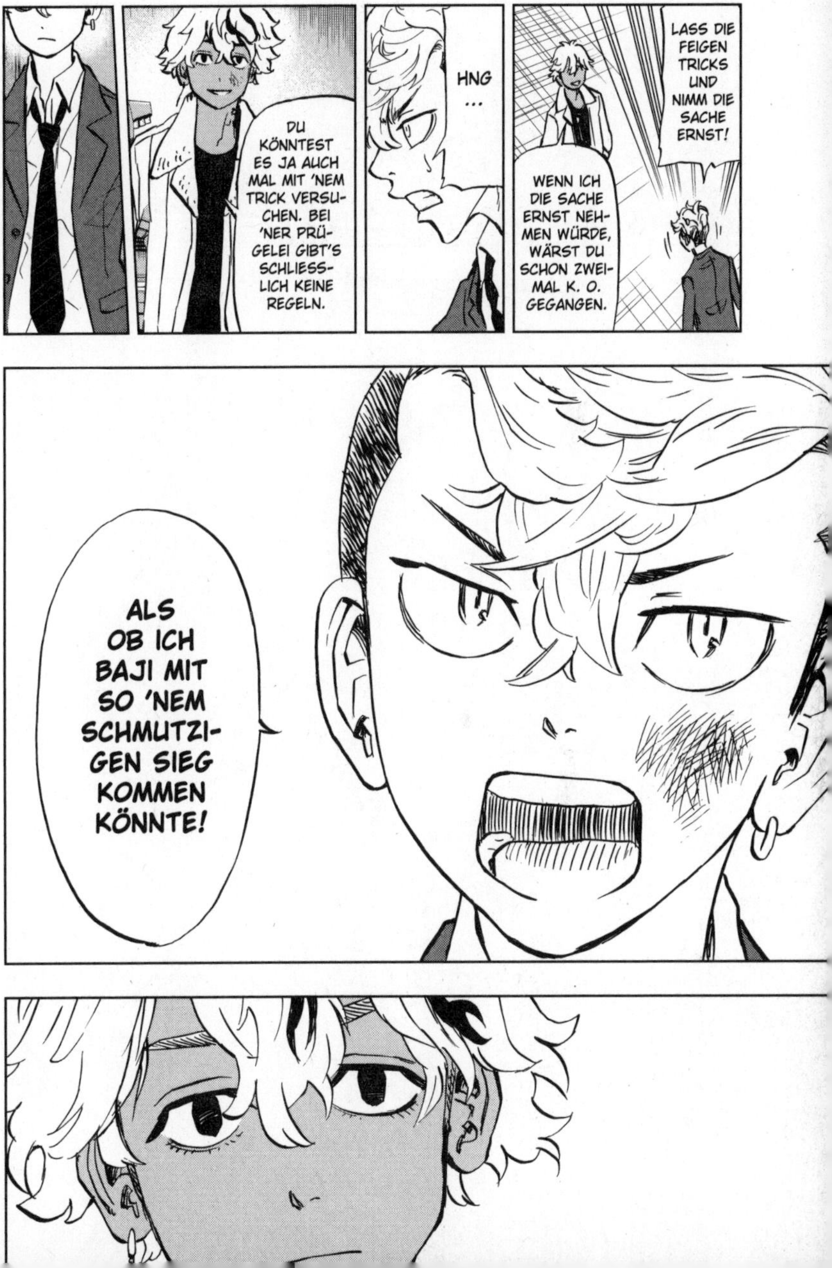
LASS DIE FEIGEN TRICKS UND NIMM DIE SACHE ERNST!
WENN ICH DIE SACHE ERNST NEHMEN WÜRDE, WÄRST DU SCHON ZWEIMAL K. O. GEGANGEN.
HNG ...
DU KÖNNTEST ES JA AUCH MAL MIT 'NEM TRICK VERSUCHEN. BEI 'NER PRÜGELEI GIBT'S SCHLIESSLICH KEINE REGELN.
ALS OB ICH BAJI MIT SO 'NEM SCHMUTZIGEN SIEG KOMMEN KÖNNTE!

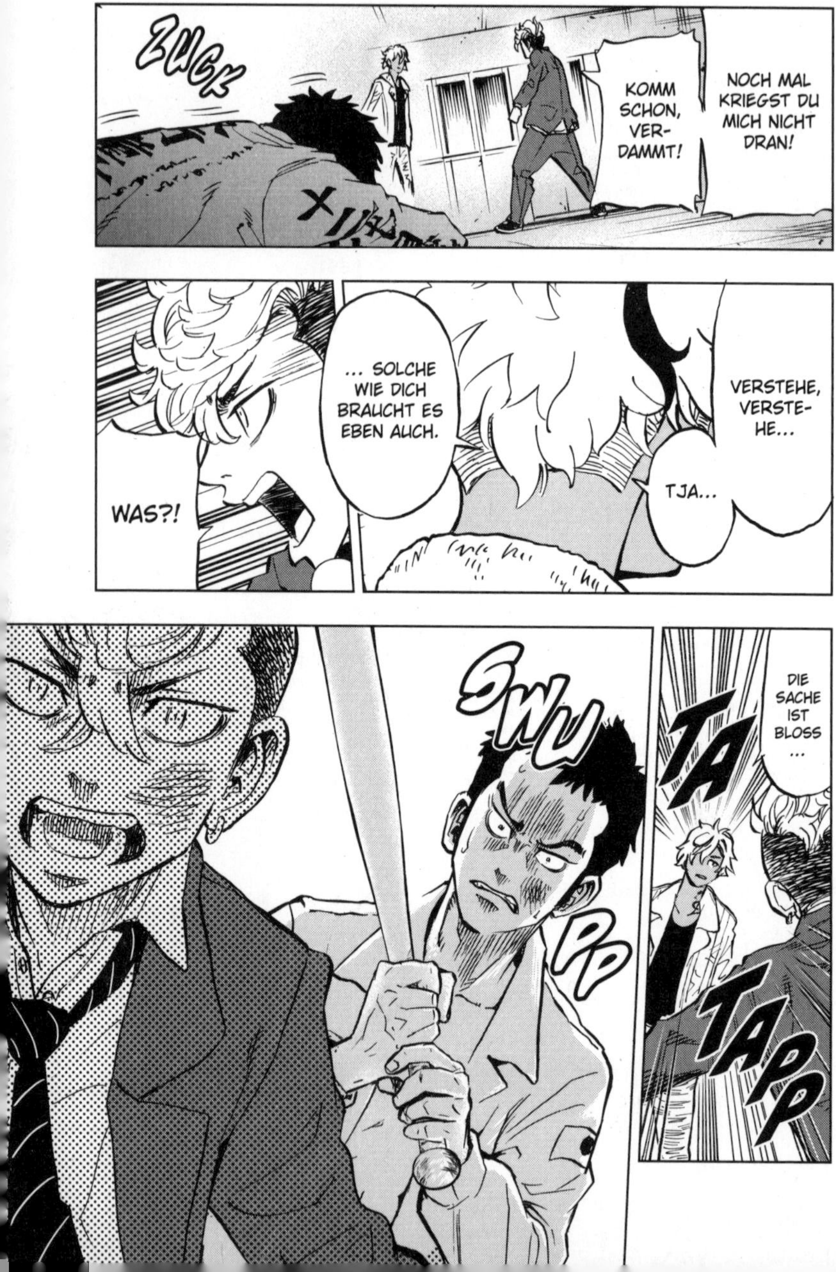

ZUCK
NOCH MAL KRIEGST DU MICH NICHT DRAN!
KOMM SCHON, VER-DAMMT!
VERSTEHE, VERSTE-HE...
TJA...
... SOLCHE WIE DICH BRAUCHT ES EBEN AUCH.
WAS?!
DIE SACHE IST BLOSS ...
TA
TAPP
SWUPP

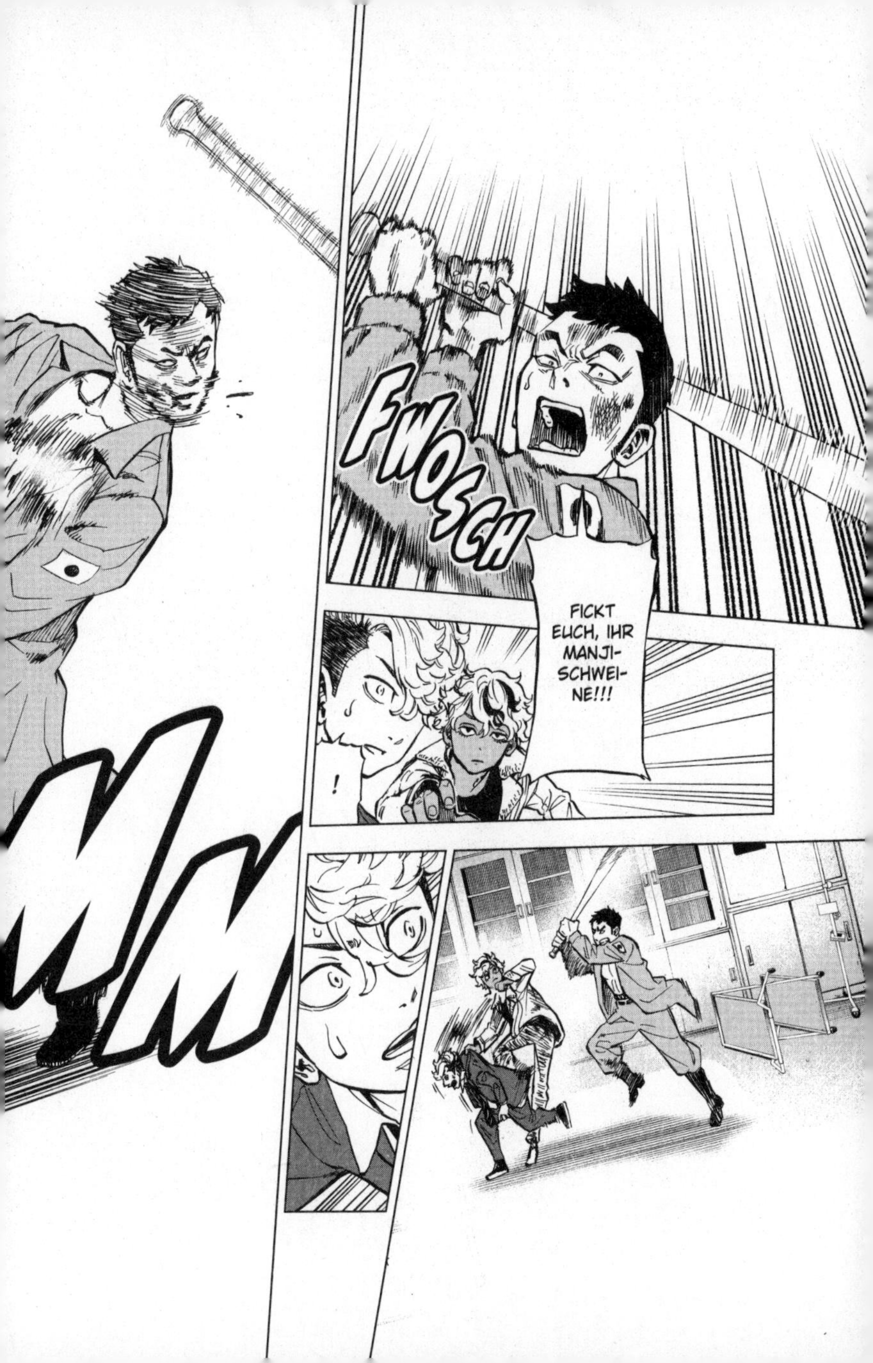
FWOSCH
FICKT EUCH, IHR MANJI-SCHWEI-NE!!!
!

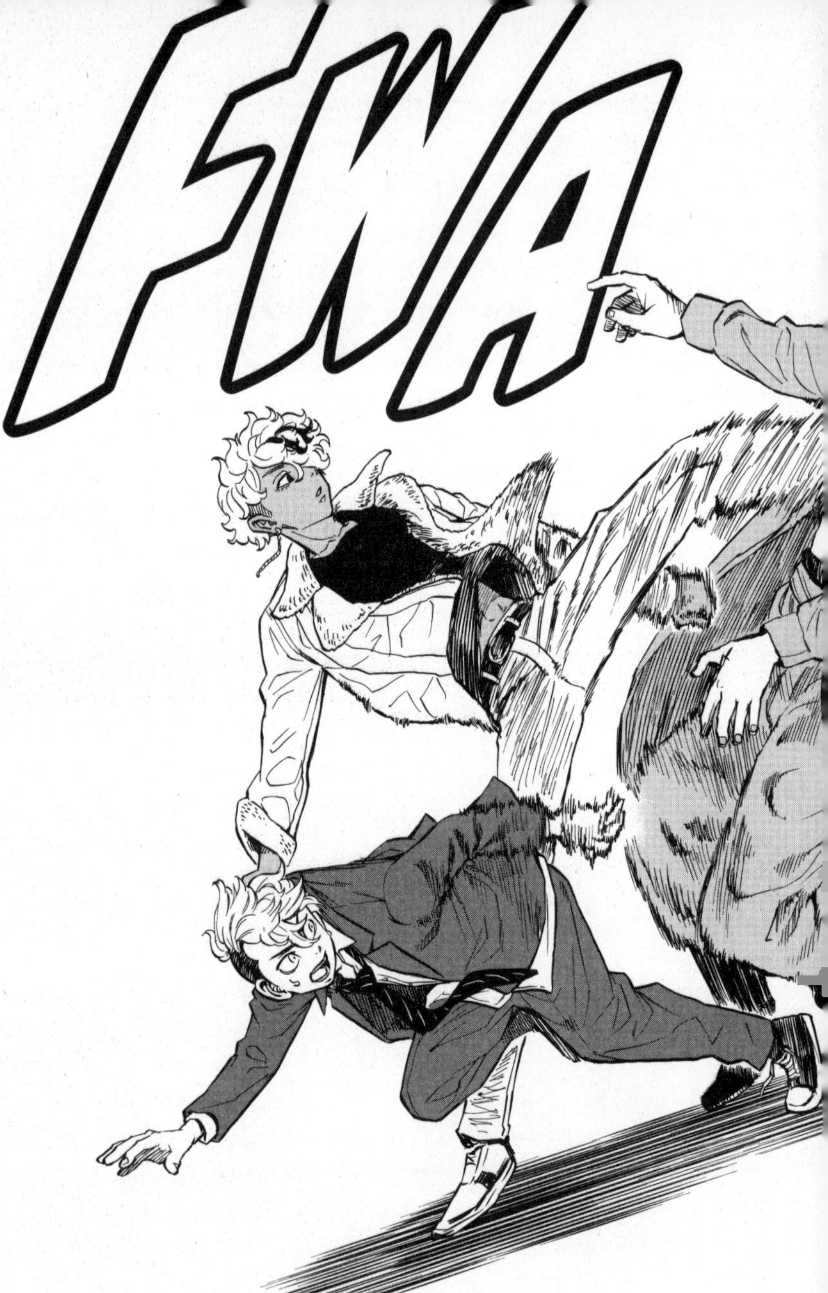
FWA

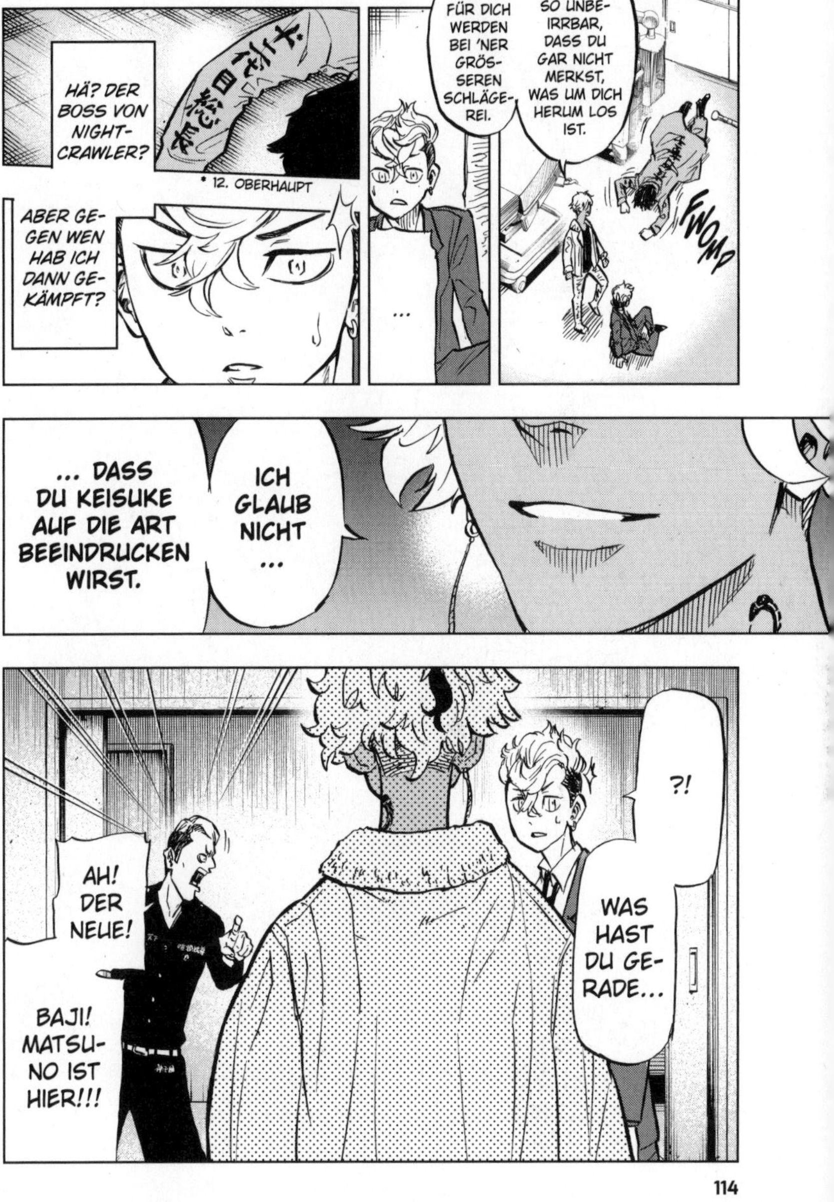
Hä? Der Boss von Nightcrawler?
* 12. Oberhaupt
Aber gegen wen hab ich dann gekämpft?
...
Könnte schwer für dich werden bei 'ner grösseren Schlägerei.
Du bist so unbeirrbar, dass du gar nicht merkst, was um dich herum los ist.
FWOMP
Ich glaub nicht ...
... dass du Keisuke auf die Art beeindrucken wirst.
?!
Was hast du gerade...
Ah! Der Neue!
Baji! Matsuno ist hier!!!

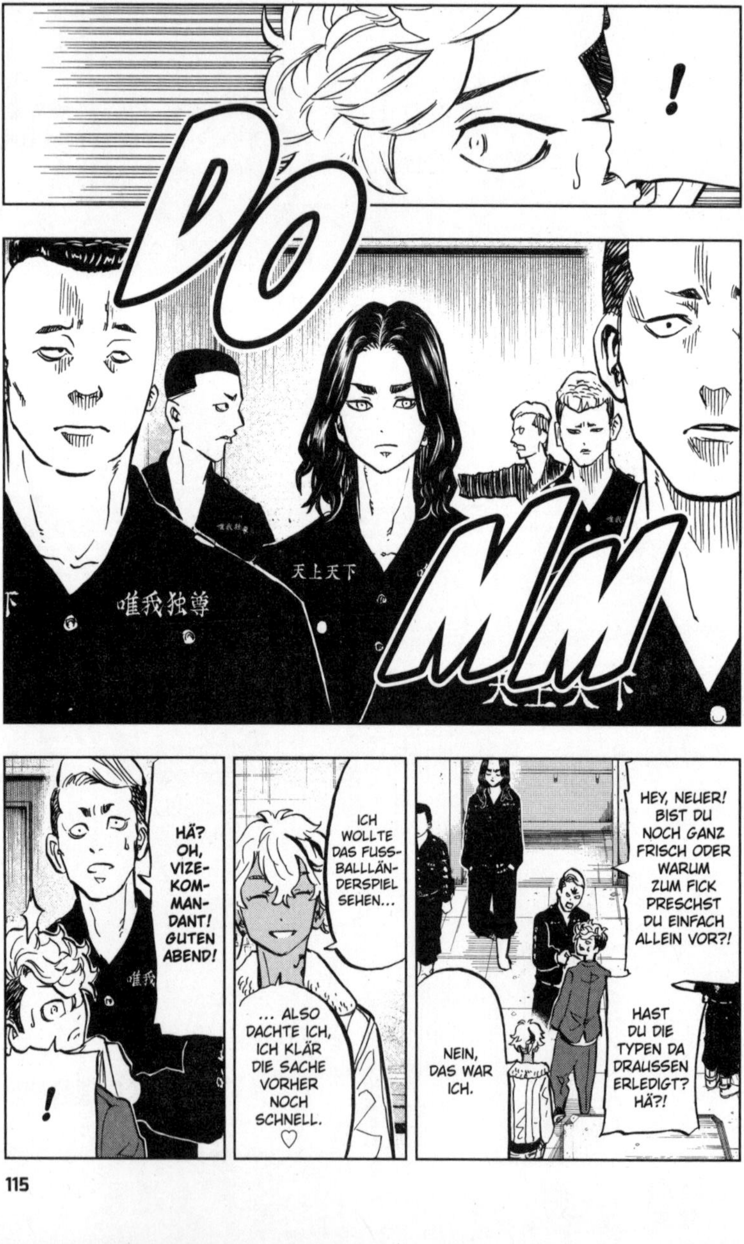
!
DOMM
HEY, NEUER! BIST DU NOCH GANZ FRISCH ODER WARUM ZUM FICK PRESCHST DU EINFACH ALLEIN VOR?!
HAST DU DIE TYPEN DA DRAUSSEN ERLEDIGT? HÄ?!
NEIN, DAS WAR ICH.
ICH WOLLTE DAS FUSSBALLLÄNDERSPIEL SEHEN…
… ALSO DACHTE ICH, ICH KLÄR DIE SACHE VORHER NOCH SCHNELL. ♡
HÄ? OH, VIZEKOMMANDANT! GUTEN ABEND!
!

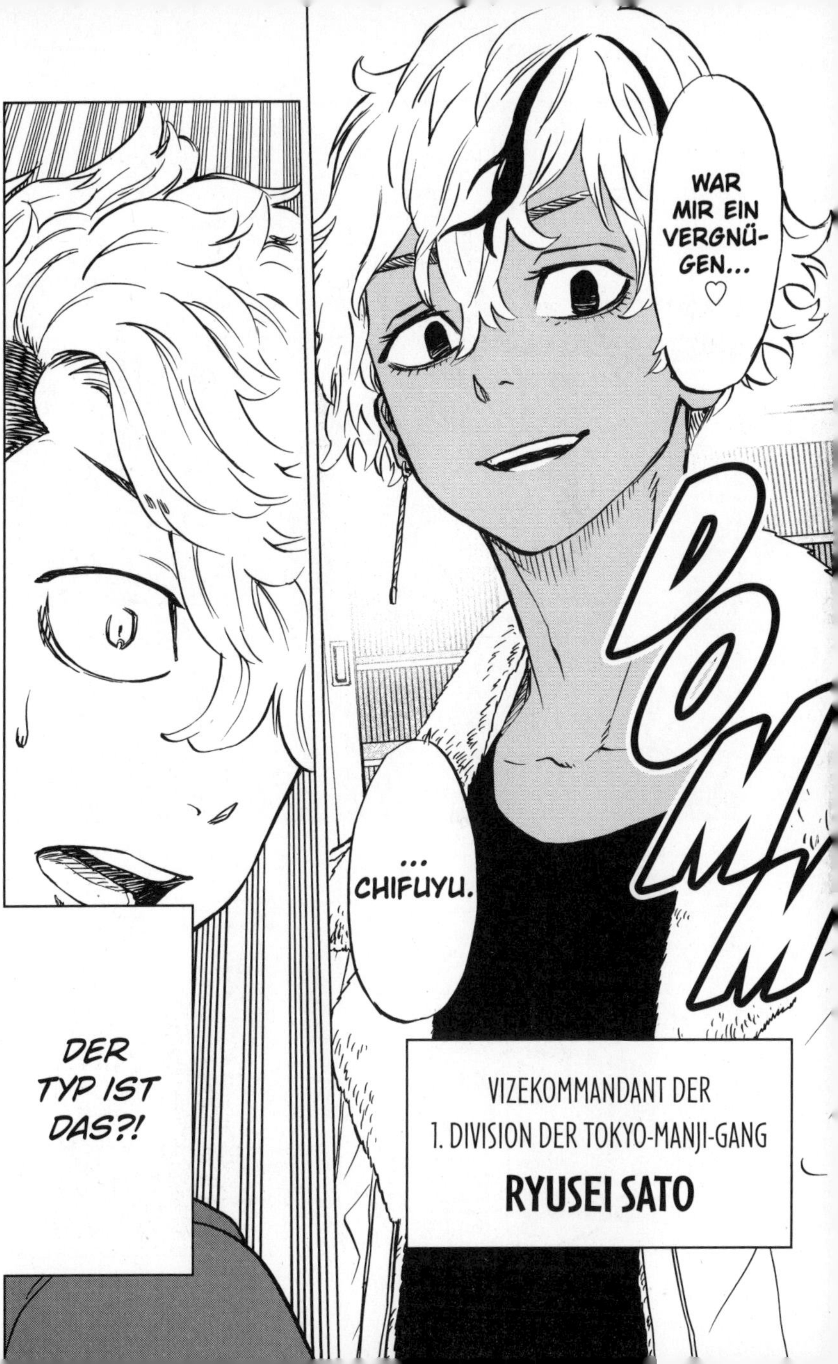

WAR MIR EIN VERGNÜ- GEN... ♡
... CHIFUYU.
VIZEKOMMANDANT DER 1. DIVISION DER TOKYO-MANJI-GANG
RYUSEI SATO
DER TYP IST DAS?!

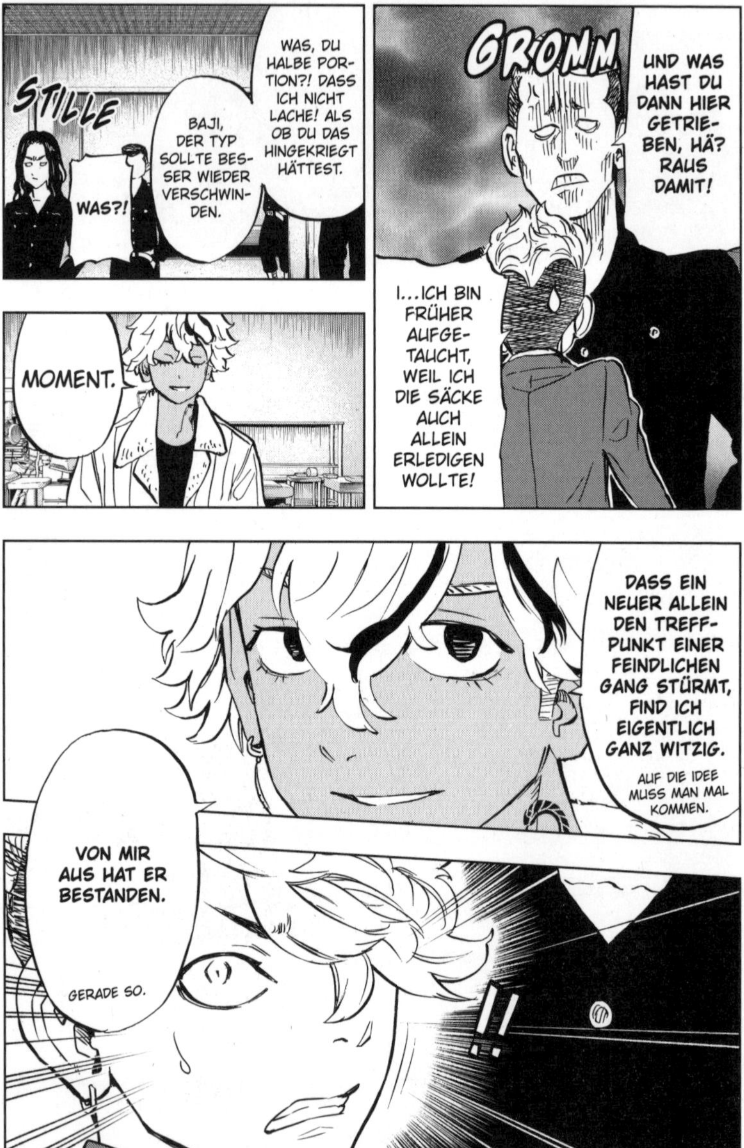
GROMM
UND WAS HAST DU DANN HIER GETRIEBEN, HÄ? RAUS DAMIT!
I…ICH BIN FRÜHER AUFGETAUCHT, WEIL ICH DIE SÄCKE AUCH ALLEIN ERLEDIGEN WOLLTE!
WAS, DU HALBE PORTION?! DASS ICH NICHT LACHE! ALS OB DU DAS HINGEKRIEGT HÄTTEST.
BAJI, DER TYP SOLLTE BESSER WIEDER VERSCHWINDEN.
STILLE
WAS?!
MOMENT.
DASS EIN NEUER ALLEIN DEN TREFFPUNKT EINER FEINDLICHEN GANG STÜRMT, FIND ICH EIGENTLICH GANZ WITZIG.
AUF DIE IDEE MUSS MAN MAL KOMMEN.
VON MIR AUS HAT ER BESTANDEN.
GERADE SO.
!!

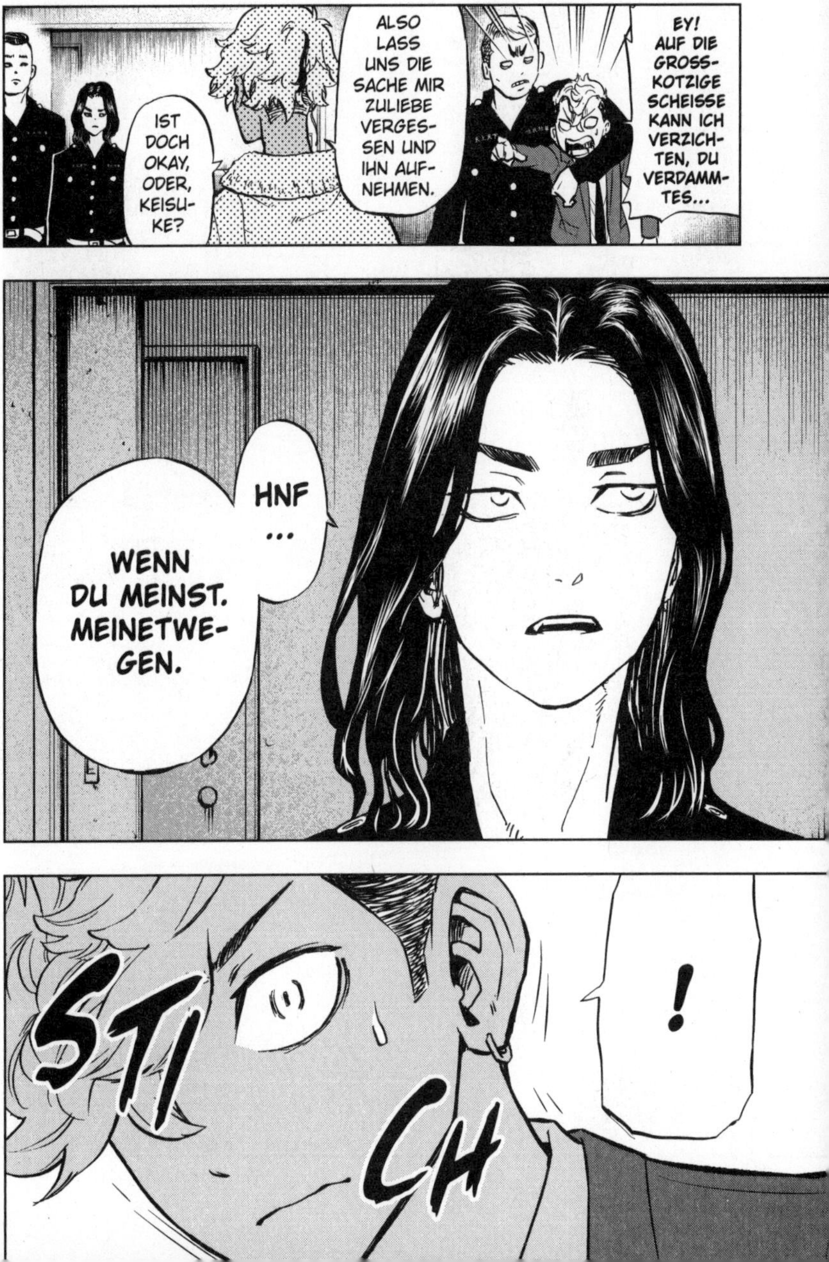
EY! AUF DIE GROSS-KOTZIGE SCHEISSE KANN ICH VERZICHTEN, DU VERDAMMTES...
ALSO LASS UNS DIE SACHE MIR ZULIEBE VERGESSEN UND IHN AUF-NEHMEN.
IST DOCH OKAY, ODER, KEISUKE?
HNF ...
WENN DU MEINST. MEINETWE-GEN.
!
STICH

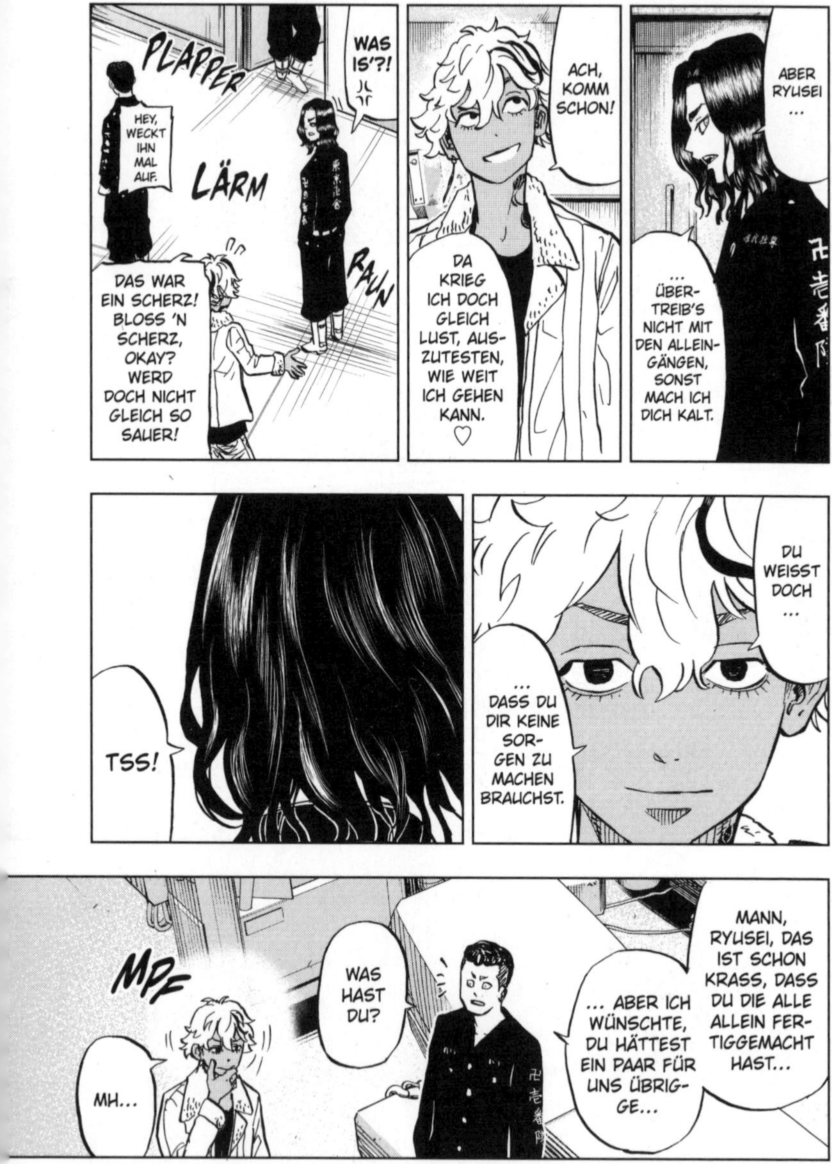
ABER RYUSEI …
… ÜBERTREIB'S NICHT MIT DEN ALLEINGÄNGEN, SONST MACH ICH DICH KALT.
ACH, KOMM SCHON!
DA KRIEG ICH DOCH GLEICH LUST, AUSZUTESTEN, WIE WEIT ICH GEHEN KANN. ♡
WAS IS'?!
PLAPPER
HEY, WECKT IHN MAL AUF.
LÄRM
DAS WAR EIN SCHERZ! BLOSS 'N SCHERZ, OKAY? WERD DOCH NICHT GLEICH SO SAUER!
RAUN
DU WEISST DOCH …
… DASS DU DIR KEINE SORGEN ZU MACHEN BRAUCHST.
TSS!
MANN, RYUSEI, DAS IST SCHON KRASS, DASS DU DIE ALLE ALLEIN FERTIGGEMACHT HAST…
… ABER ICH WÜNSCHTE, DU HÄTTEST EIN PAAR FÜR UNS ÜBRIGGE…
WAS HAST DU?
MPF
MH…

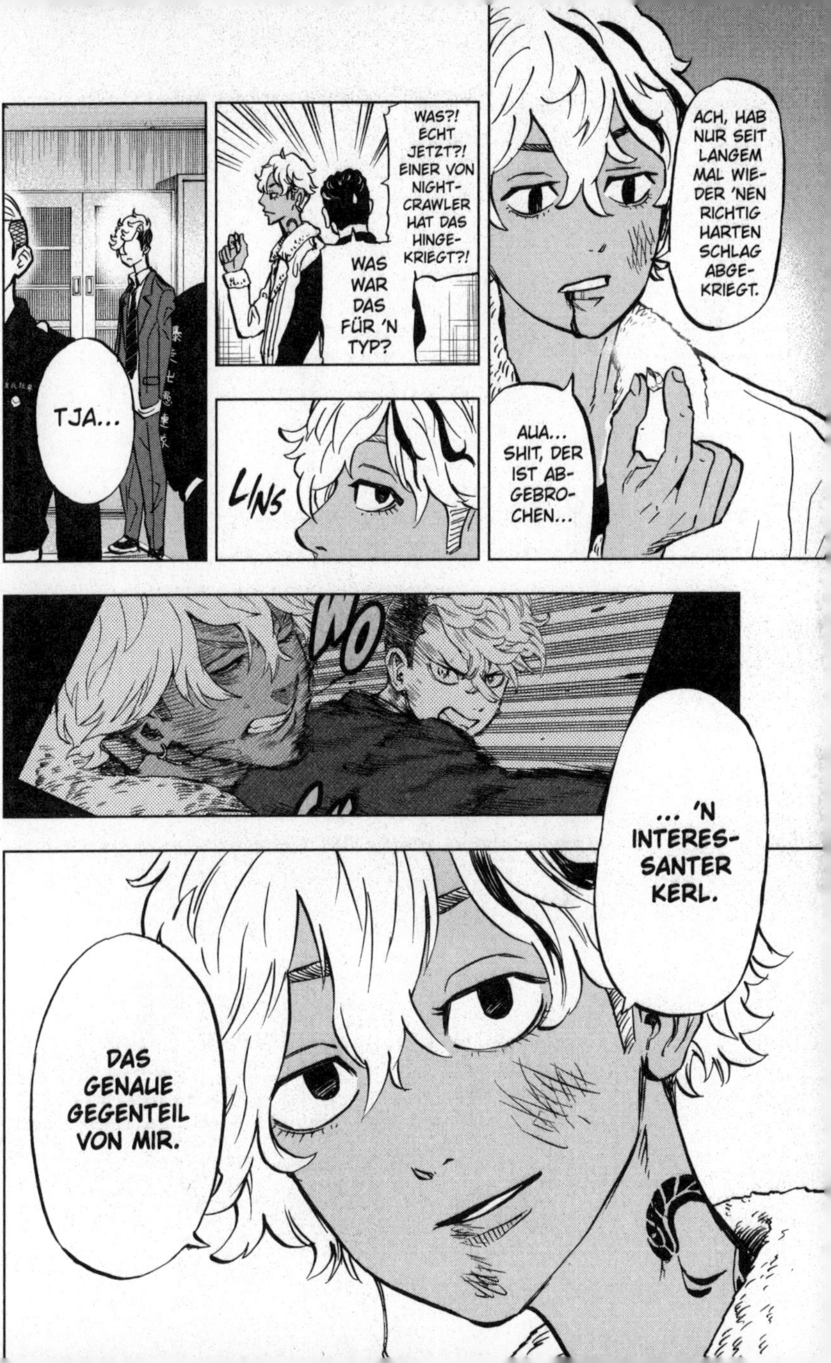
ACH, HAB NUR SEIT LANGEM MAL WIEDER 'NEN RICHTIG HARTEN SCHLAG ABGEKRIEGT.
AUA... SHIT, DER IST ABGEBROCHEN...
WAS?! ECHT JETZT?! EINER VON NIGHTCRAWLER HAT DAS HINGEKRIEGT?!
WAS WAR DAS FÜR 'N TYP?
LINS
TJA...
... 'N INTERESSANTER KERL.
DAS GENAUE GEGENTEIL VON MIR.

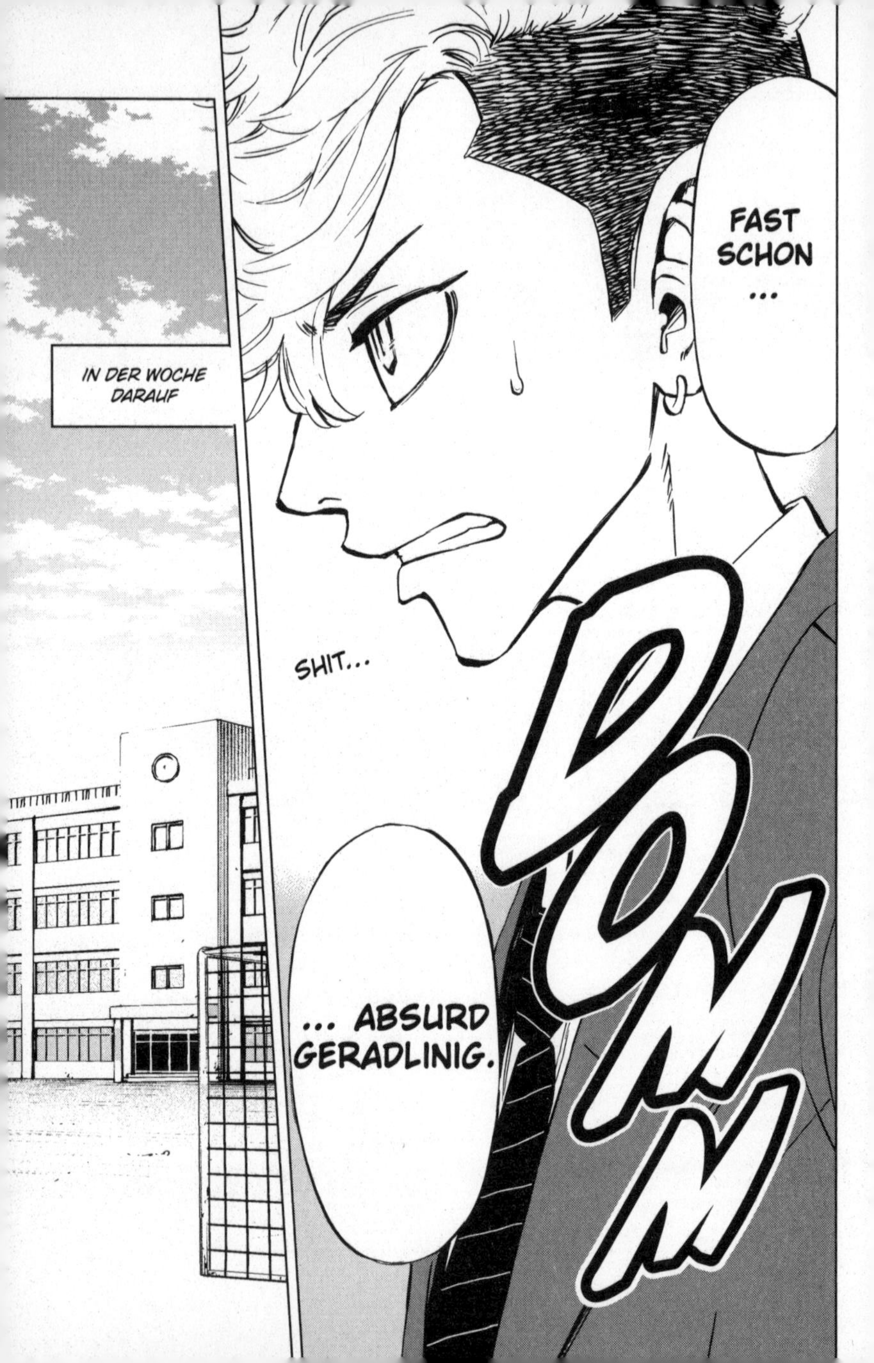
FAST SCHON …
SHIT…
… ABSURD GERADLINIG.
DOMM
IN DER WOCHE DARAUF

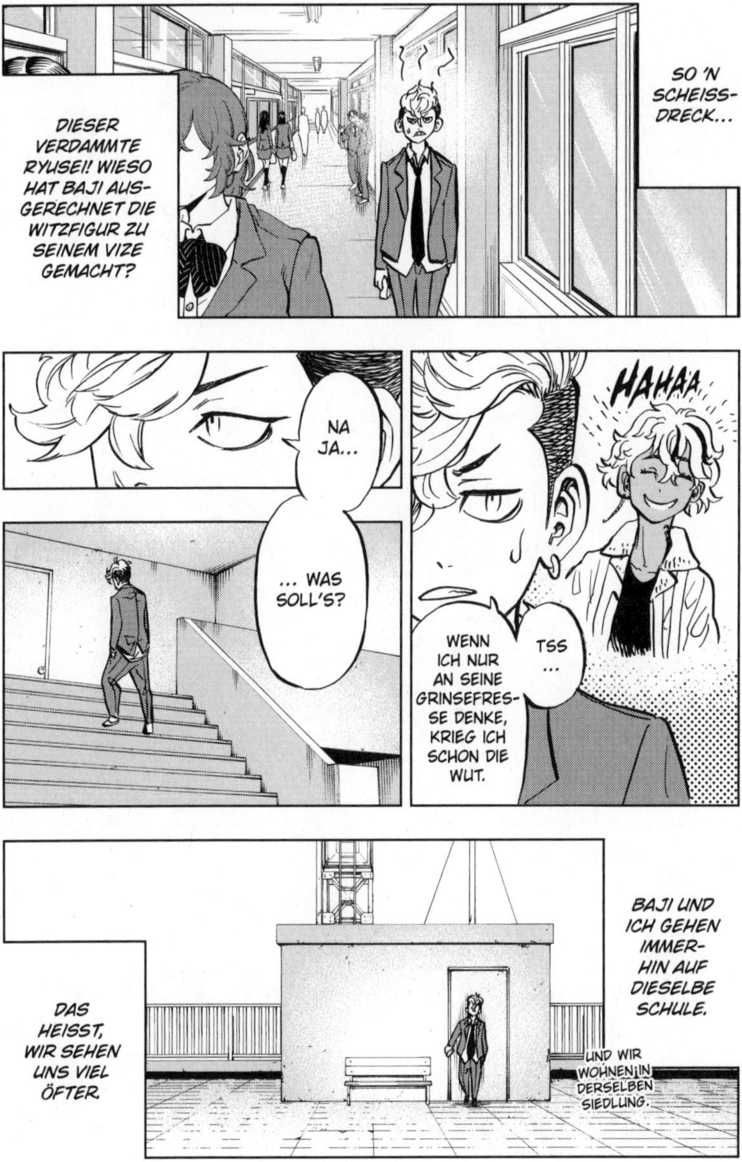
SO 'N SCHEISS-DRECK...
DIESER VERDAMMTE RYUSEI! WIESO HAT BAJI AUS-GERECHNET DIE WITZFIGUR ZU SEINEM VIZE GEMACHT?
HAHAA
TSS ...
WENN ICH NUR AN SEINE GRINSEFRES-SE DENKE, KRIEG ICH SCHON DIE WUT.
NA JA...
... WAS SOLL'S?
BAJI UND ICH GEHEN IMMER-HIN AUF DIESELBE SCHULE.
UND WIR WOHNEN IN DERSELBEN SIEDLUNG.
DAS HEISST, WIR SEHEN UNS VIEL ÖFTER.

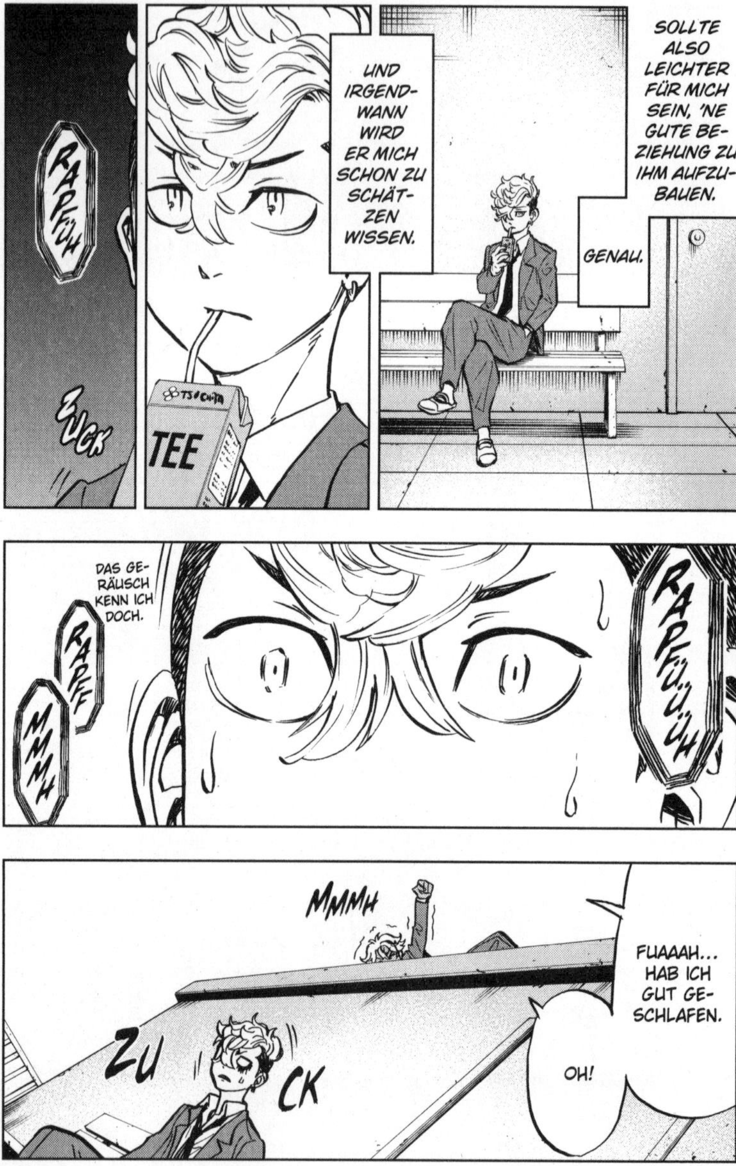
SOLLTE ALSO LEICHTER FÜR MICH SEIN, 'NE GUTE BEZIEHUNG ZU IHM AUFZUBAUEN.
GENAU.
UND IRGENDWANN WIRD ER MICH SCHON ZU SCHÄTZEN WISSEN.
TEE
RAPFÜH
ZUCK
RAPFÜÜH
DAS GERÄUSCH KENN ICH DOCH.
RAPFF
MMMH
FUAAAH... HAB ICH GUT GESCHLAFEN.
OH!
MMMH
ZUCK

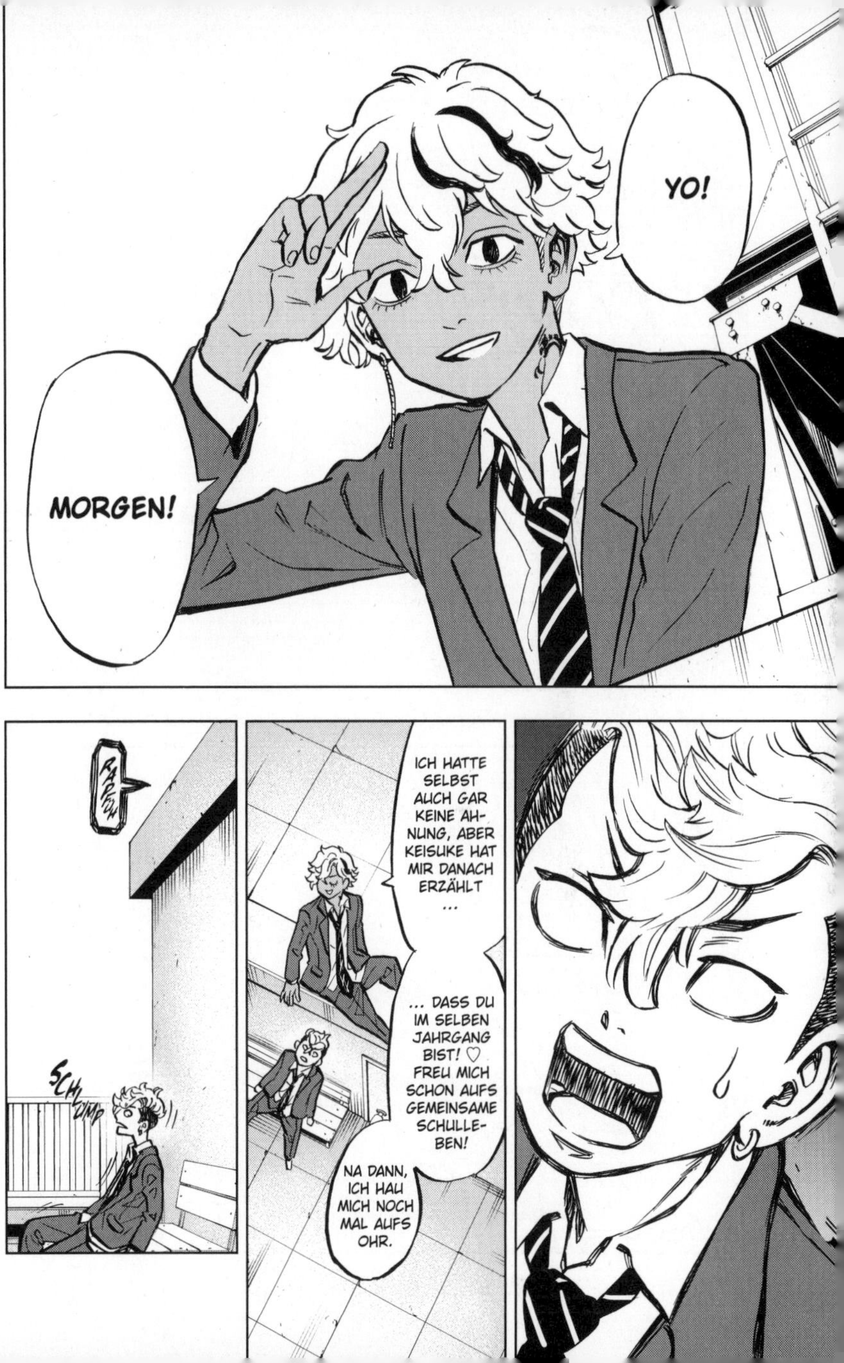
YO!
MORGEN!
ICH HATTE SELBST AUCH GAR KEINE AH- NUNG, ABER KEISUKE HAT MIR DANACH ERZÄHLT …
… DASS DU IM SELBEN JAHRGANG BIST! ♡ FREU MICH SCHON AUFS GEMEINSAME SCHULLE- BEN!
NA DANN, ICH HAU MICH NOCH MAL AUFS OHR.
RAPPSCH
SCHLUMP

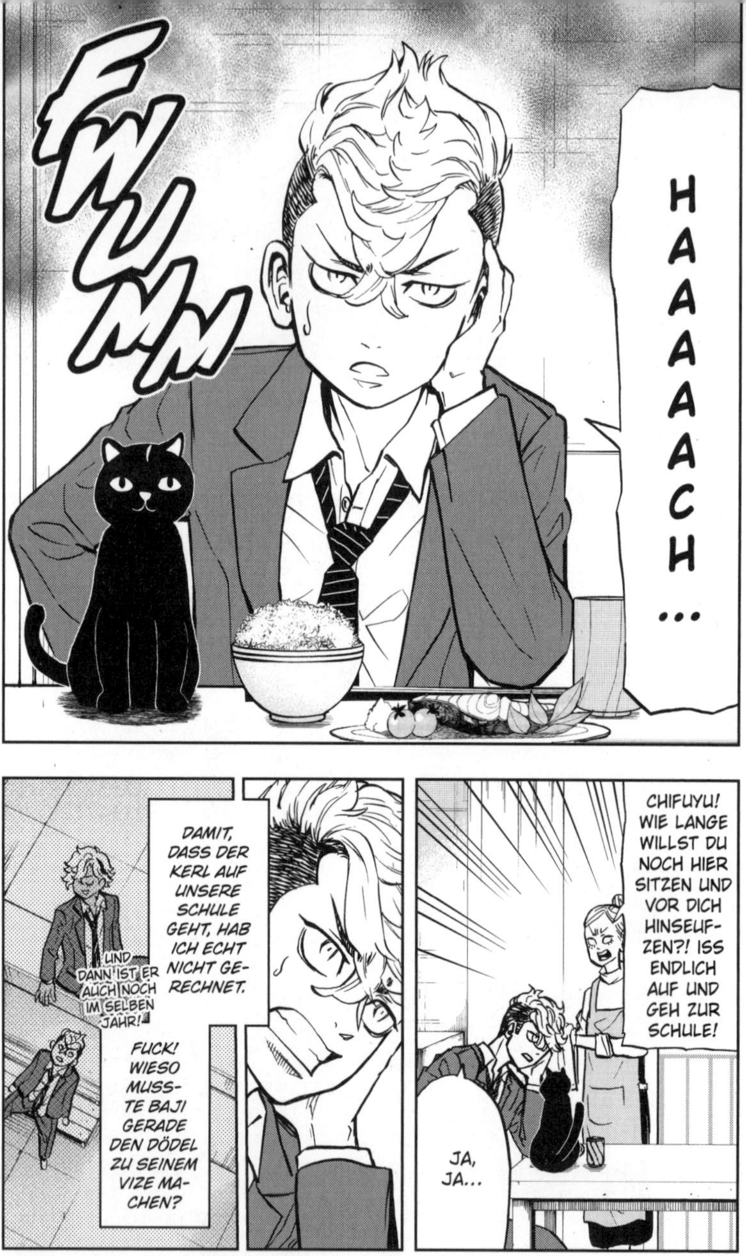

Kapitel 3: The black Cat

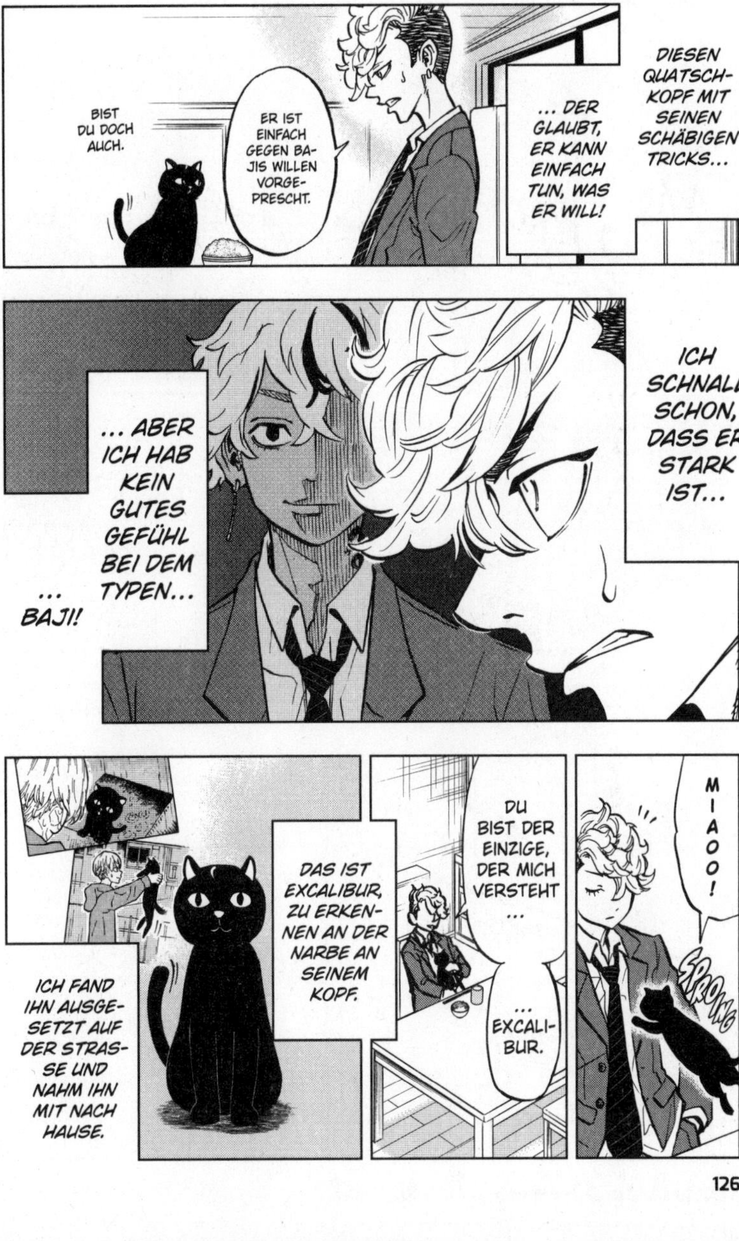
DIESEN QUATSCHKOPF MIT SEINEN SCHÄBIGEN TRICKS…
… DER GLAUBT, ER KANN EINFACH TUN, WAS ER WILL!
ER IST EINFACH GEGEN BAJIS WILLEN VORGEPRESCHT.
BIST DU DOCH AUCH.
ICH SCHNALL SCHON, DASS ER STARK IST…
… ABER ICH HAB KEIN GUTES GEFÜHL BEI DEM TYPEN…
… BAJI!
MIAOOO!
SPROING
DU BIST DER EINZIGE, DER MICH VERSTEHT …
… EXCALIBUR.
DAS IST EXCALIBUR, ZU ERKENNEN AN DER NARBE AN SEINEM KOPF.
ICH FAND IHN AUSGESETZT AUF DER STRASSE UND NAHM IHN MIT NACH HAUSE.

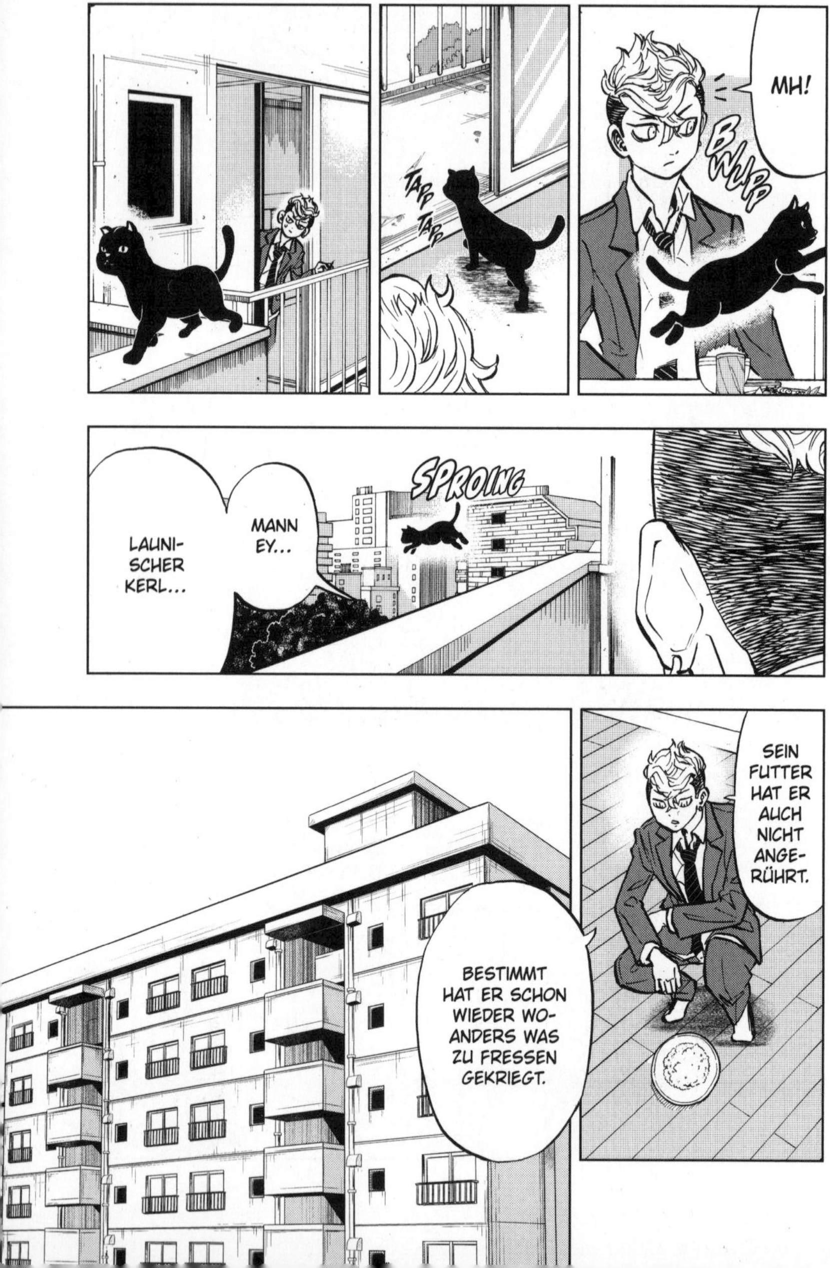
MH!
BWUPP
TAPP TAPP
MANN EY...
LAUNI-SCHER KERL...
SPROING
SEIN FUTTER HAT ER AUCH NICHT ANGE-RÜHRT.
BESTIMMT HAT ER SCHON WIEDER WO-ANDERS WAS ZU FRESSEN GEKRIEGT.

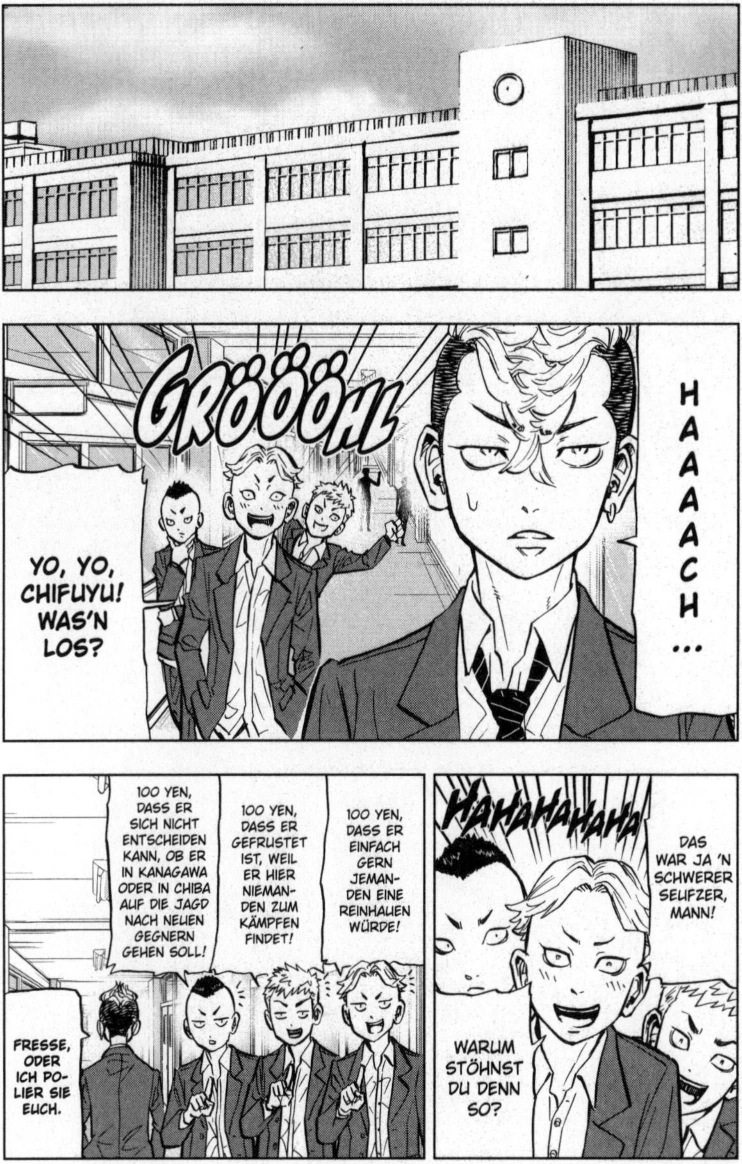
HAAAAACH ...
GRÖÖÖHL
YO, YO, CHIFUYU! WAS'N LOS?
HAHAHAHAHA
DAS WAR JA 'N SCHWERER SEUFZER, MANN!
WARUM STÖHNST DU DENN SO?
100 YEN, DASS ER EINFACH GERN JEMAN-DEN EINE REINHAUEN WÜRDE!
100 YEN, DASS ER GEFRUSTET IST, WEIL ER HIER NIEMAN-DEN ZUM KÄMPFEN FINDET!
100 YEN, DASS ER SICH NICHT ENTSCHEIDEN KANN, OB ER IN KANAGAWA ODER IN CHIBA AUF DIE JAGD NACH NEUEN GEGNERN GEHEN SOLL!
FRESSE, ODER ICH PO-LIER SIE EUCH.

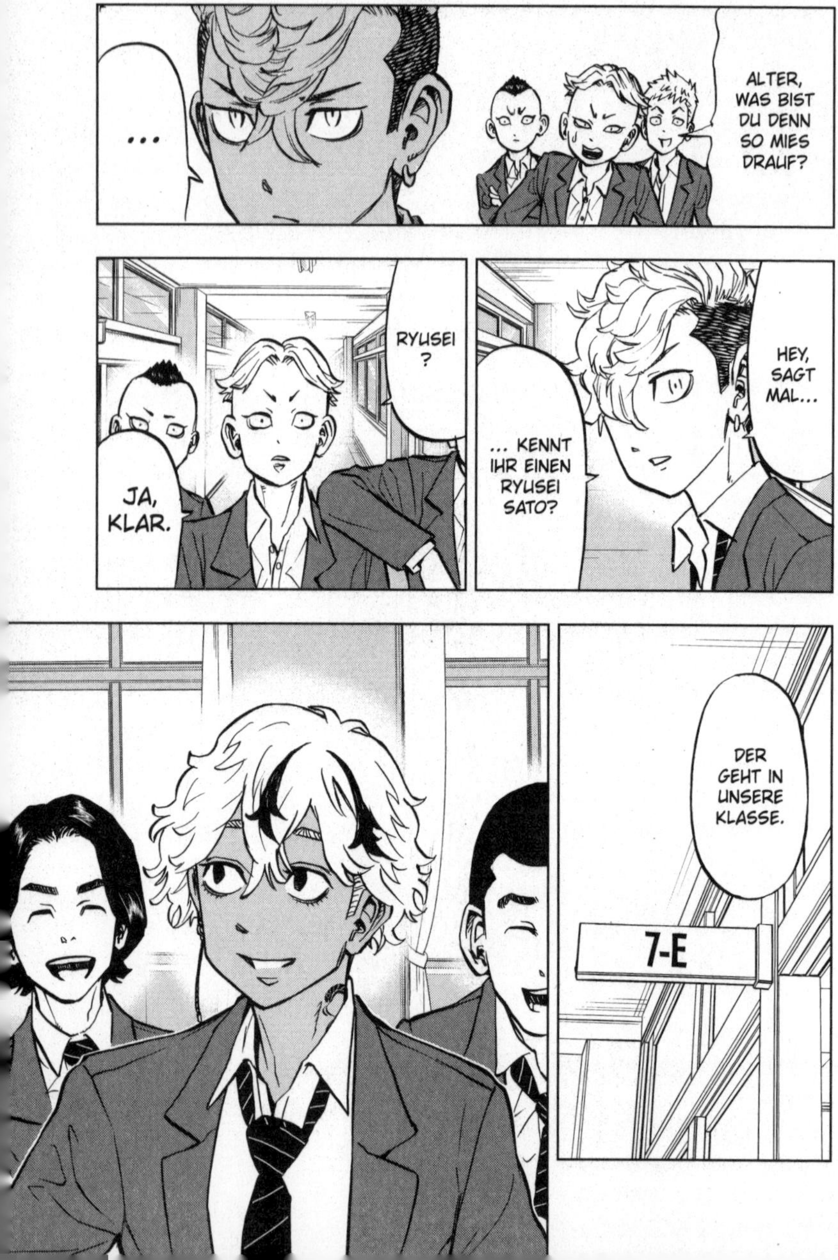
ALTER, WAS BIST DU DENN SO MIES DRAUF?
...
HEY, SAGT MAL...
... KENNT IHR EINEN RYUSEI SATO?
RYUSEI ?
JA, KLAR.
DER GEHT IN UNSERE KLASSE.
7-E

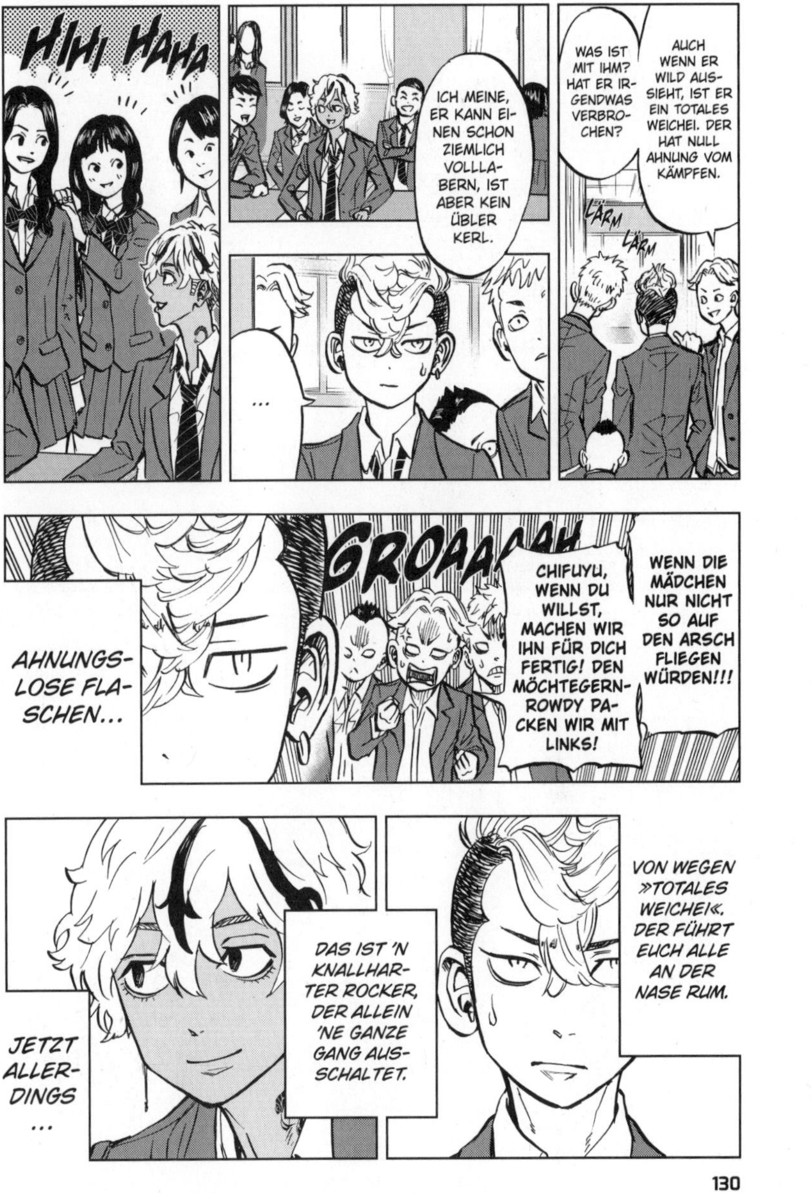
WAS IST MIT IHM? HAT ER IRGENDWAS VERBROCHEN?
AUCH WENN ER WILD AUSSIEHT, IST ER EIN TOTALES WEICHEI. DER HAT NULL AHNUNG VOM KÄMPFEN.
LÄRM
LÄRM
ICH MEINE, ER KANN EINEN SCHON ZIEMLICH VOLLLABERN, IST ABER KEIN ÜBLER KERL.
...
HIHI HAHA
WENN DIE MÄDCHEN NUR NICHT SO AUF DEN ARSCH FLIEGEN WÜRDEN!!!
CHIFUYU, WENN DU WILLST, MACHEN WIR IHN FÜR DICH FERTIG! DEN MÖCHTEGERNROWDY PACKEN WIR MIT LINKS!
GROAAAAH
AHNUNGSLOSE FLASCHEN...
VON WEGEN »TOTALES WEICHEI«. DER FÜHRT EUCH ALLE AN DER NASE RUM.
DAS IST 'N KNALLHARTER ROCKER, DER ALLEIN 'NE GANZE GANG AUSSCHALTET.
JETZT ALLERDINGS ...

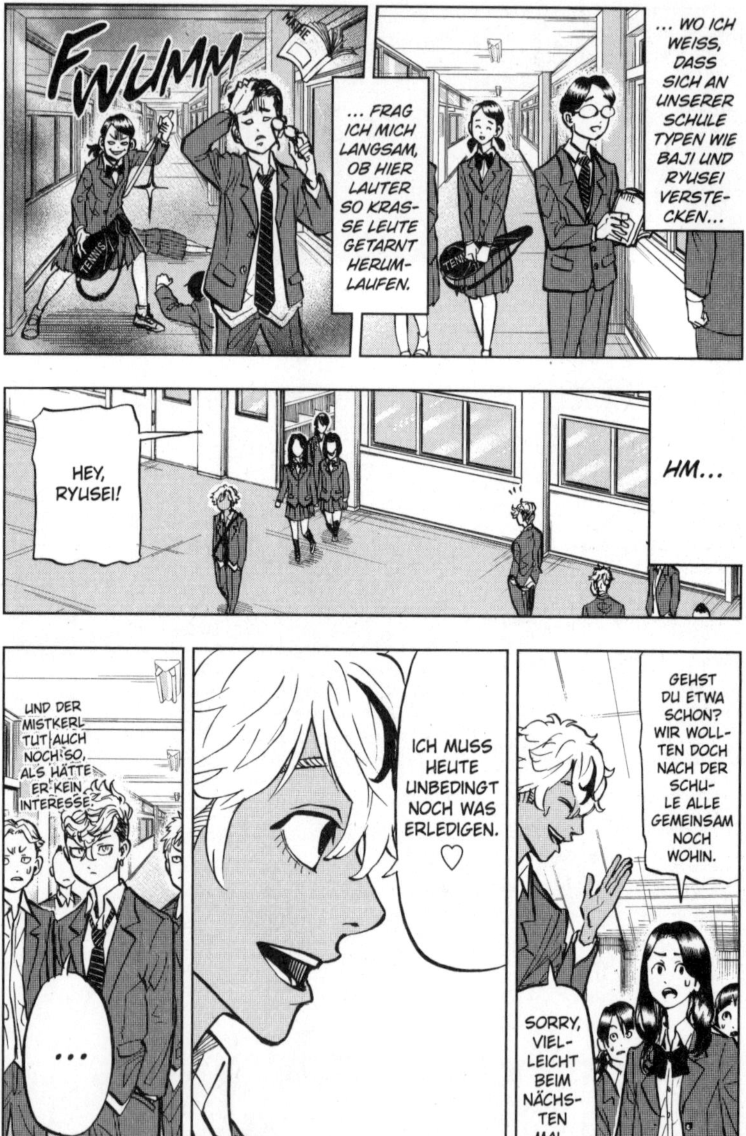
… WO ICH WEISS, DASS SICH AN UNSERER SCHULE TYPEN WIE BAJI UND RYUSEI VERSTECKEN…
… FRAG ICH MICH LANGSAM, OB HIER LAUTER SO KRASSE LEUTE GETARNT HERUMLAUFEN.
FWUMM
MATHE
TENNIS
HM…
HEY, RYUSEI!
GEHST DU ETWA SCHON? WIR WOLLTEN DOCH NACH DER SCHULE ALLE GEMEINSAM NOCH WOHIN.
SORRY, VIELLEICHT BEIM NÄCHSTEN MAL.
ICH MUSS HEUTE UNBEDINGT NOCH WAS ERLEDIGEN. ♡
UND DER MISTKERL TUT AUCH NOCH SO, ALS HÄTTE ER KEIN INTERESSE.
…

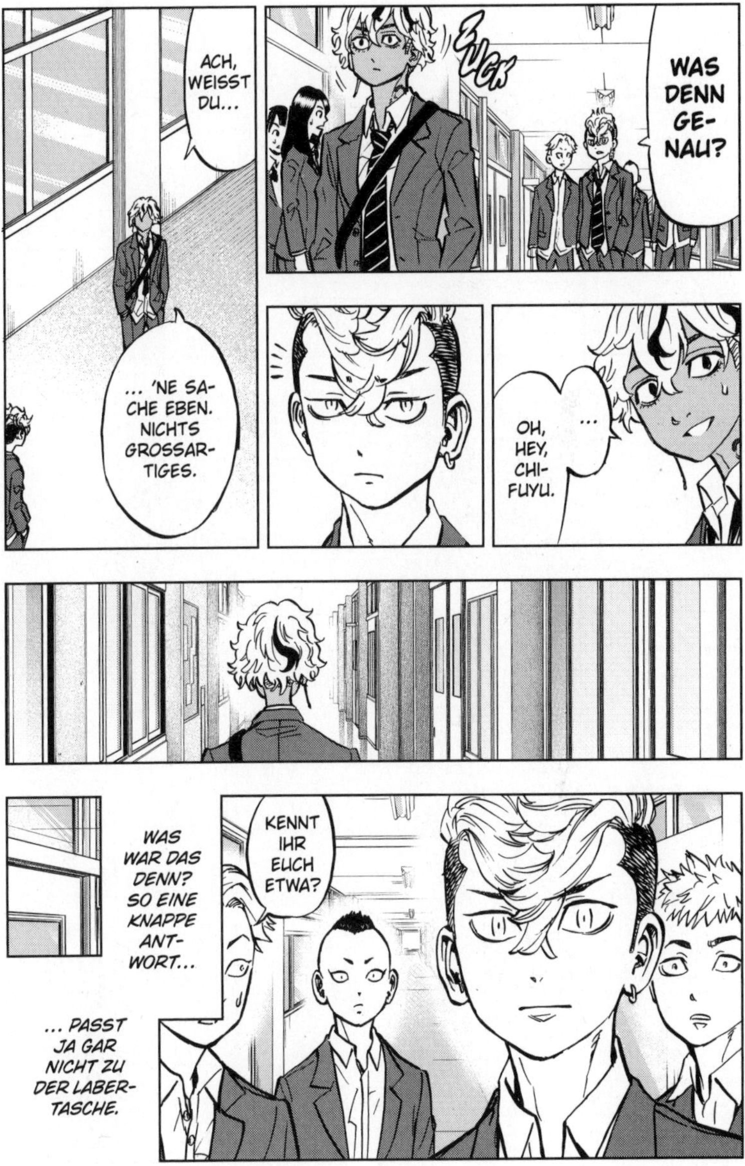
WAS DENN GENAU?
ZUCK
ACH, WEISST DU...
... 'NE SACHE EBEN. NICHTS GROSSARTIGES.
...
OH, HEY, CHIFUYU.
KENNT IHR EUCH ETWA?
WAS WAR DAS DENN? SO EINE KNAPPE ANTWORT...
... PASST JA GAR NICHT ZU DER LABERTASCHE.

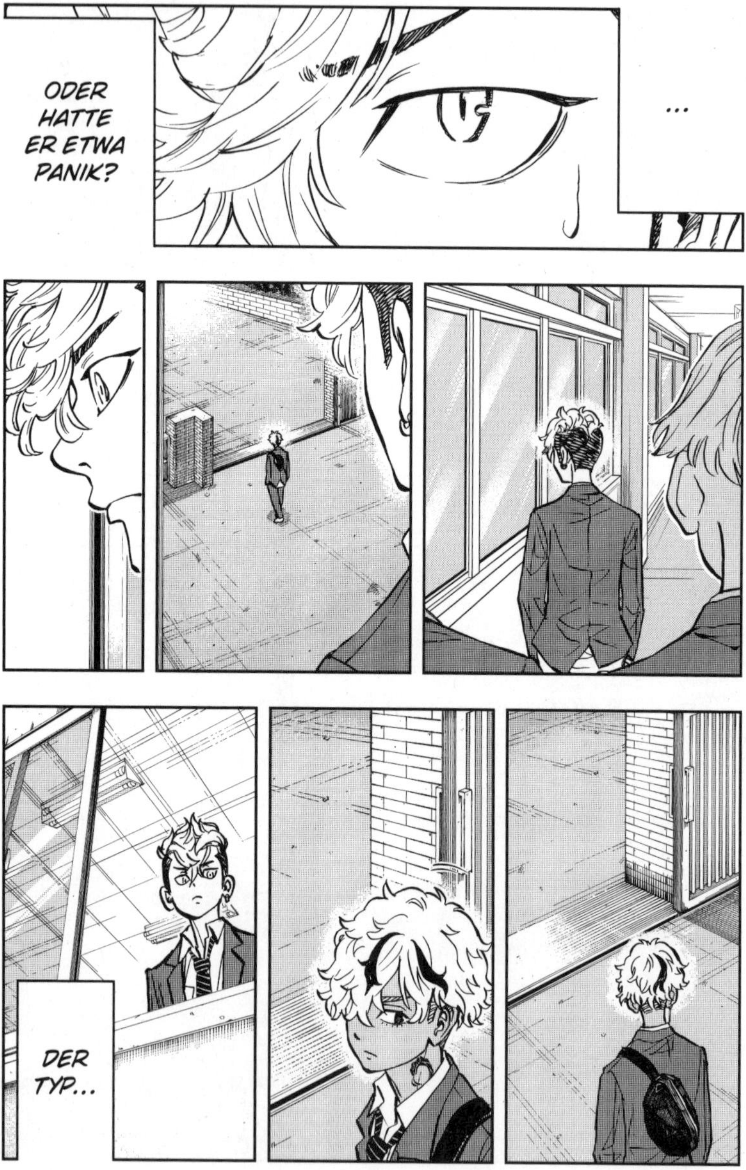
...
ODER HATTE ER ETWA PANIK?
DER TYP...

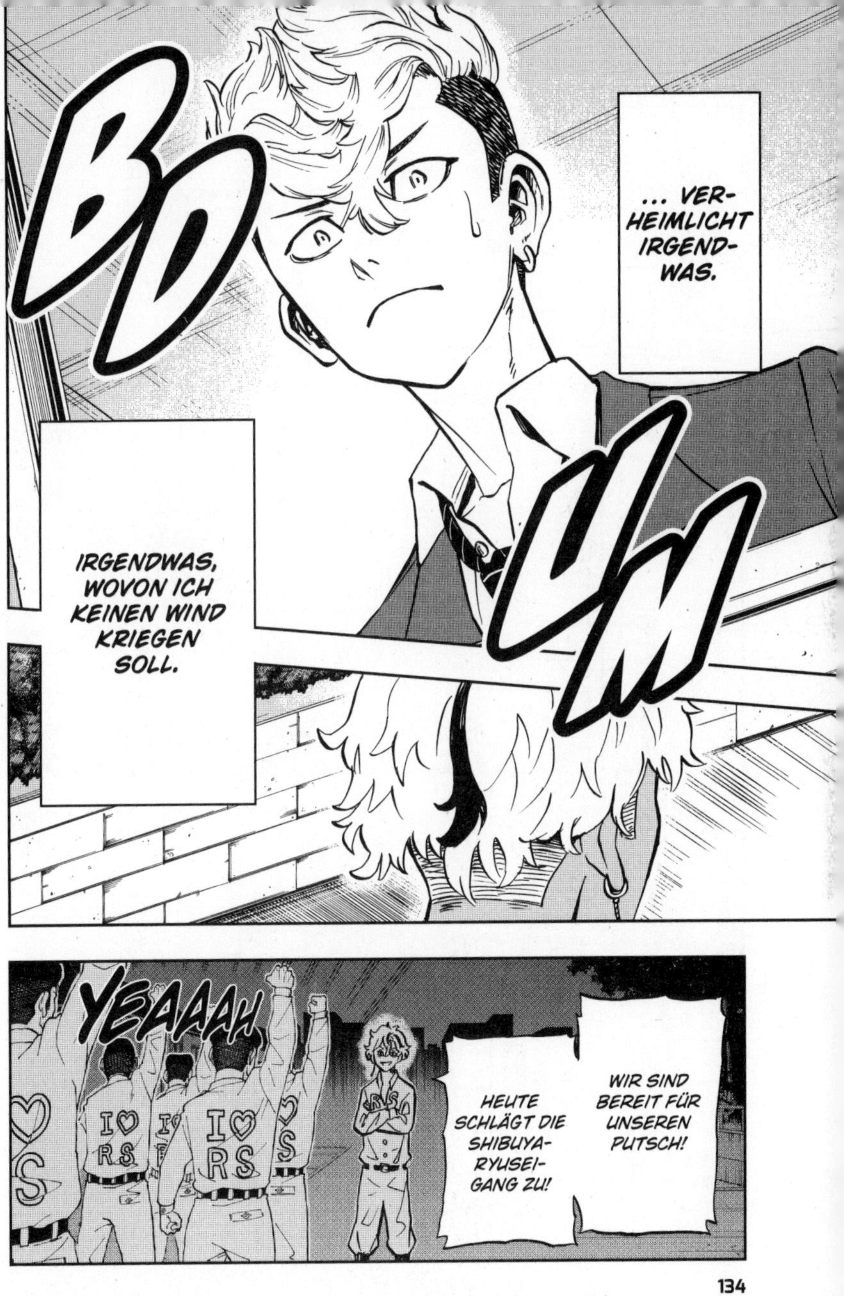
... VERHEIMLICHT IRGENDWAS.
BADUM
IRGENDWAS, WOVON ICH KEINEN WIND KRIEGEN SOLL.
WIR SIND BEREIT FÜR UNSEREN PUTSCH!
HEUTE SCHLÄGT DIE SHIBUYA-RYUSEI-GANG ZU!
YEAAAH

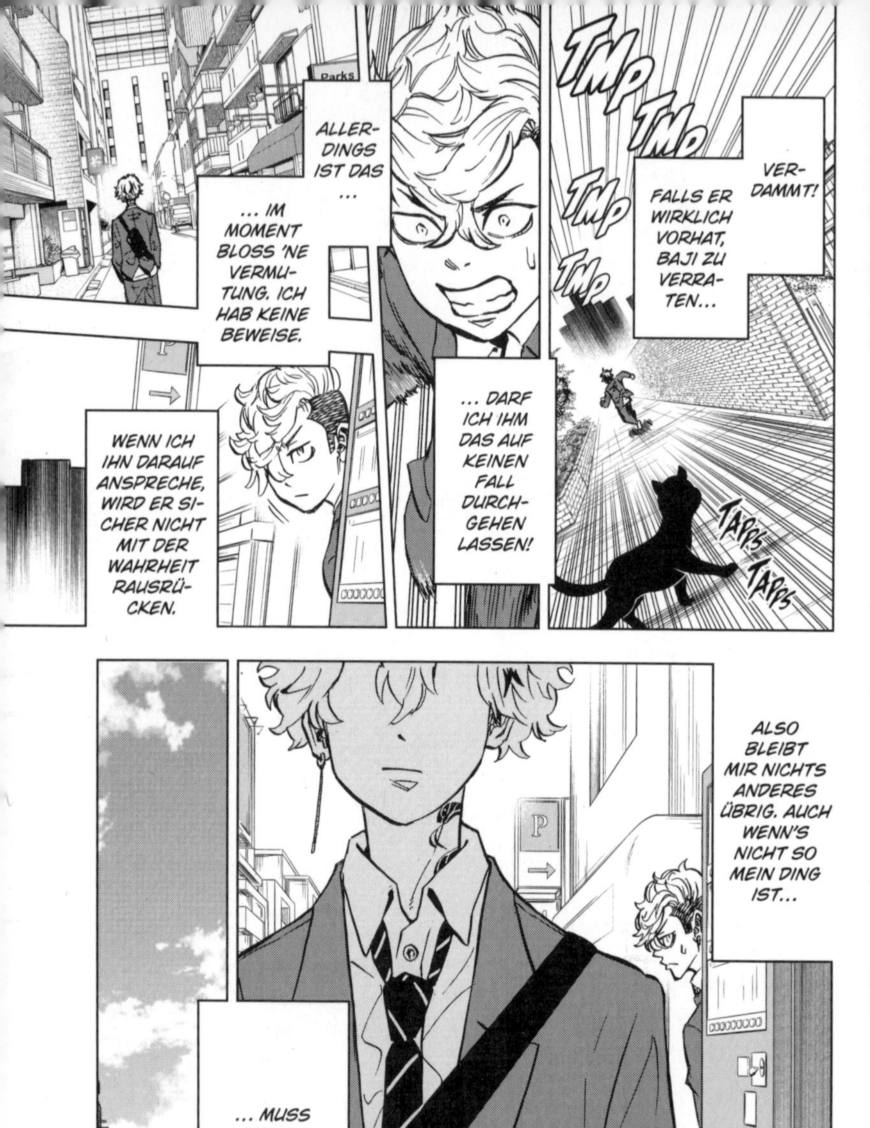
TMP TMP TMP TMP
VERDAMMT!
FALLS ER WIRKLICH VORHAT, BAJI ZU VERRATEN…
… DARF ICH IHM DAS AUF KEINEN FALL DURCHGEHEN LASSEN!
TAPPS TAPPS
ALLERDINGS IST DAS …
… IM MOMENT BLOSS 'NE VERMUTUNG. ICH HAB KEINE BEWEISE.
Parks
WENN ICH IHN DARAUF ANSPRECHE, WIRD ER SICHER NICHT MIT DER WAHRHEIT RAUSRÜCKEN.
ALSO BLEIBT MIR NICHTS ANDERES ÜBRIG. AUCH WENN'S NICHT SO MEIN DING IST…
… MUSS ICH IHN BESCHATTEN!

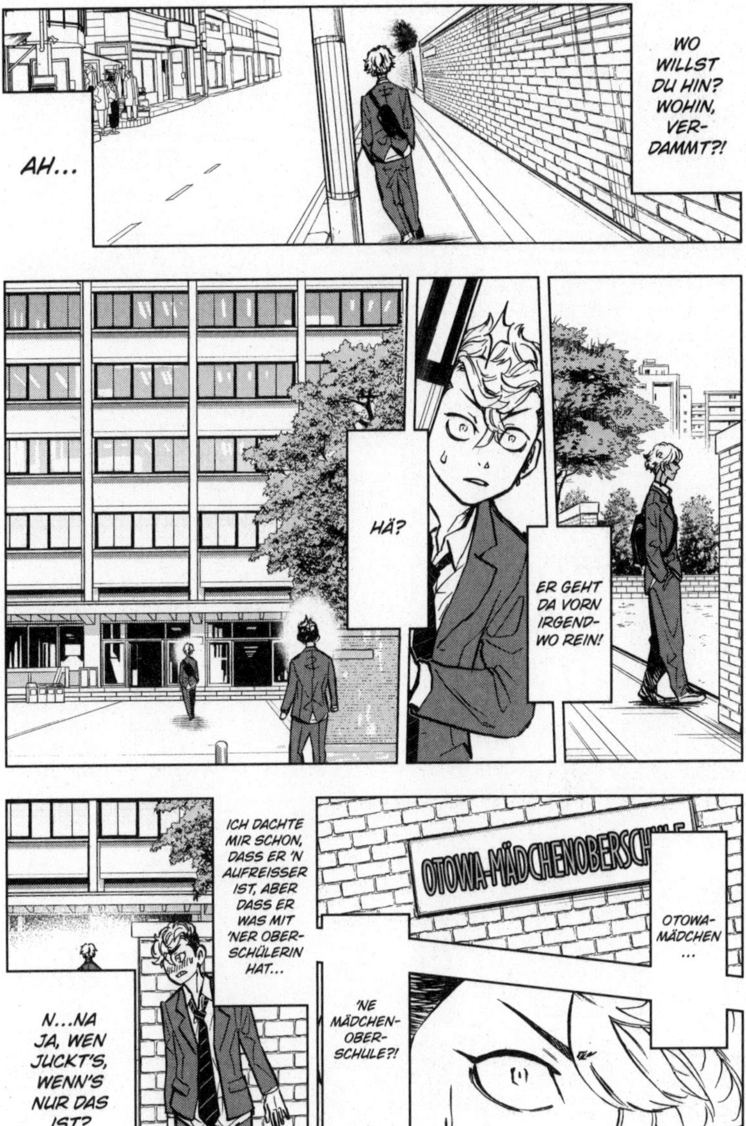
WO WILLST DU HIN? WOHIN, VER-DAMMT?!
AH…
ER GEHT DA VORN IRGEND-WO REIN!
HÄ?
OTOWA-MÄDCHENOBERSCHULE
OTOWA-MÄDCHEN …
'NE MÄDCHEN-OBER-SCHULE?!
ICH DACHTE MIR SCHON, DASS ER 'N AUFREISSER IST, ABER DASS ER WAS MIT 'NER OBER-SCHÜLERIN HAT…
N…NA JA, WEN JUCKT'S, WENN'S NUR DAS IST?

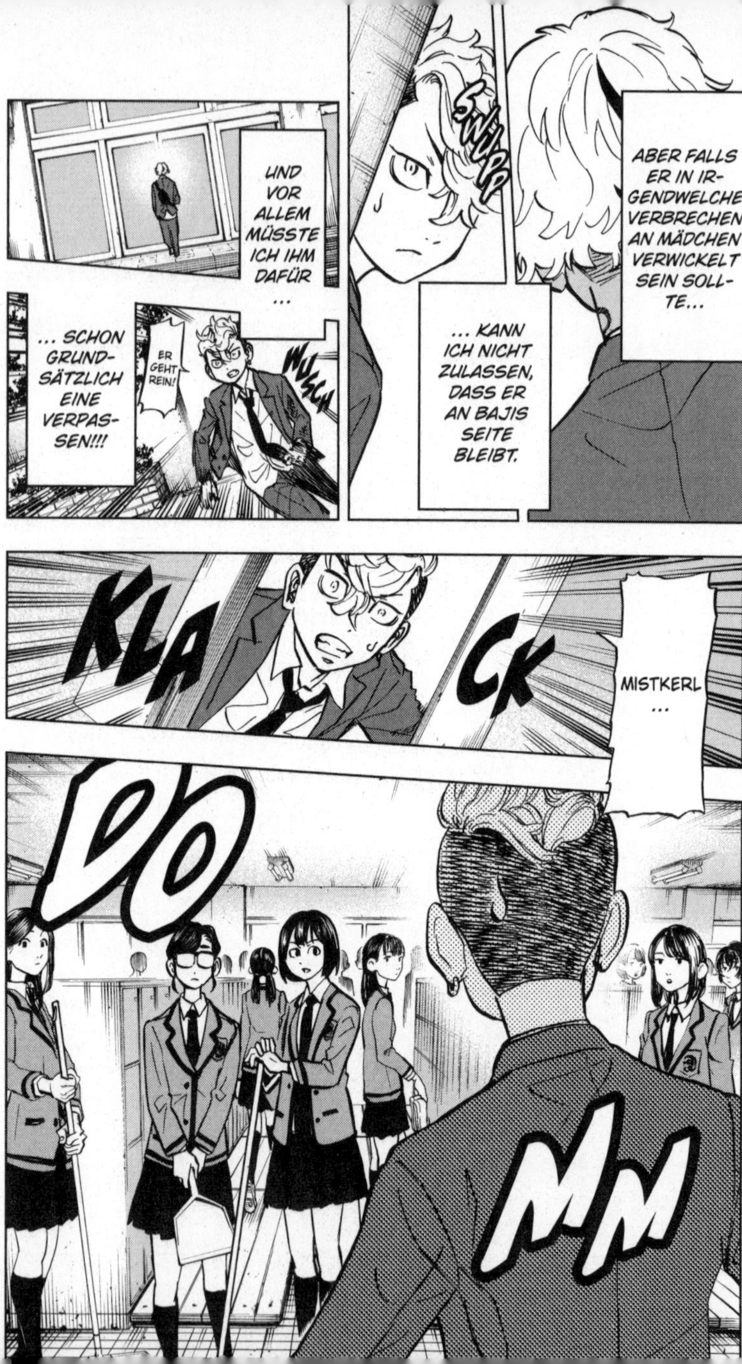
SWUPP
ABER FALLS ER IN IRGENDWELCHE VERBRECHEN AN MÄDCHEN VERWICKELT SEIN SOLLTE…
… KANN ICH NICHT ZULASSEN, DASS ER AN BAJIS SEITE BLEIBT.
UND VOR ALLEM MÜSSTE ICH IHM DAFÜR …
… SCHON GRUNDSÄTZLICH EINE VERPASSEN!!!
WUSCH
ER GEHT REIN!
MISTKERL …
KLACK
DOMM

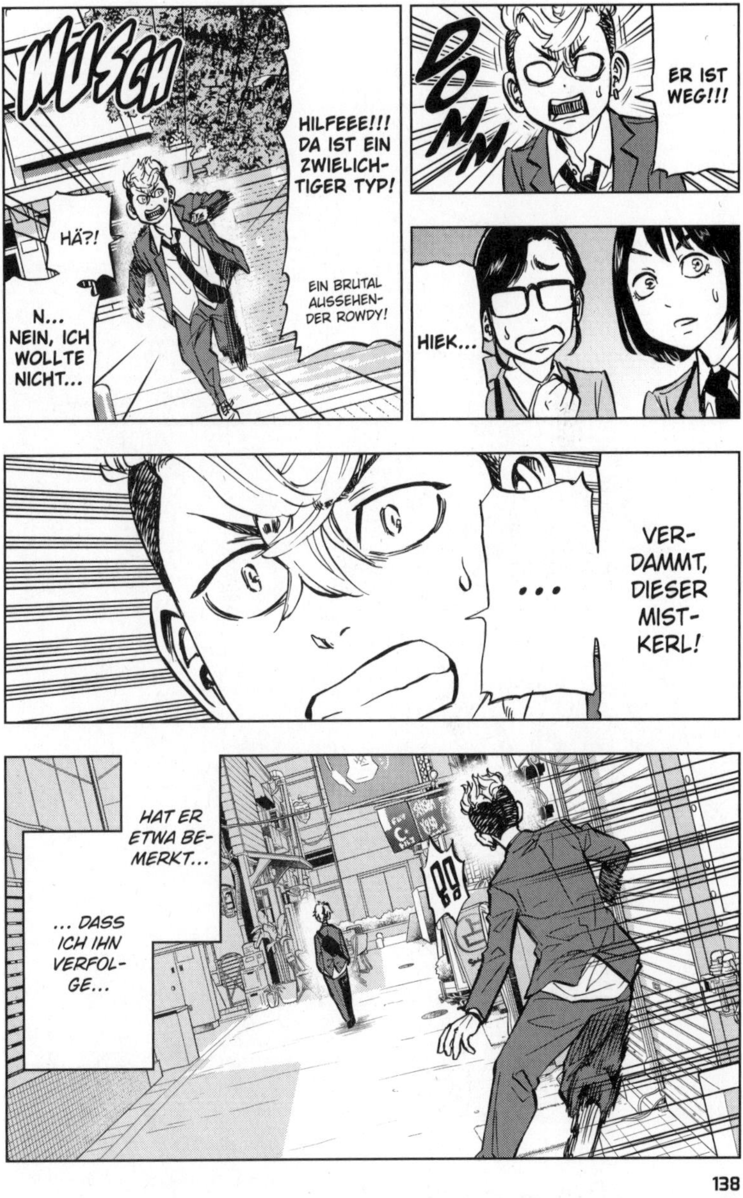
WUSCH
HILFEEE!!! DA IST EIN ZWIELICH-TIGER TYP!
EIN BRUTAL AUSSEHEN-DER ROWDY!
HÄ?!
N... NEIN, ICH WOLLTE NICHT...
DOMM
ER IST WEG!!!
HIEK...
...
VER-DAMMT, DIESER MIST-KERL!
HAT ER ETWA BE-MERKT...
... DASS ICH IHN VERFOL-GE...

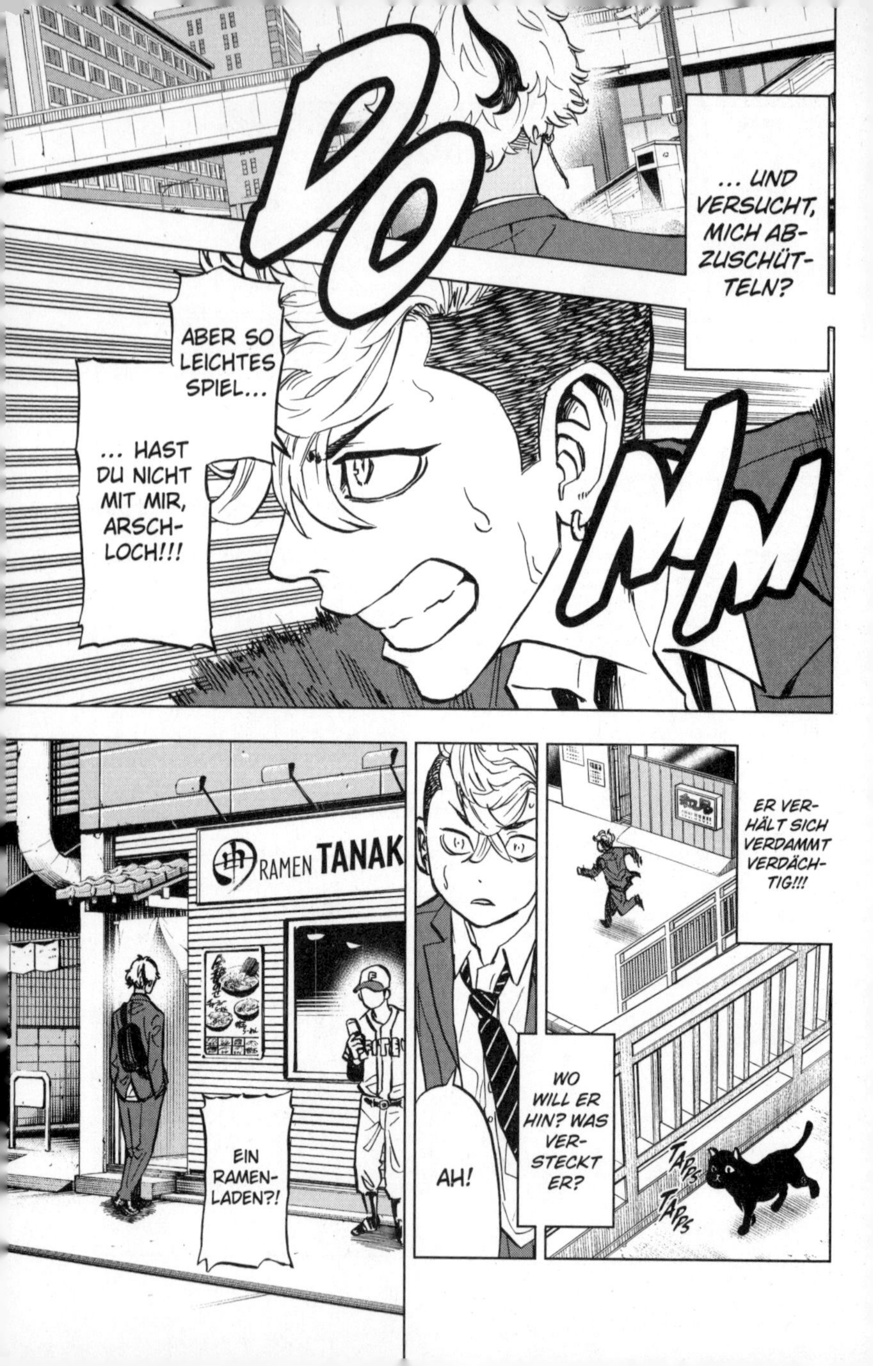
DO
... UND VERSUCHT, MICH AB-ZUSCHÜT-TELN?
ABER SO LEICHTES SPIEL...
... HAST DU NICHT MIT MIR, ARSCH-LOCH!!!
MM
ER VER-HÄLT SICH VERDAMMT VERDÄCH-TIG!!!
TAPPS TAPPS
WO WILL ER HIN? WAS VER-STECKT ER?
AH!
RAMEN TANAK
EIN RAMEN-LADEN?!

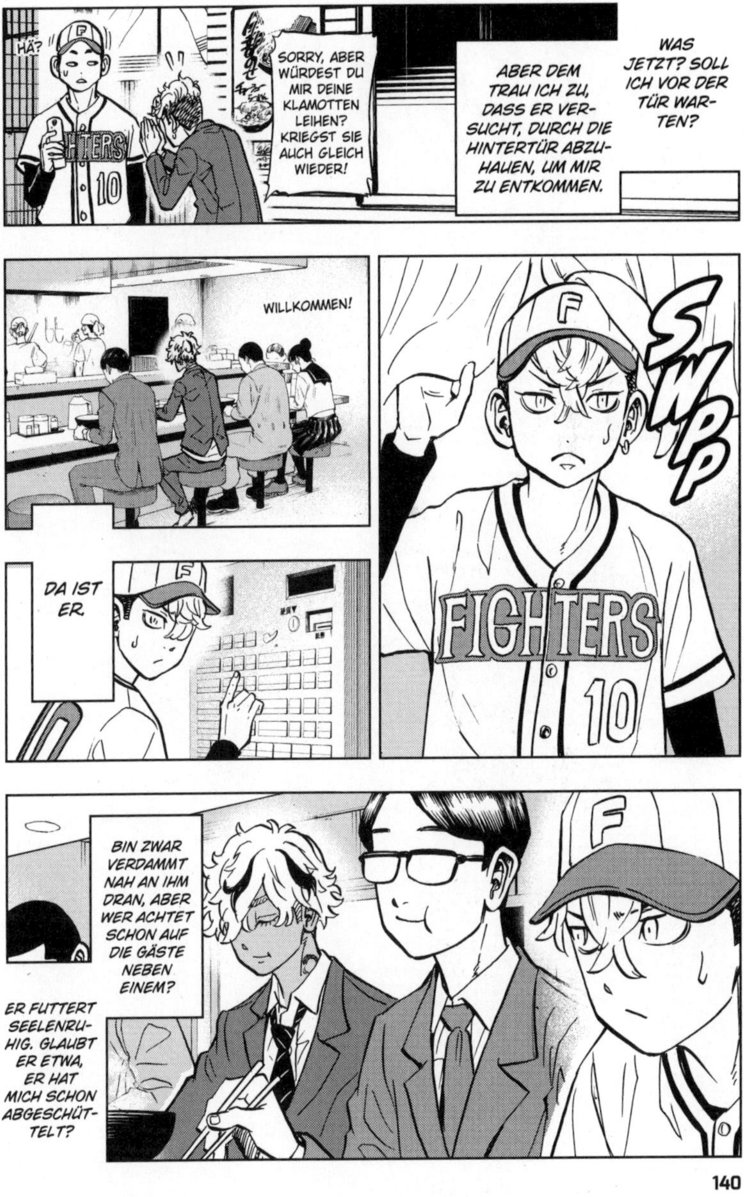
WAS JETZT? SOLL ICH VOR DER TÜR WARTEN?
ABER DEM TRAU ICH ZU, DASS ER VERSUCHT, DURCH DIE HINTERTÜR ABZUHAUEN, UM MIR ZU ENTKOMMEN.
SORRY, ABER WÜRDEST DU MIR DEINE KLAMOTTEN LEIHEN? KRIEGST SIE AUCH GLEICH WIEDER!
HÄ?
FIGHTERS
10
SWPP
FIGHTERS
10
WILLKOMMEN!
DA IST ER.
BIN ZWAR VERDAMMT NAH AN IHM DRAN, ABER WER ACHTET SCHON AUF DIE GÄSTE NEBEN EINEM?
ER FUTTERT SEELENRUHIG. GLAUBT ER ETWA, ER HAT MICH SCHON ABGESCHÜTTELT?

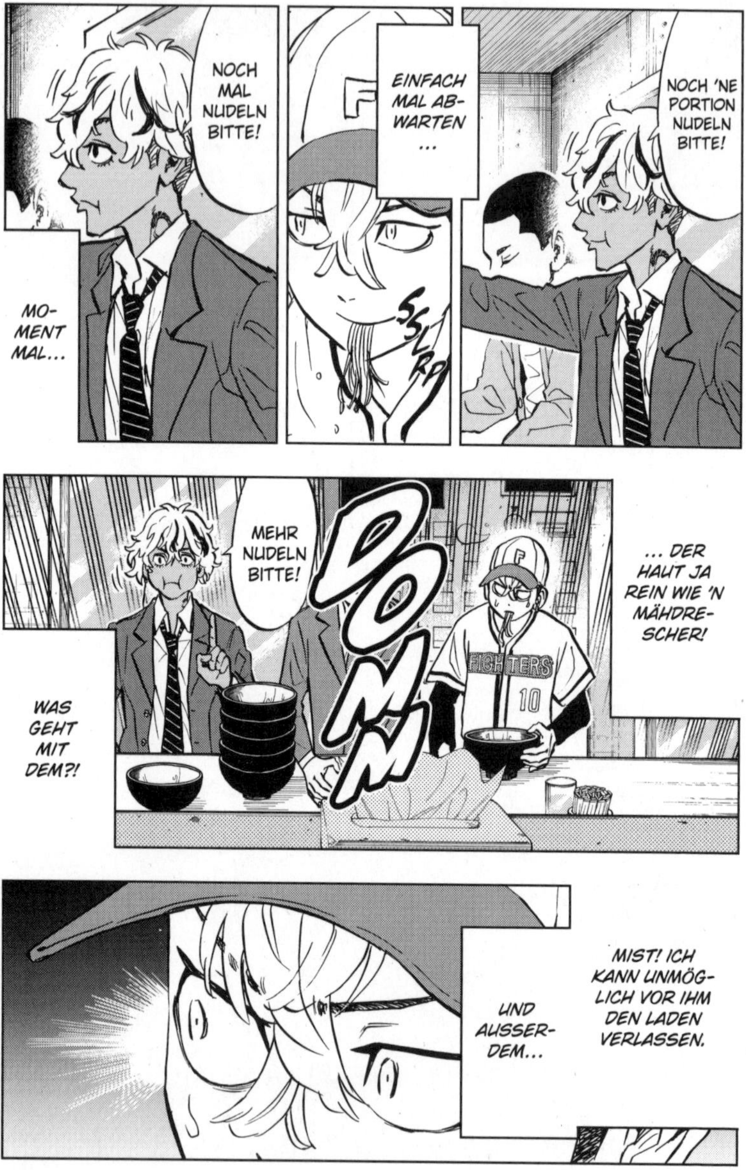
NOCH 'NE PORTION NUDELN BITTE!
EINFACH MAL ABWARTEN …
SSLRP
NOCH MAL NUDELN BITTE!
MOMENT MAL…
… DER HAUT JA REIN WIE 'N MÄHDRESCHER!
FIGHTERS 10
DOMM
MEHR NUDELN BITTE!
WAS GEHT MIT DEM?!
MIST! ICH KANN UNMÖGLICH VOR IHM DEN LADEN VERLASSEN.
UND AUSSERDEM…

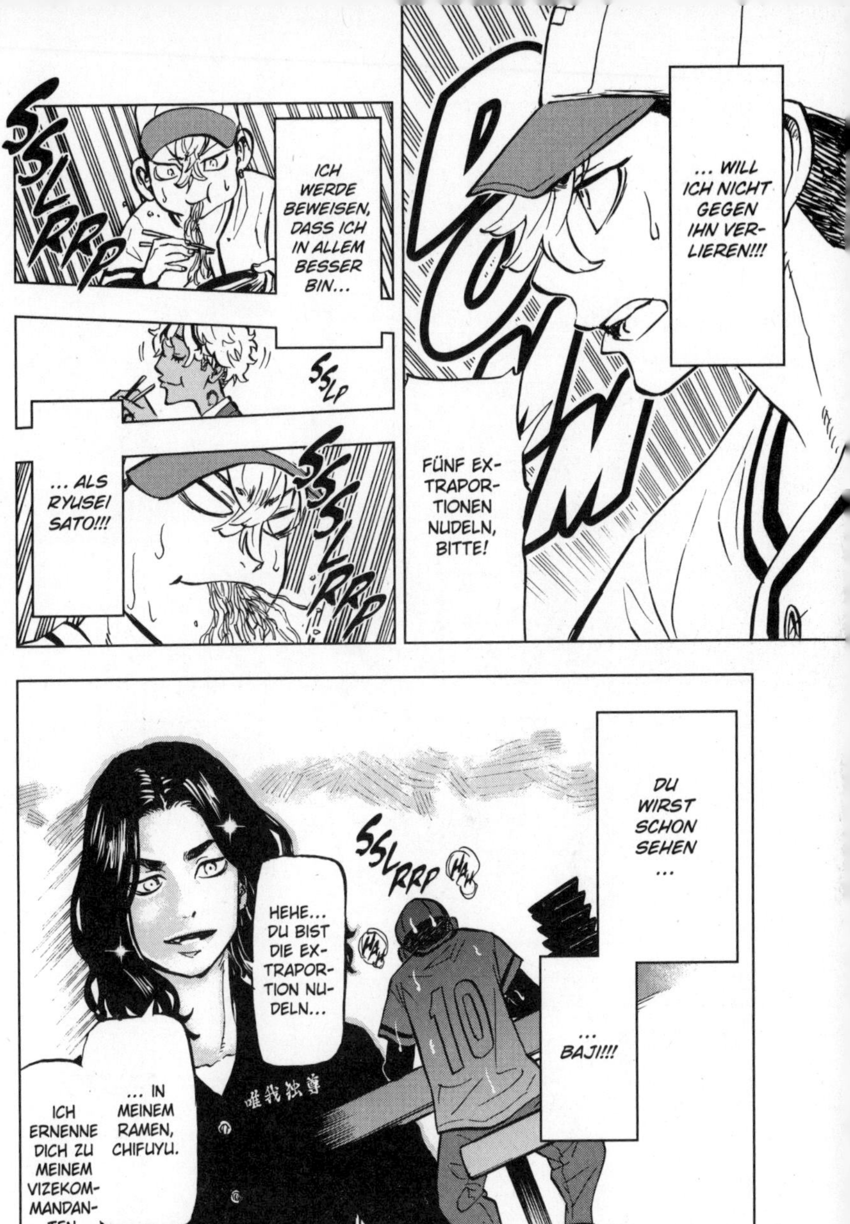
... WILL ICH NICHT GEGEN IHN VERLIEREN!!!
ICH WERDE BEWEISEN, DASS ICH IN ALLEM BESSER BIN...
SSLRRP
SSLP
... ALS RYUSEI SATO!!!
SSSLRRP
FÜNF EXTRAPORTIONEN NUDELN, BITTE!
DU WIRST SCHON SEHEN ...
... BAJI!!!
SSLRRP
HAW
HAW
HEHE... DU BIST DIE EXTRAPORTION NUDELN...
... IN MEINEM RAMEN, CHIFUYU.
ICH ERNENNE DICH ZU MEINEM VIZEKOMMANDANTEN.
唯我独尊

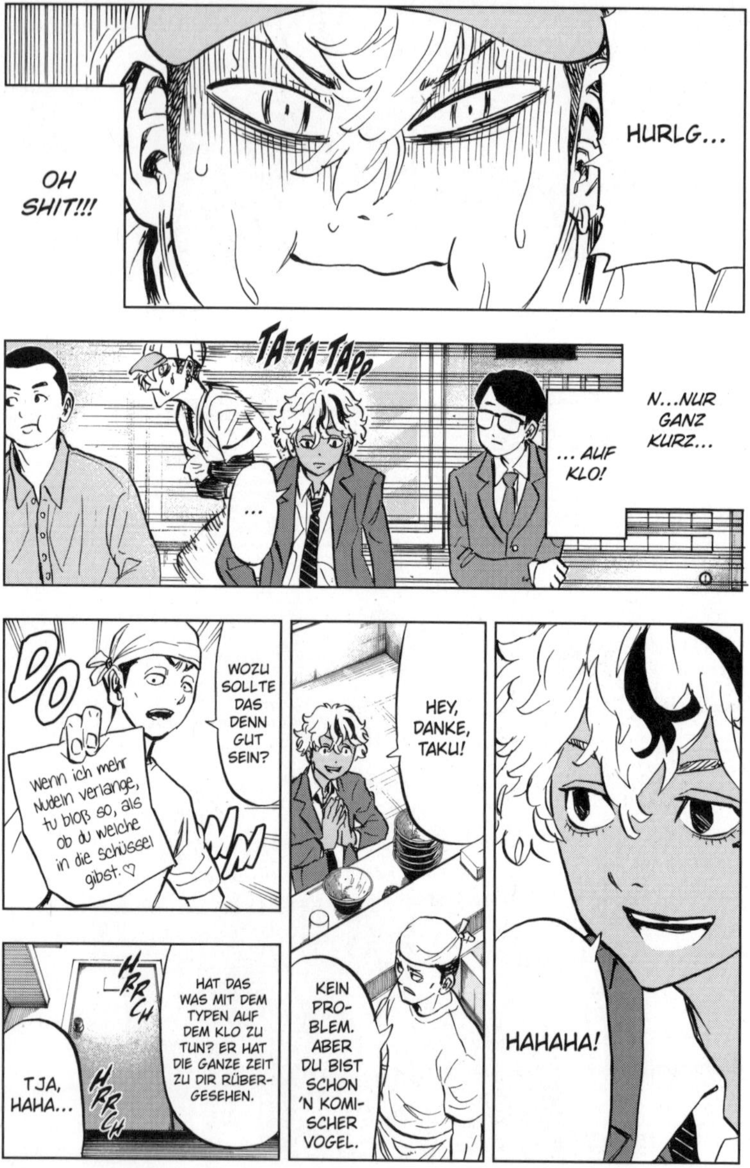
HURLG…
OH SHIT!!!
TA TA TAPP
N…NUR GANZ KURZ…
… AUF KLO!
…
HAHAHA!
HEY, DANKE, TAKU!
KEIN PROBLEM. ABER DU BIST SCHON 'N KOMISCHER VOGEL.
WOZU SOLLTE DAS DENN GUT SEIN?
Wenn ich mehr Nudeln verlange, tu bloß so, als ob du welche in die Schüssel gibst.♡
HAT DAS WAS MIT DEM TYPEN AUF DEM KLO ZU TUN? ER HAT DIE GANZE ZEIT ZU DIR RÜBERGESEHEN.
HRRCH
HRRCH
TJA, HAHA…

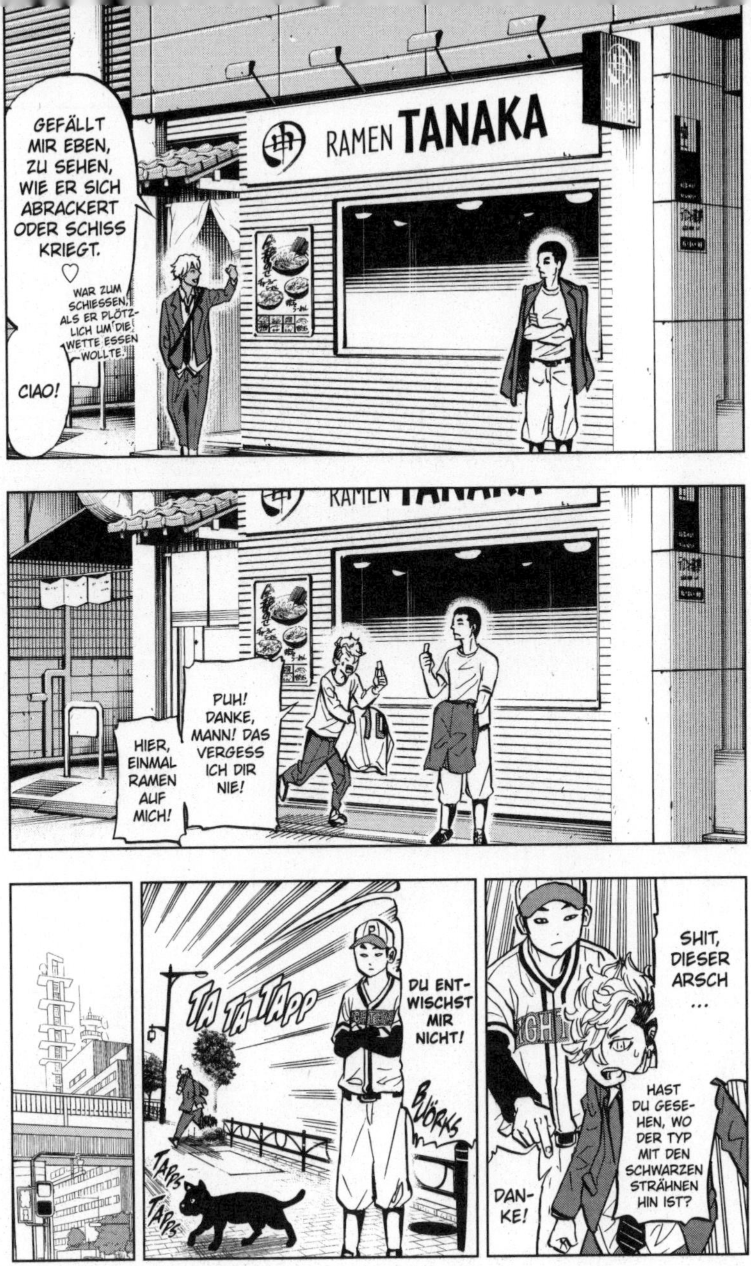
RAMEN TANAKA
GEFÄLLT MIR EBEN, ZU SEHEN, WIE ER SICH ABRACKERT ODER SCHISS KRIEGT. ♡
WAR ZUM SCHIESSEN, ALS ER PLÖTZLICH UM DIE WETTE ESSEN WOLLTE.
CIAO!
RAMEN TANAKA
PUH! DANKE, MANN! DAS VERGESS ICH DIR NIE!
HIER, EINMAL RAMEN AUF MICH!
SHIT, DIESER ARSCH …
HAST DU GESEHEN, WO DER TYP MIT DEN SCHWARZEN STRÄHNEN HIN IST?
DANKE!
DU ENTWISCHST MIR NICHT!
BJÖRKS
TA TA TAPP
TAPPS TAPPS

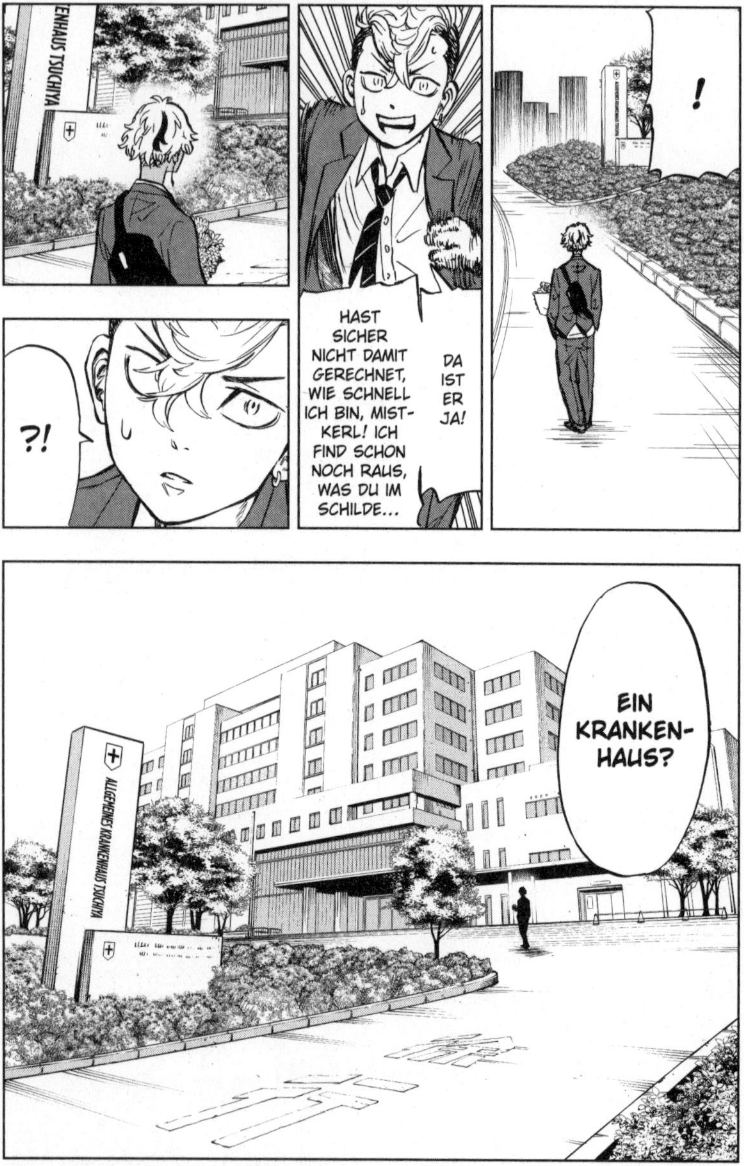
!
DA IST ER JA!
HAST SICHER NICHT DAMIT GERECHNET, WIE SCHNELL ICH BIN, MIST-KERL! ICH FIND SCHON NOCH RAUS, WAS DU IM SCHILDE…
ENHAUS TSUCHIYA
?!
ALLGEMEINES KRANKENHAUS TSUCHIYA
EIN KRANKEN-HAUS?

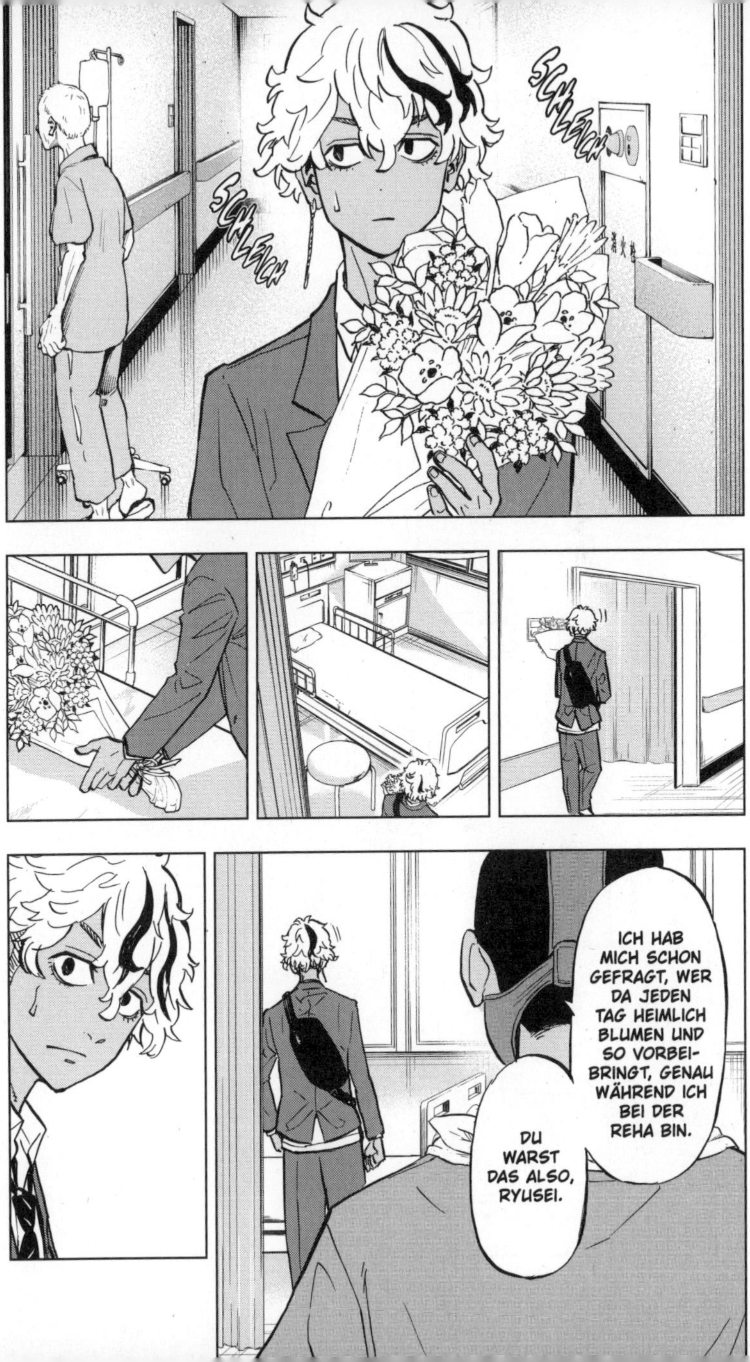
SCHLEICH
SCHLEICH
ICH HAB MICH SCHON GEFRAGT, WER DA JEDEN TAG HEIMLICH BLUMEN UND SO VORBEI-BRINGT, GENAU WÄHREND ICH BEI DER REHA BIN.
DU WARST DAS ALSO, RYUSEI.

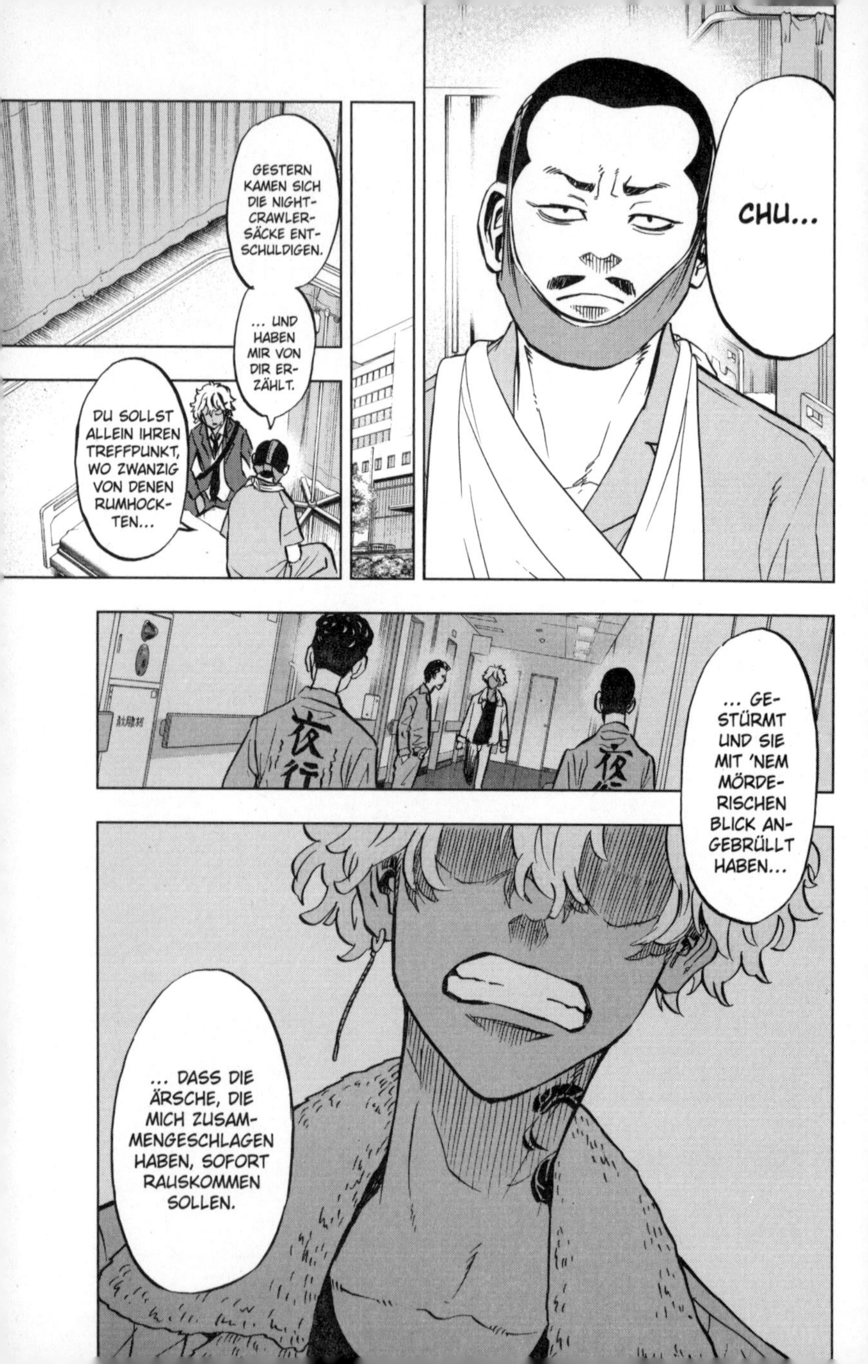
CHU...
GESTERN KAMEN SICH DIE NIGHT-CRAWLER-SÄCKE ENT-SCHULDIGEN.
... UND HABEN MIR VON DIR ER-ZÄHLT.
DU SOLLST ALLEIN IHREN TREFFPUNKT, WO ZWANZIG VON DENEN RUMHOCKTEN...
... GE-STÜRMT UND SIE MIT 'NEM MÖRDE-RISCHEN BLICK AN-GEBRÜLLT HABEN...
... DASS DIE ÄRSCHE, DIE MICH ZUSAM-MENGESCHLAGEN HABEN, SOFORT RAUSKOMMEN SOLLEN.

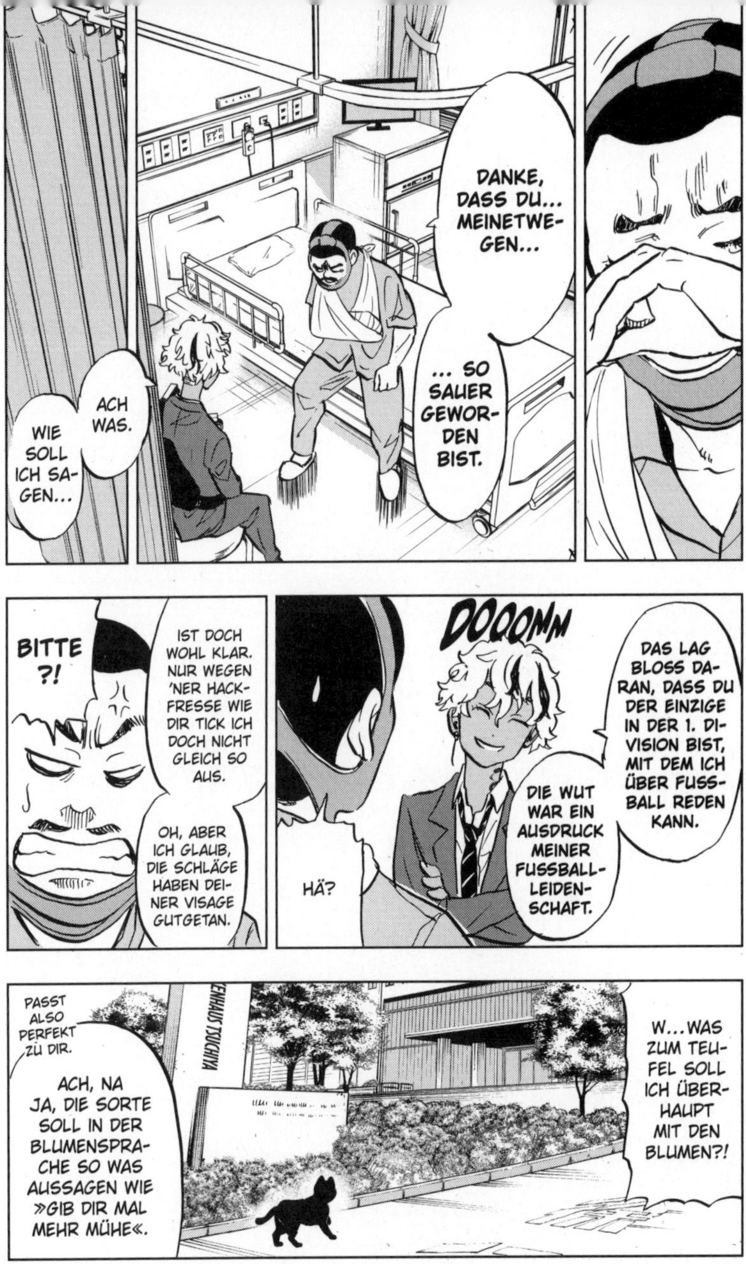
DANKE, DASS DU... MEINETWEGEN...
... SO SAUER GEWORDEN BIST.
ACH WAS.
WIE SOLL ICH SAGEN...
DOOOMM
DAS LAG BLOSS DARAN, DASS DU DER EINZIGE IN DER 1. DIVISION BIST, MIT DEM ICH ÜBER FUSSBALL REDEN KANN.
DIE WUT WAR EIN AUSDRUCK MEINER FUSSBALLLEIDENSCHAFT.
HÄ?
IST DOCH WOHL KLAR. NUR WEGEN 'NER HACKFRESSE WIE DIR TICK ICH DOCH NICHT GLEICH SO AUS.
OH, ABER ICH GLAUB, DIE SCHLÄGE HABEN DEINER VISAGE GUTGETAN.
BITTE ?!
ENHAUS TSUCHIYA
W...WAS ZUM TEUFEL SOLL ICH ÜBERHAUPT MIT DEN BLUMEN?!
ACH, NA JA, DIE SORTE SOLL IN DER BLUMENSPRACHE SO WAS AUSSAGEN WIE »GIB DIR MAL MEHR MÜHE«.
PASST ALSO PERFEKT ZU DIR.

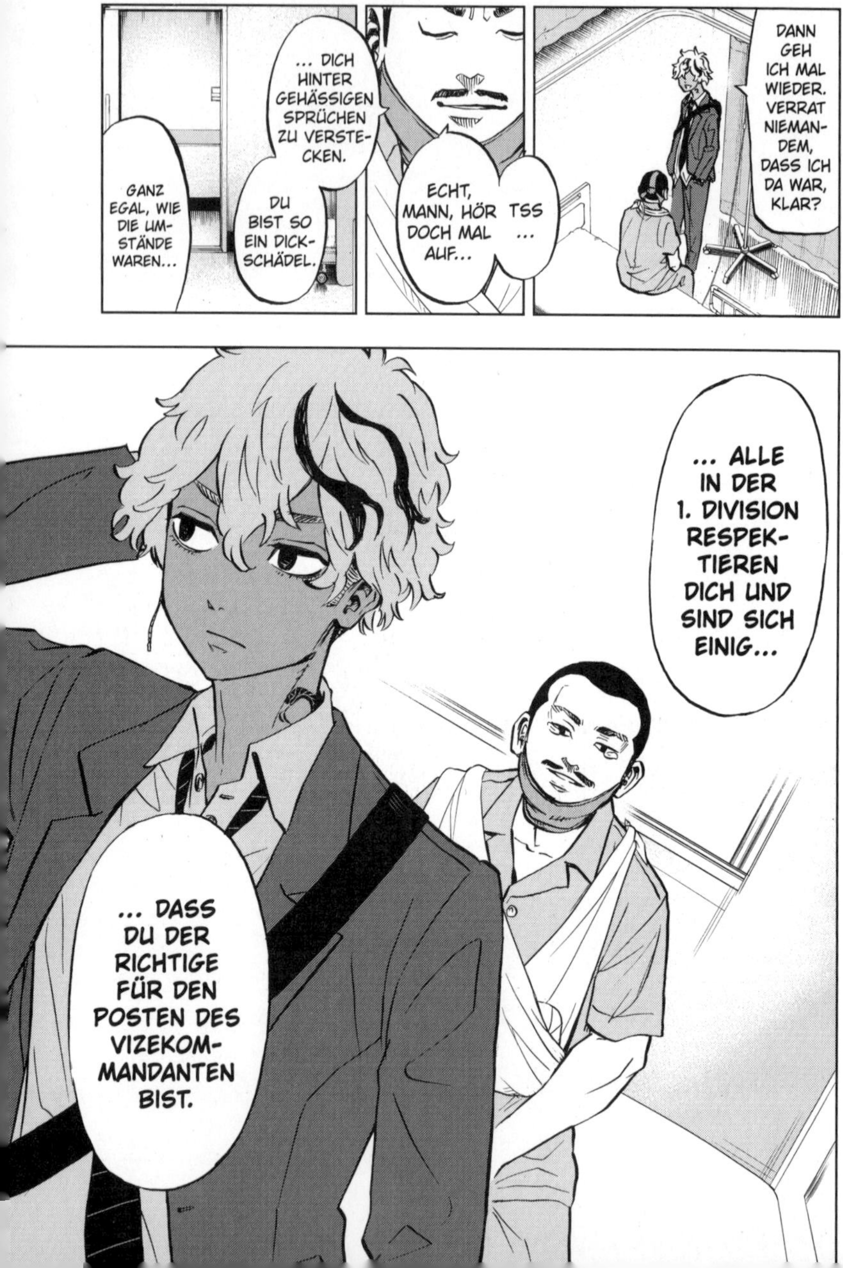
DANN GEH ICH MAL WIEDER. VERRAT NIEMANDEM, DASS ICH DA WAR, KLAR?
TSS ...
ECHT, MANN, HÖR DOCH MAL AUF...
... DICH HINTER GEHÄSSIGEN SPRÜCHEN ZU VERSTECKEN.
DU BIST SO EIN DICKSCHÄDEL.
GANZ EGAL, WIE DIE UMSTÄNDE WAREN...
... ALLE IN DER 1. DIVISION RESPEKTIEREN DICH UND SIND SICH EINIG...
... DASS DU DER RICHTIGE FÜR DEN POSTEN DES VIZEKOMMANDANTEN BIST.

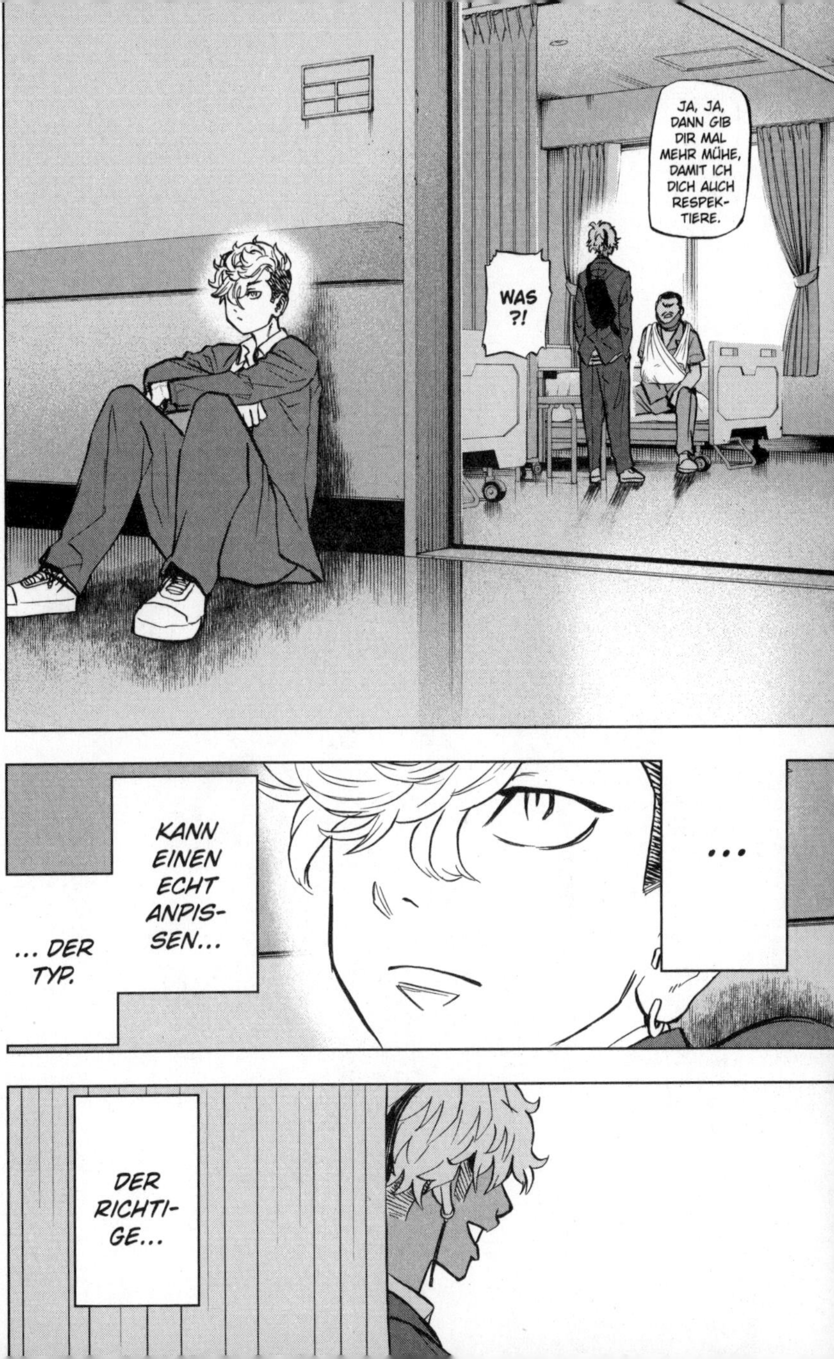
JA, JA, DANN GIB DIR MAL MEHR MÜHE, DAMIT ICH DICH AUCH RESPEKTIERE.
WAS ?!
...
KANN EINEN ECHT ANPISSEN...
... DER TYP.
DER RICHTIGE...

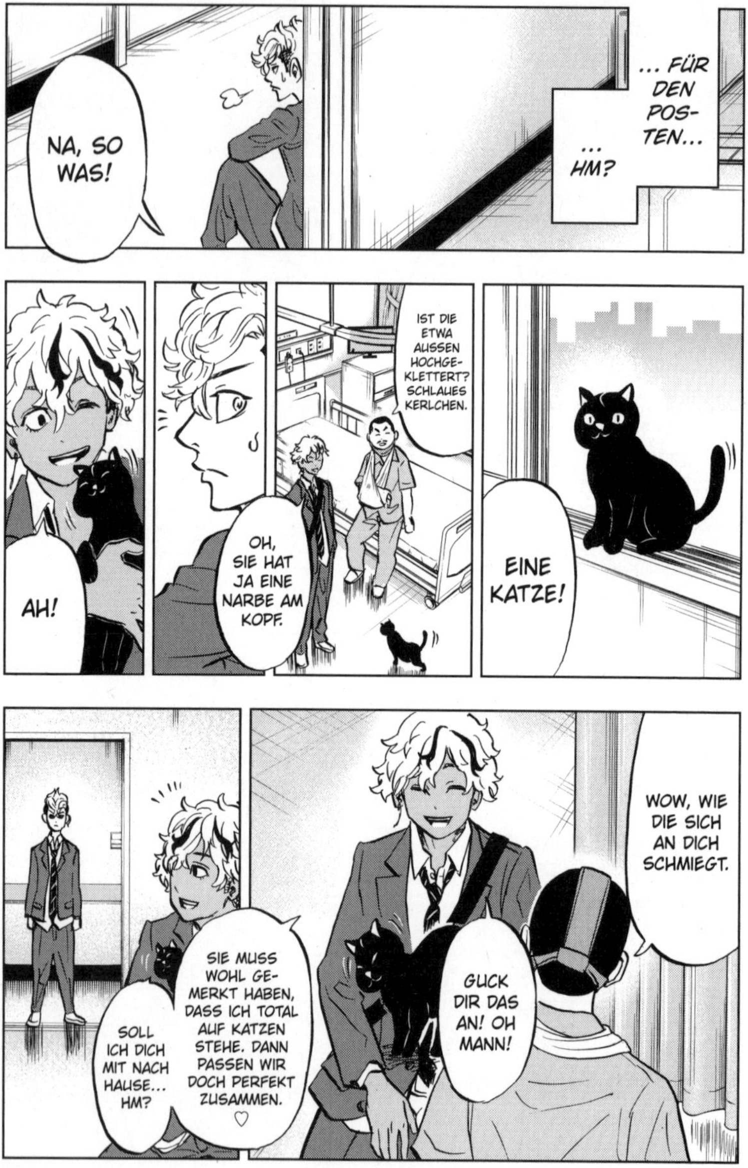
... FÜR DEN POS- TEN...
... HM?
NA, SO WAS!
EINE KATZE!
IST DIE ETWA AUSSEN HOCHGE- KLETTERT? SCHLAUES KERLCHEN.
OH, SIE HAT JA EINE NARBE AM KOPF.
AH!
WOW, WIE DIE SICH AN DICH SCHMIEGT.
GUCK DIR DAS AN! OH MANN!
SIE MUSS WOHL GE- MERKT HABEN, DASS ICH TOTAL AUF KATZEN STEHE. DANN PASSEN WIR DOCH PERFEKT ZUSAMMEN. ♡
SOLL ICH DICH MIT NACH HAUSE... HM?

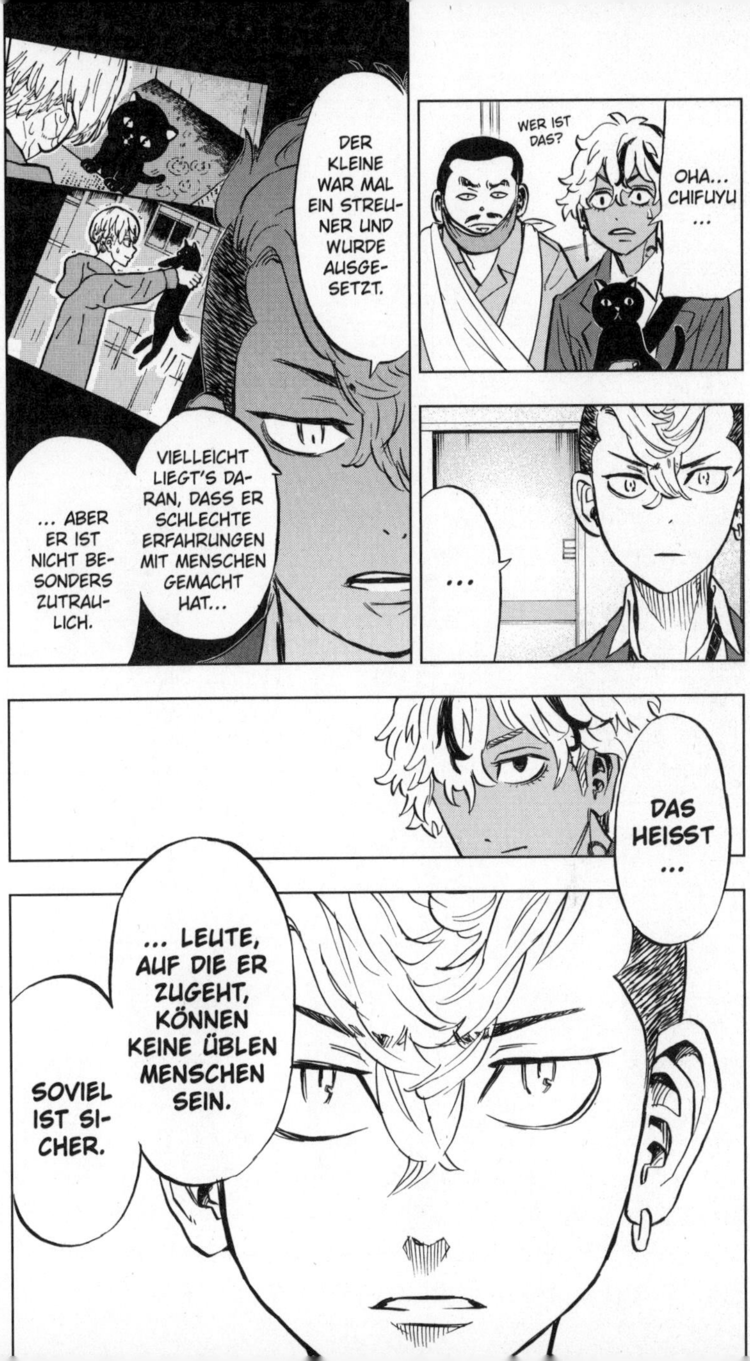
WER IST DAS?
OHA... CHIFUYU ...
DER KLEINE WAR MAL EIN STREUNER UND WURDE AUSGESETZT.
VIELLEICHT LIEGT'S DARAN, DASS ER SCHLECHTE ERFAHRUNGEN MIT MENSCHEN GEMACHT HAT...
... ABER ER IST NICHT BESONDERS ZUTRAULICH.
...
DAS HEISST ...
... LEUTE, AUF DIE ER ZUGEHT, KÖNNEN KEINE ÜBLEN MENSCHEN SEIN.
SOVIEL IST SICHER.

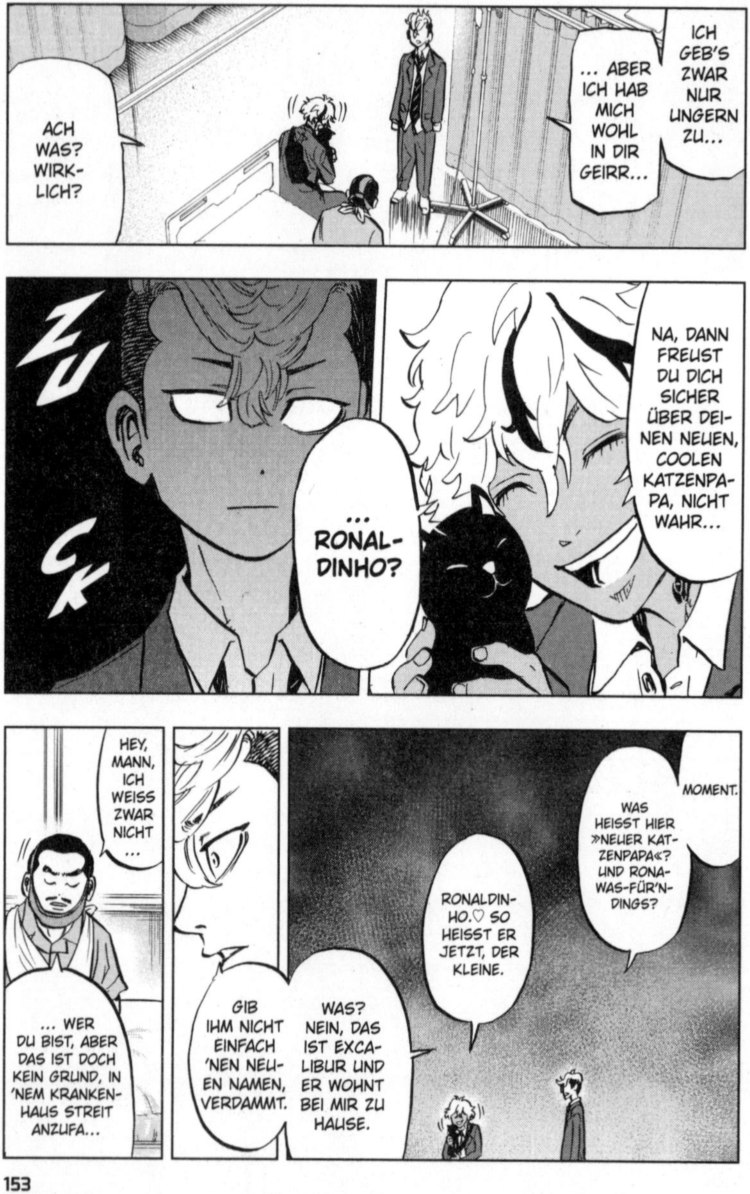

ICH GEB'S ZWAR NUR UNGERN ZU...
... ABER ICH HAB MICH WOHL IN DIR GEIRR...
ACH WAS? WIRKLICH?
NA, DANN FREUST DU DICH SICHER ÜBER DEINEN NEUEN, COOLEN KATZENPAPA, NICHT WAHR...
... RONALDINHO?
ZUCK
MOMENT.
WAS HEISST HIER »NEUER KATZENPAPA«? UND RONA-WAS-FÜR'N-DINGS?
RONALDINHO.♡ SO HEISST ER JETZT, DER KLEINE.
WAS? NEIN, DAS IST EXCALIBUR UND ER WOHNT BEI MIR ZU HAUSE.
GIB IHM NICHT EINFACH 'NEN NEUEN NAMEN, VERDAMMT.
HEY, MANN, ICH WEISS ZWAR NICHT...
... WER DU BIST, ABER DAS IST DOCH KEIN GRUND, IN 'NEM KRANKENHAUS STREIT ANZUFA...

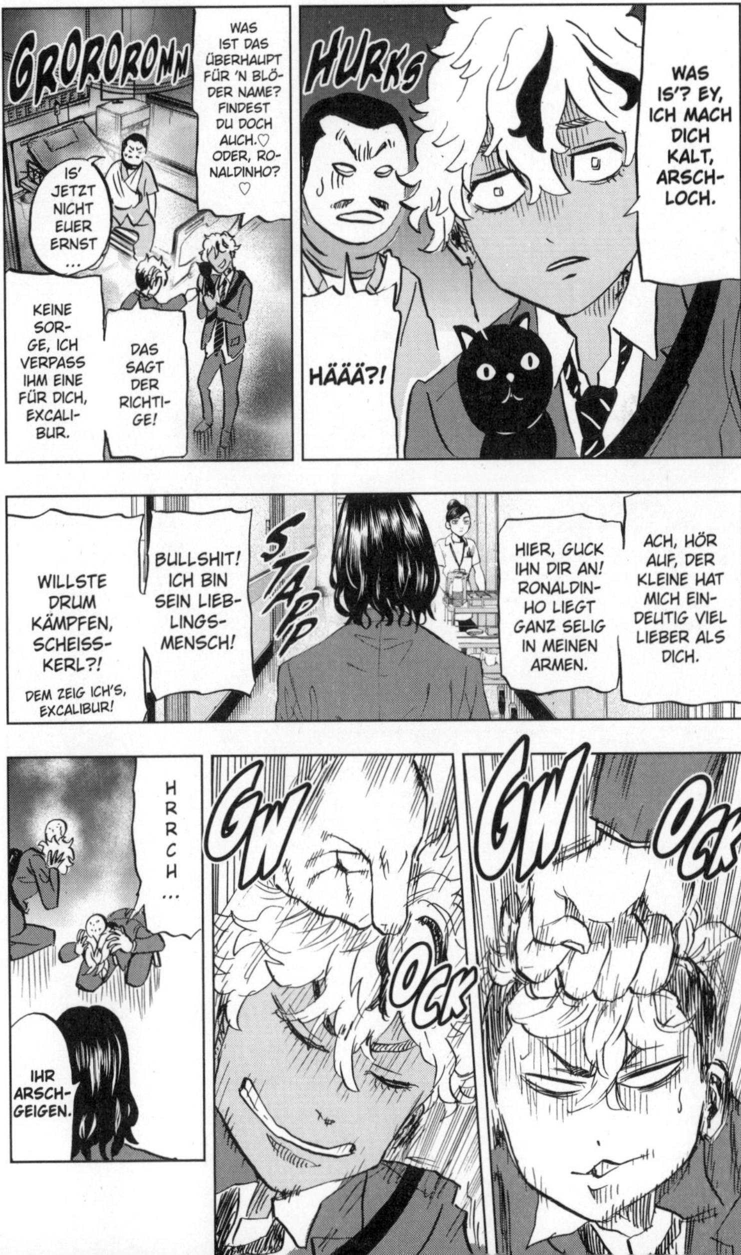

WAS IS'? EY, ICH MACH DICH KALT, ARSCHLOCH.
HURKS
HÄÄÄ?!
WAS IST DAS ÜBERHAUPT FÜR 'N BLÖDER NAME? FINDEST DU DOCH AUCH.♡ ODER, RONALDINHO? ♡
GROROROMM
IS' JETZT NICHT EUER ERNST ...
DAS SAGT DER RICHTIGE!
KEINE SORGE, ICH VERPASS IHM EINE FÜR DICH, EXCALIBUR.
ACH, HÖR AUF, DER KLEINE HAT MICH EINDEUTIG VIEL LIEBER ALS DICH.
HIER, GUCK IHN DIR AN! RONALDINHO LIEGT GANZ SELIG IN MEINEN ARMEN.
STAPP
BULLSHIT! ICH BIN SEIN LIEBLINGSMENSCH!
WILLSTE DRUM KÄMPFEN, SCHEISSKERL?!
DEM ZEIG ICH'S, EXCALIBUR!
GWOCK
GWOCK
HRRCH ...
IHR ARSCHGEIGEN.

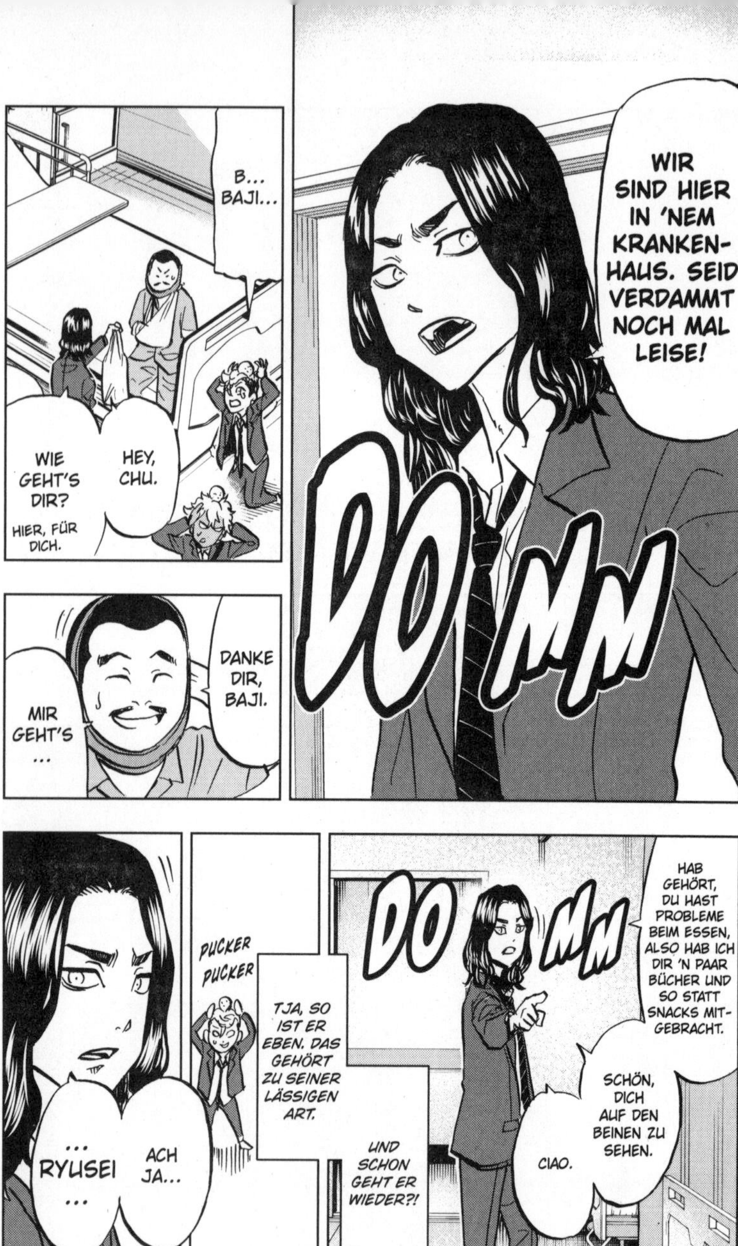
WIR SIND HIER IN 'NEM KRANKEN-HAUS. SEID VERDAMMT NOCH MAL LEISE!
DOMM
B... BAJI...
HEY, CHU.
WIE GEHT'S DIR?
HIER, FÜR DICH.
DANKE DIR, BAJI.
MIR GEHT'S ...
HAB GEHÖRT, DU HAST PROBLEME BEIM ESSEN, ALSO HAB ICH DIR 'N PAAR BÜCHER UND SO STATT SNACKS MIT-GEBRACHT.
DOMM
SCHÖN, DICH AUF DEN BEINEN ZU SEHEN.
CIAO.
UND SCHON GEHT ER WIEDER?!
TJA, SO IST ER EBEN. DAS GEHÖRT ZU SEINER LÄSSIGEN ART.
PUCKER PUCKER
ACH JA...
... RYUSEI ...

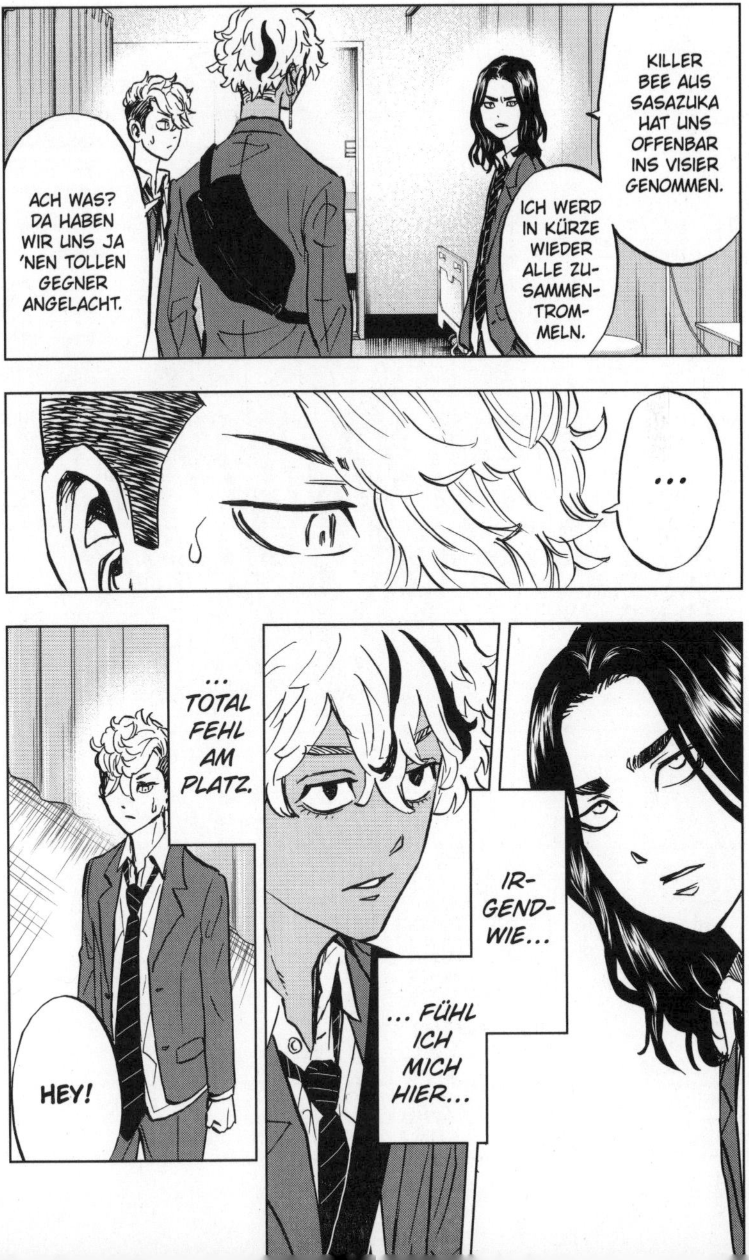
KILLER BEE AUS SASAZUKA HAT UNS OFFENBAR INS VISIER GENOMMEN.
ICH WERD IN KÜRZE WIEDER ALLE ZUSAMMEN-TROMMELN.
ACH WAS? DA HABEN WIR UNS JA 'NEN TOLLEN GEGNER ANGELACHT.
...
IR-GEND-WIE...
... FÜHL ICH MICH HIER...
... TOTAL FEHL AM PLATZ.
HEY!

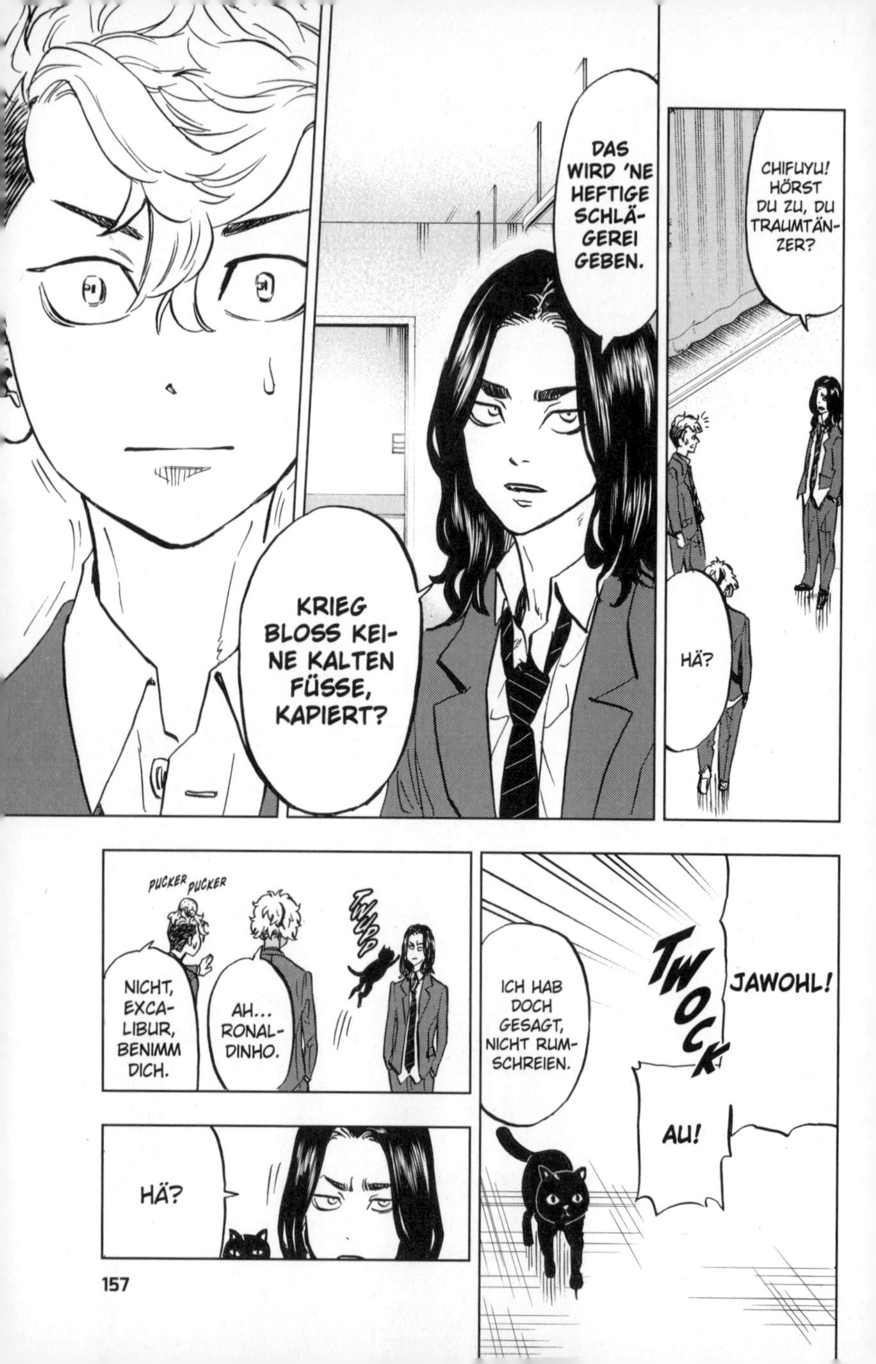
CHIFUYU! HÖRST DU ZU, DU TRAUMTÄNZER?
HÄ?
DAS WIRD 'NE HEFTIGE SCHLÄGEREI GEBEN.
KRIEG BLOSS KEINE KALTEN FÜSSE, KAPIERT?
JAWOHL!
TWOCK
AU!
ICH HAB DOCH GESAGT, NICHT RUMSCHREIEN.
AH… RONALDINHO.
PUCKER PUCKER
NICHT, EXCALIBUR, BENIMM DICH.
HÄ?

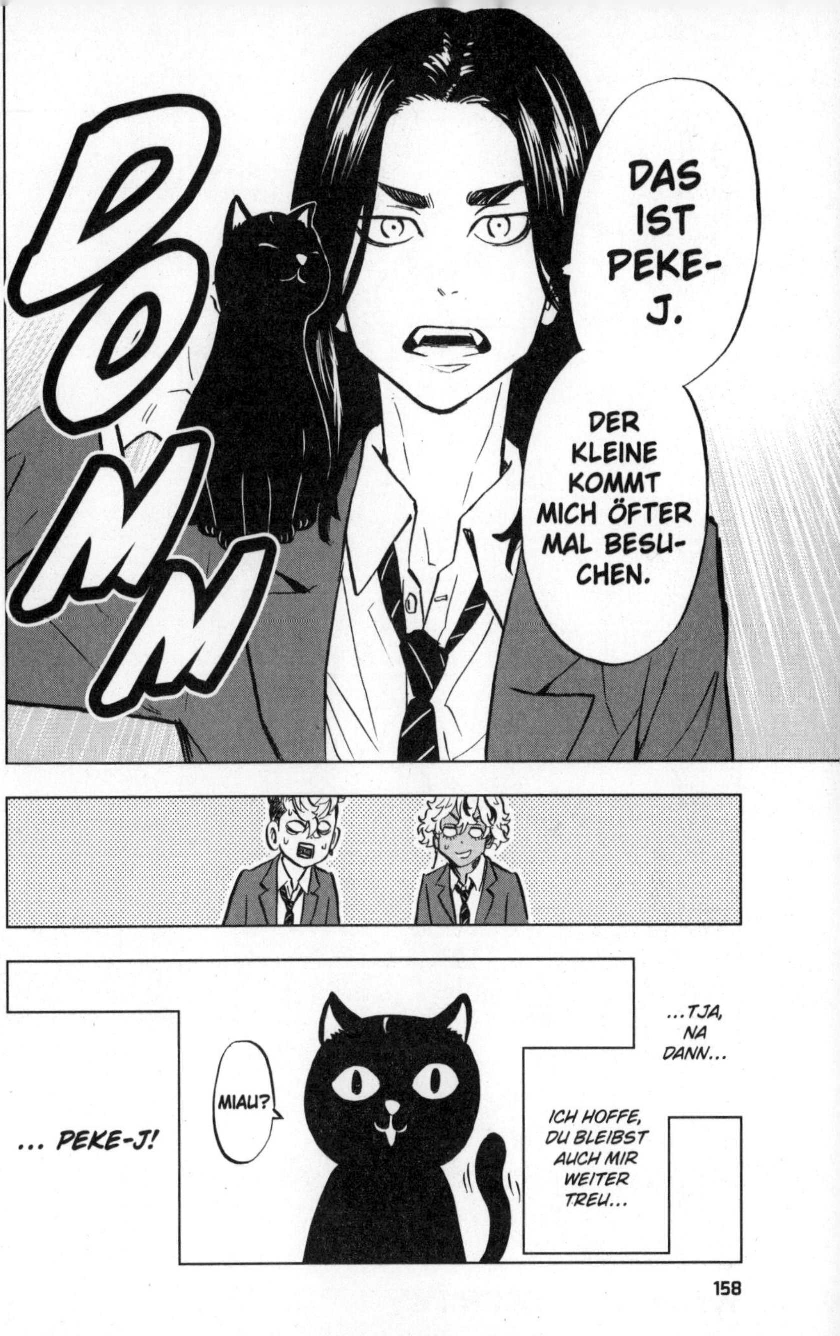
DOMM
DAS IST PEKE-J.
DER KLEINE KOMMT MICH ÖFTER MAL BESUCHEN.
...TJA, NA DANN...
ICH HOFFE, DU BLEIBST AUCH MIR WEITER TREU...
MIAU?
... PEKE-J!

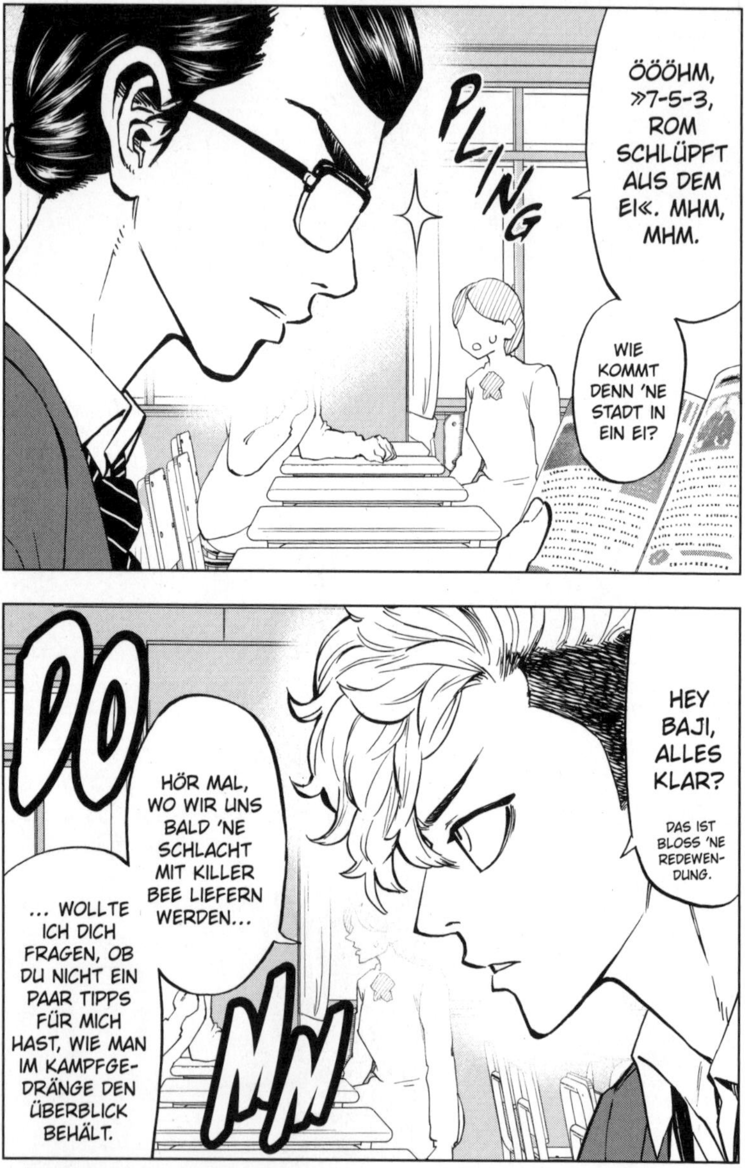

Kapitel 4: Hairspray

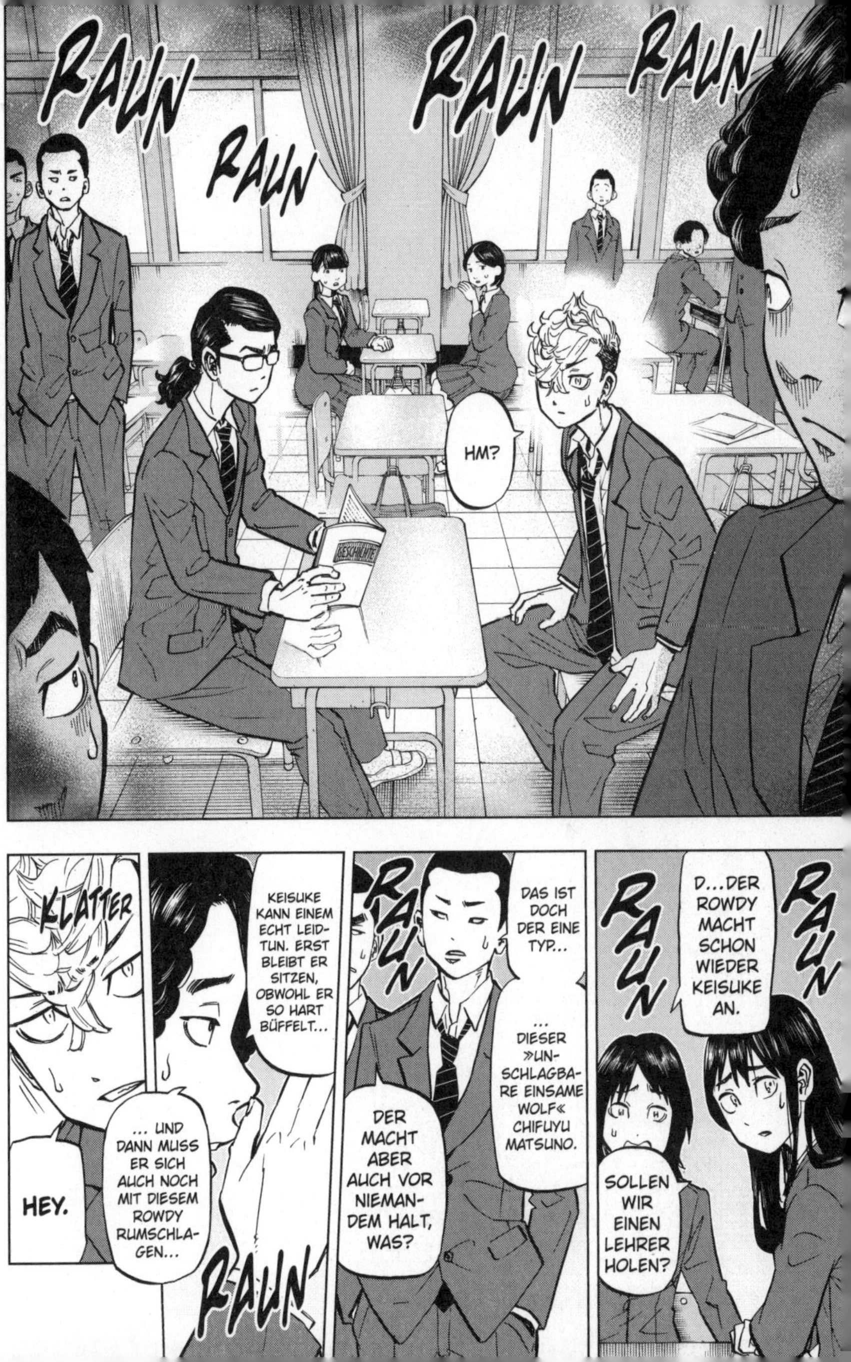
RAUN
RAUN
RAUN
RAUN
GESCHICHTE
HM?
RAUN
D…DER ROWDY MACHT SCHON WIEDER KEISUKE AN.
RAUN
SOLLEN WIR EINEN LEHRER HOLEN?
RAUN
DAS IST DOCH DER EINE TYP…
… DIESER »UNSCHLAGBARE EINSAME WOLF« CHIFUYU MATSUNO.
DER MACHT ABER AUCH VOR NIEMANDEM HALT, WAS?
KEISUKE KANN EINEM ECHT LEIDTUN. ERST BLEIBT ER SITZEN, OBWOHL ER SO HART BÜFFELT…
… UND DANN MUSS ER SICH AUCH NOCH MIT DIESEM ROWDY RUMSCHLAGEN…
RAUN
KLATTER
HEY.

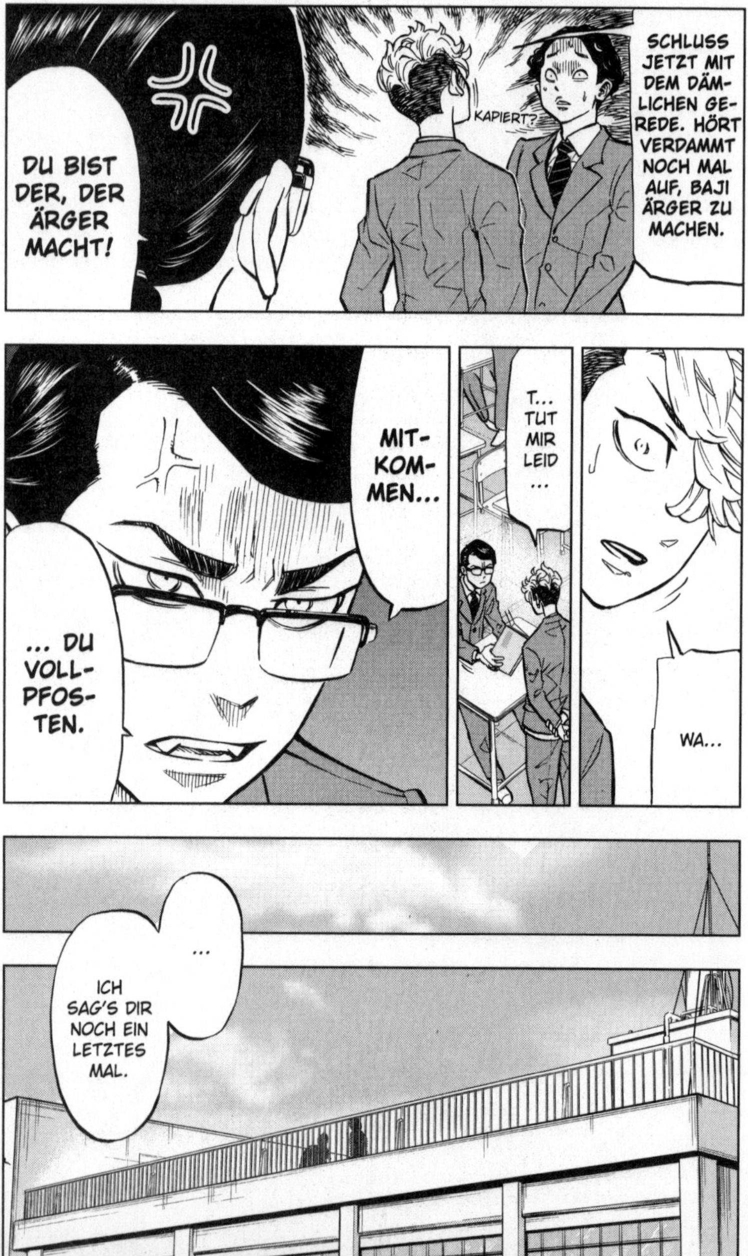
SCHLUSS JETZT MIT DEM DÄMLICHEN GEREDE. HÖRT VERDAMMT NOCH MAL AUF, BAJI ÄRGER ZU MACHEN.
KAPIERT?
DU BIST DER, DER ÄRGER MACHT!
WA...
T... TUT MIR LEID ...
MITKOMMEN...
... DU VOLLPFOSTEN.
...
ICH SAG'S DIR NOCH EIN LETZTES MAL.

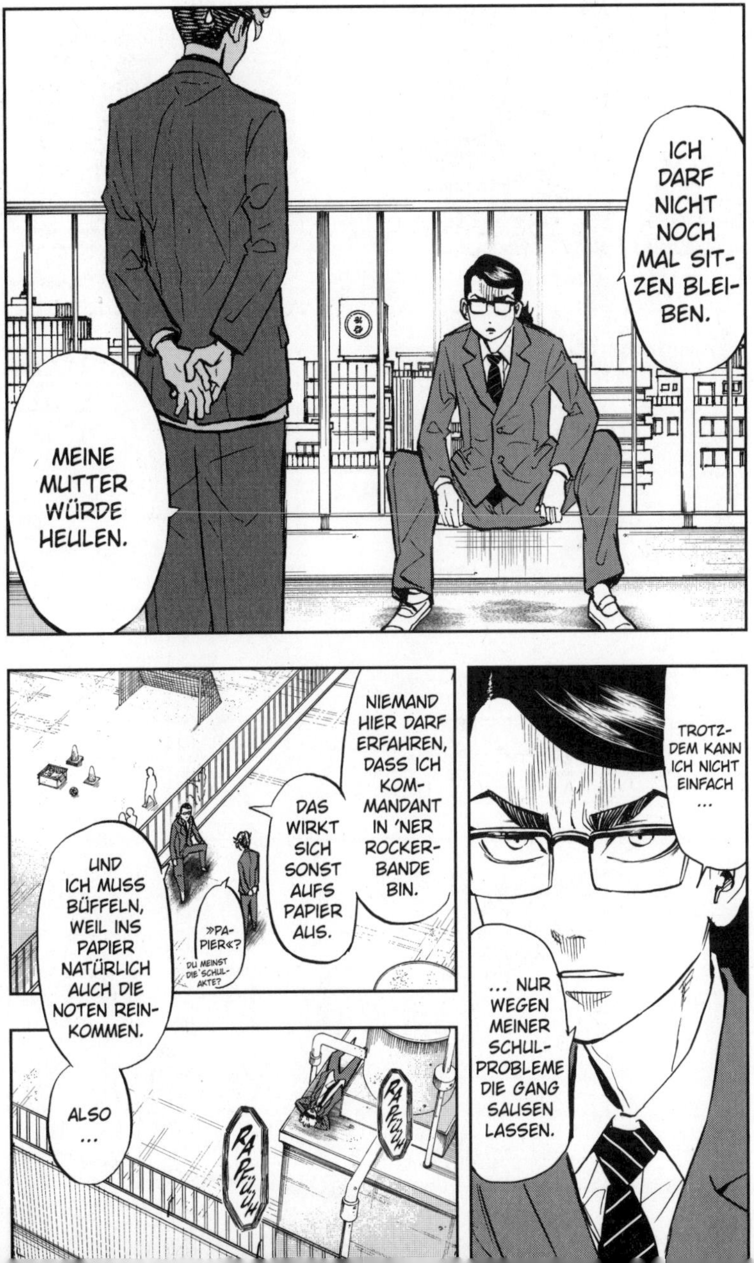
ICH DARF NICHT NOCH MAL SITZEN BLEIBEN.
MEINE MUTTER WÜRDE HEULEN.
TROTZDEM KANN ICH NICHT EINFACH ...
... NUR WEGEN MEINER SCHULPROBLEME DIE GANG SAUSEN LASSEN.
NIEMAND HIER DARF ERFAHREN, DASS ICH KOMMANDANT IN 'NER ROCKERBANDE BIN.
DAS WIRKT SICH SONST AUFS PAPIER AUS.
»PAPIER«?
DU MEINST DIE SCHULAKTE?
UND ICH MUSS BÜFFELN, WEIL INS PAPIER NATÜRLICH AUCH DIE NOTEN REINKOMMEN.
RAPFÜH
RAPFÜH
ALSO ...

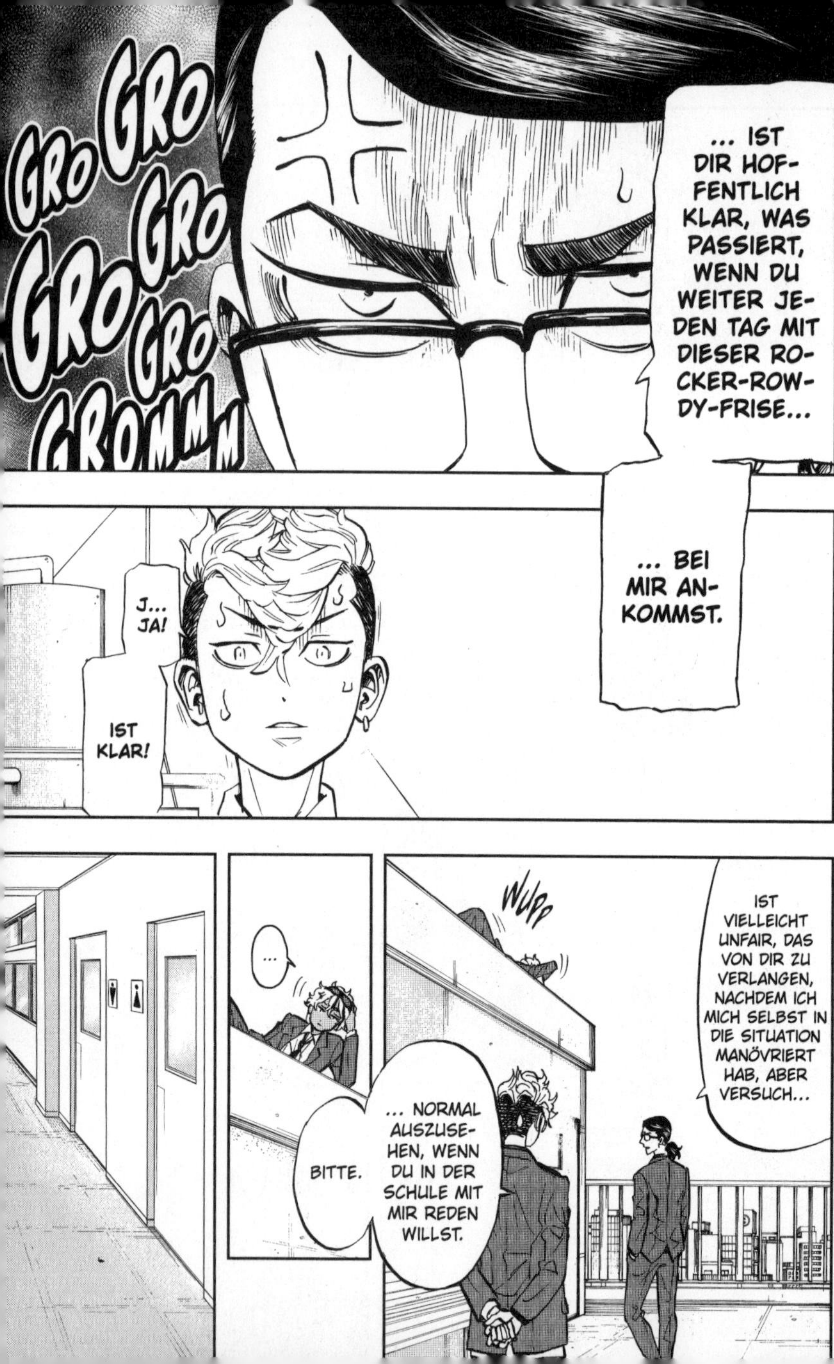
GRO GRO GRO GRO GRO GROMMM
... IST DIR HOFFENTLICH KLAR, WAS PASSIERT, WENN DU WEITER JEDEN TAG MIT DIESER ROCKER-ROWDY-FRISE...
... BEI MIR ANKOMMST.
J... JA!
IST KLAR!
WUPP
IST VIELLEICHT UNFAIR, DAS VON DIR ZU VERLANGEN, NACHDEM ICH MICH SELBST IN DIE SITUATION MANÖVRIERT HAB, ABER VERSUCH...
... NORMAL AUSZUSEHEN, WENN DU IN DER SCHULE MIT MIR REDEN WILLST.
BITTE.
...

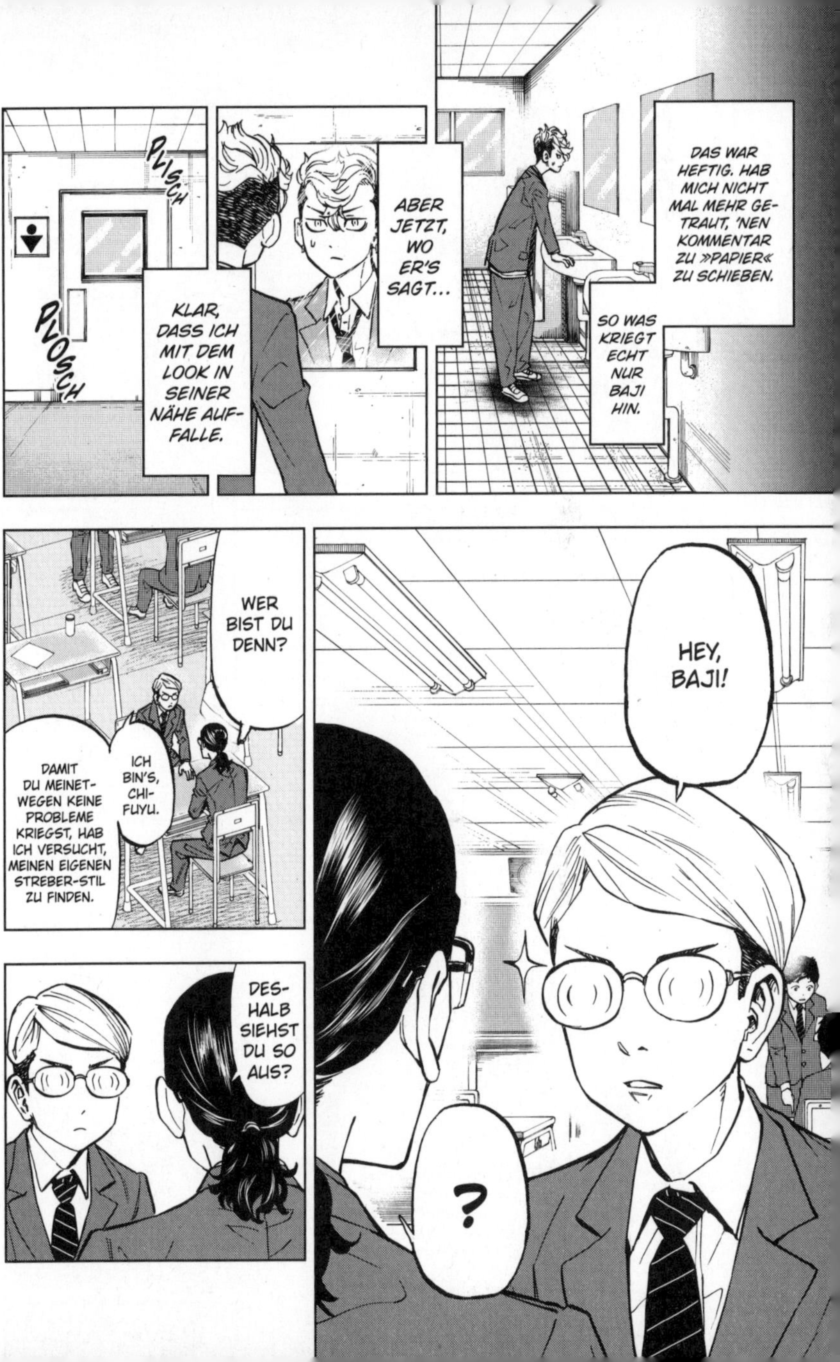

DAS WAR HEFTIG. HAB MICH NICHT MAL MEHR GETRAUT, 'NEN KOMMENTAR ZU »PAPIER« ZU SCHIEBEN.
SO WAS KRIEGT ECHT NUR BAJI HIN.
ABER JETZT, WO ER'S SAGT…
KLAR, DASS ICH MIT DEM LOOK IN SEINER NÄHE AUFFALLE.
PLISCH
PLOSCH
HEY, BAJI!
?
WER BIST DU DENN?
ICH BIN'S, CHIFUYU.
DAMIT DU MEINETWEGEN KEINE PROBLEME KRIEGST, HAB ICH VERSUCHT, MEINEN EIGENEN STREBER-STIL ZU FINDEN.
DESHALB SIEHST DU SO AUS?

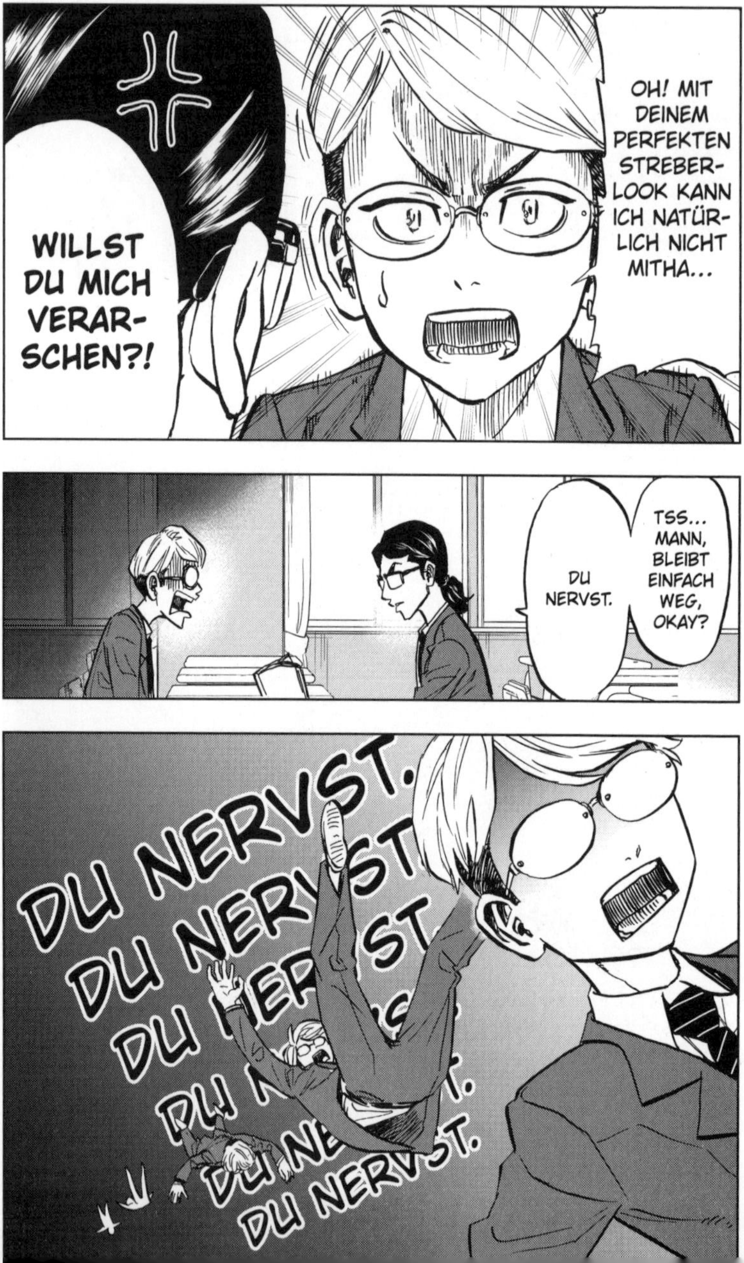
OH! MIT DEINEM PERFEKTEN STREBER-LOOK KANN ICH NATÜRLICH NICHT MITHA…
WILLST DU MICH VERAR-SCHEN?!
TSS… MANN, BLEIBT EINFACH WEG, OKAY?
DU NERVST.
DU NERVST.
DU NERVST.

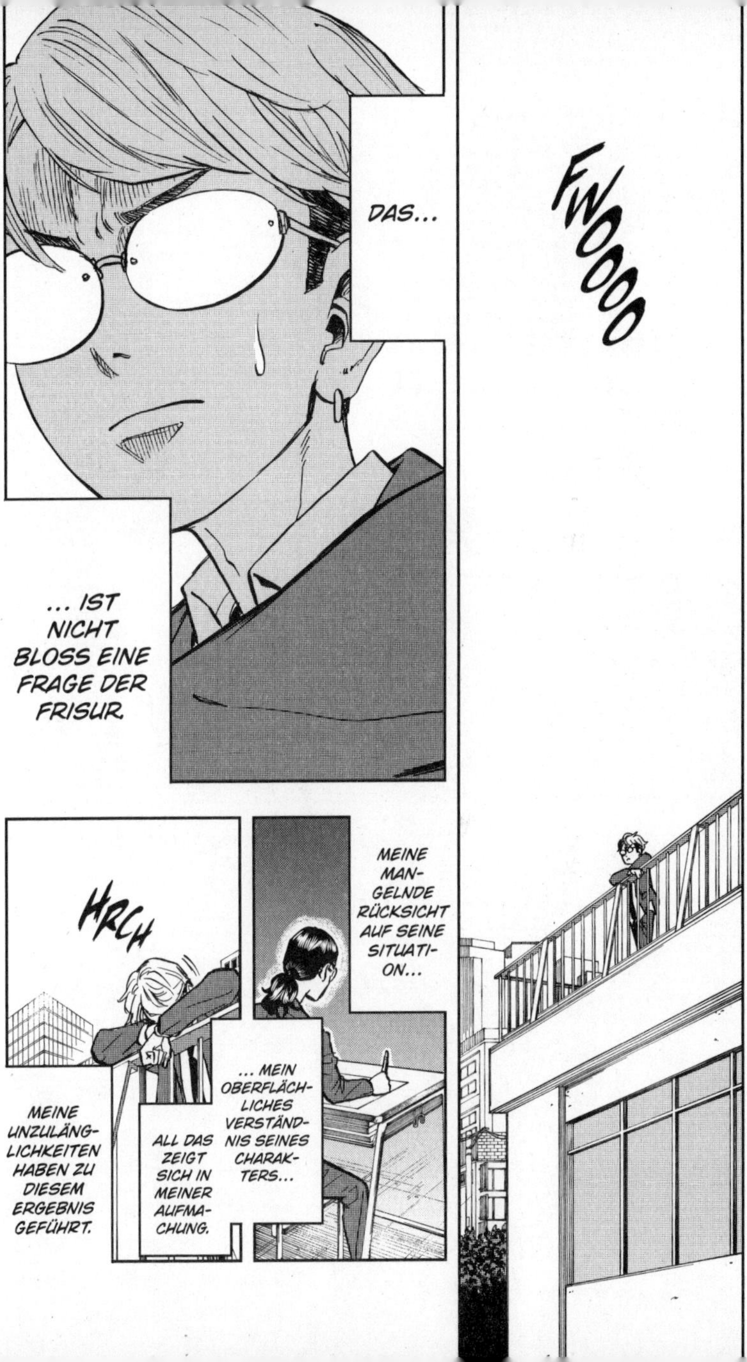
FWOOOO
DAS…
… IST NICHT BLOSS EINE FRAGE DER FRISUR.
MEINE MANGELNDE RÜCKSICHT AUF SEINE SITUATION…
… MEIN OBERFLÄCHLICHES VERSTÄNDNIS SEINES CHARAKTERS…
HRCH
ALL DAS ZEIGT SICH IN MEINER AUFMACHUNG.
MEINE UNZULÄNGLICHKEITEN HABEN ZU DIESEM ERGEBNIS GEFÜHRT.

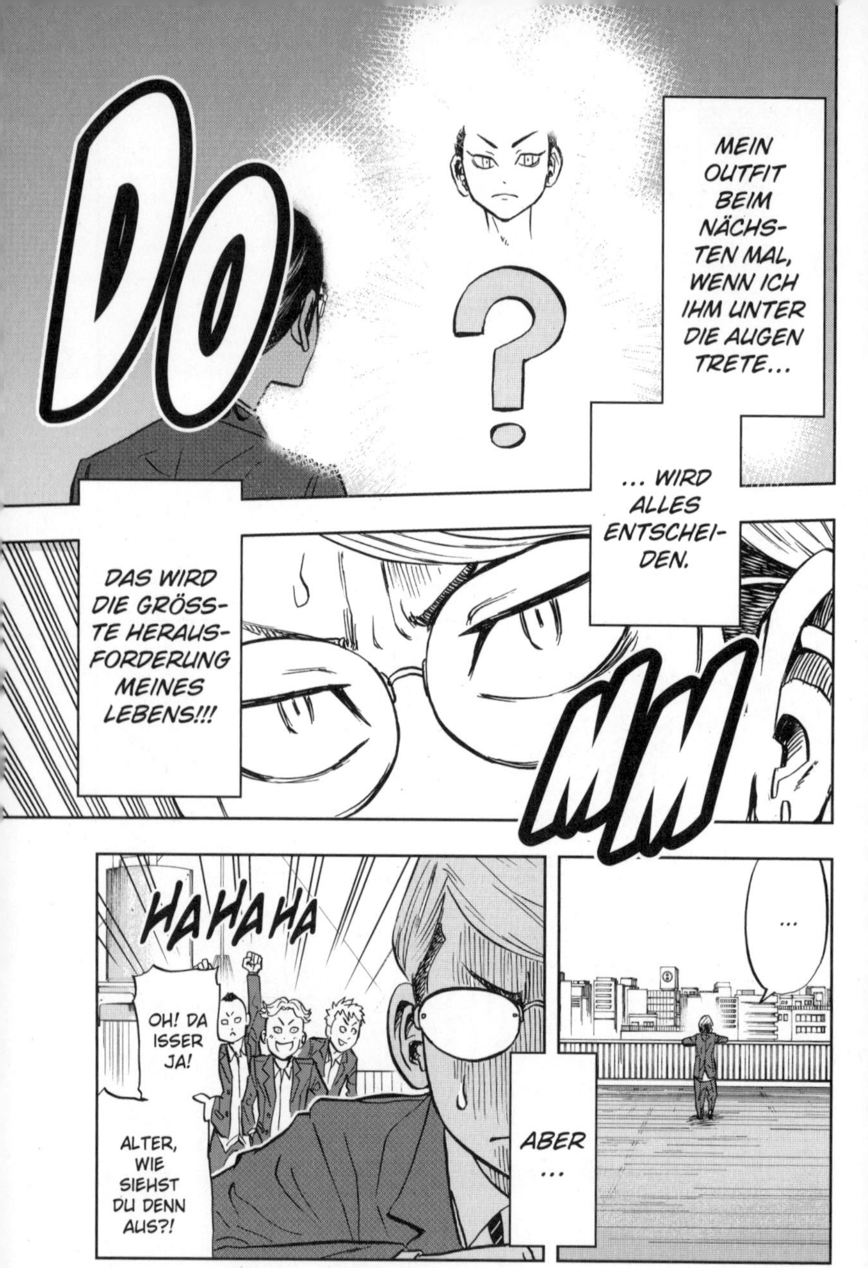
DO
MEIN OUTFIT BEIM NÄCHSTEN MAL, WENN ICH IHM UNTER DIE AUGEN TRETE...
?
... WIRD ALLES ENTSCHEIDEN.
DAS WIRD DIE GRÖSSTE HERAUSFORDERUNG MEINES LEBENS!!!
MM
...
ABER ...
HAHAHA
OH! DA ISSER JA!
ALTER, WIE SIEHST DU DENN AUS?!

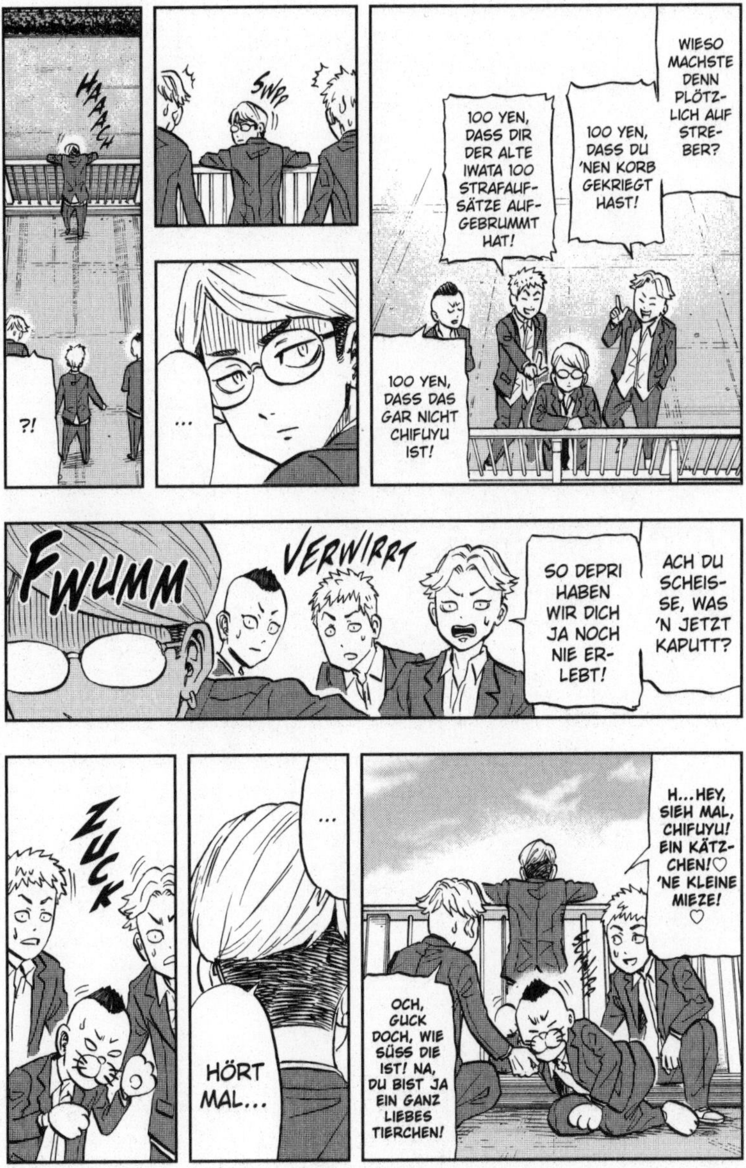
WIESO MACHSTE DENN PLÖTZLICH AUF STREBER?
100 YEN, DASS DU 'NEN KORB GEKRIEGT HAST!
100 YEN, DASS DIR DER ALTE IWATA 100 STRAFAUFSÄTZE AUFGEBRUMMT HAT!
100 YEN, DASS DAS GAR NICHT CHIFUYU IST!
SWPP
HAAAACH
...
?!
ACH DU SCHEISSE, WAS 'N JETZT KAPUTT?
SO DEPRI HABEN WIR DICH JA NOCH NIE ERLEBT!
VERWIRRT
FWUMM
H...HEY, SIEH MAL, CHIFUYU! EIN KÄTZCHEN!♡ 'NE KLEINE MIEZE! ♡
OCH, GUCK DOCH, WIE SÜSS DIE IST! NA, DU BIST JA EIN GANZ LIEBES TIERCHEN!
...
HÖRT MAL...
ZUCK

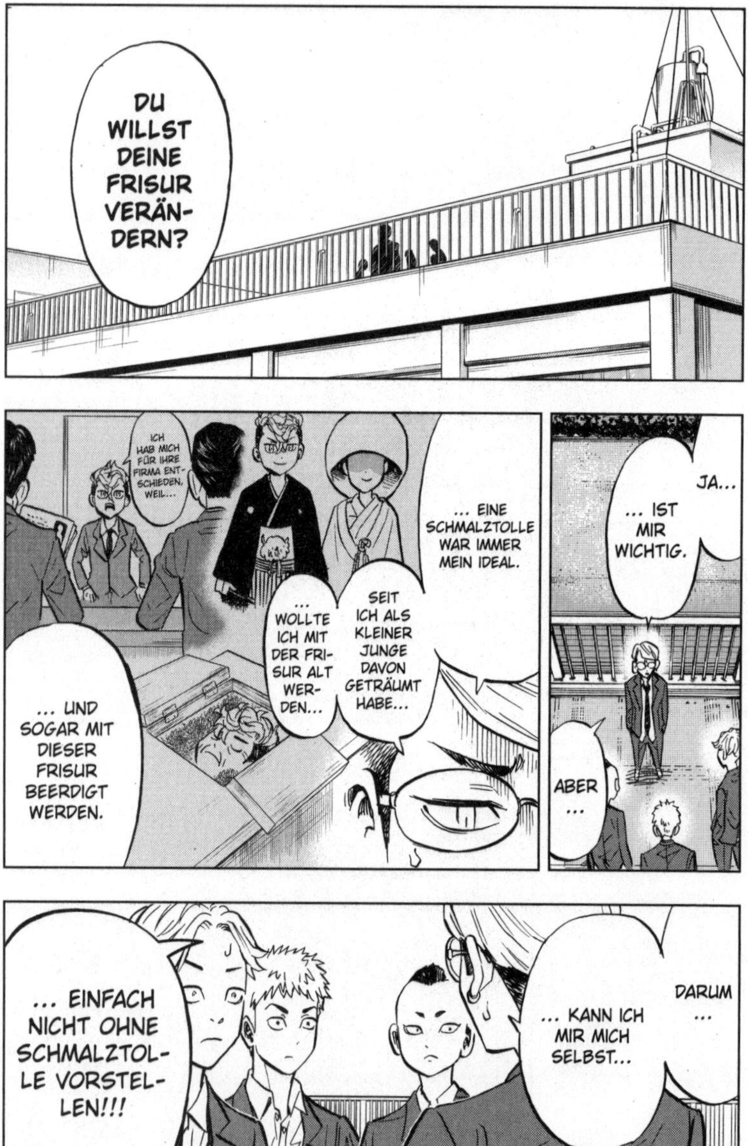
DU WILLST DEINE FRISUR VERÄNDERN?
JA...
... IST MIR WICHTIG.
ABER ...
... EINE SCHMALZTOLLE WAR IMMER MEIN IDEAL.
SEIT ICH ALS KLEINER JUNGE DAVON GETRÄUMT HABE...
... WOLLTE ICH MIT DER FRISUR ALT WERDEN...
ICH HAB MICH FÜR IHRE FIRMA ENTSCHIEDEN, WEIL...
... UND SOGAR MIT DIESER FRISUR BEERDIGT WERDEN.
DARUM ...
... KANN ICH MIR MICH SELBST...
... EINFACH NICHT OHNE SCHMALZTOLLE VORSTELLEN!!!

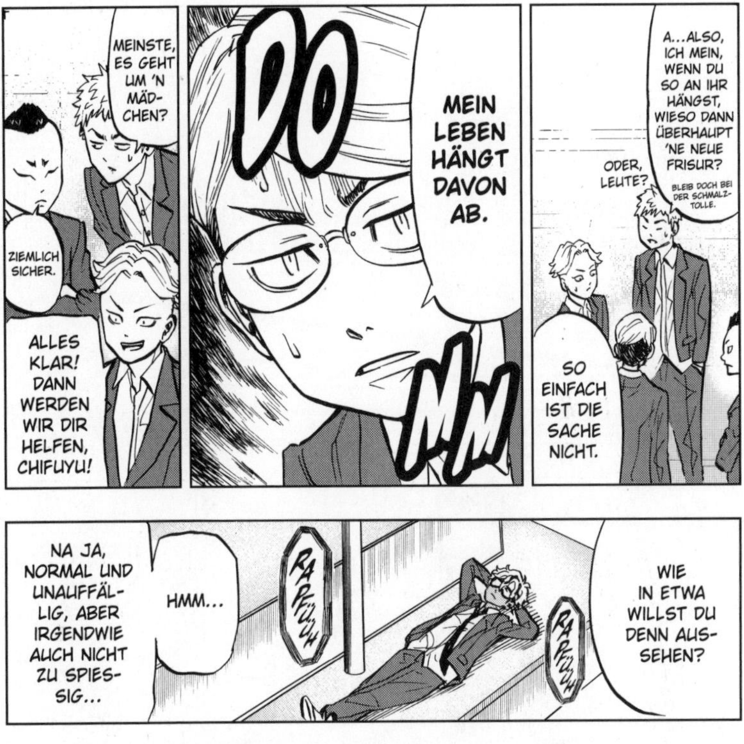
A…ALSO, ICH MEIN, WENN DU SO AN IHR HÄNGST, WIESO DANN ÜBERHAUPT 'NE NEUE FRISUR?
ODER, LEUTE?
BLEIB DOCH BEI DER SCHMALZTOLLE.
SO EINFACH IST DIE SACHE NICHT.
MEIN LEBEN HÄNGT DAVON AB.
DOMM
MEINSTE, ES GEHT UM 'N MÄDCHEN?
ZIEMLICH SICHER.
ALLES KLAR! DANN WERDEN WIR DIR HELFEN, CHIFUYU!
WIE IN ETWA WILLST DU DENN AUSSEHEN?
HMM…
NA JA, NORMAL UND UNAUFFÄLLIG, ABER IRGENDWIE AUCH NICHT ZU SPIESSIG…
SCHON KAPIERT! LASS UNS NUR MACHEN! UNSER GORO HIER KANN ZEICHNEN!
ER WIRD UNSERE IDEEN IN BILDER VERWANDELN!
OKAY, FERTIG!

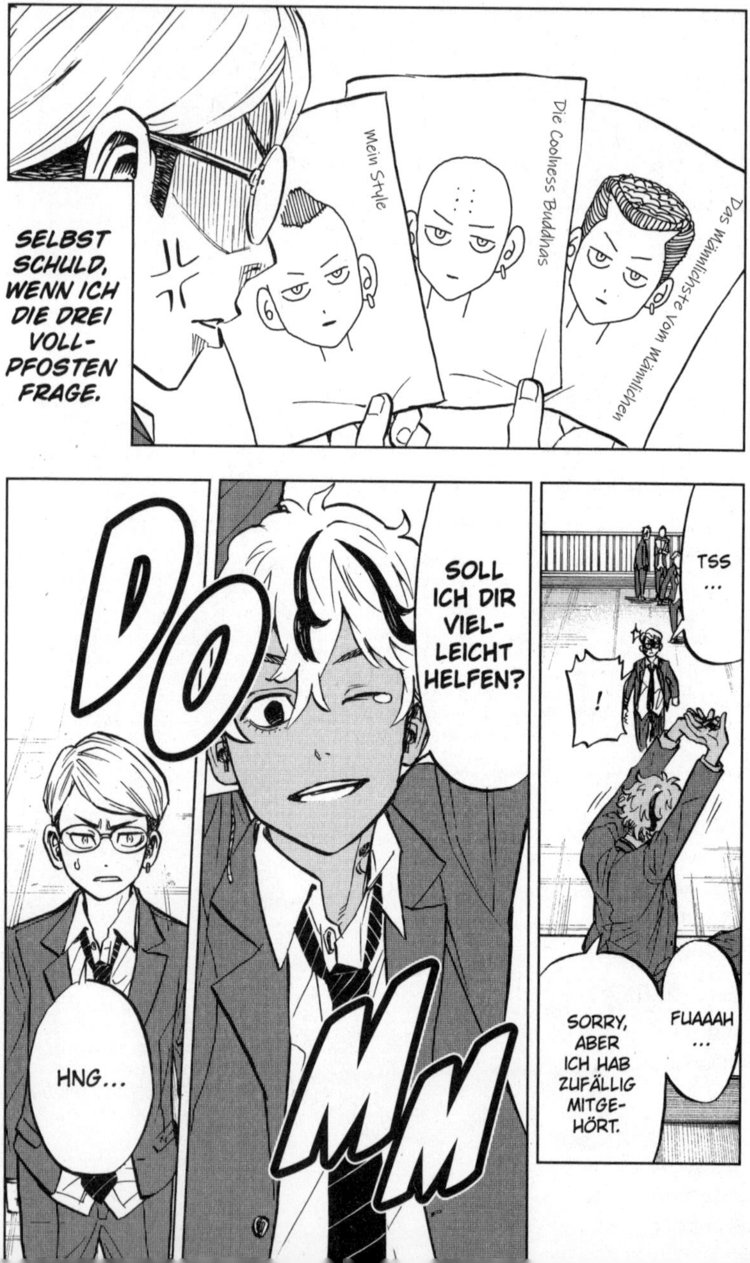
Das Männlichste vom Männlichen
Die Coolness Buddhas
Mein Style
SELBST SCHULD, WENN ICH DIE DREI VOLL-PFOSTEN FRAGE.
TSS ...
!
FUAAAH ...
SORRY, ABER ICH HAB ZUFÄLLIG MITGE-HÖRT.
SOLL ICH DIR VIEL-LEICHT HELFEN?
DOMM
HNG...

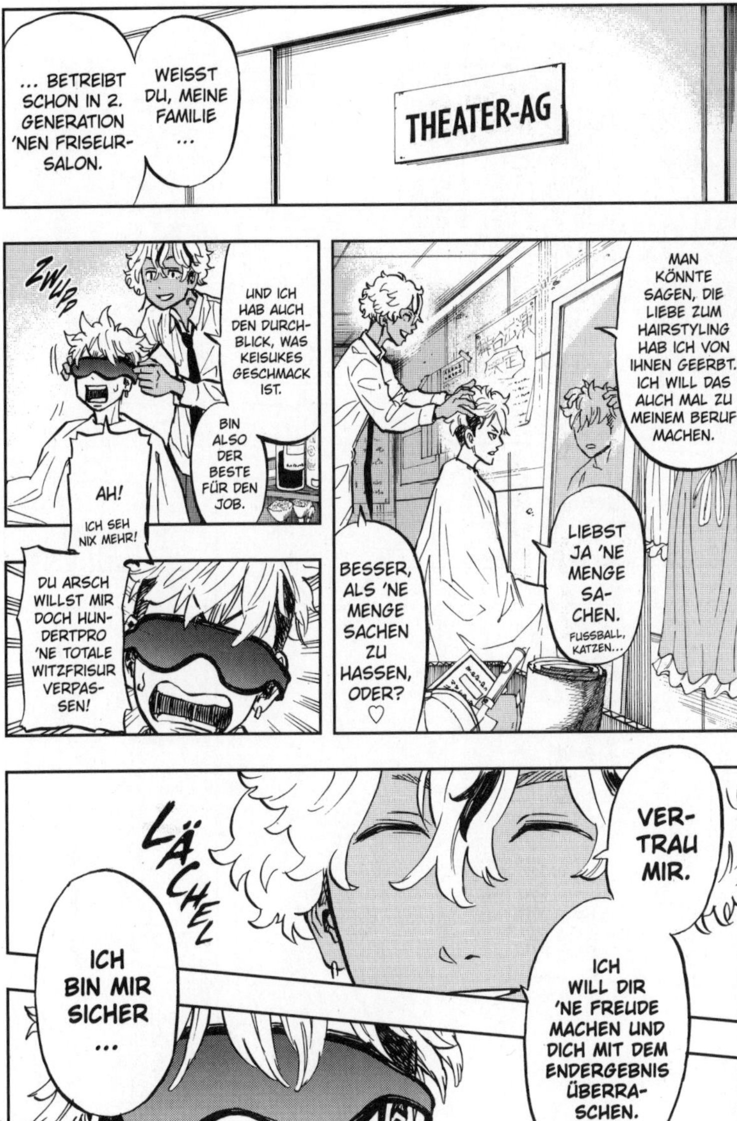
WEISST DU, MEINE FAMILIE …
… BETREIBT SCHON IN 2. GENERATION 'NEN FRISEUR-SALON.
THEATER-AG
MAN KÖNNTE SAGEN, DIE LIEBE ZUM HAIRSTYLING HAB ICH VON IHNEN GEERBT. ICH WILL DAS AUCH MAL ZU MEINEM BERUF MACHEN.
LIEBST JA 'NE MENGE SACHEN.
FUSSBALL, KATZEN…
BESSER, ALS 'NE MENGE SACHEN ZU HASSEN, ODER? ♡
ZWUPP
UND ICH HAB AUCH DEN DURCHBLICK, WAS KEISUKES GESCHMACK IST.
BIN ALSO DER BESTE FÜR DEN JOB.
AH!
ICH SEH NIX MEHR!
DU ARSCH WILLST MIR DOCH HUNDERTPRO 'NE TOTALE WITZFRISUR VERPASSEN!
VER-TRAU MIR.
ICH WILL DIR 'NE FREUDE MACHEN UND DICH MIT DEM ENDERGEBNIS ÜBERRASCHEN.
LÄCHEL
ICH BIN MIR SICHER …

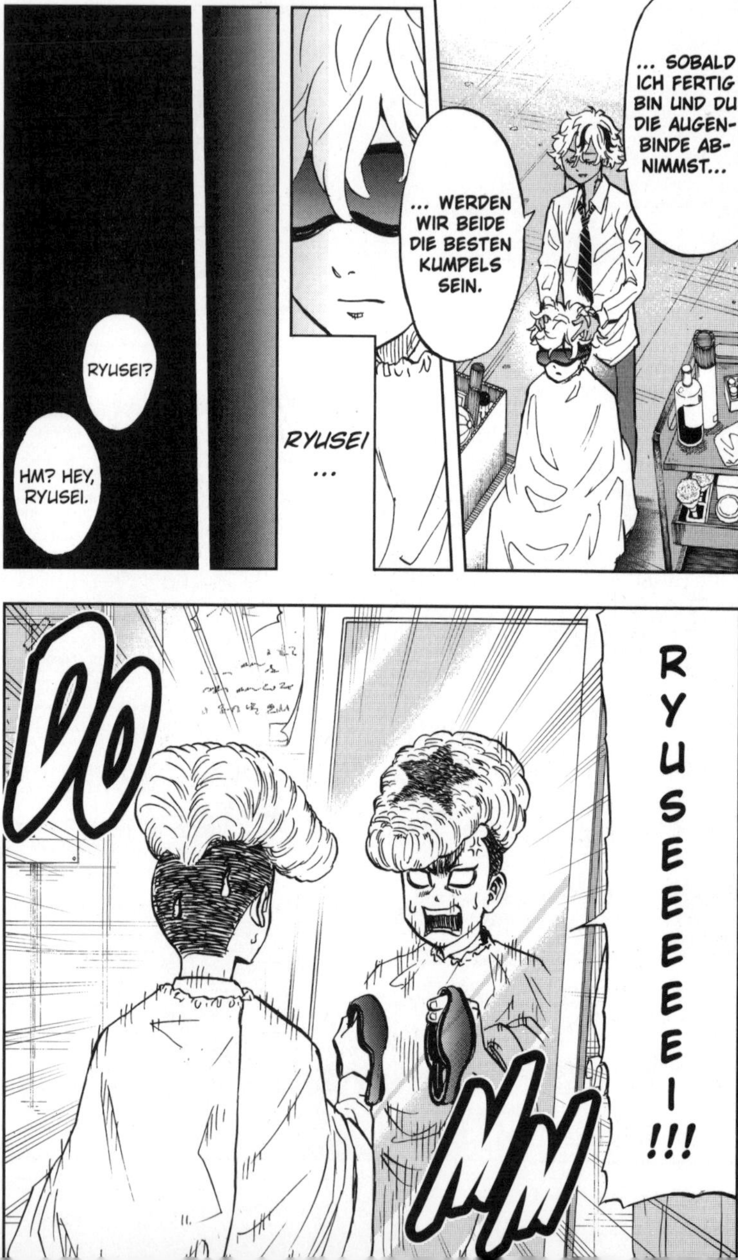
... SOBALD ICH FERTIG BIN UND DU DIE AUGENBINDE ABNIMMST...
... WERDEN WIR BEIDE DIE BESTEN KUMPELS SEIN.
RYUSEI ...
RYUSEI?
HM? HEY, RYUSEI.
RYUSEEEEEEI !!!
DOMM

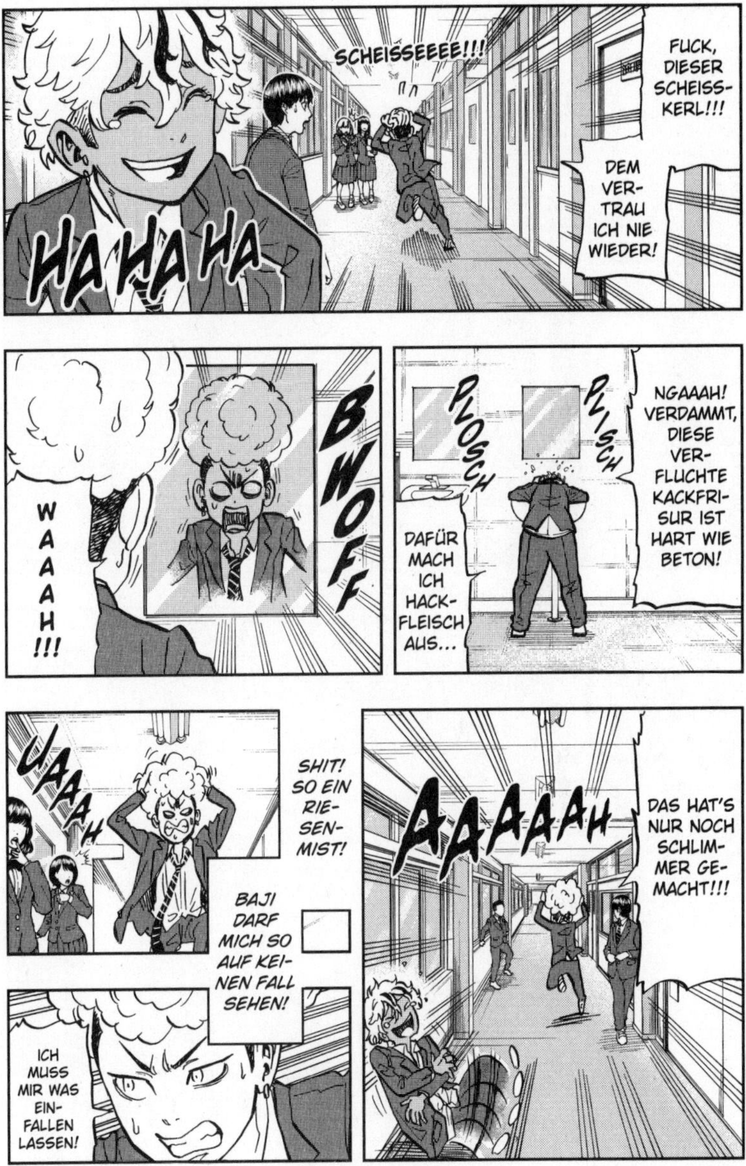
FUCK, DIESER SCHEISSKERL!!!
DEM VERTRAU ICH NIE WIEDER!
SCHEISSEEEE!!!
HAHAHAHA
NGAAAH! VERDAMMT, DIESE VERFLUCHTE KACKFRISUR IST HART WIE BETON!
PLISCH
PLOSCH
DAFÜR MACH ICH HACKFLEISCH AUS...
BWOFF
WAAAAH!!!
DAS HAT'S NUR NOCH SCHLIMMER GEMACHT!!!
AAAAAH
SHIT! SO EIN RIESENMIST!
UAAAAH
BAJI DARF MICH SO AUF KEINEN FALL SEHEN!
ICH MUSS MIR WAS EINFALLEN LASSEN!

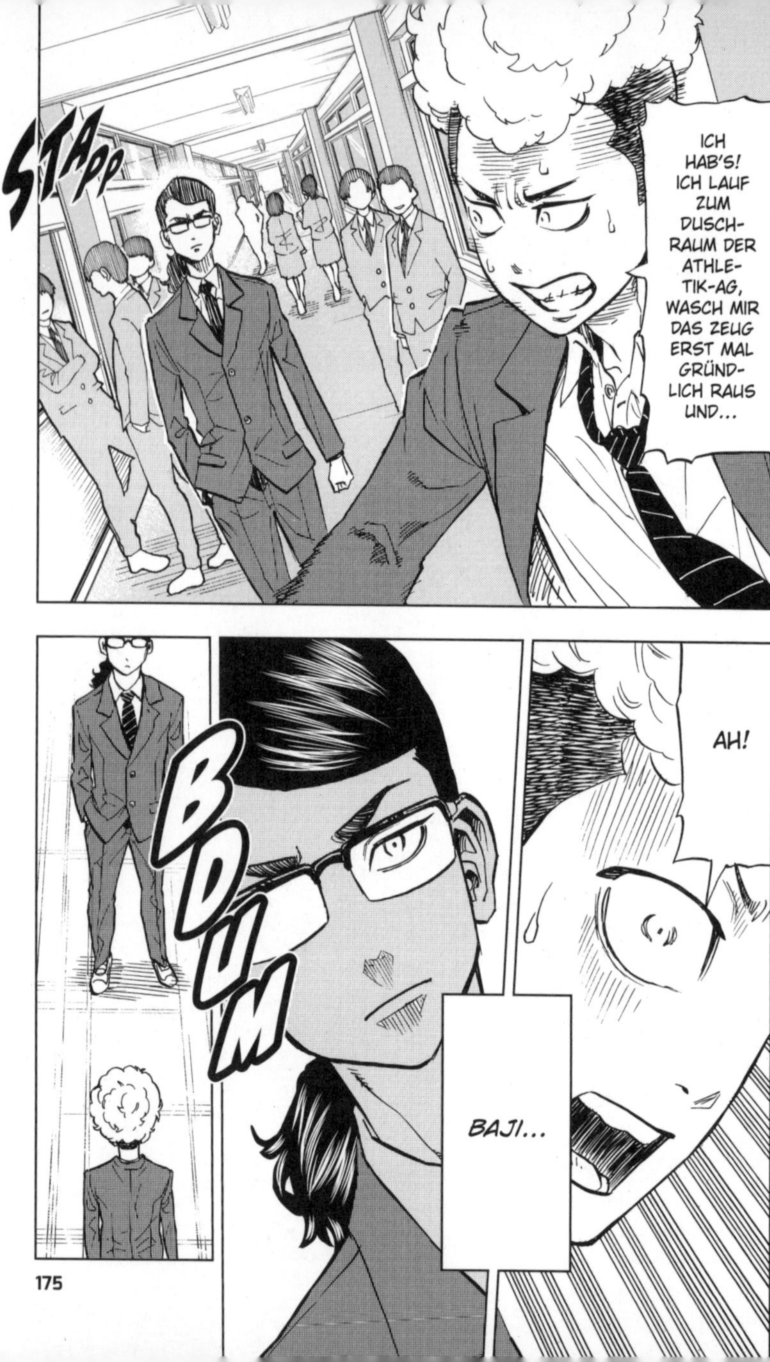
STAPP
ICH HAB'S! ICH LAUF ZUM DUSCH-RAUM DER ATHLE-TIK-AG, WASCH MIR DAS ZEUG ERST MAL GRÜND-LICH RAUS UND…
AH!
BDUM
BAJI…

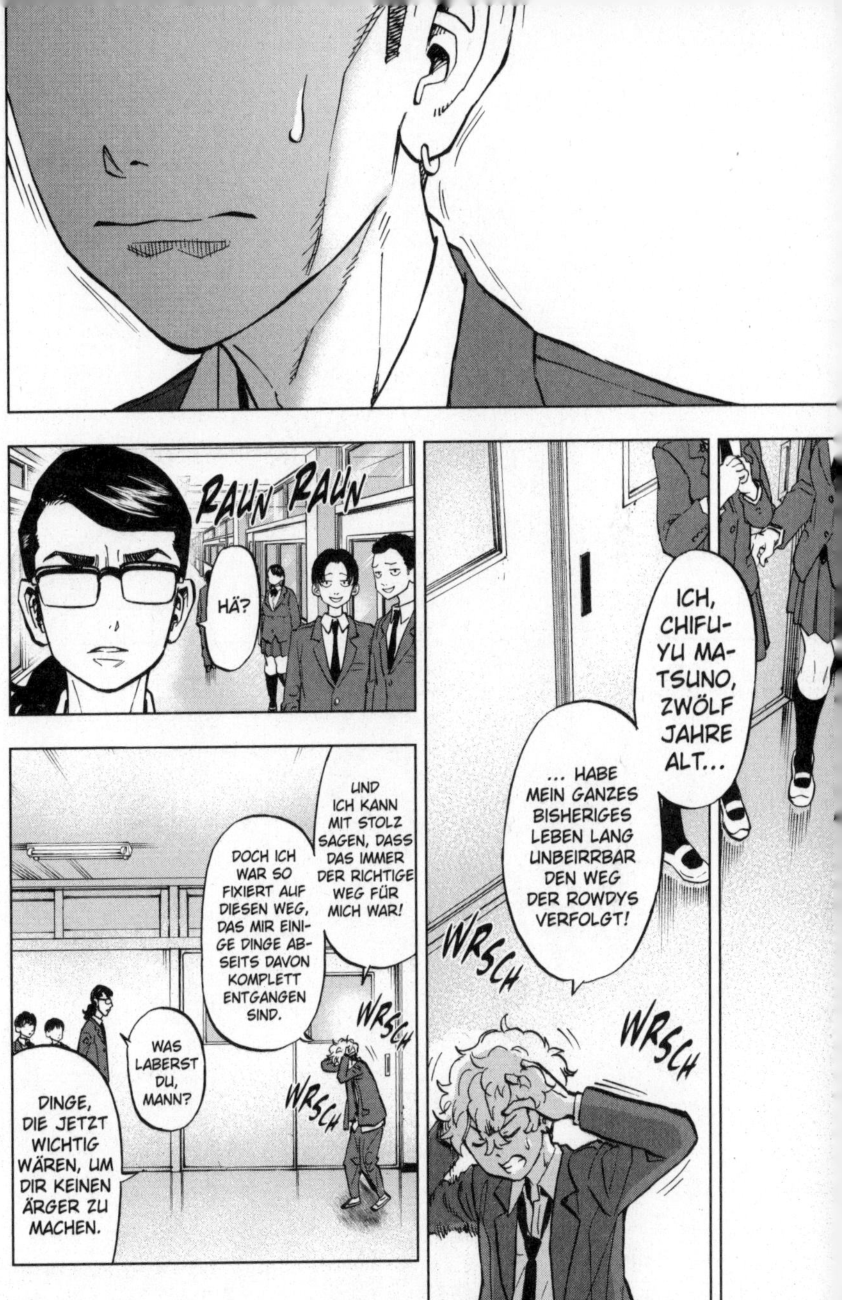
RAUN RAUN
HÄ?
ICH, CHIFU-YU MA-TSUNO, ZWÖLF JAHRE ALT...
... HABE MEIN GANZES BISHERIGES LEBEN LANG UNBEIRRBAR DEN WEG DER ROWDYS VERFOLGT!
WRSCH
WRSCH
UND ICH KANN MIT STOLZ SAGEN, DASS DAS IMMER DER RICHTIGE WEG FÜR MICH WAR!
DOCH ICH WAR SO FIXIERT AUF DIESEN WEG, DAS MIR EINI-GE DINGE AB-SEITS DAVON KOMPLETT ENTGANGEN SIND.
WRSCH
WRSCH
WAS LABERST DU, MANN?
DINGE, DIE JETZT WICHTIG WÄREN, UM DIR KEINEN ÄRGER ZU MACHEN.

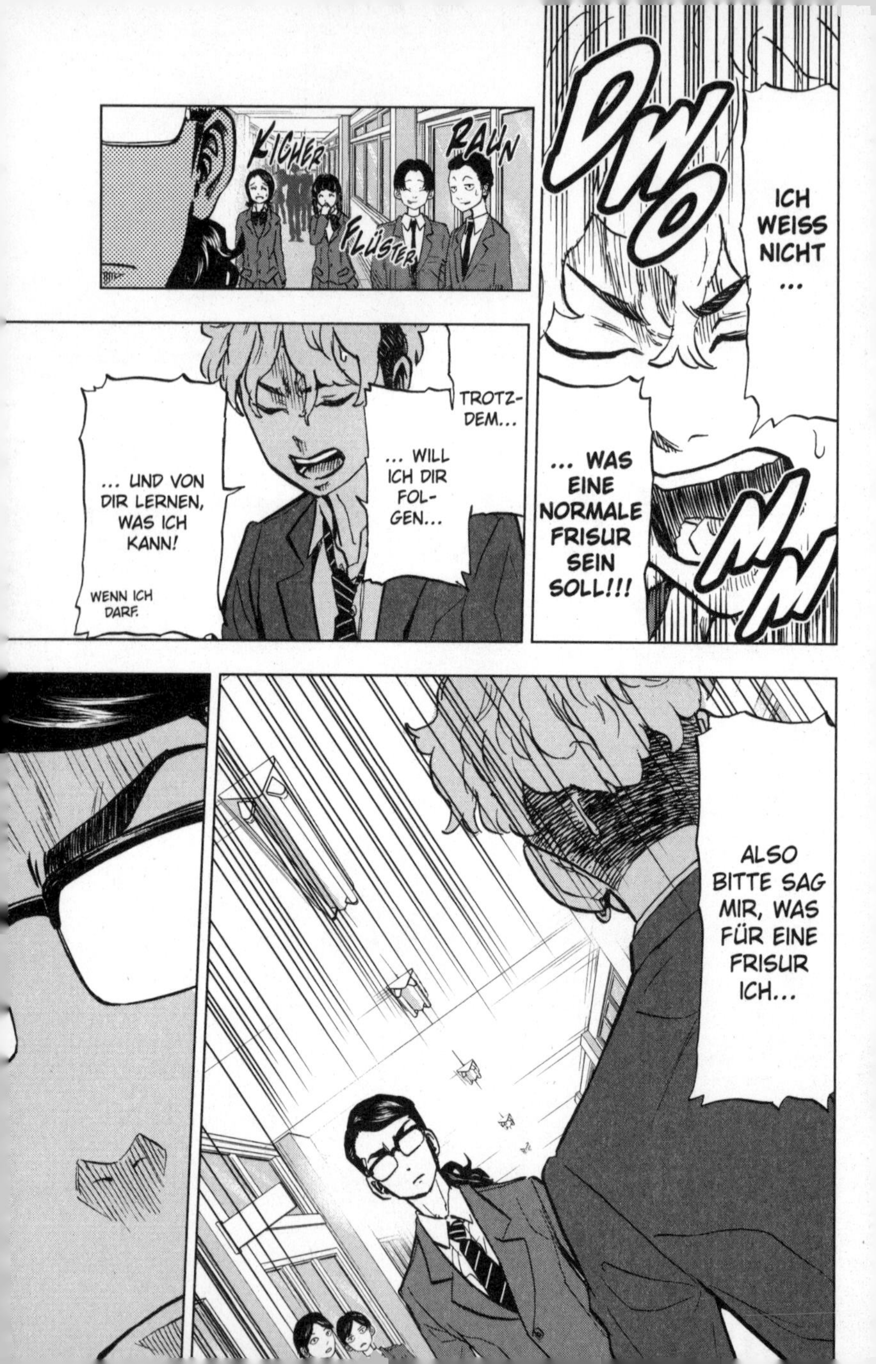
DWO
ICH WEISS NICHT ...
... WAS EINE NORMALE FRISUR SEIN SOLL!!!
MM
RAUN
KICHER
FLÜSTER
TROTZ-DEM...
... WILL ICH DIR FOL-GEN...
... UND VON DIR LERNEN, WAS ICH KANN!
WENN ICH DARF.
ALSO BITTE SAG MIR, WAS FÜR EINE FRISUR ICH...

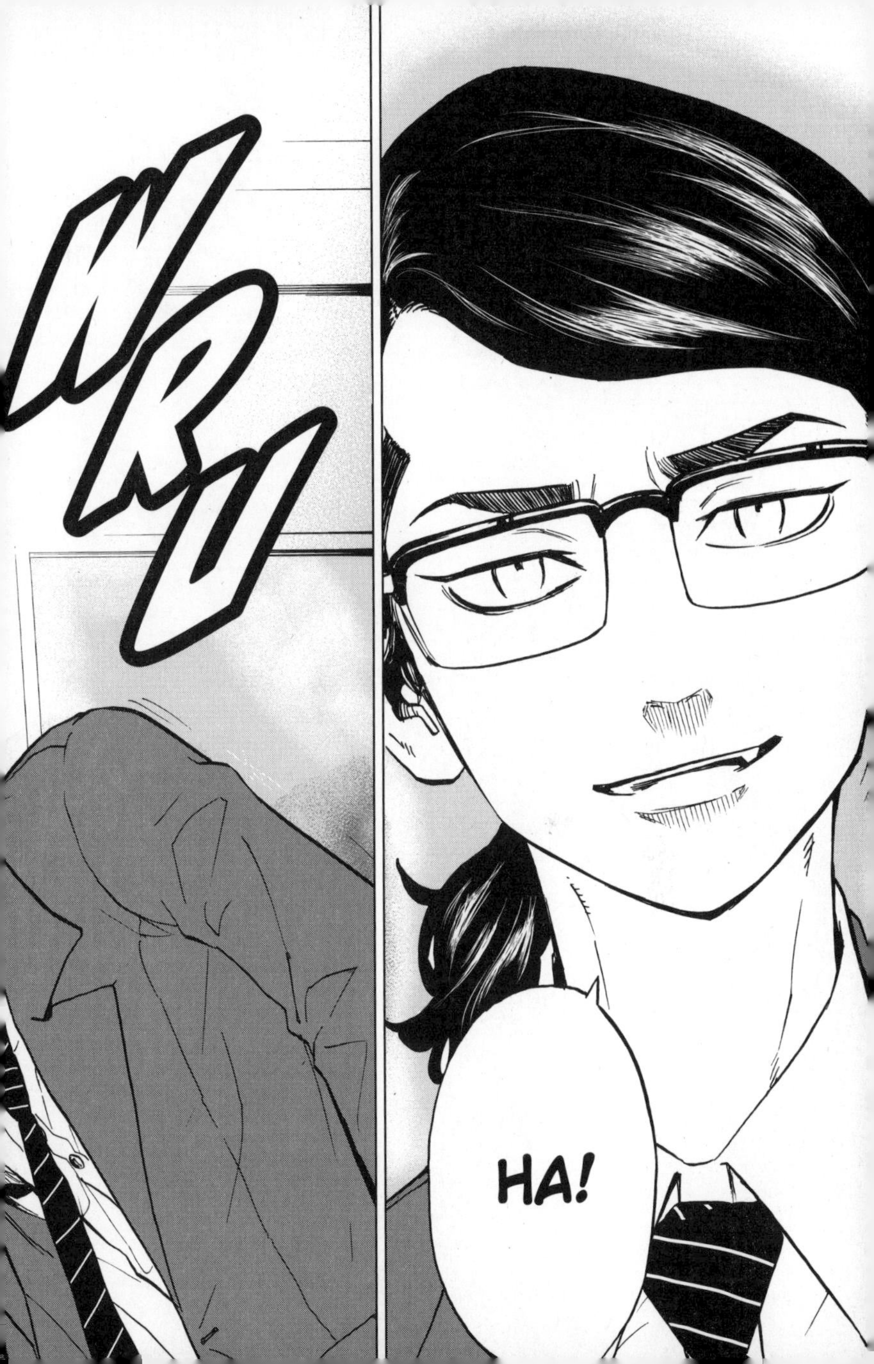
HA!

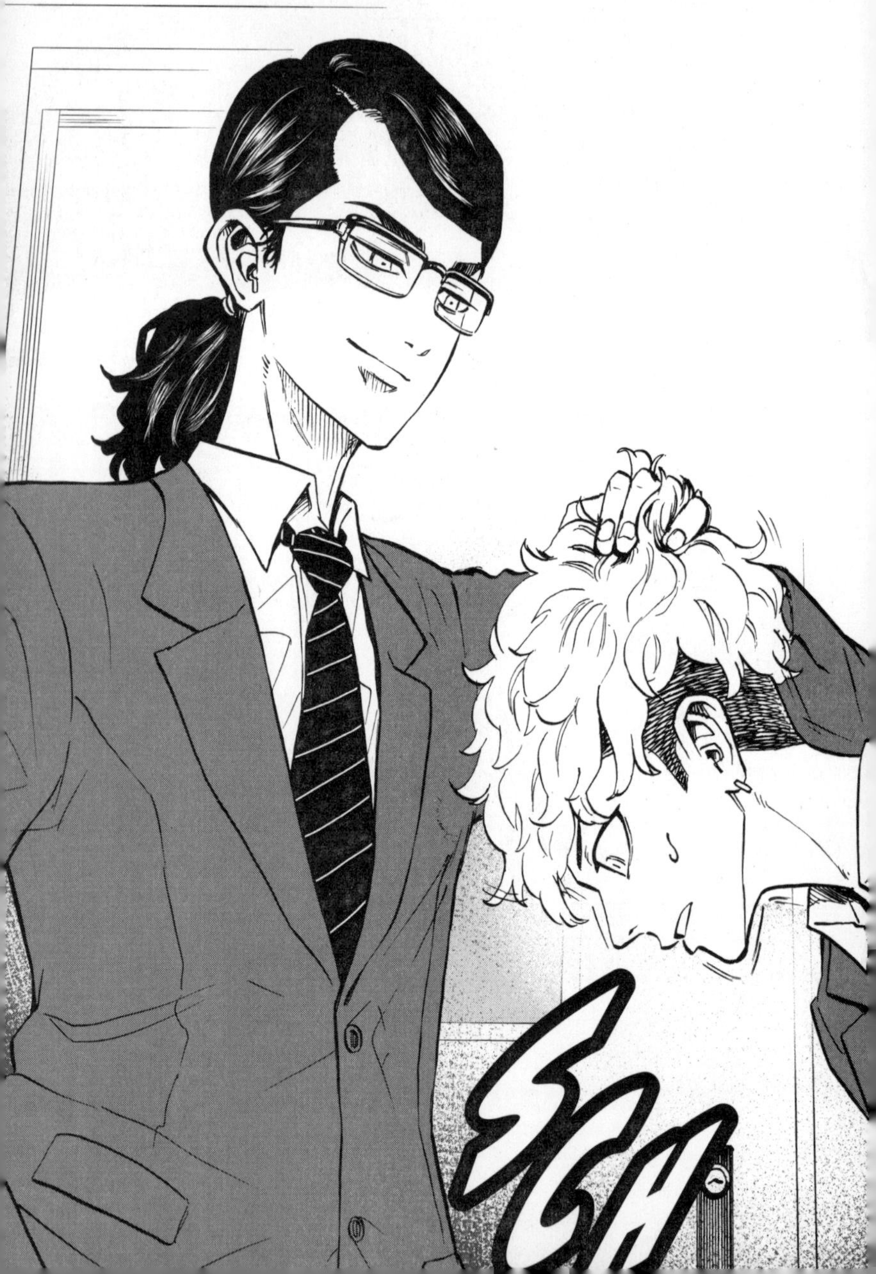
SCHA

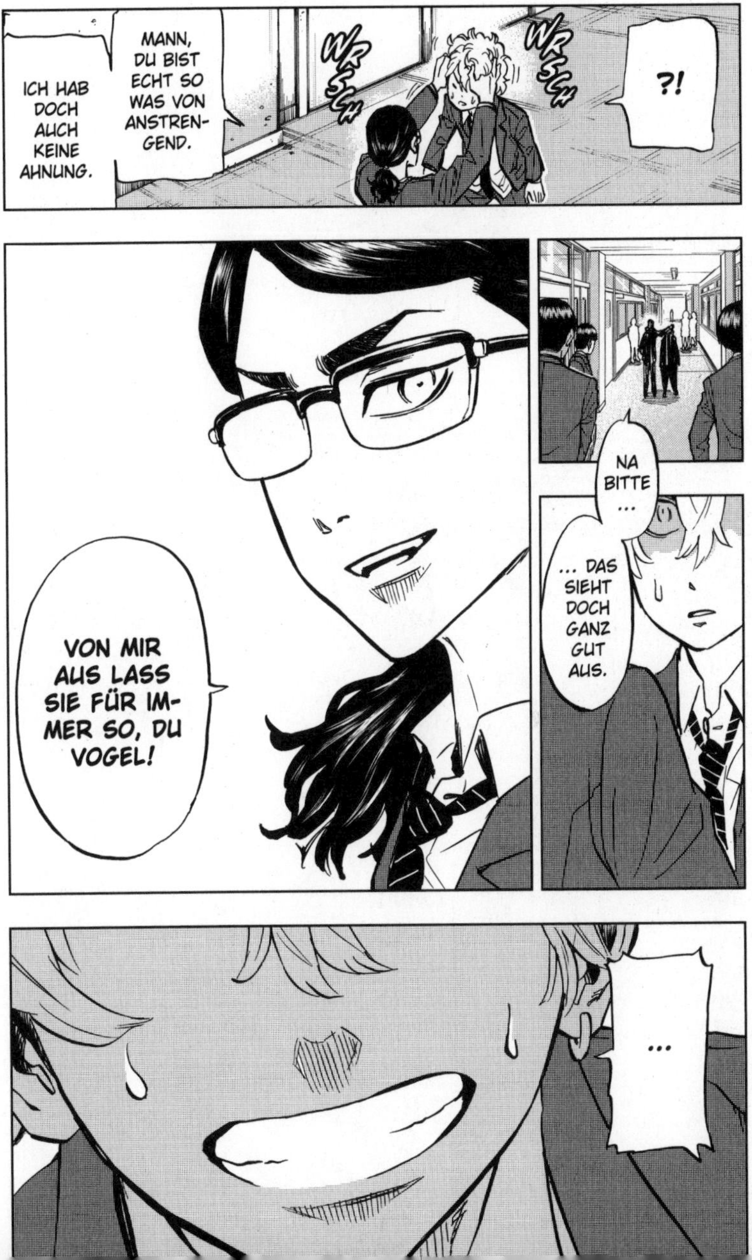
?!
WRSCH
WRSCH
MANN, DU BIST ECHT SO WAS VON ANSTRENGEND.
ICH HAB DOCH AUCH KEINE AHNUNG.
NA BITTE ...
... DAS SIEHT DOCH GANZ GUT AUS.
VON MIR AUS LASS SIE FÜR IMMER SO, DU VOGEL!
...

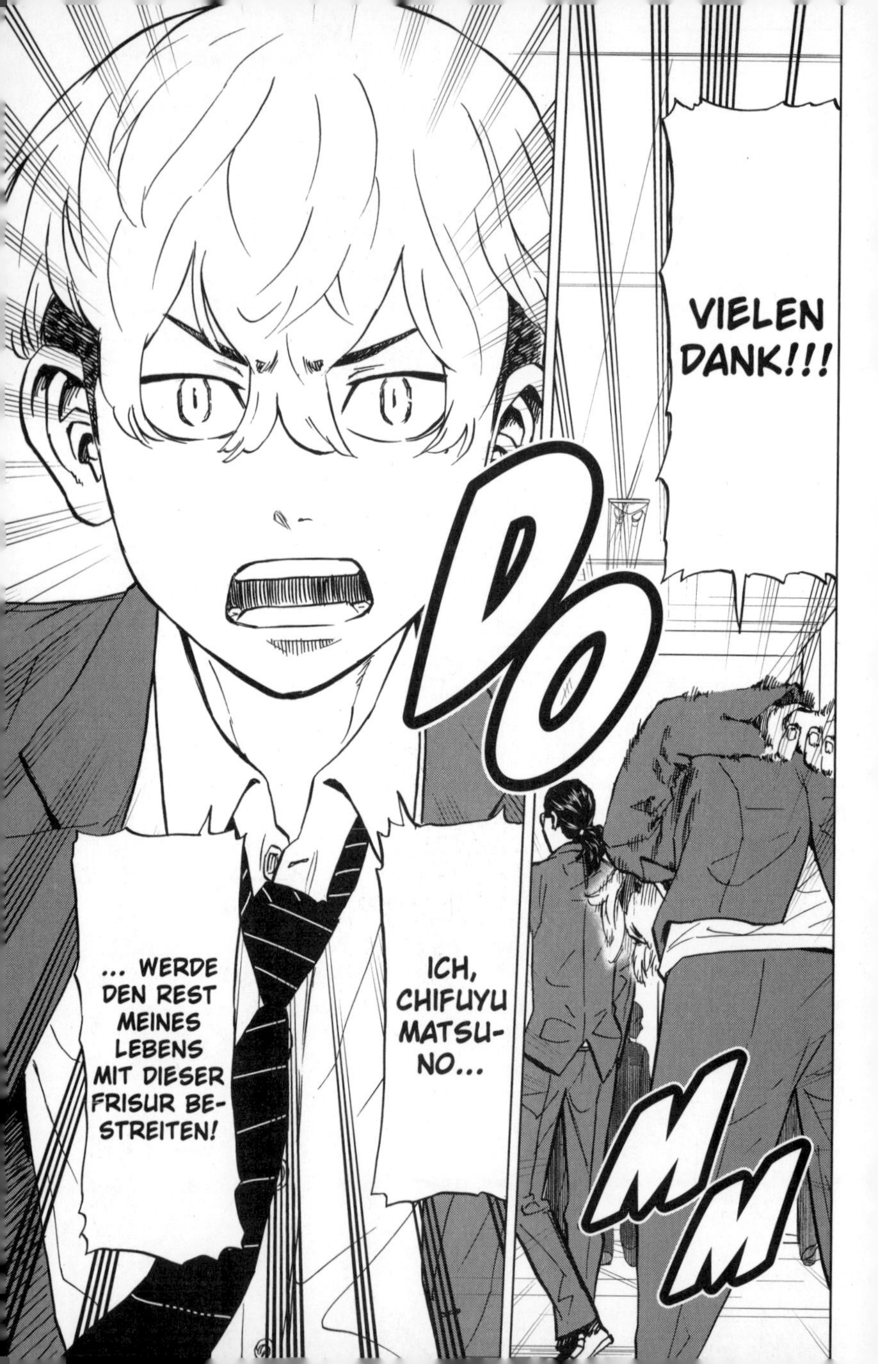
VIELEN DANK!!!
DO
ICH, CHIFUYU MATSU-NO...
... WERDE DEN REST MEINES LEBENS MIT DIESER FRISUR BE-STREITEN!
MM

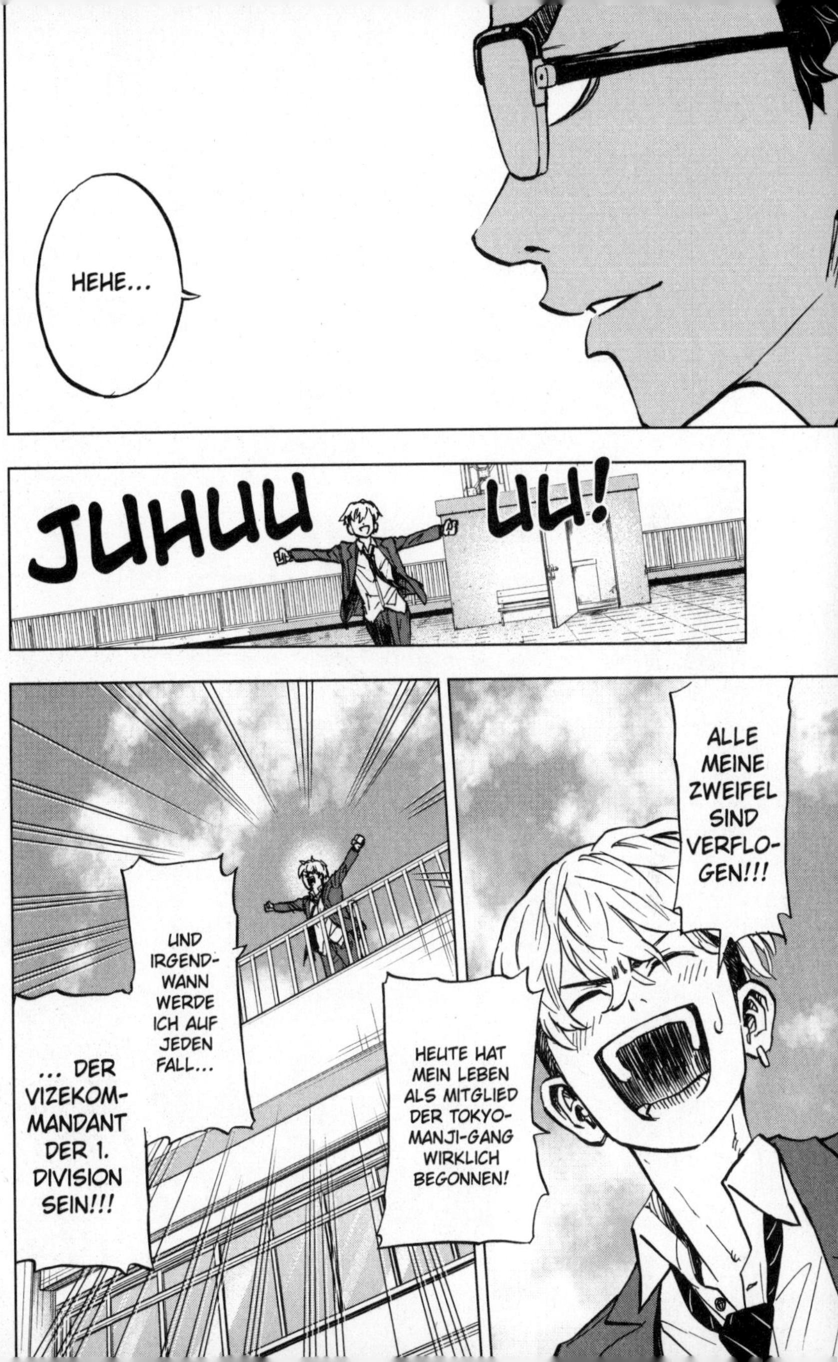
HEHE...
JUHUUUU!
ALLE MEINE ZWEIFEL SIND VERFLO-GEN!!!
HEUTE HAT MEIN LEBEN ALS MITGLIED DER TOKYO-MANJI-GANG WIRKLICH BEGONNEN!
UND IRGEND-WANN WERDE ICH AUF JEDEN FALL...
... DER VIZEKOM-MANDANT DER 1. DIVISION SEIN!!!

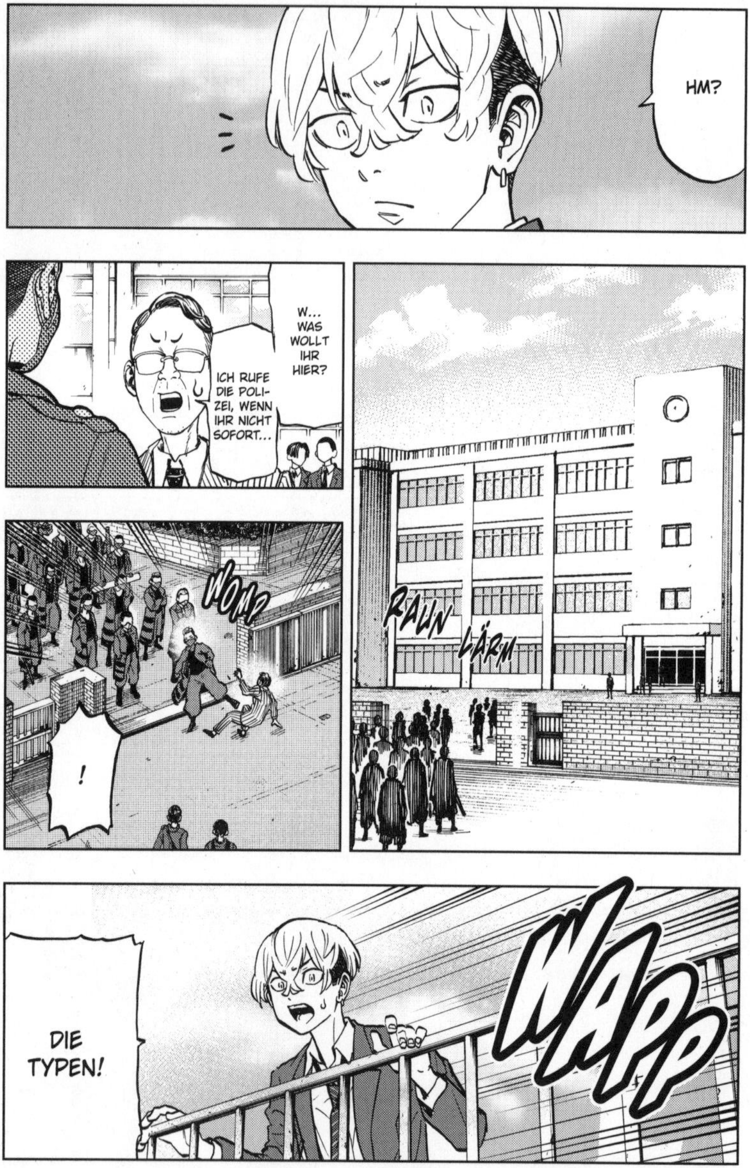
HM?
W... WAS WOLLT IHR HIER?
ICH RUFE DIE POLIZEI, WENN IHR NICHT SOFORT...
RAUN
LÄRM
WOMP
!
WAPP
DIE TYPEN!

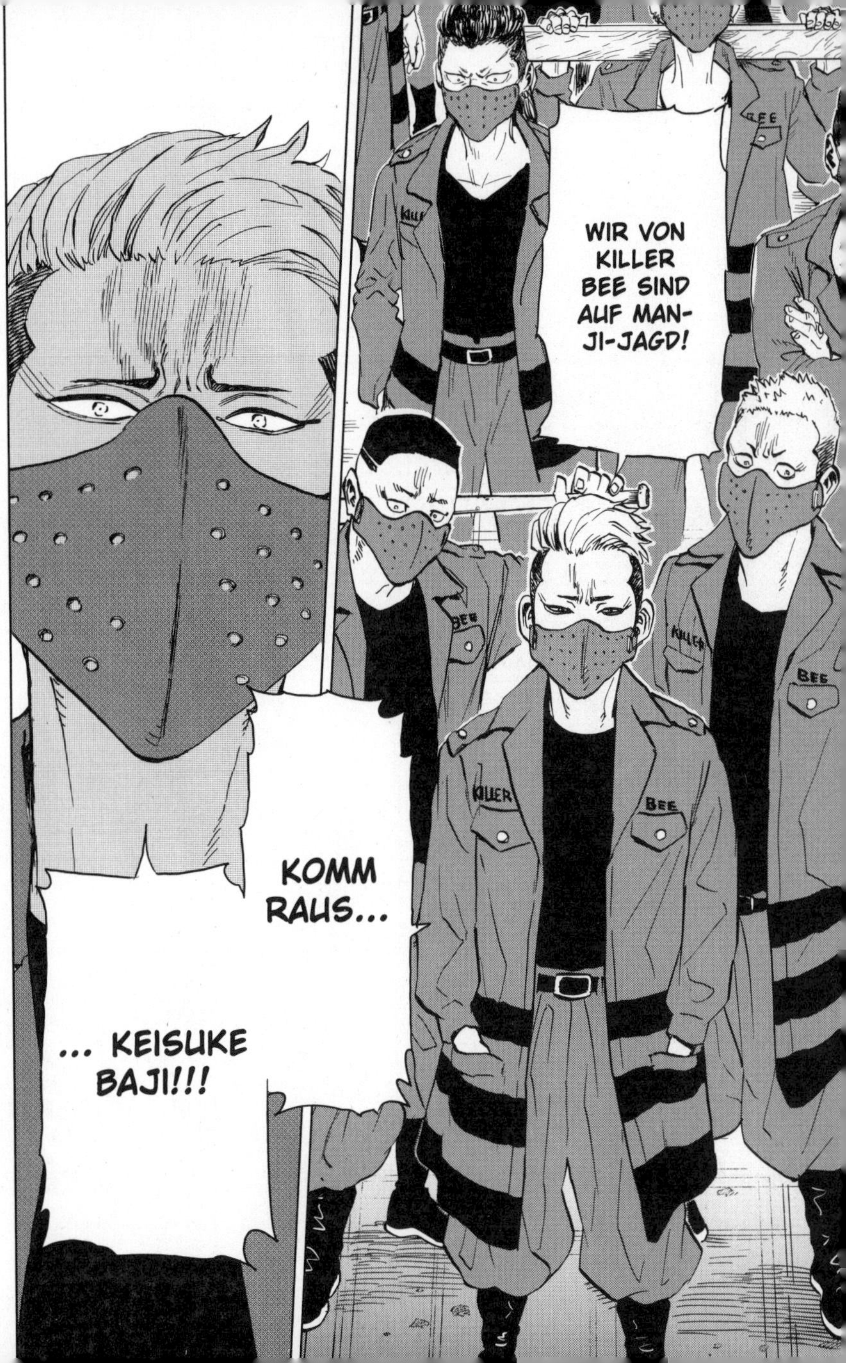

WIR VON KILLER BEE SIND AUF MAN-JI-JAGD!
KOMM RAUS...
... KEISUKE BAJI!!!

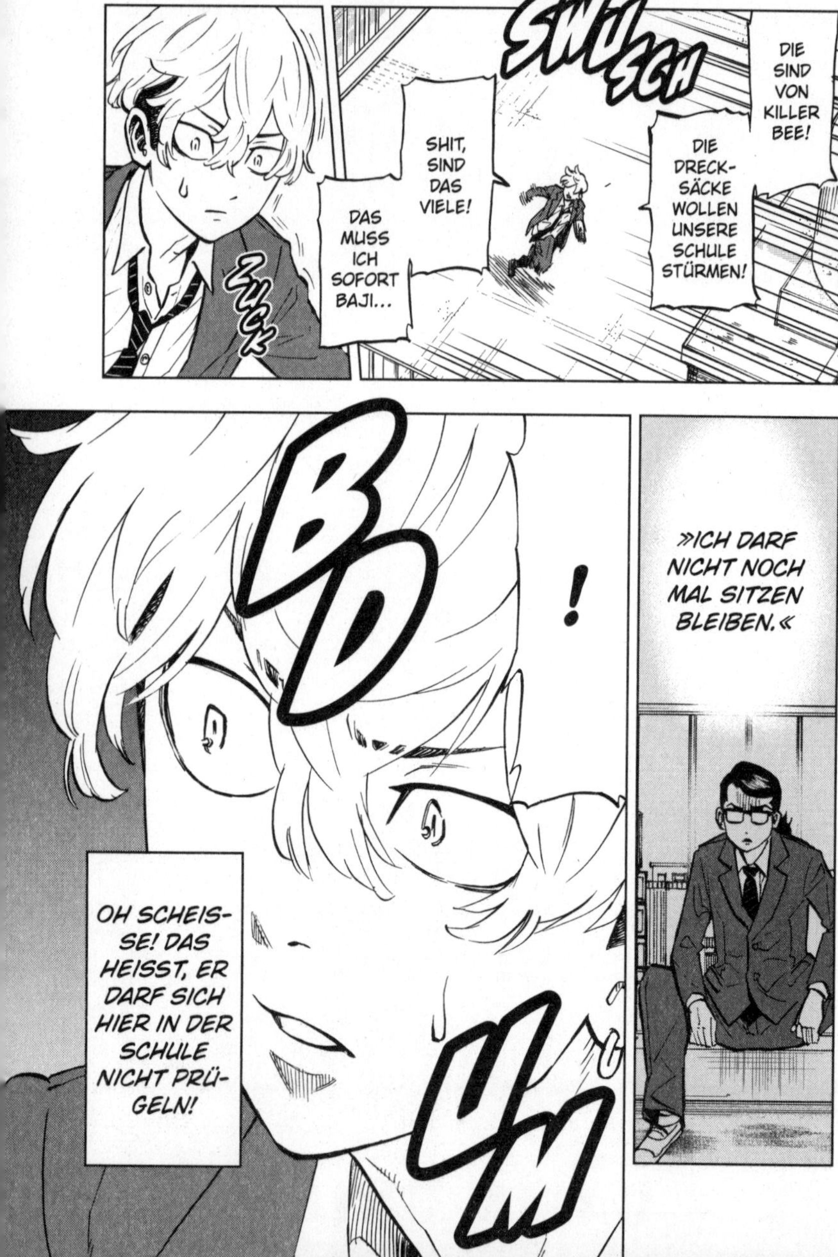
SWUSCH
DIE SIND VON KILLER BEE!
DIE DRECKSÄCKE WOLLEN UNSERE SCHULE STÜRMEN!
SHIT, SIND DAS VIELE!
DAS MUSS ICH SOFORT BAJI…
ZUCK
»ICH DARF NICHT NOCH MAL SITZEN BLEIBEN.«
BD
!
UM
OH SCHEISSE! DAS HEISST, ER DARF SICH HIER IN DER SCHULE NICHT PRÜGELN!

Tokyo Revengers

BAJIS BRIEF

Kapitel 5: Sudden Change

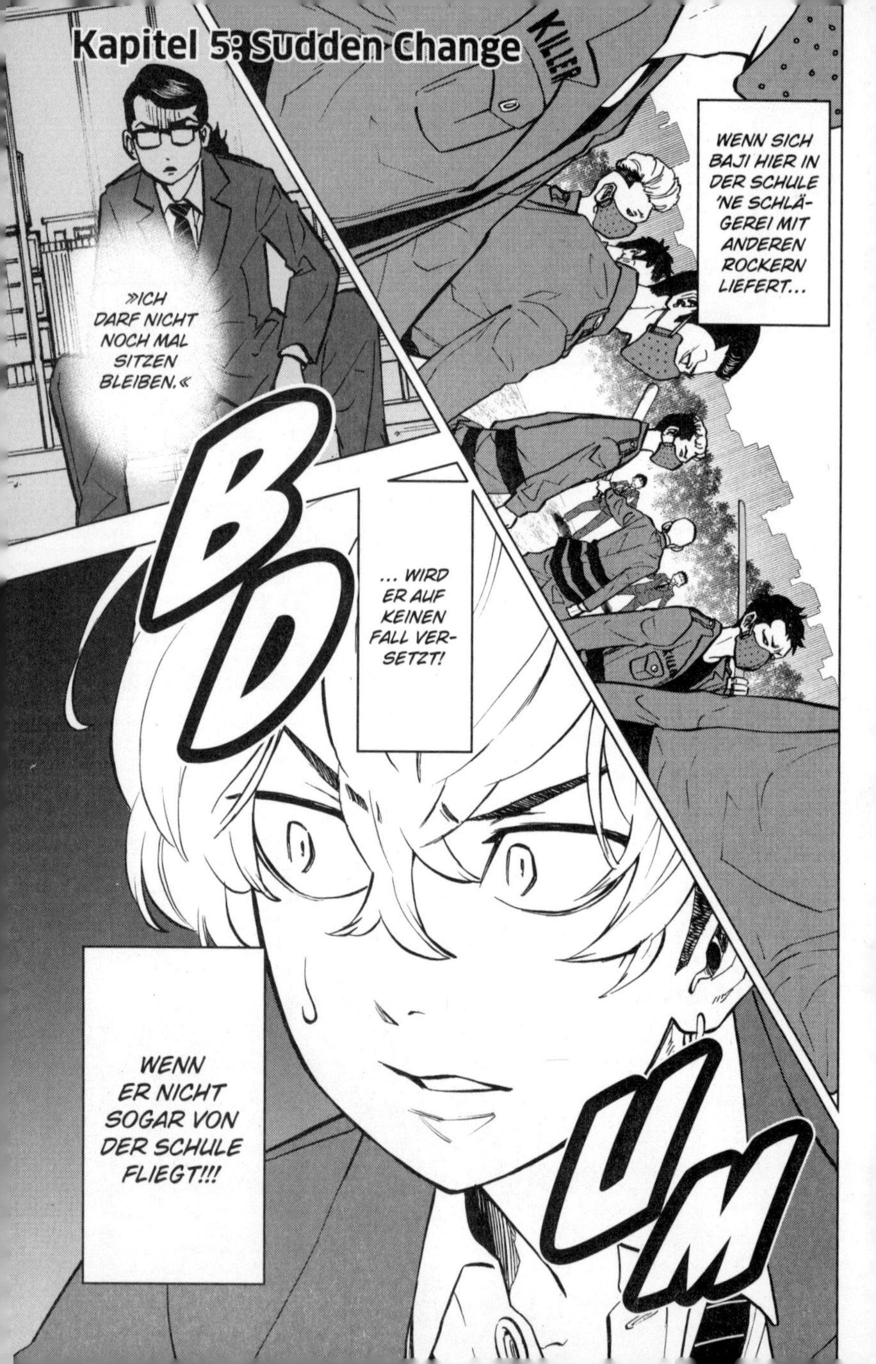

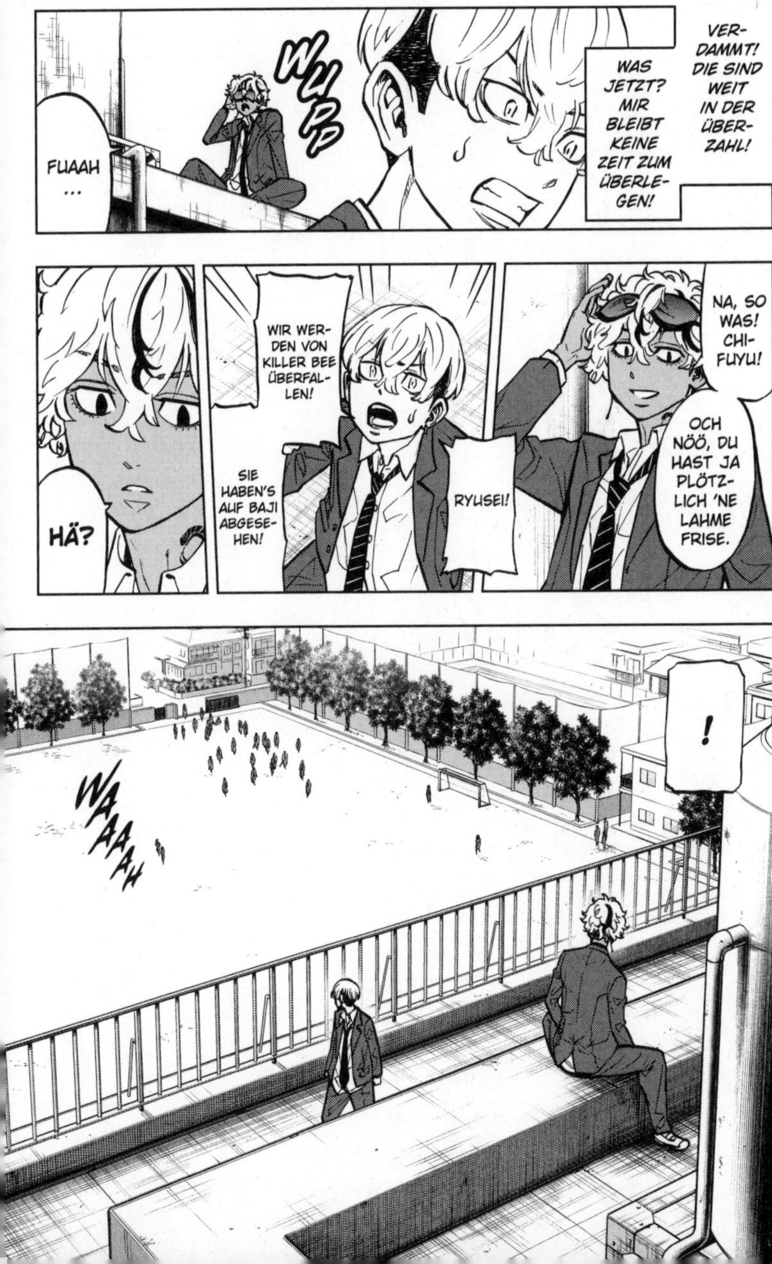

VER-DAMMT! DIE SIND WEIT IN DER ÜBER-ZAHL!
WAS JETZT? MIR BLEIBT KEINE ZEIT ZUM ÜBERLE-GEN!
WUPP
FUAAH …
NA, SO WAS! CHI-FUYU!
OCH NÖÖ, DU HAST JA PLÖTZ-LICH 'NE LAHME FRISE.
RYUSEI!
WIR WER-DEN VON KILLER BEE ÜBERFAL-LEN!
SIE HABEN'S AUF BAJI ABGESE-HEN!
HÄ?
!
WAAAAH

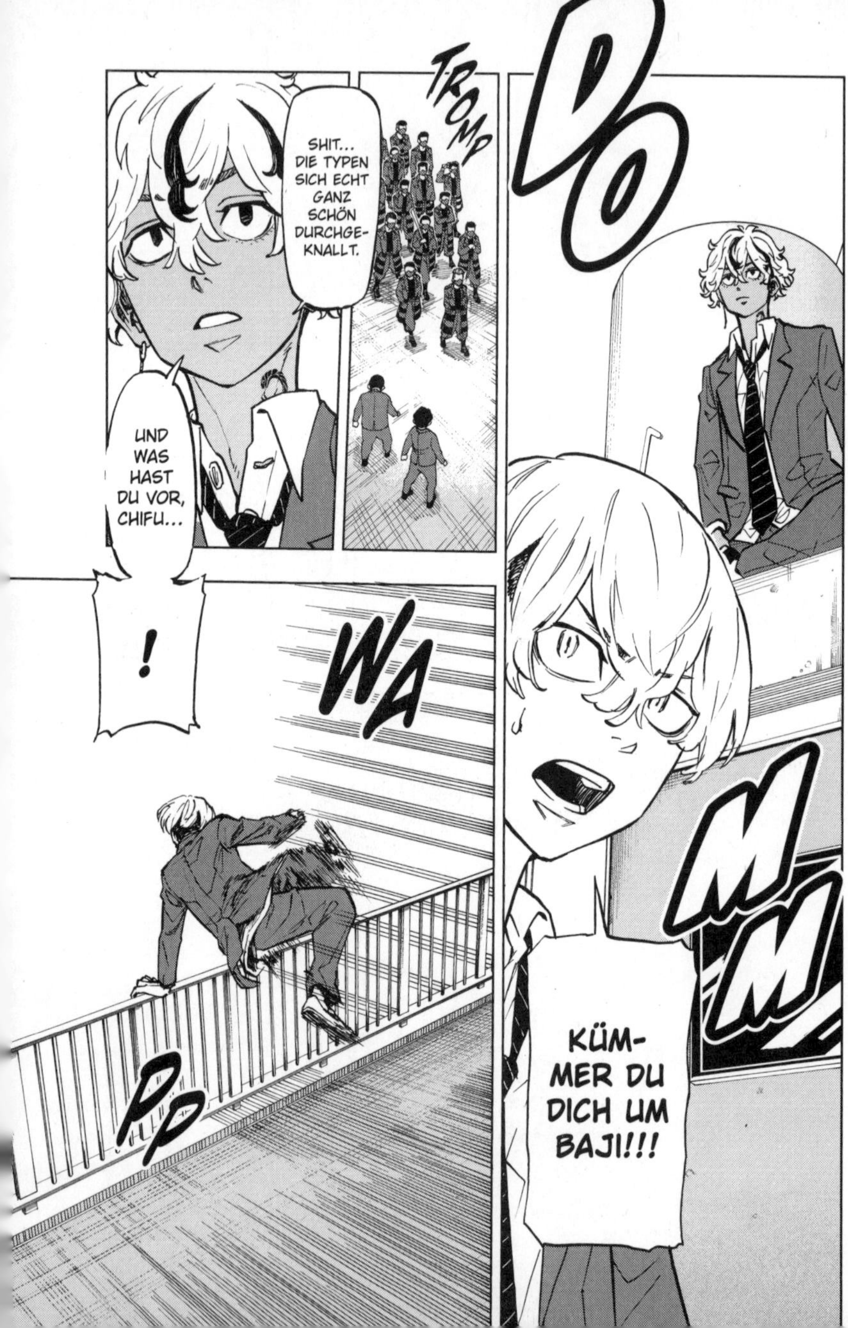

TROMP
SHIT... DIE TYPEN SICH ECHT GANZ SCHÖN DURCHGE-KNALLT.
UND WAS HAST DU VOR, CHIFU...
!
WA
PP
DOMMM
KÜM-MER DU DICH UM BAJI!!!

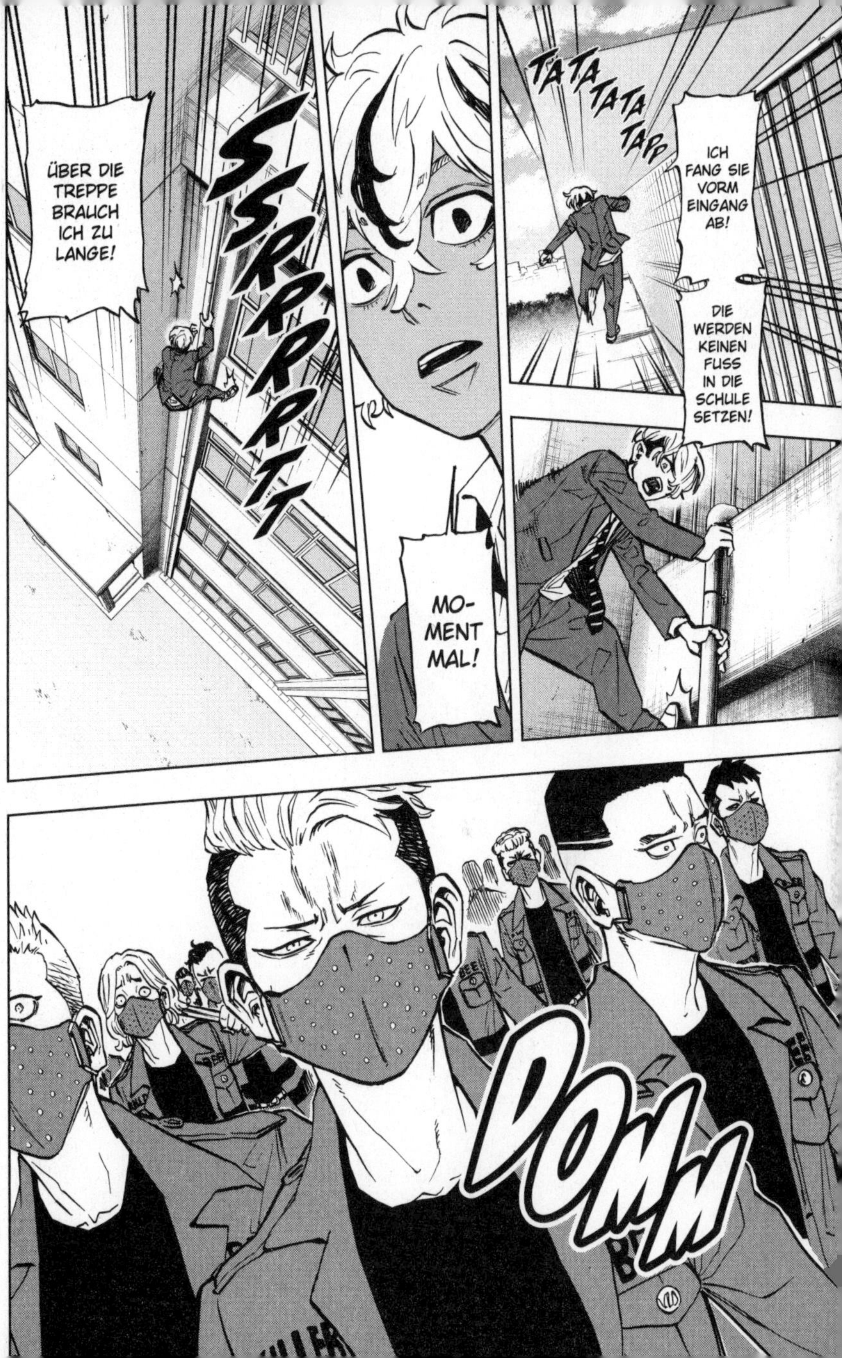
TATATATATATAPP
ICH FANG SIE VORM EINGANG AB!
DIE WERDEN KEINEN FUSS IN DIE SCHULE SETZEN!
SSRRRRTT
ÜBER DIE TREPPE BRAUCH ICH ZU LANGE!
MO-MENT MAL!
DOMM

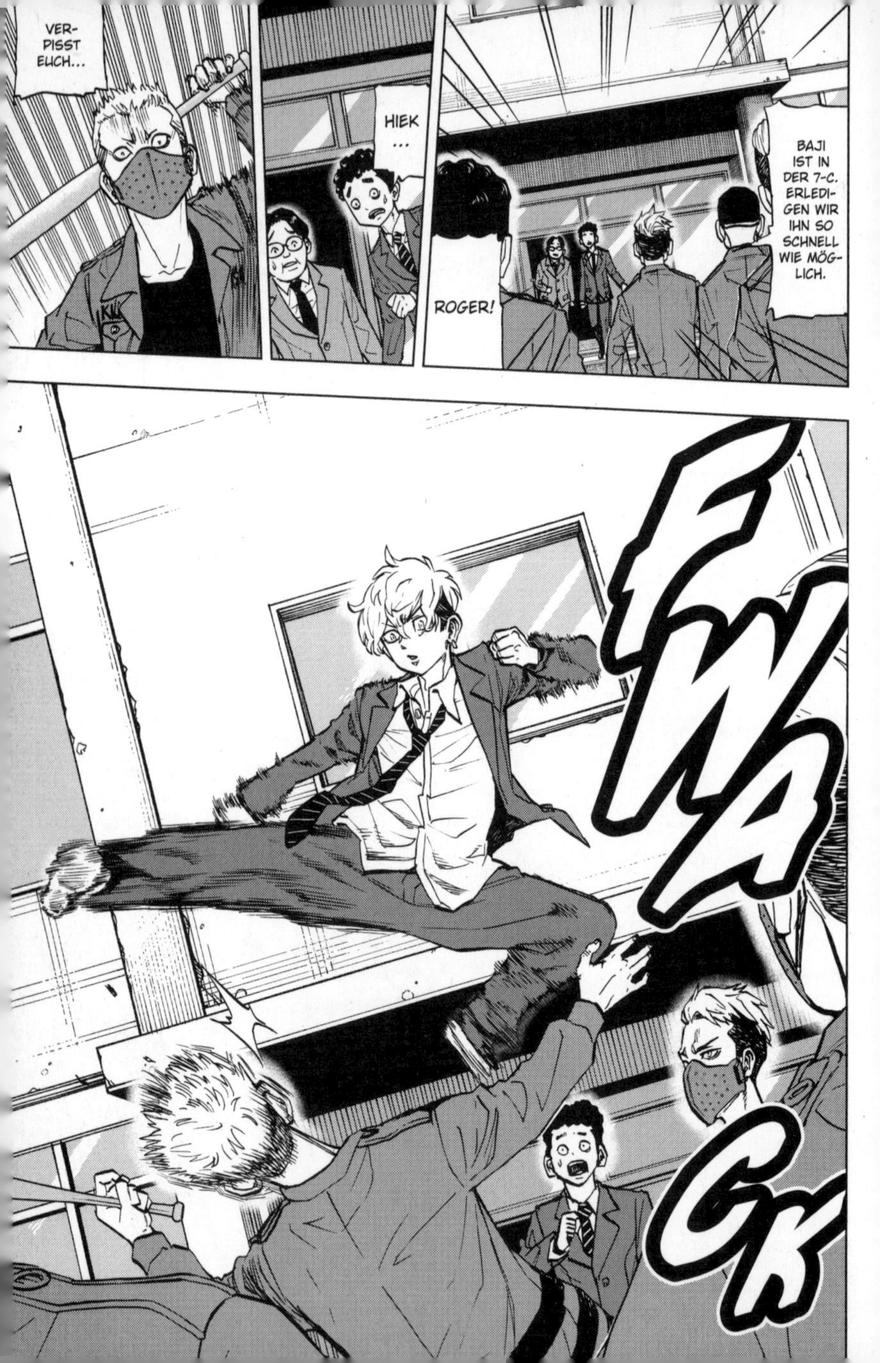
BAJI IST IN DER 7-C. ERLEDIGEN WIR IHN SO SCHNELL WIE MÖGLICH.
ROGER!
HIEK ...
VERPISST EUCH...

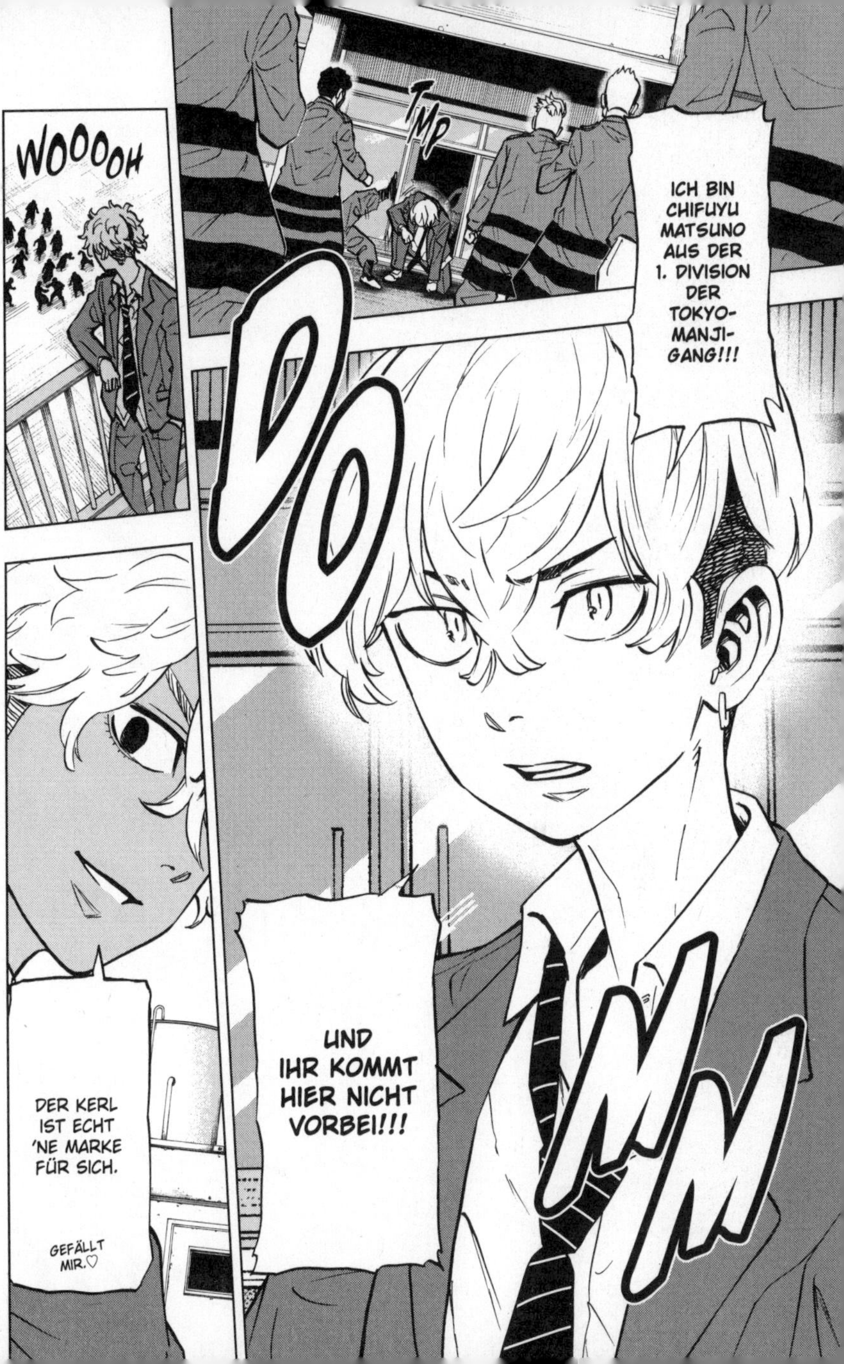
TMP
WOOOOH
ICH BIN CHIFUYU MATSUNO AUS DER 1. DIVISION DER TOKYO-MANJI-GANG!!!
DOO
UND IHR KOMMT HIER NICHT VORBEI!!!
MM
DER KERL IST ECHT 'NE MARKE FÜR SICH.
GEFÄLLT MIR.♡

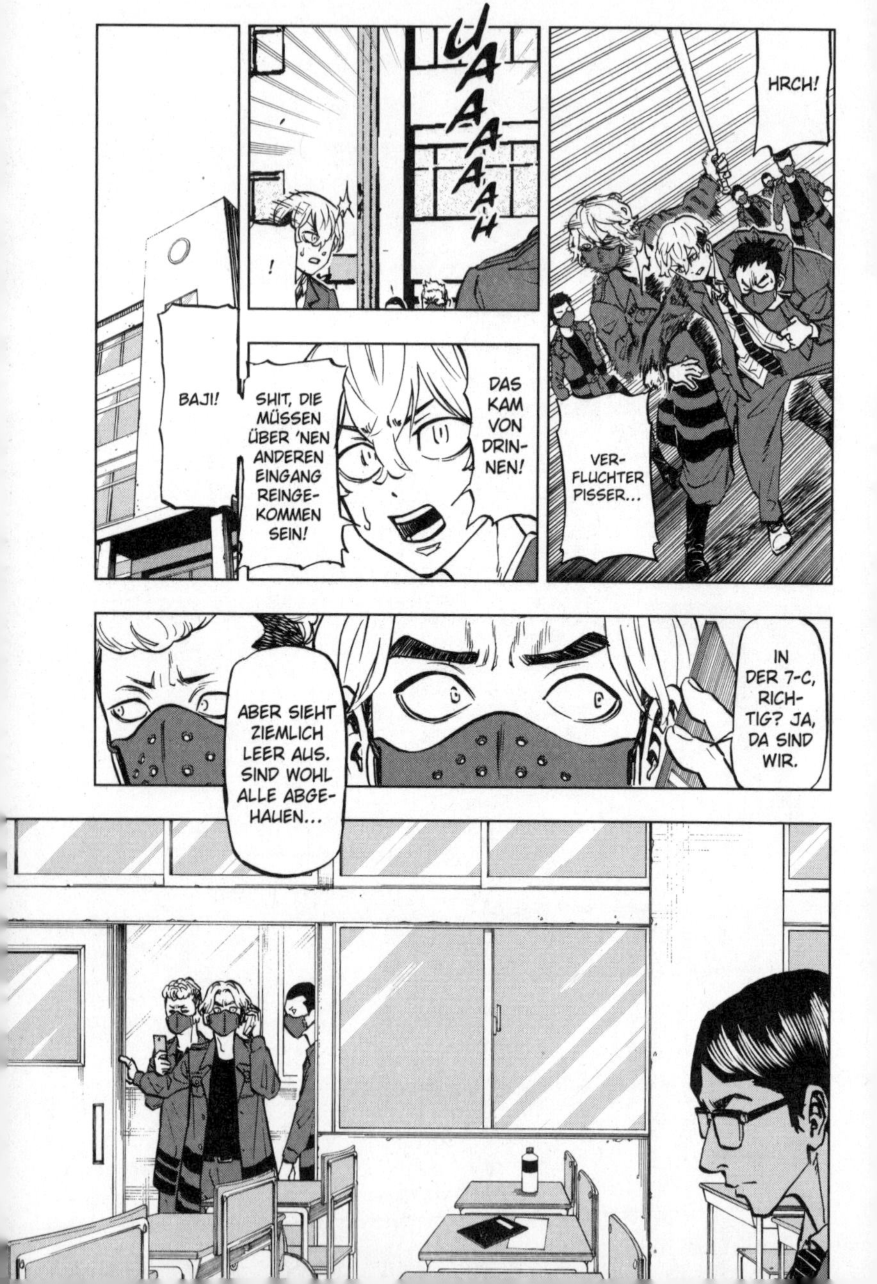
HRCH!
VER-FLUCHTER PISSER…
UAAAAAAH
!
DAS KAM VON DRIN-NEN!
SHIT, DIE MÜSSEN ÜBER 'NEN ANDEREN EINGANG REINGE-KOMMEN SEIN!
BAJI!
IN DER 7-C, RICH-TIG? JA, DA SIND WIR.
ABER SIEHT ZIEMLICH LEER AUS. SIND WOHL ALLE ABGE-HAUEN…

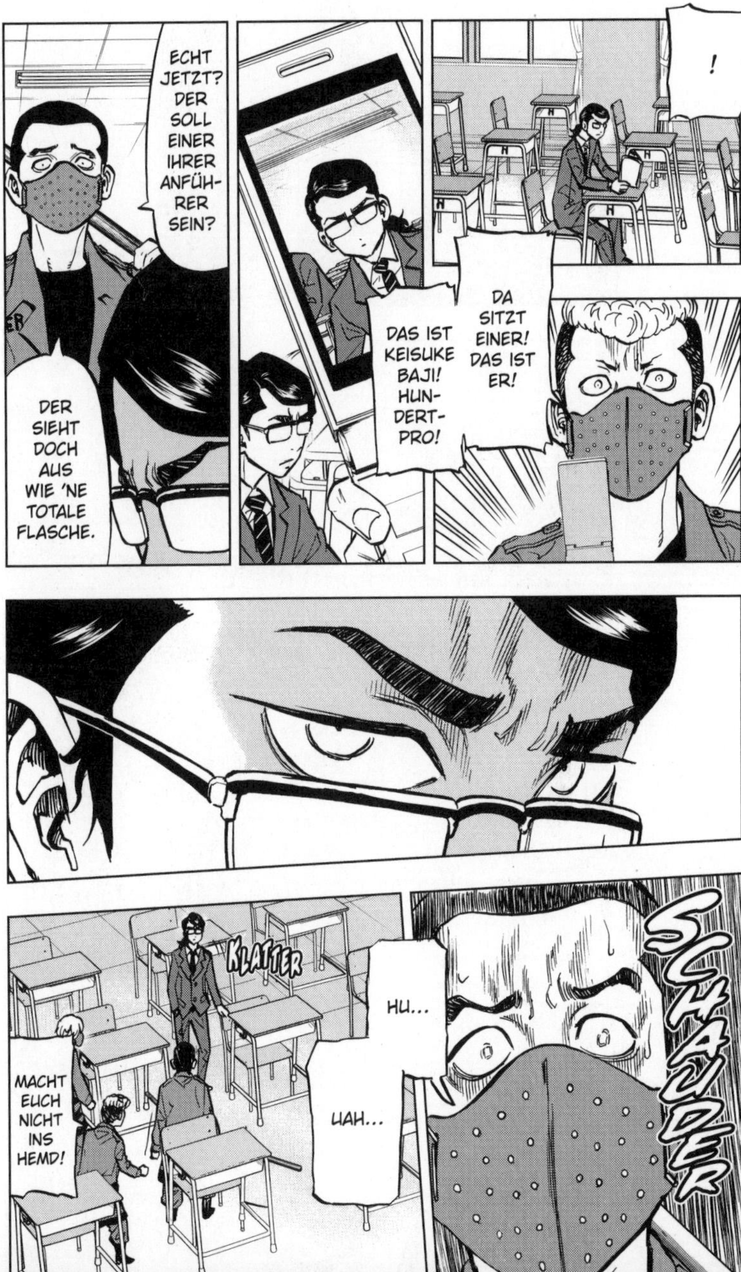
!
DA SITZT EINER! DAS IST ER!
DAS IST KEISUKE BAJI! HUNDERT-PRO!
ECHT JETZT? DER SOLL EINER IHRER ANFÜHRER SEIN?
DER SIEHT DOCH AUS WIE 'NE TOTALE FLASCHE.
SCHAUDER
HU...
UAH...
KLATTER
MACHT EUCH NICHT INS HEMD!

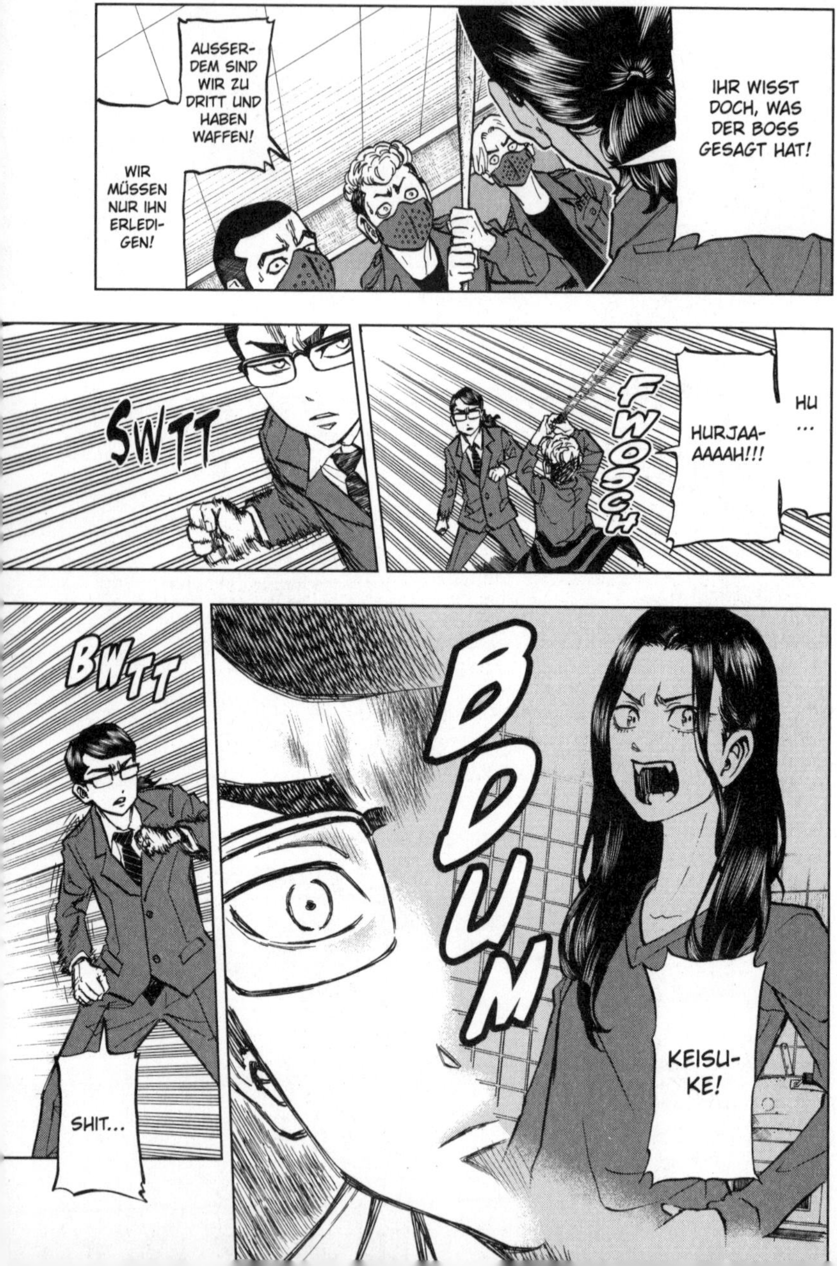
IHR WISST DOCH, WAS DER BOSS GESAGT HAT!
AUSSER-DEM SIND WIR ZU DRITT UND HABEN WAFFEN!
WIR MÜSSEN NUR IHN ERLEDI-GEN!
HU ...
HURJAA-AAAAH!!!
FWOSCH
SWTT
BDUM
KEISU-KE!
BWTT
SHIT...

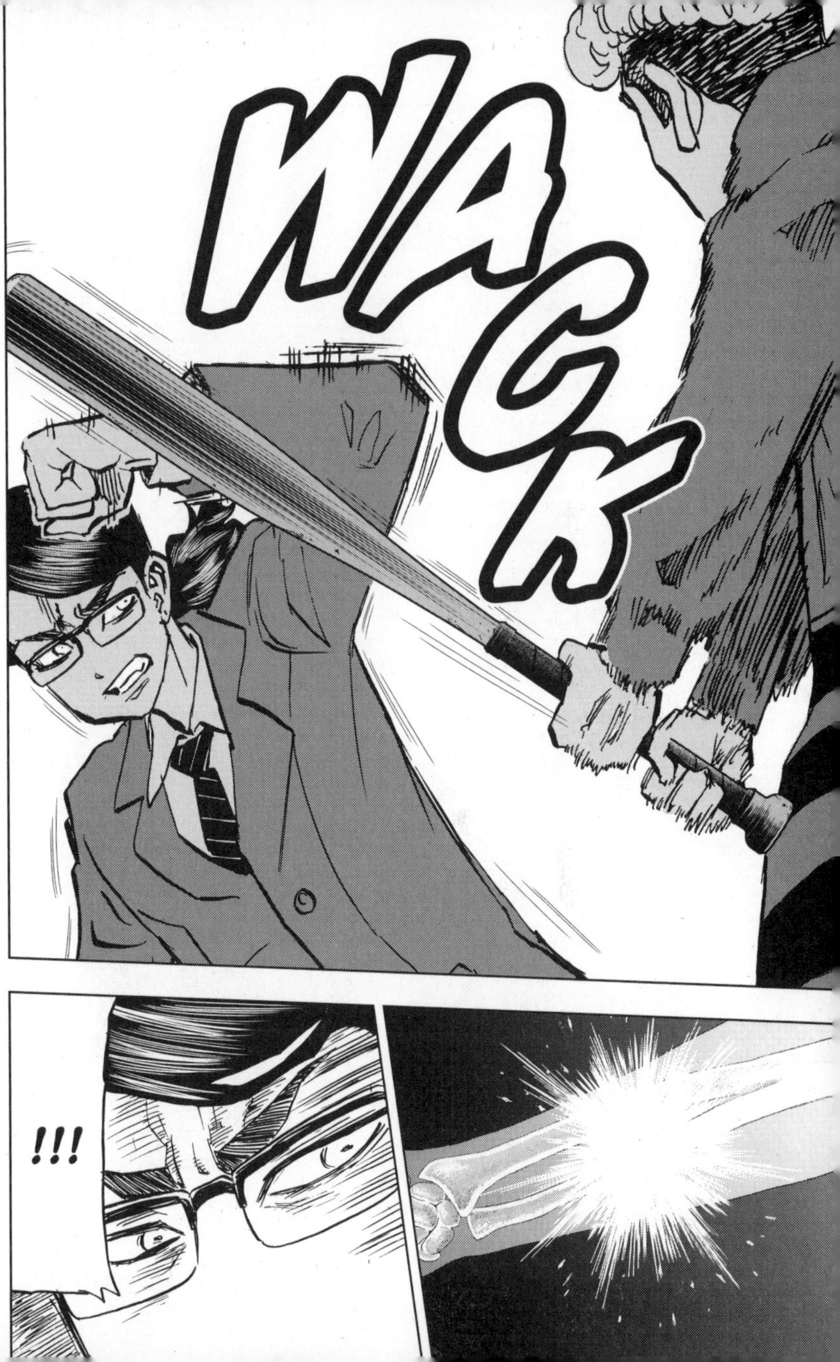
WACK
!!!

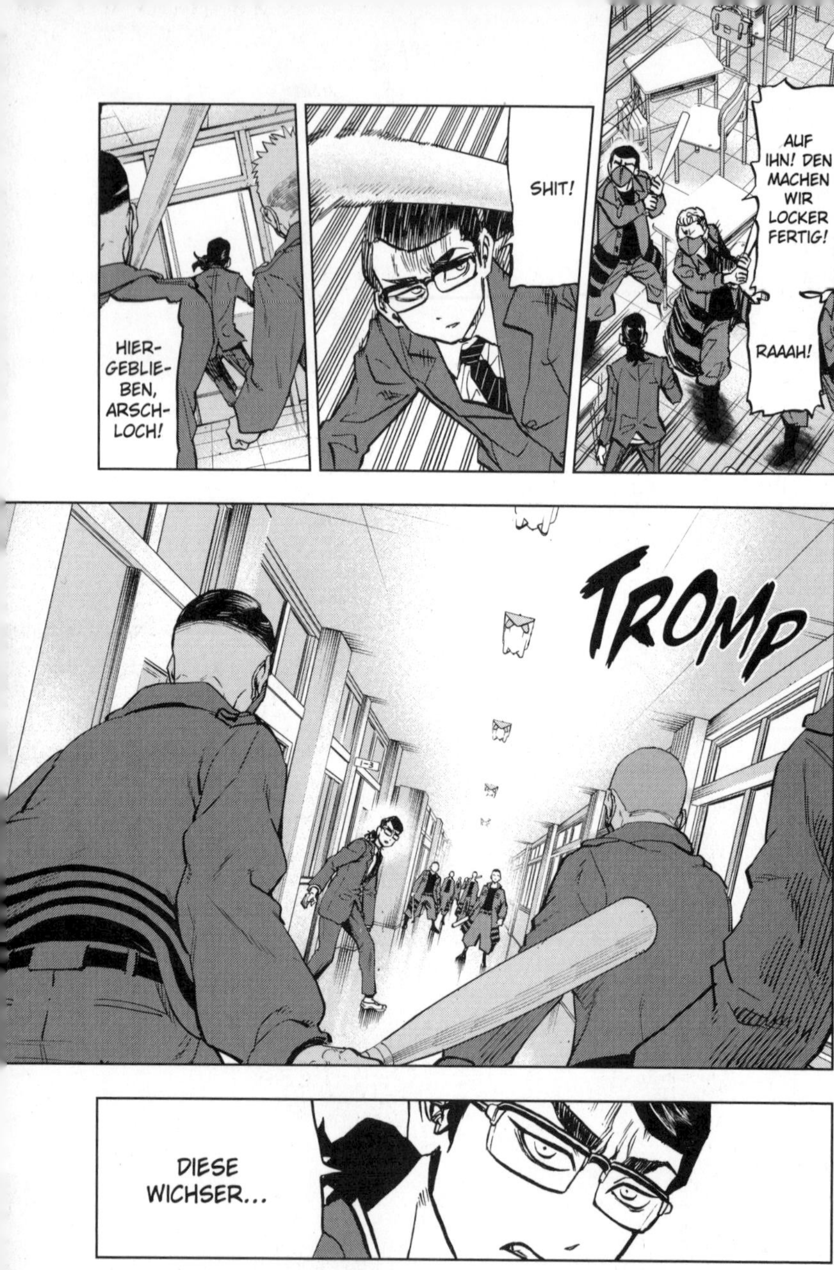
AUF IHN! DEN MACHEN WIR LOCKER FERTIG!
RAAAH!
SHIT!
HIERGEBLIEBEN, ARSCHLOCH!
TROMP
DIESE WICHSER...

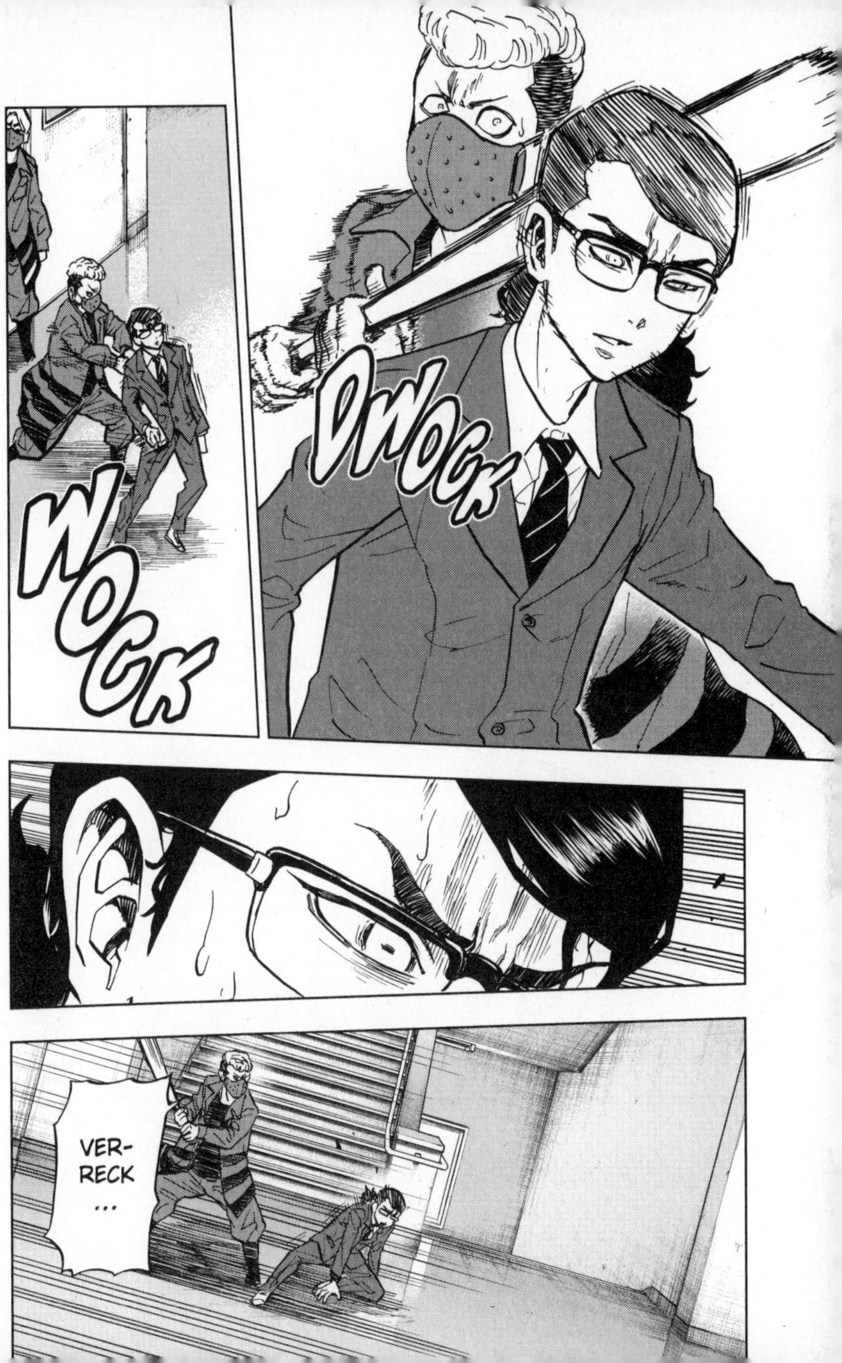
DWOCK
WOCK
VER-
RECK
...

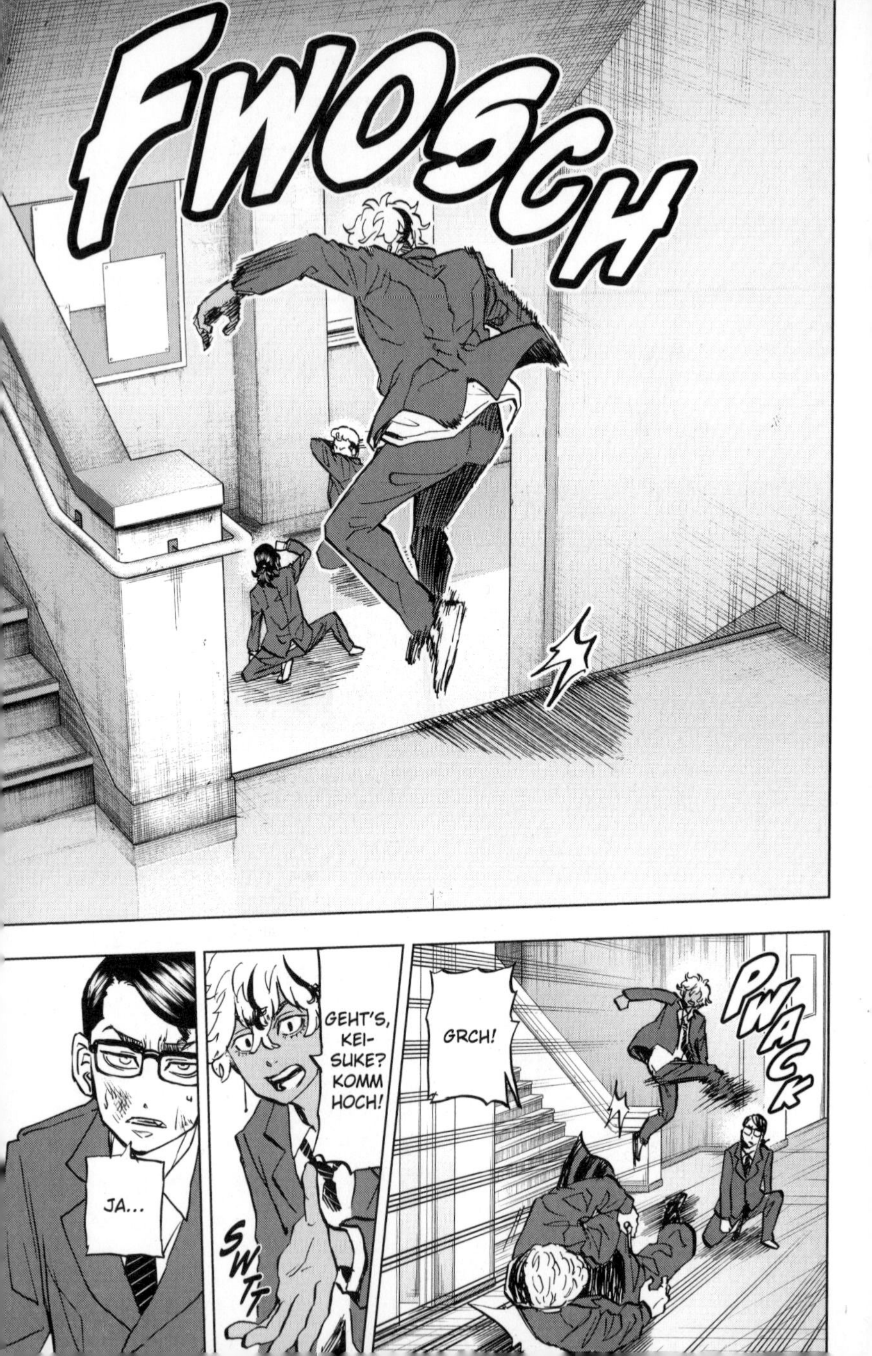
FWOSCH
PWACK
GRCH!
GEHT'S, KEI-SUKE? KOMM HOCH!
SWTT
JA...

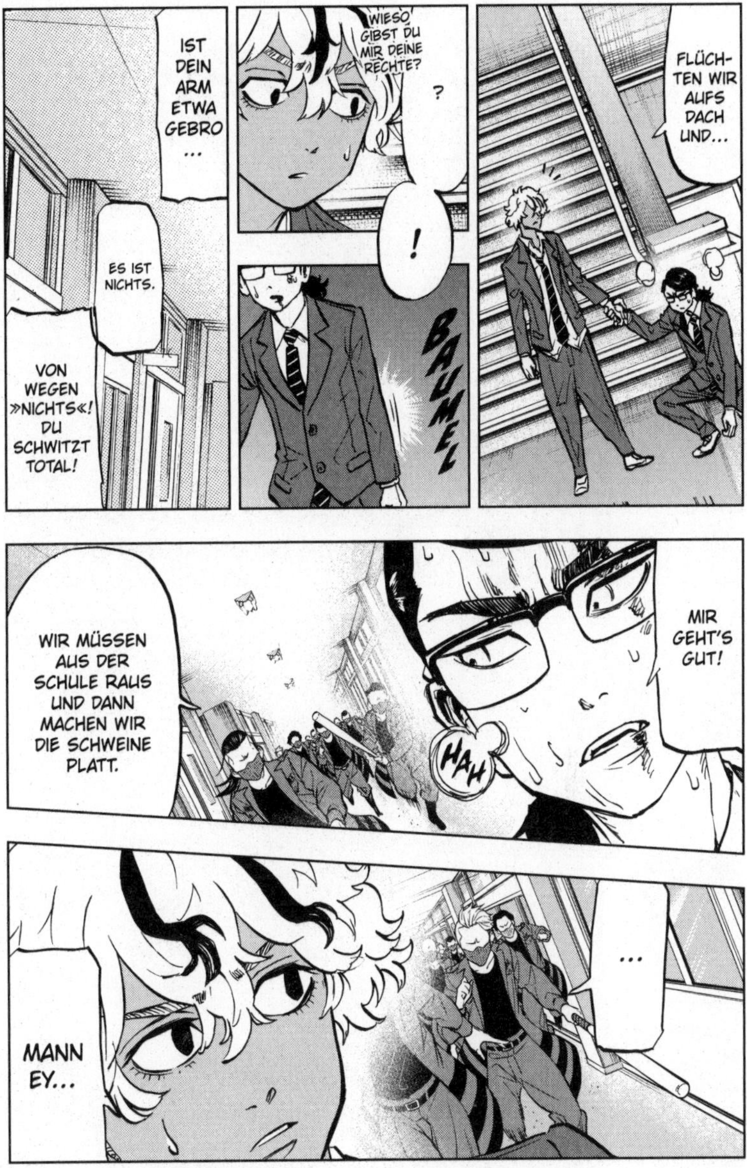
FLÜCHTEN WIR AUFS DACH UND…
WIESO GIBST DU MIR DEINE RECHTE?
?
!
BAUMEL
IST DEIN ARM ETWA GEBRO …
ES IST NICHTS.
VON WEGEN »NICHTS«! DU SCHWITZT TOTAL!
MIR GEHT'S GUT!
HAH
WIR MÜSSEN AUS DER SCHULE RAUS UND DANN MACHEN WIR DIE SCHWEINE PLATT.
…
MANN EY…

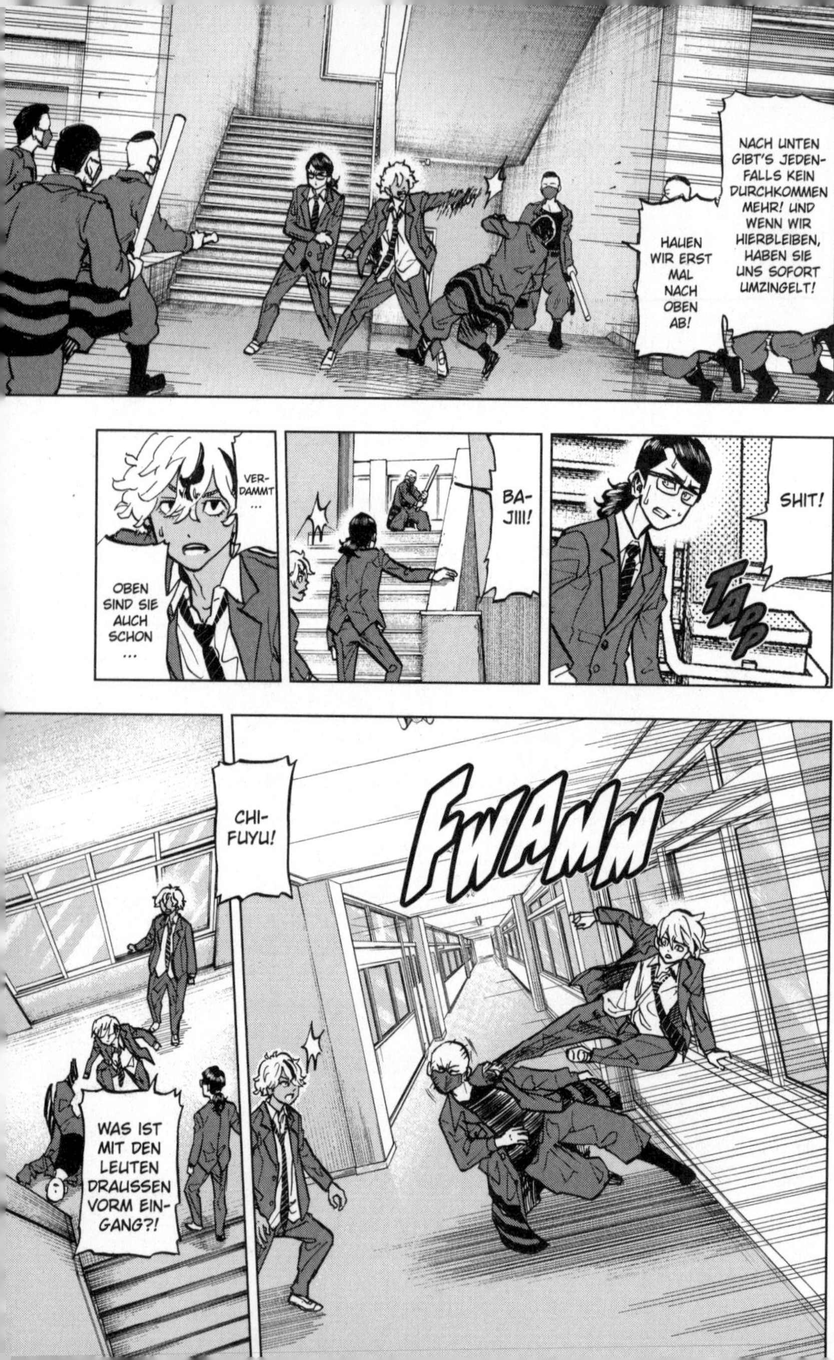
NACH UNTEN GIBT'S JEDEN-FALLS KEIN DURCHKOMMEN MEHR! UND WENN WIR HIERBLEIBEN, HABEN SIE UNS SOFORT UMZINGELT!
HAUEN WIR ERST MAL NACH OBEN AB!
SHIT!
TAPP
BA-JIII!
VER-DAMMT …
OBEN SIND SIE AUCH SCHON …
FWAMM
CHI-FUYU!
WAS IST MIT DEN LEUTEN DRAUSSEN VORM EIN-GANG?!

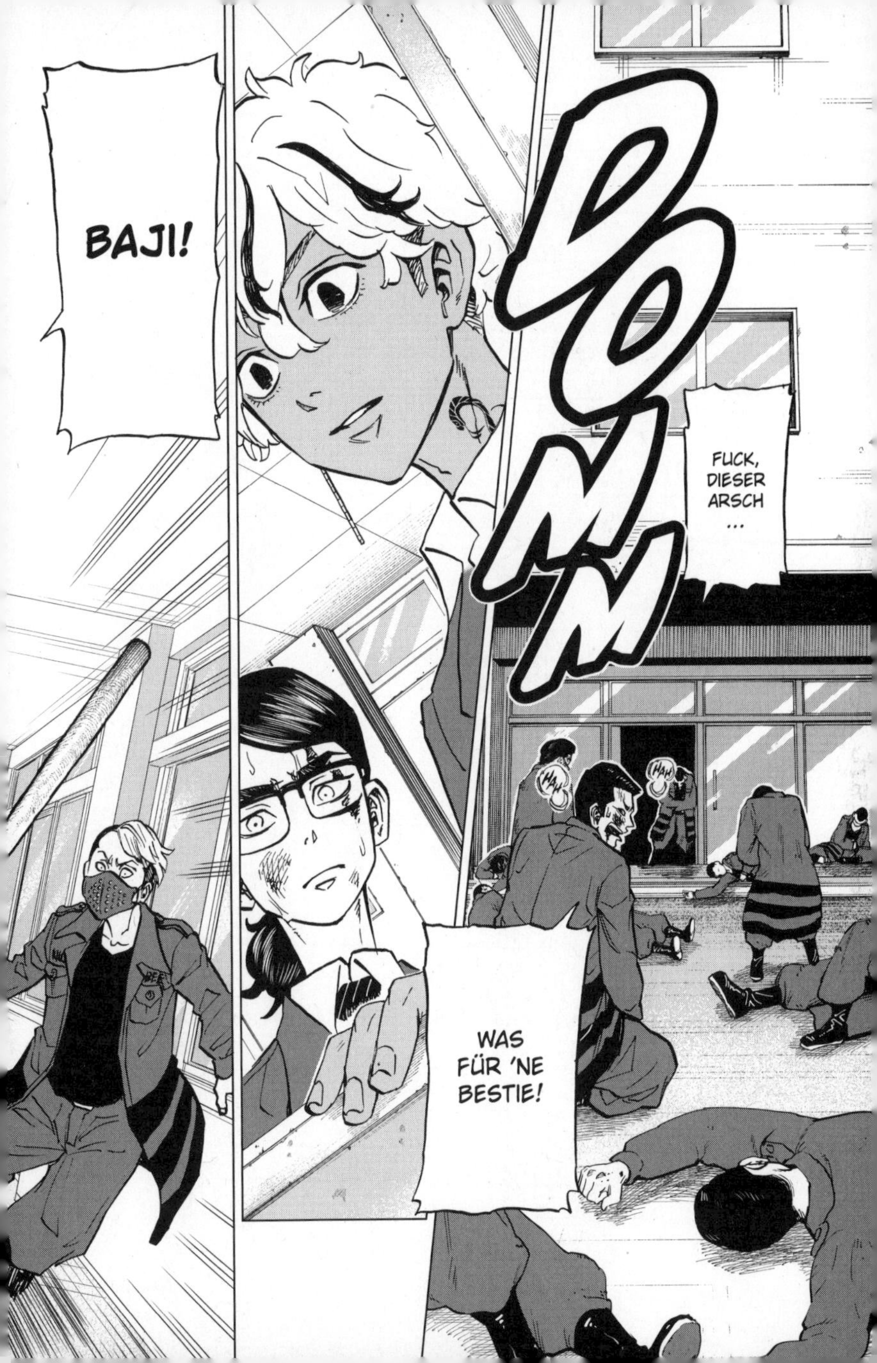
DOMM
FUCK, DIESER ARSCH ...
HAH
HAH
BAJI!
WAS FÜR 'NE BESTIE!

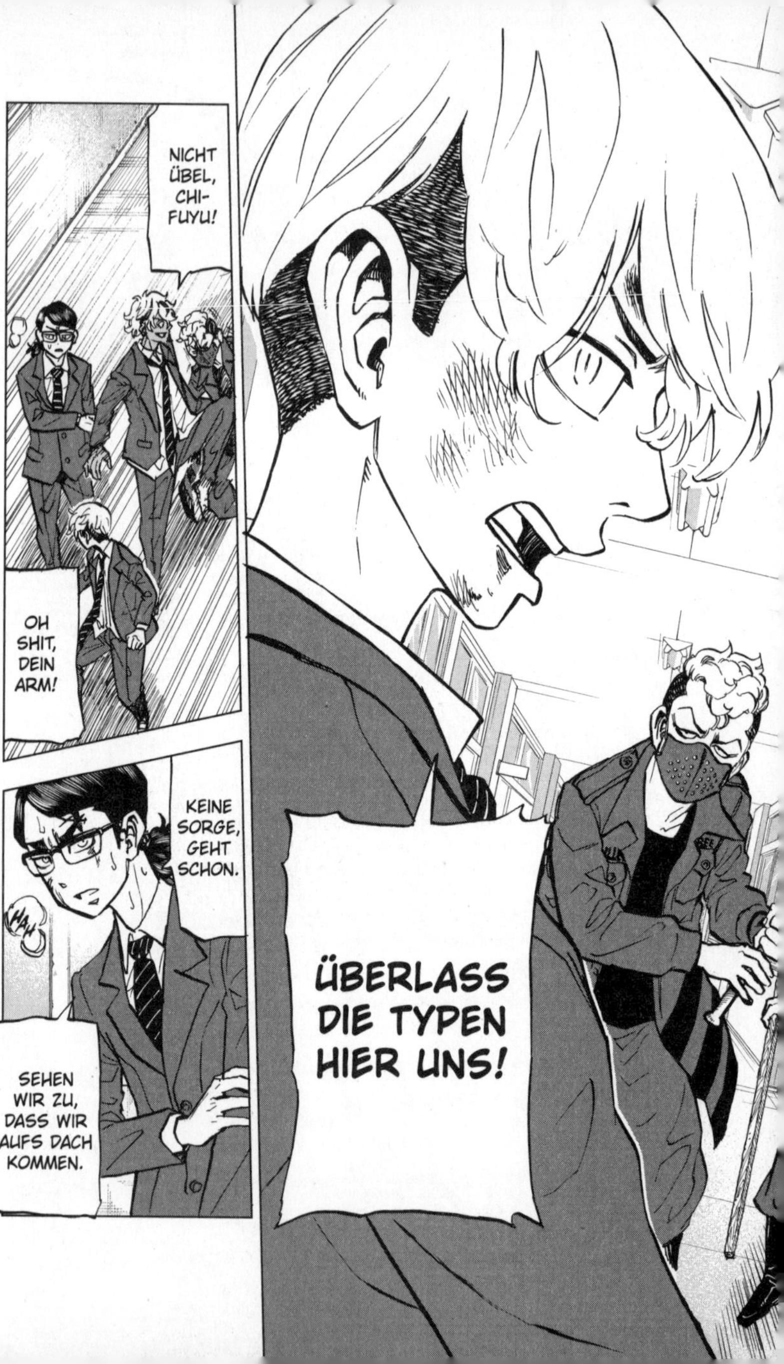
ÜBERLASS DIE TYPEN HIER UNS!
NICHT ÜBEL, CHI-FUYU!
OH SHIT, DEIN ARM!
KEINE SORGE, GEHT SCHON.
SEHEN WIR ZU, DASS WIR AUFS DACH KOMMEN.

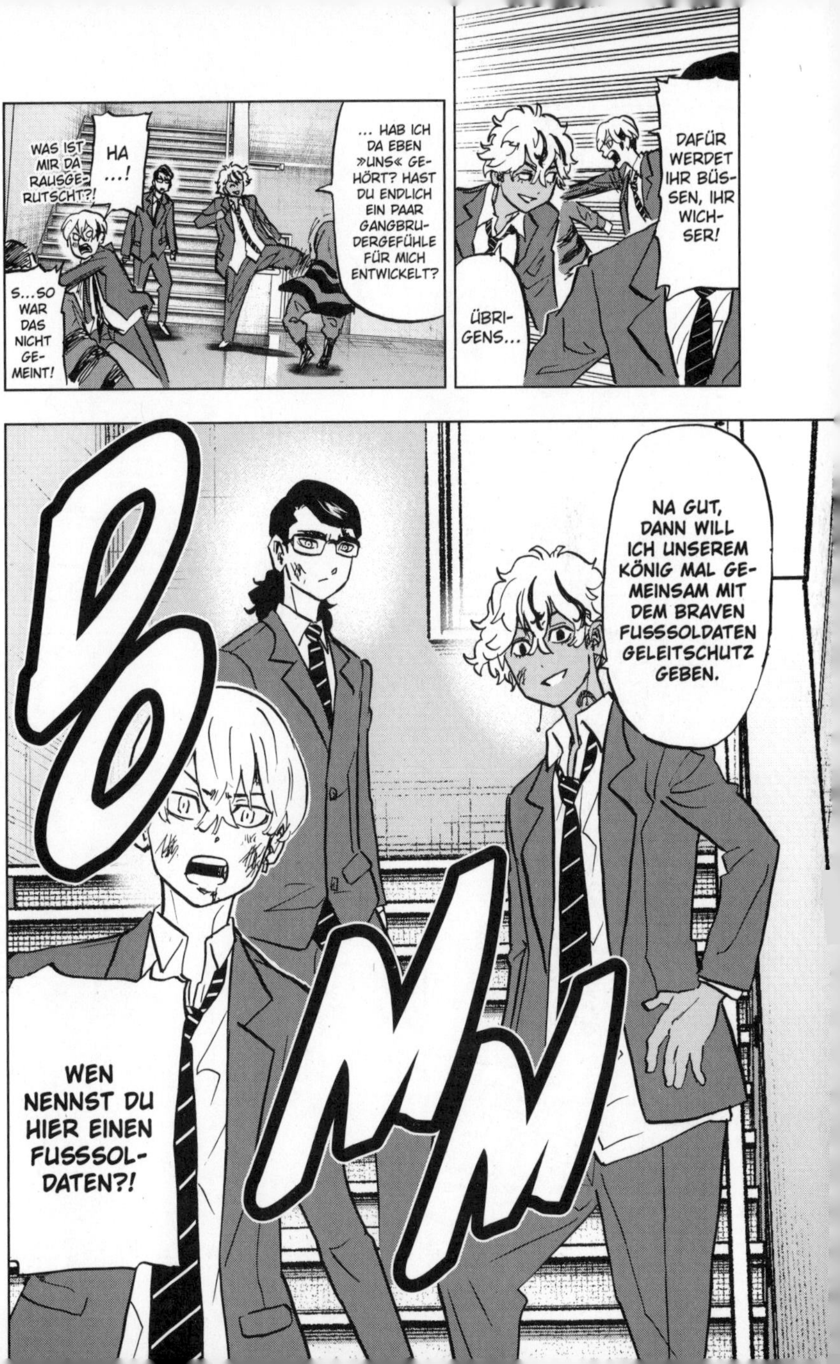
... HAB ICH DA EBEN »UNS« GEHÖRT? HAST DU ENDLICH EIN PAAR GANGBRUDERGEFÜHLE FÜR MICH ENTWICKELT?
HA ...!
WAS IST MIR DA RAUSGERUTSCHT?!
S...SO WAR DAS NICHT GEMEINT!
DAFÜR WERDET IHR BÜSSEN, IHR WICHSER!
ÜBRIGENS...
NA GUT, DANN WILL ICH UNSEREM KÖNIG MAL GEMEINSAM MIT DEM BRAVEN FUSSSOLDATEN GELEITSCHUTZ GEBEN.
WEN NENNST DU HIER EINEN FUSSSOLDATEN?!

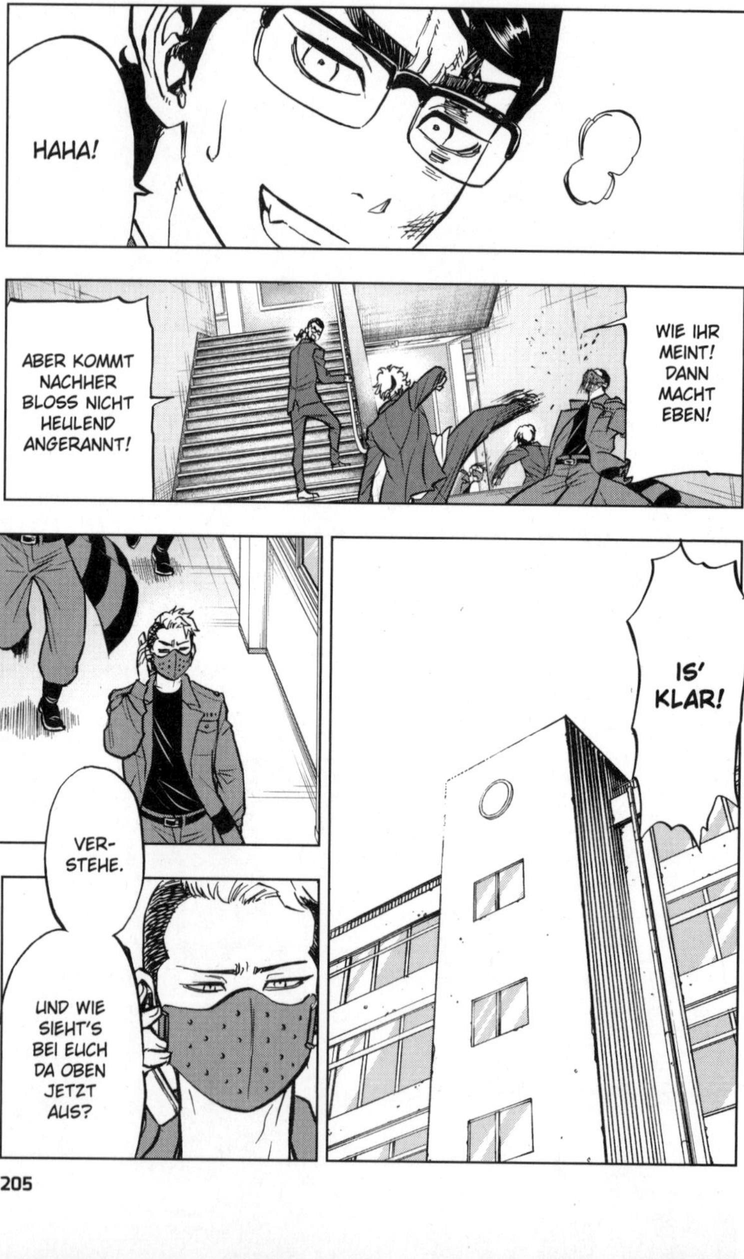
HAHA!
WIE IHR MEINT! DANN MACHT EBEN!
ABER KOMMT NACHHER BLOSS NICHT HEULEND ANGERANNT!
IS' KLAR!
VER-STEHE.
UND WIE SIEHT'S BEI EUCH DA OBEN JETZT AUS?

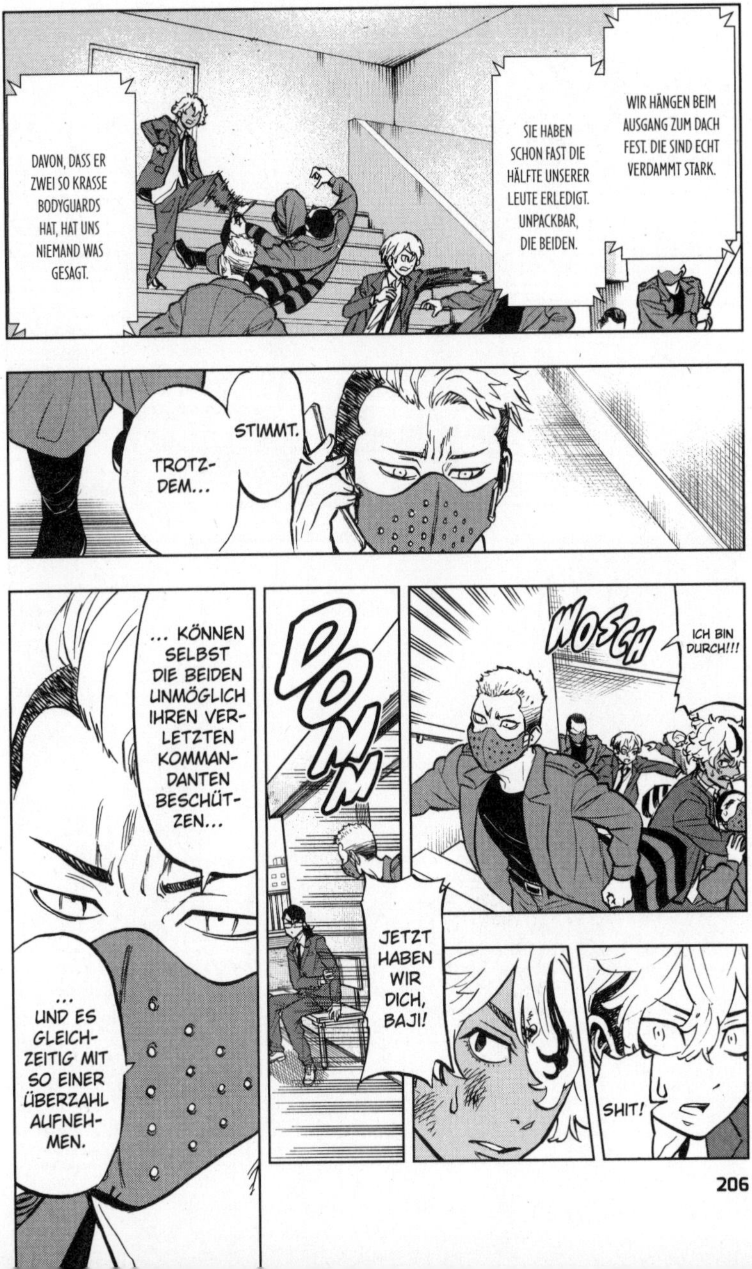
WIR HÄNGEN BEIM AUSGANG ZUM DACH FEST. DIE SIND ECHT VERDAMMT STARK.
SIE HABEN SCHON FAST DIE HÄLFTE UNSERER LEUTE ERLEDIGT. UNPACKBAR, DIE BEIDEN.
DAVON, DASS ER ZWEI SO KRASSE BODYGUARDS HAT, HAT UNS NIEMAND WAS GESAGT.
STIMMT.
TROTZ-DEM…
ICH BIN DURCH!!!
WOSCH
DOMM
… KÖNNEN SELBST DIE BEIDEN UNMÖGLICH IHREN VER-LETZTEN KOMMAN-DANTEN BESCHÜT-ZEN…
SHIT!
JETZT HABEN WIR DICH, BAJI!
… UND ES GLEICH-ZEITIG MIT SO EINER ÜBERZAHL AUFNEH-MEN.

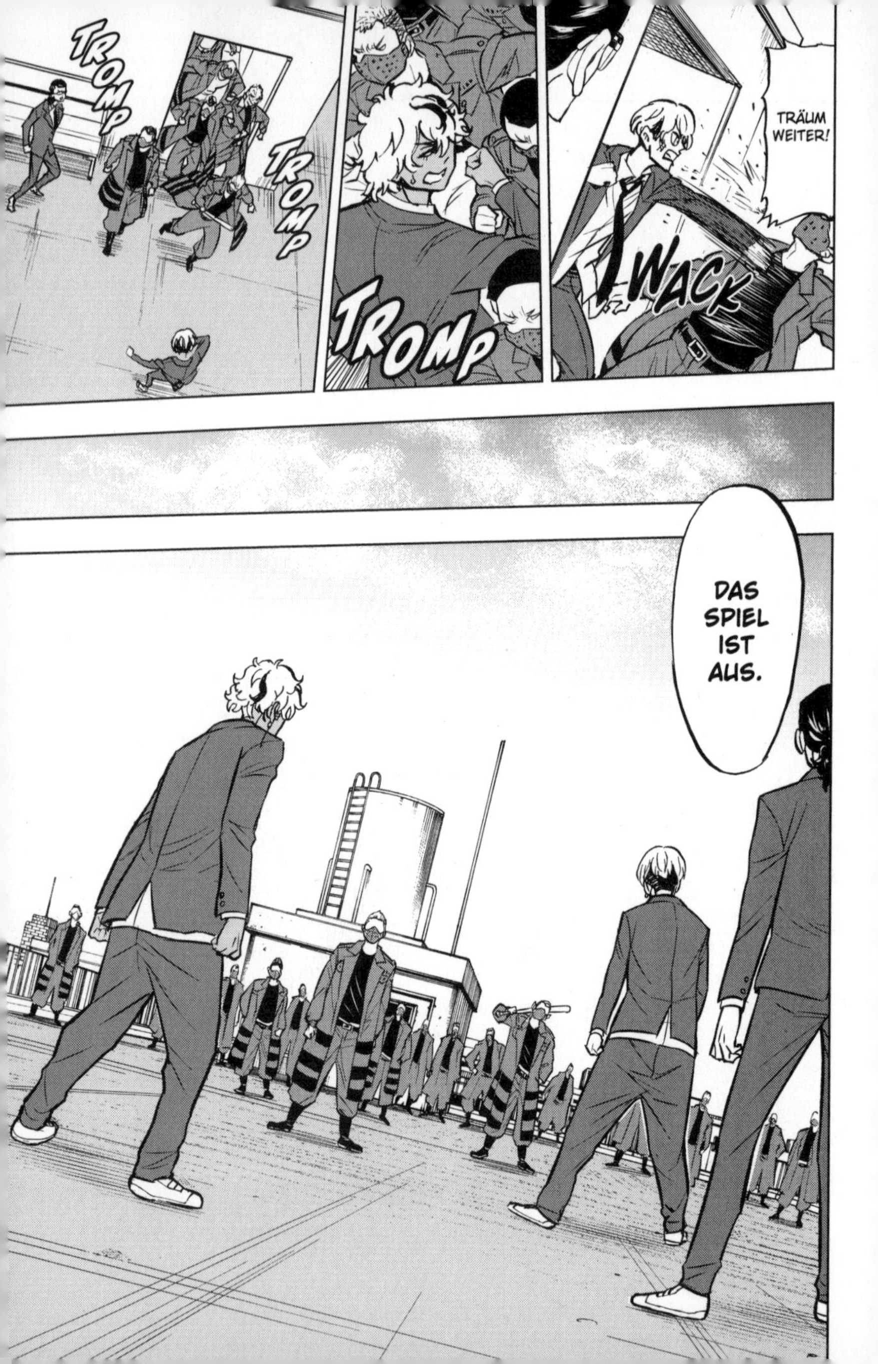
TRÄUM WEITER!
WACK
TROMP
TROMP
TROMP
TROMP
DAS SPIEL IST AUS.

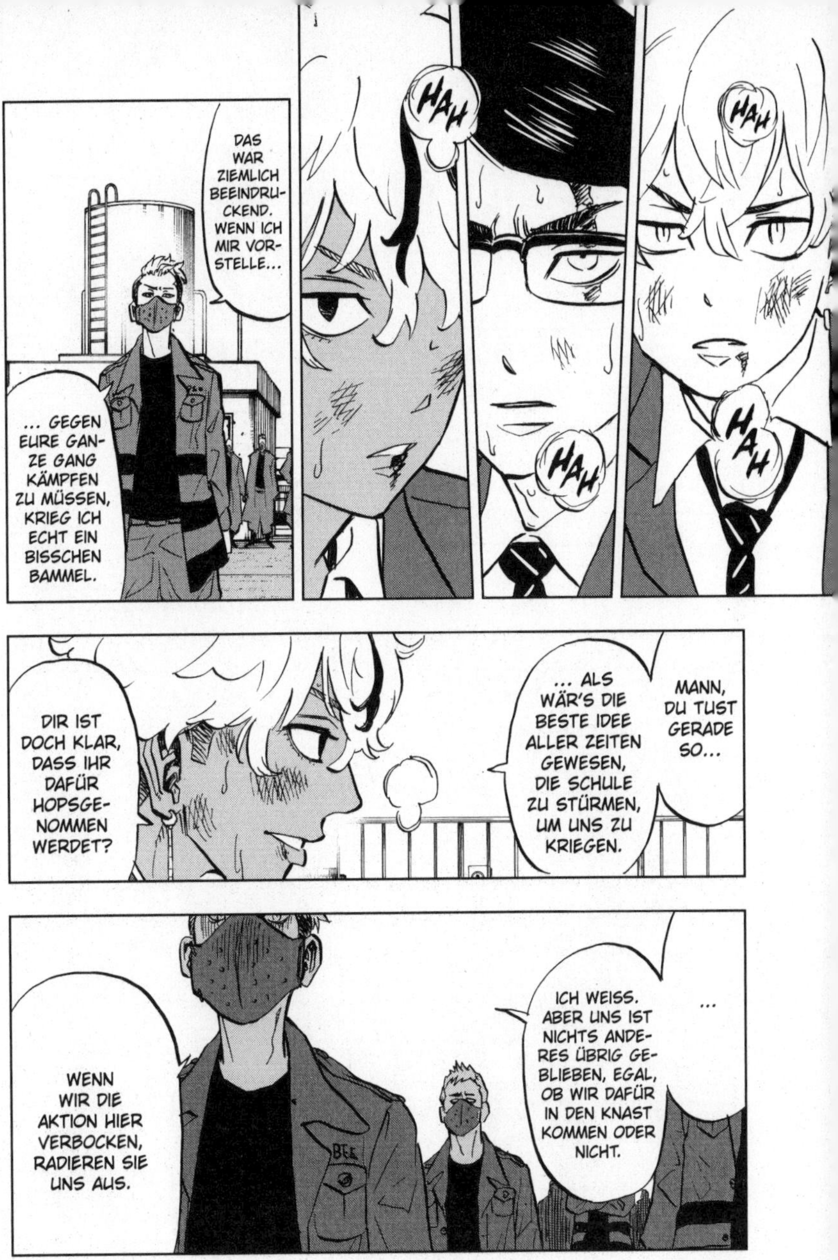
HAH
HAH
HAH
HAH
DAS WAR ZIEMLICH BEEINDRUCKEND. WENN ICH MIR VORSTELLE...
... GEGEN EURE GANZE GANG KÄMPFEN ZU MÜSSEN, KRIEG ICH ECHT EIN BISSCHEN BAMMEL.
MANN, DU TUST GERADE SO...
... ALS WÄR'S DIE BESTE IDEE ALLER ZEITEN GEWESEN, DIE SCHULE ZU STÜRMEN, UM UNS ZU KRIEGEN.
DIR IST DOCH KLAR, DASS IHR DAFÜR HOPSGENOMMEN WERDET?
...
ICH WEISS. ABER UNS IST NICHTS ANDERES ÜBRIG GEBLIEBEN, EGAL, OB WIR DAFÜR IN DEN KNAST KOMMEN ODER NICHT.
WENN WIR DIE AKTION HIER VERBOCKEN, RADIEREN SIE UNS AUS.

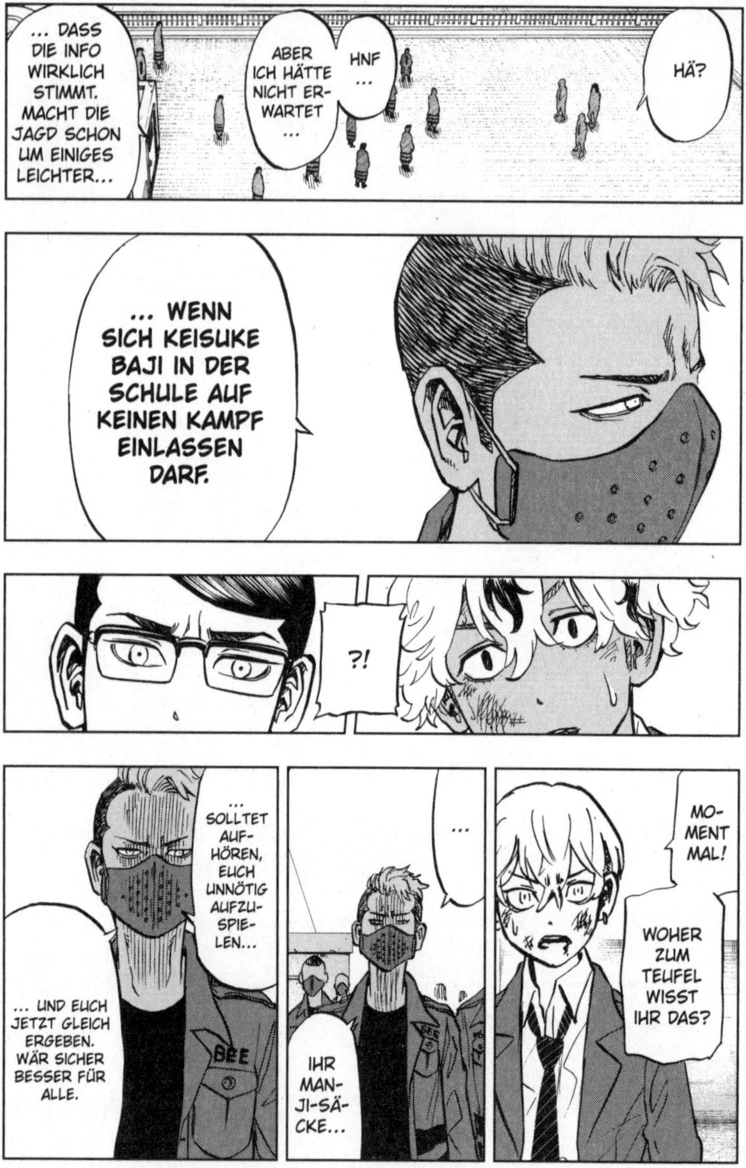
HÄ?
HNF ...
ABER ICH HÄTTE NICHT ERWARTET ...
... DASS DIE INFO WIRKLICH STIMMT. MACHT DIE JAGD SCHON UM EINIGES LEICHTER...
... WENN SICH KEISUKE BAJI IN DER SCHULE AUF KEINEN KAMPF EINLASSEN DARF.
?!
MOMENT MAL!
WOHER ZUM TEUFEL WISST IHR DAS?
...
IHR MANJI-SÄCKE...
... SOLLTET AUFHÖREN, EUCH UNNÖTIG AUFZUSPIELEN...
... UND EUCH JETZT GLEICH ERGEBEN. WÄR SICHER BESSER FÜR ALLE.

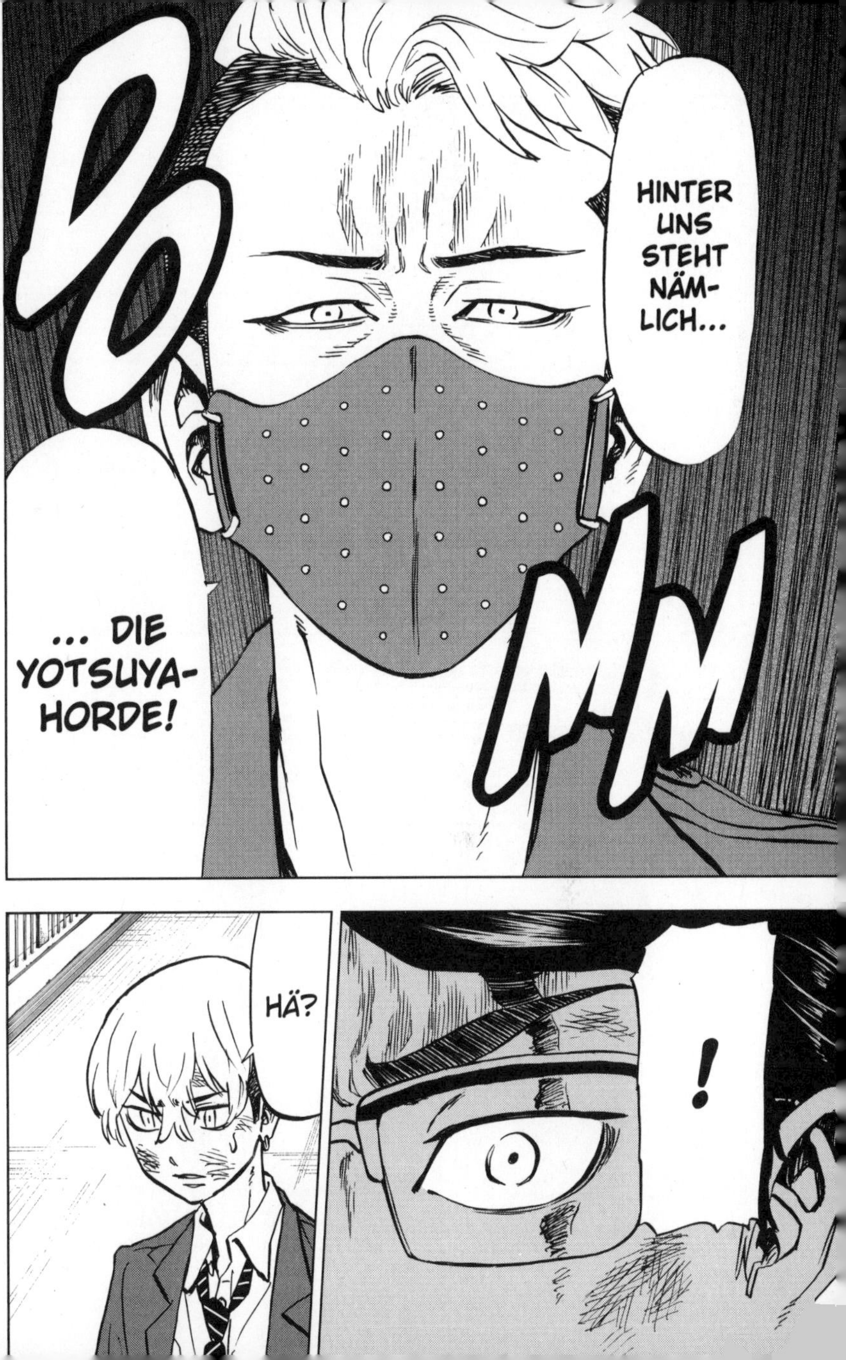
HINTER UNS STEHT NÄM-LICH...
DO
MM
... DIE YOTSUYA-HORDE!
!
HÄ?

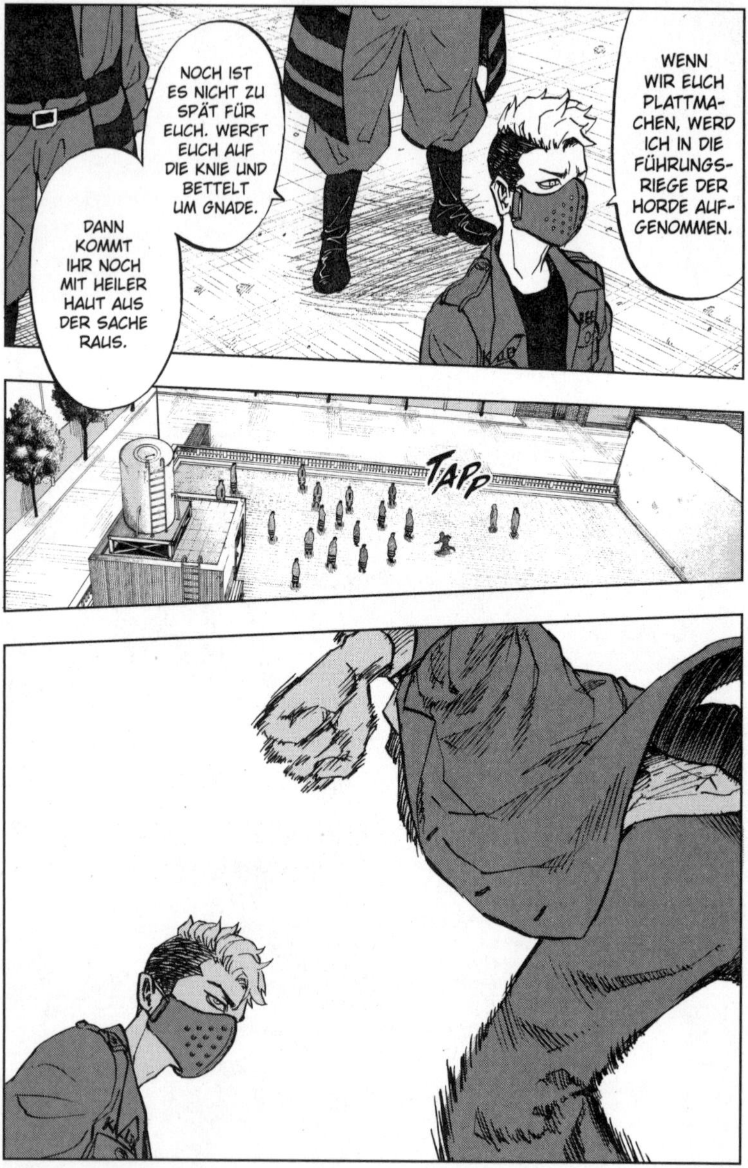
WENN WIR EUCH PLATTMACHEN, WERD ICH IN DIE FÜHRUNGSRIEGE DER HORDE AUFGENOMMEN.
NOCH IST ES NICHT ZU SPÄT FÜR EUCH. WERFT EUCH AUF DIE KNIE UND BETTELT UM GNADE.
DANN KOMMT IHR NOCH MIT HEILER HAUT AUS DER SACHE RAUS.
TAPP

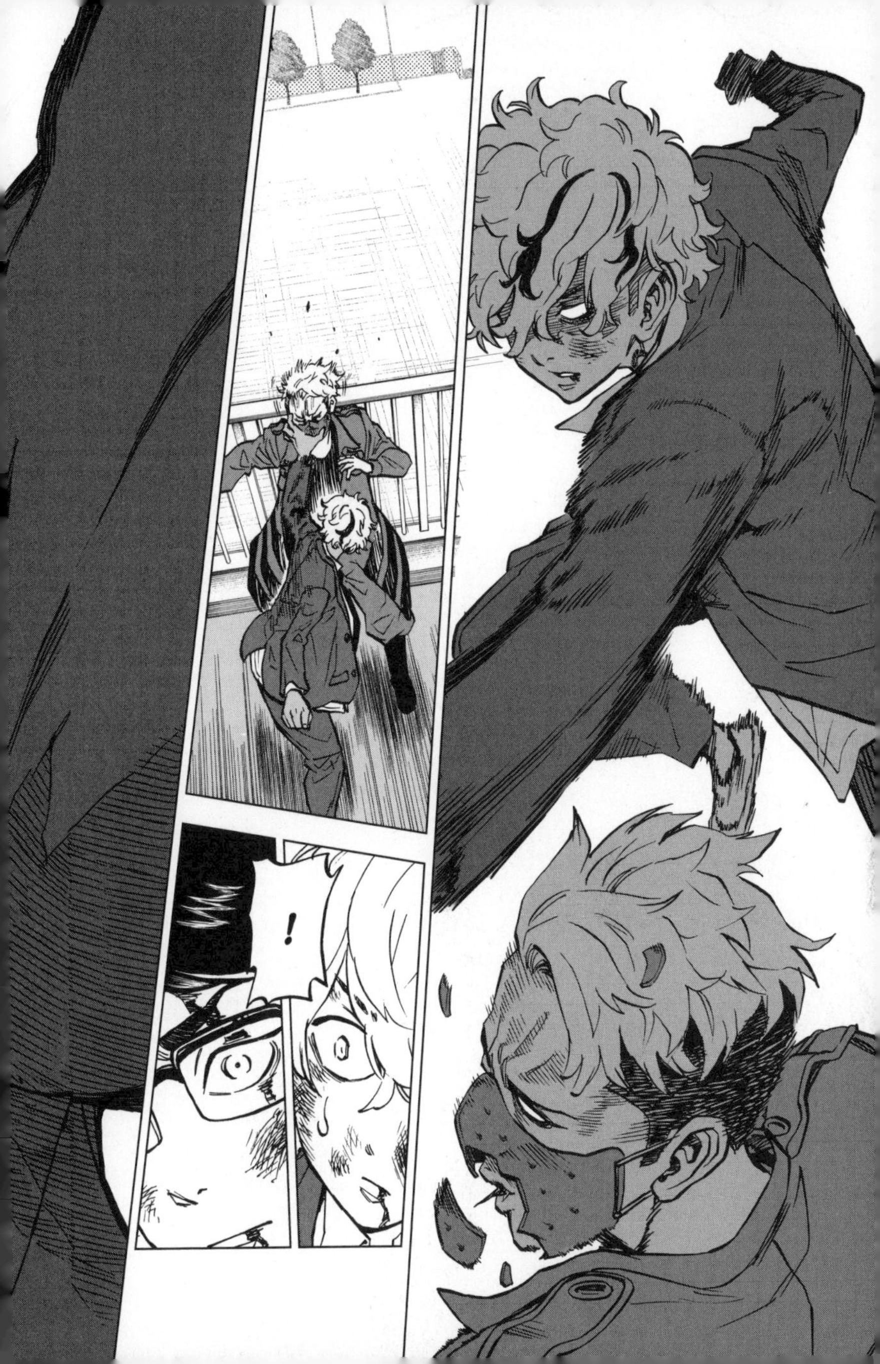

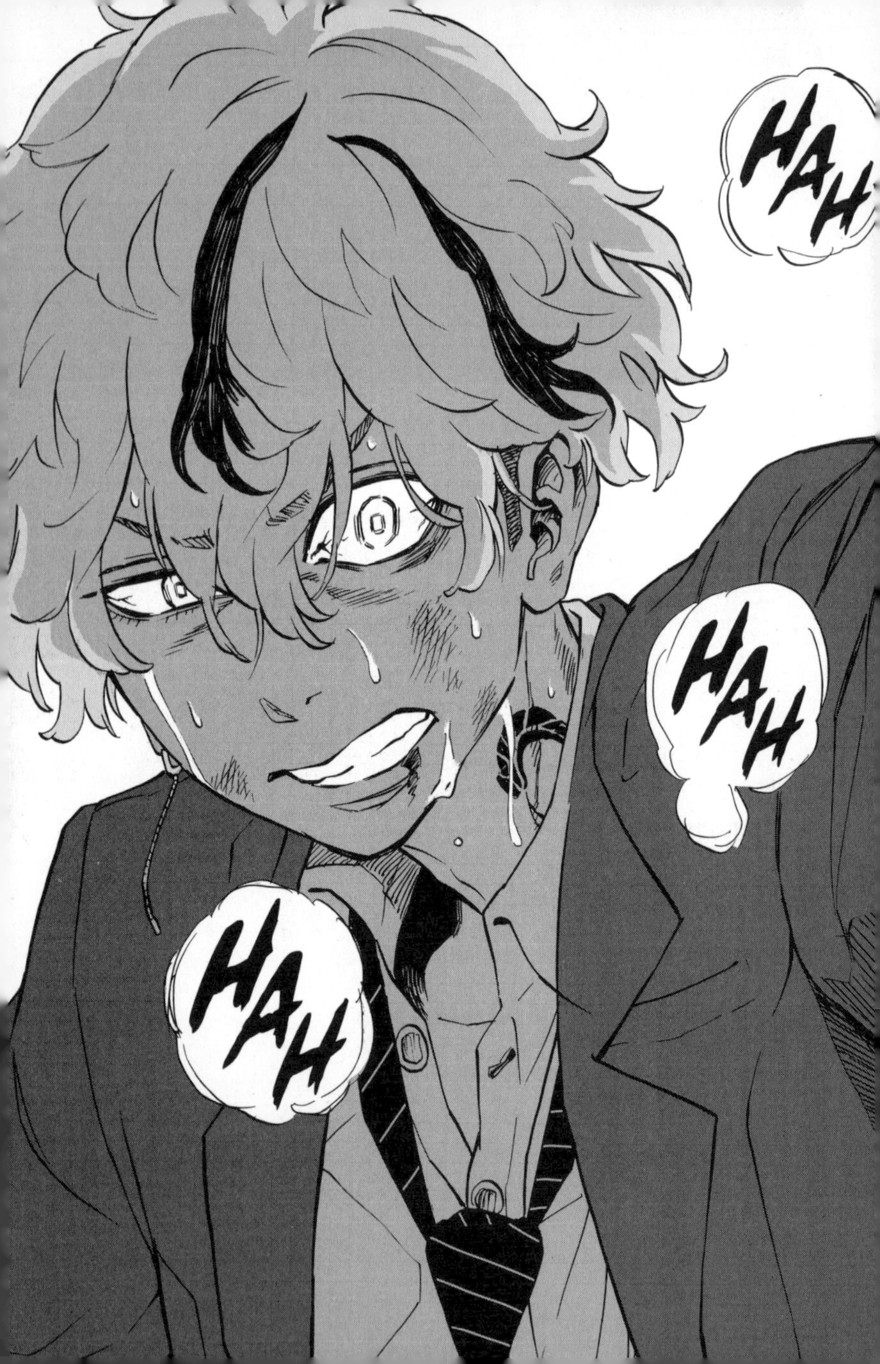
HAH
HAH
HAH

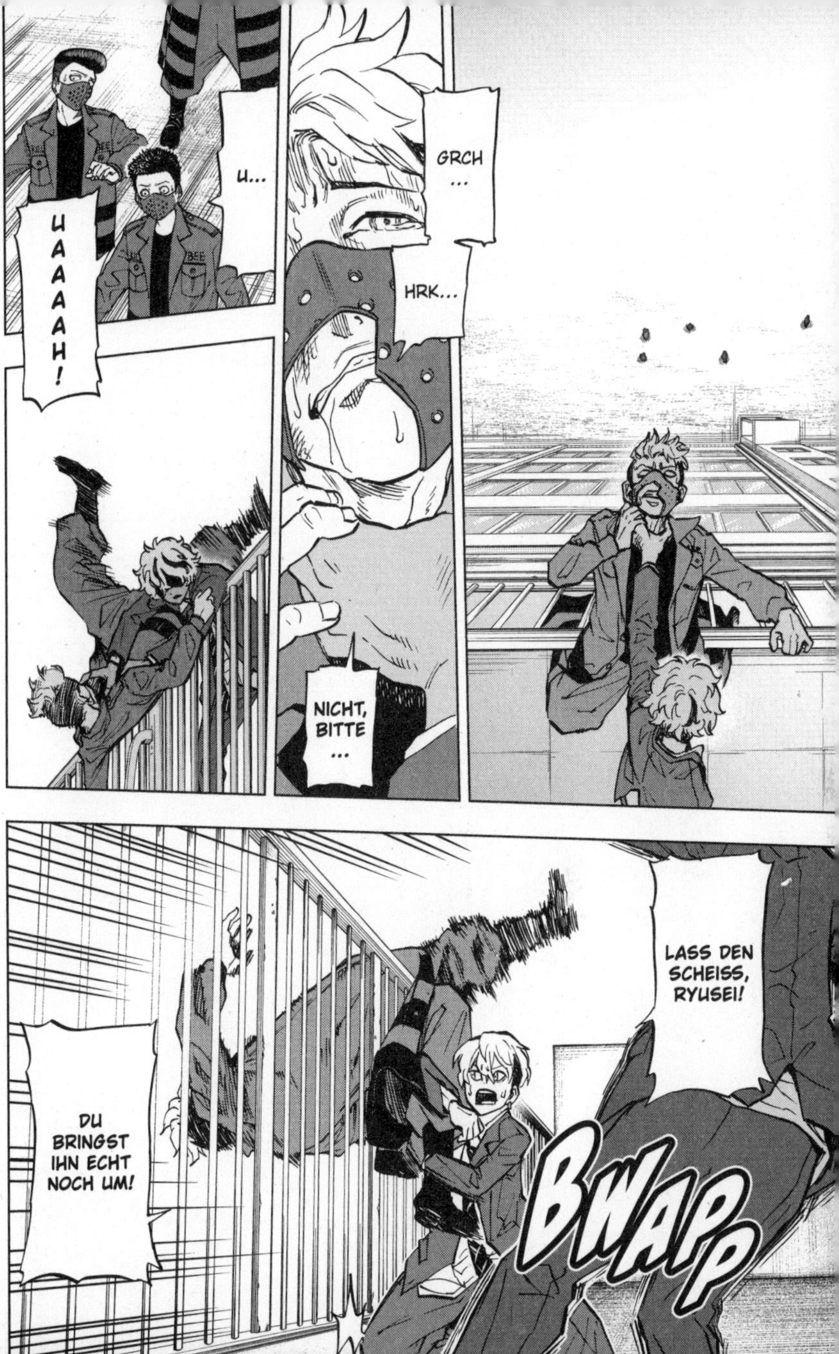
GRCH ...
HRK...
NICHT, BITTE ...
U...
UAAAAAH!
LASS DEN SCHEISS, RYUSEI!
BWAPP
DU BRINGST IHN ECHT NOCH UM!

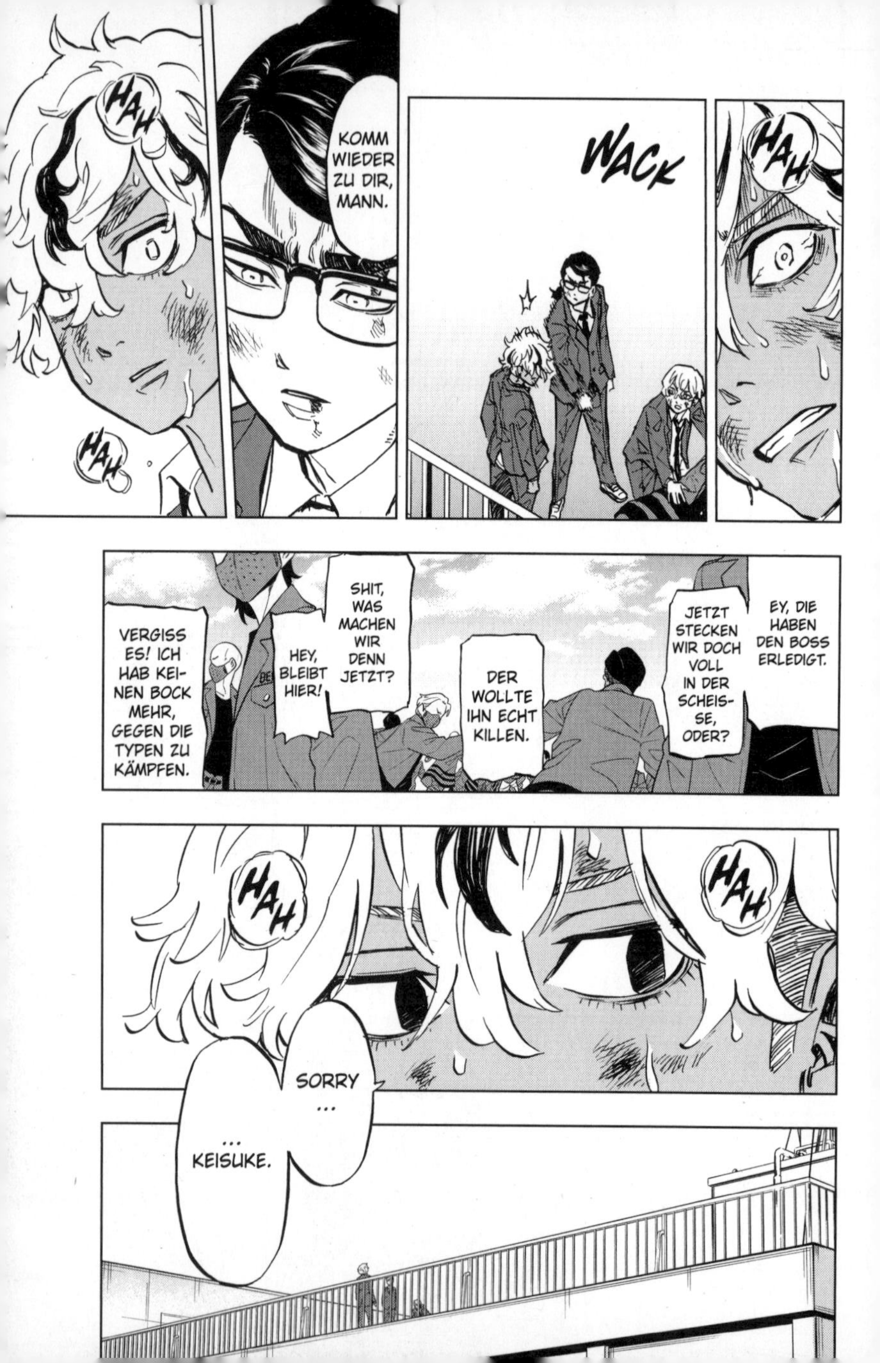
HAH
KOMM WIEDER ZU DIR, MANN.
HAH
WACK
HAH
EY, DIE HABEN DEN BOSS ERLEDIGT.
JETZT STECKEN WIR DOCH VOLL IN DER SCHEISSE, ODER?
DER WOLLTE IHN ECHT KILLEN.
SHIT, WAS MACHEN WIR DENN JETZT?
HEY, BLEIBT HIER!
VERGISS ES! ICH HAB KEINEN BOCK MEHR, GEGEN DIE TYPEN ZU KÄMPFEN.
HAH
HAH
SORRY ...
... KEISUKE.

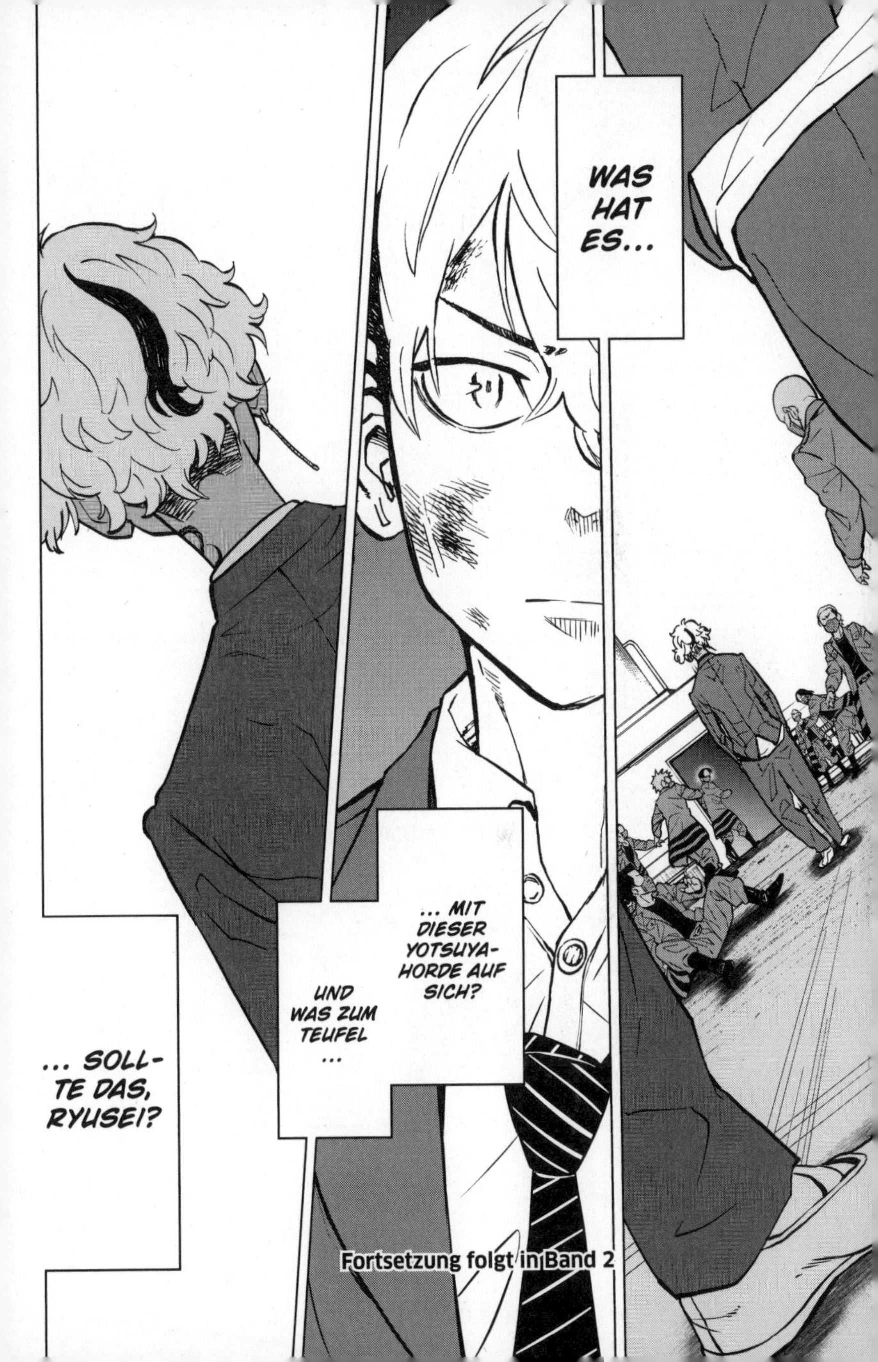
WAS HAT ES...
... MIT DIESER YOTSUYA-HORDE AUF SICH?
UND WAS ZUM TEUFEL ...
... SOLL-TE DAS, RYUSEI?
Fortsetzung folgt in Band 2

Bonus-Manga

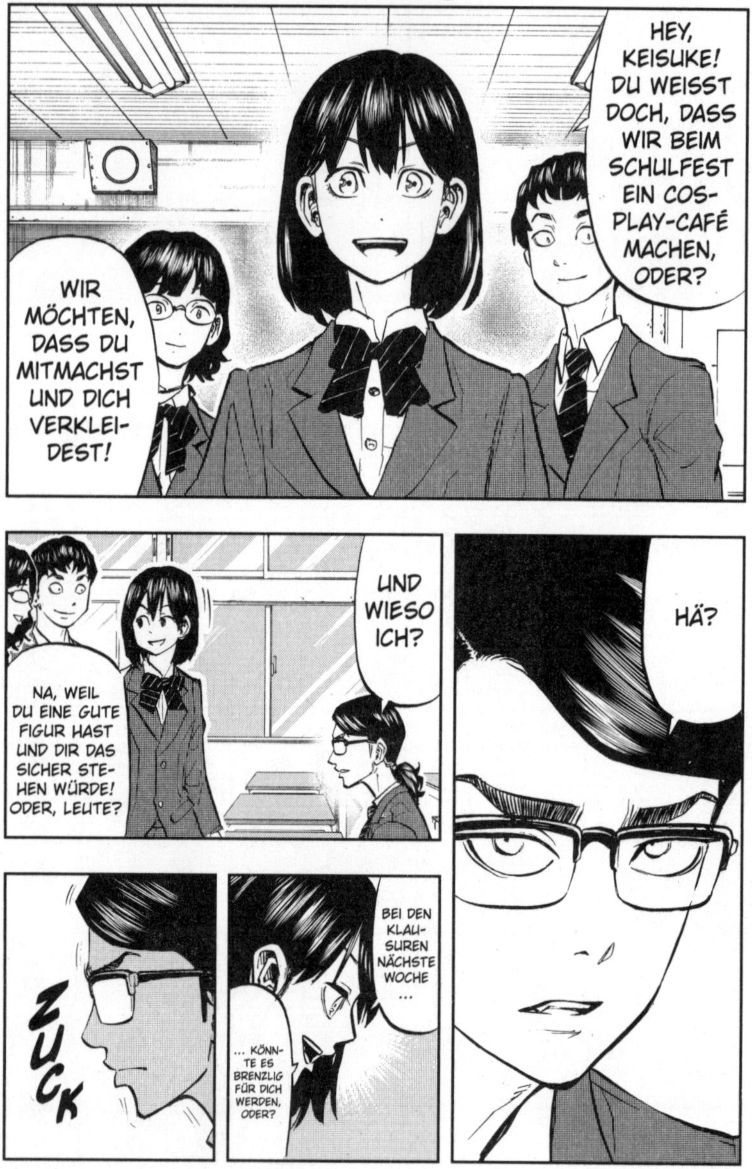

HEY, KEISUKE! DU WEISST DOCH, DASS WIR BEIM SCHULFEST EIN COS-PLAY-CAFÉ MACHEN, ODER?
WIR MÖCHTEN, DASS DU MITMACHST UND DICH VERKLEI-DEST!
HÄ?
UND WIESO ICH?
NA, WEIL DU EINE GUTE FIGUR HAST UND DIR DAS SICHER STE-HEN WÜRDE! ODER, LEUTE?
BEI DEN KLAU-SUREN NÄCHSTE WOCHE ...
... KÖNN-TE ES BRENZLIG FÜR DICH WERDEN, ODER?
ZUCK

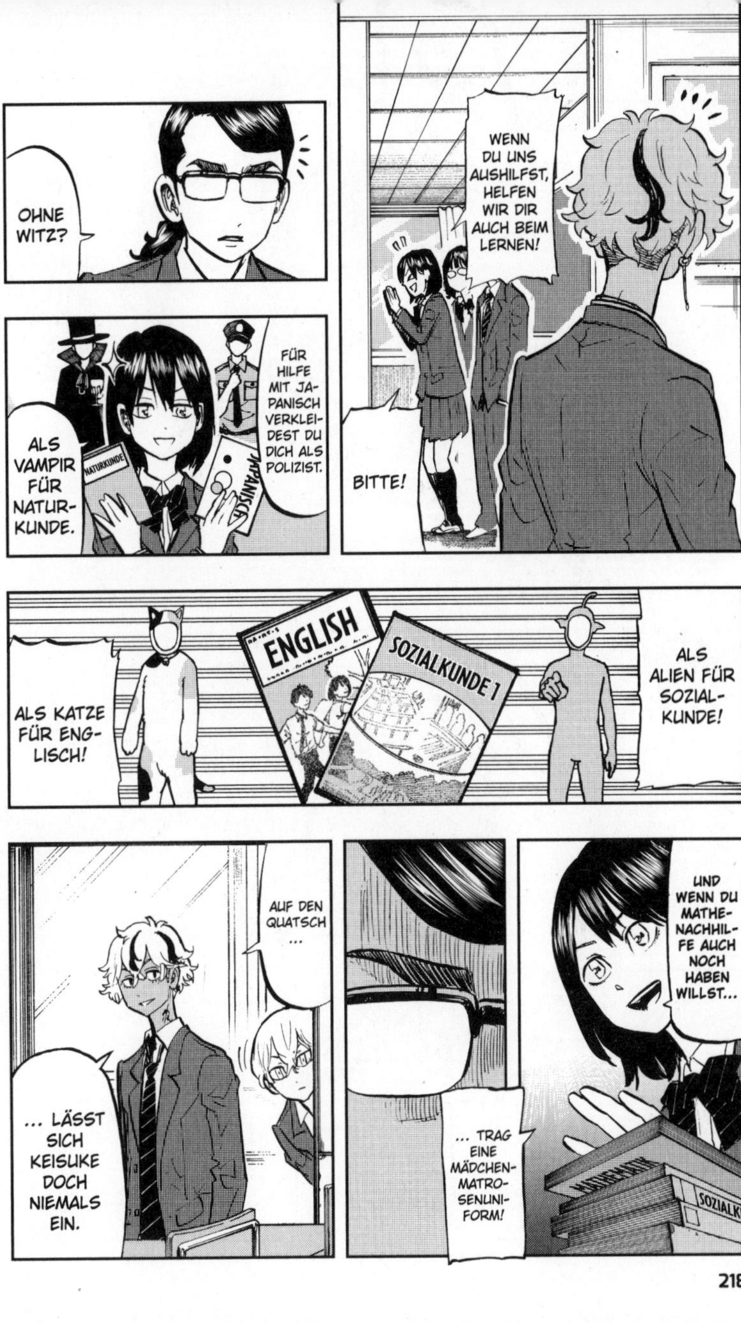
WENN DU UNS AUSHILFST, HELFEN WIR DIR AUCH BEIM LERNEN!
BITTE!
OHNE WITZ?
FÜR HILFE MIT JAPANISCH VERKLEIDEST DU DICH ALS POLIZIST.
ALS VAMPIR FÜR NATURKUNDE.
NATURKUNDE
JAPANISCH
ALS ALIEN FÜR SOZIALKUNDE!
SOZIALKUNDE 1
ENGLISH
ALS KATZE FÜR ENGLISCH!
UND WENN DU MATHENACHHILFE AUCH NOCH HABEN WILLST...
... TRAG EINE MÄDCHENMATROSENUNIFORM!
MATHEMATIK
SOZIALKU
AUF DEN QUATSCH ...
... LÄSST SICH KEISUKE DOCH NIEMALS EIN.

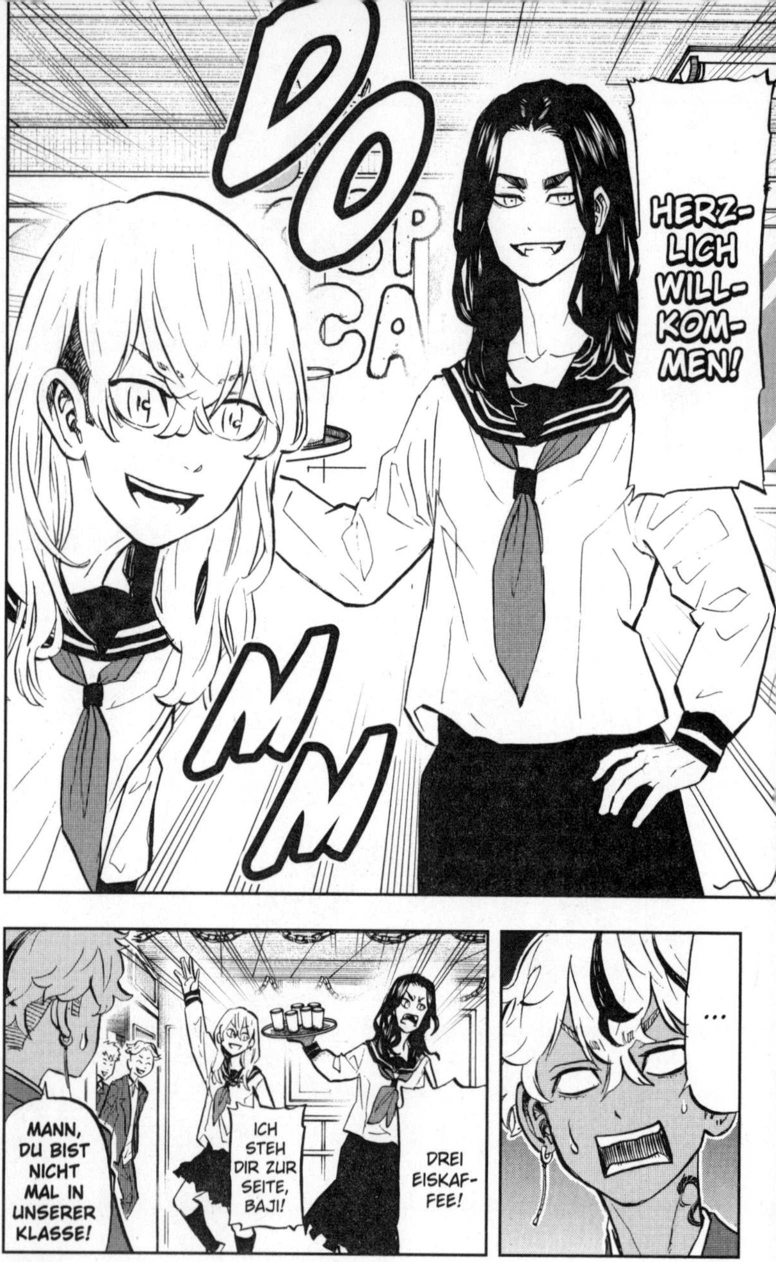
HERZLICH WILLKOMMEN!
...
DREI EISKAFFEE!
ICH STEH DIR ZUR SEITE, BAJI!
MANN, DU BIST NICHT MAL IN UNSERER KLASSE!

Ende

VON KEN WAKUI PERSÖNLICH!

DIE ENTWURFSZEICHNUNGEN ZUM CHARAKTER RYUSEI!

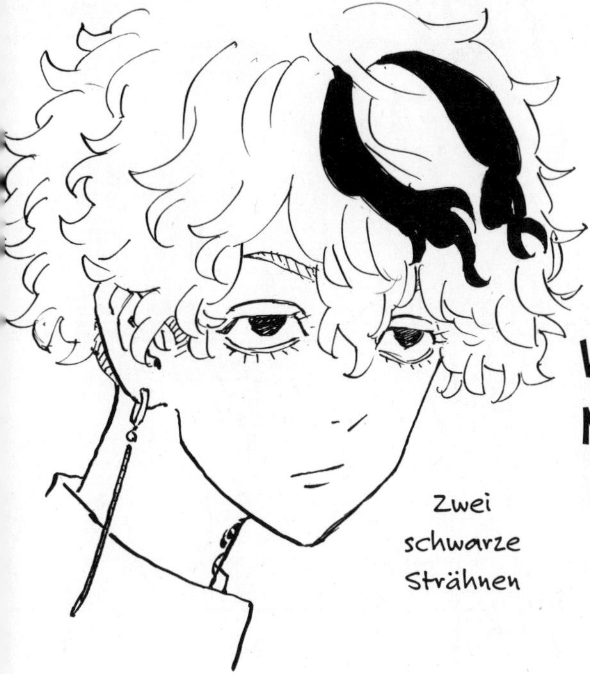

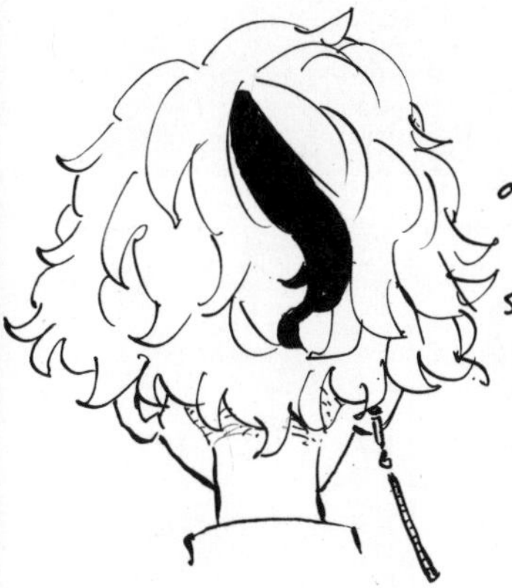

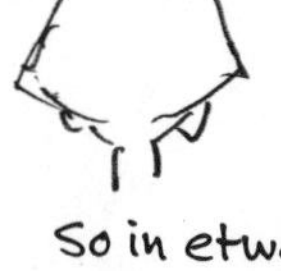

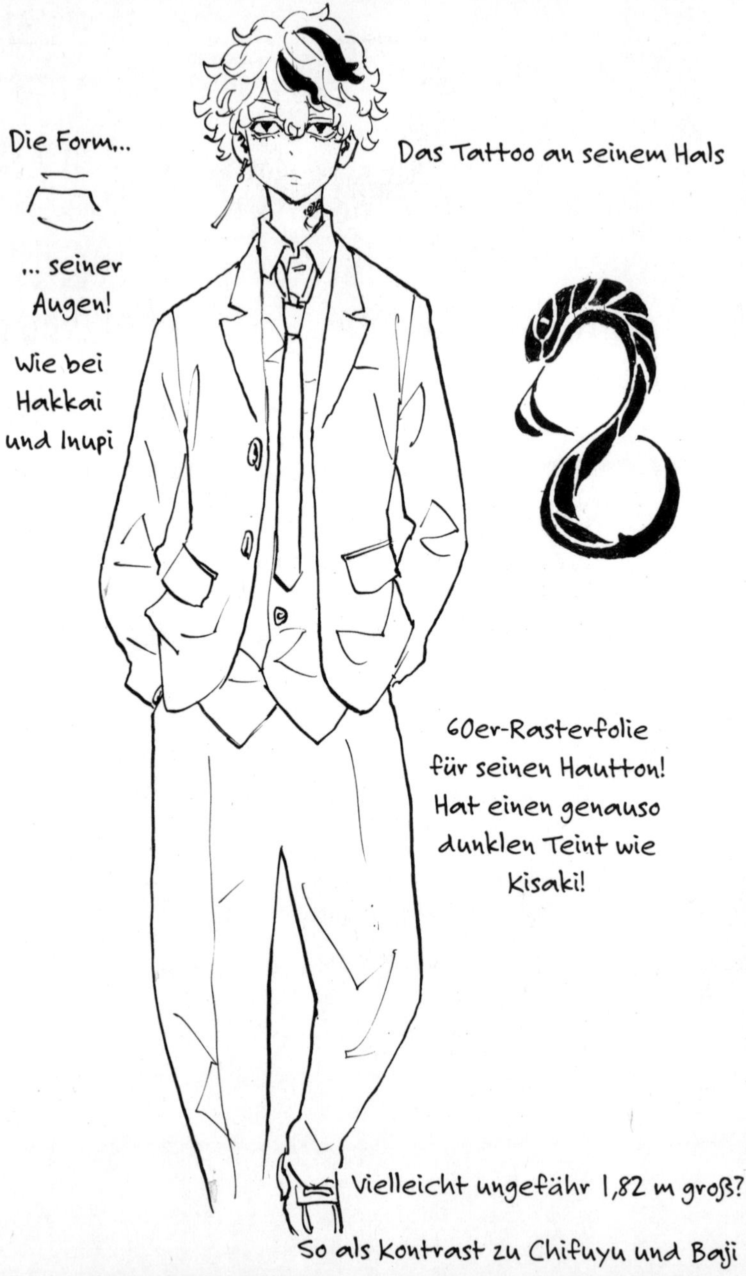
Die Form...
... seiner Augen!
Wie bei Hakkai und Inupi
Das Tattoo an seinem Hals
60er-Rasterfolie für seinen Hautton! Hat einen genauso dunklen Teint wie Kisaki!
Vielleicht ungefähr 1,82 m groß?
So als Kontrast zu Chifuyu und Baji

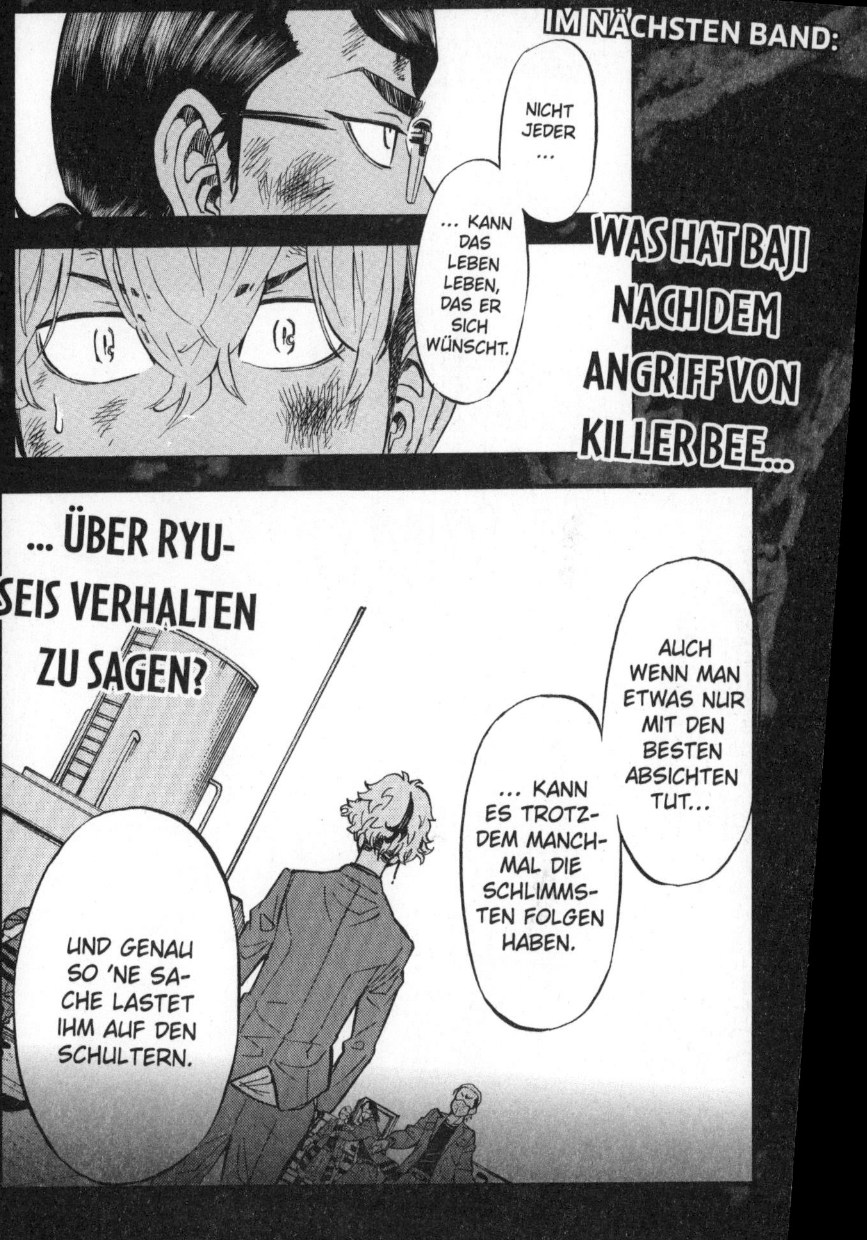
IM NÄCHSTEN BAND:
NICHT JEDER ...
... KANN DAS LEBEN LEBEN, DAS ER SICH WÜNSCHT.
WAS HAT BAJI NACH DEM ANGRIFF VON KILLER BEE...
... ÜBER RYUSEIS VERHALTEN ZU SAGEN?
AUCH WENN MAN ETWAS NUR MIT DEN BESTEN ABSICHTEN TUT...
... KANN ES TROTZDEM MANCHMAL DIE SCHLIMMSTEN FOLGEN HABEN.
UND GENAU SO 'NE SACHE LASTET IHM AUF DEN SCHULTERN.

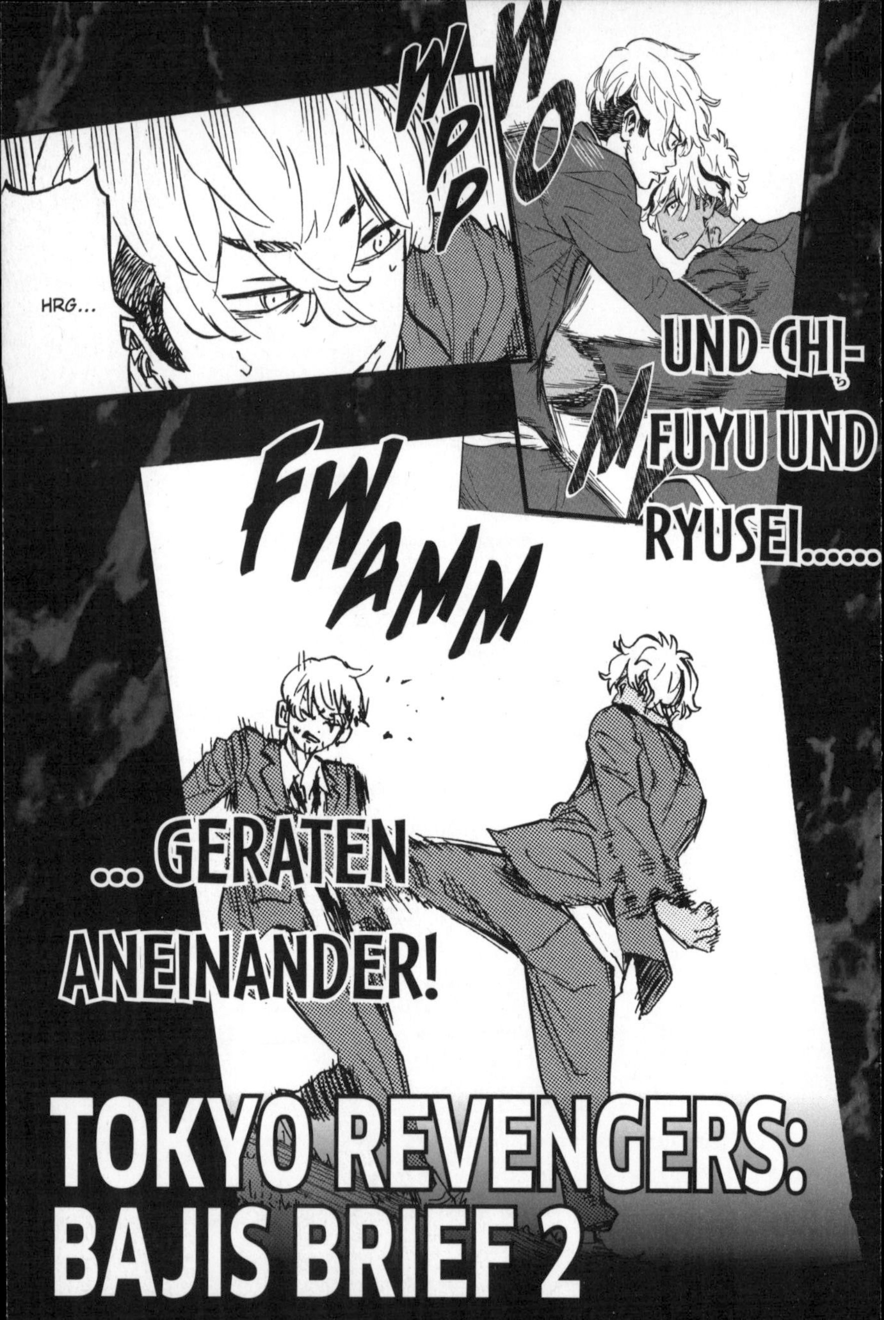
WOOM
WHPP
HRG...
UND CHI-FUYU UND RYUSEI......
FWAMM
... GERATEN ANEINANDER!
TOKYO REVENGERS: BAJIS BRIEF 2

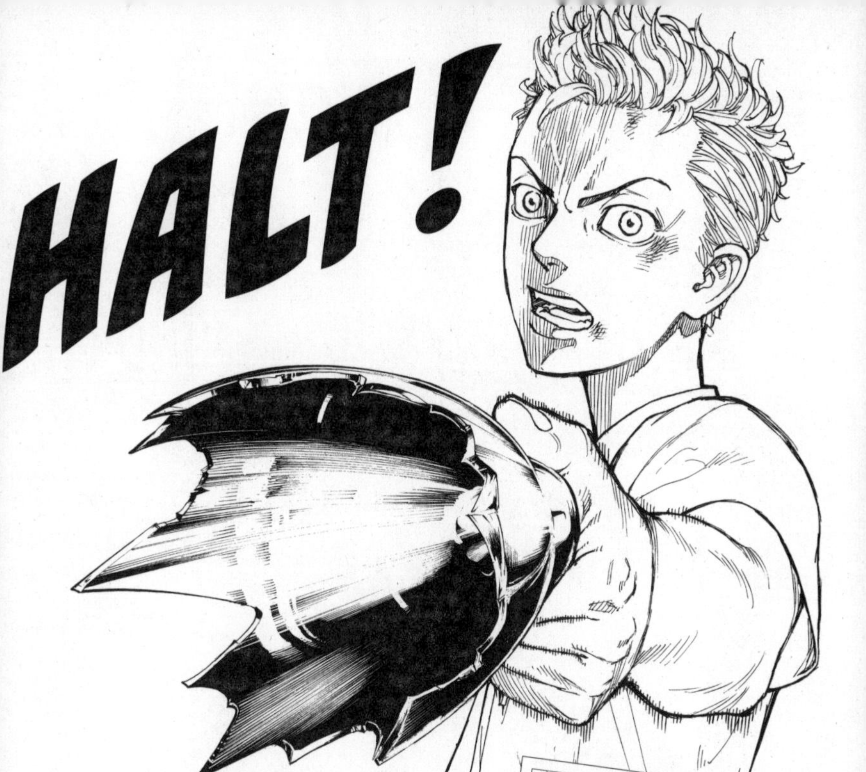

»TOKYO REVENGERS« ist eine japanische Serie, und in Japan wird von »hinten« nach »vorn« und von rechts nach links gelesen. Weil wir bei Carlsen Manga so originalgetreu wie möglich übernehmen, erscheint auch »TOKYO REVENGERS« auf Deutsch in der ursprünglichen Leserichtung.
Man muss diesen Manga also »hinten« aufschlagen und Seite für Seite nach »vorn« weiterblättern. Auch die Bilder auf jeder Seite und die Sprechblasen innerhalb der Bilder werden von rechts oben nach links unten gelesen, so wie in der Grafik gezeigt.
Das ist gar nicht so schwer.
Viel Spaß mit »TOKYO REVENGERS«!

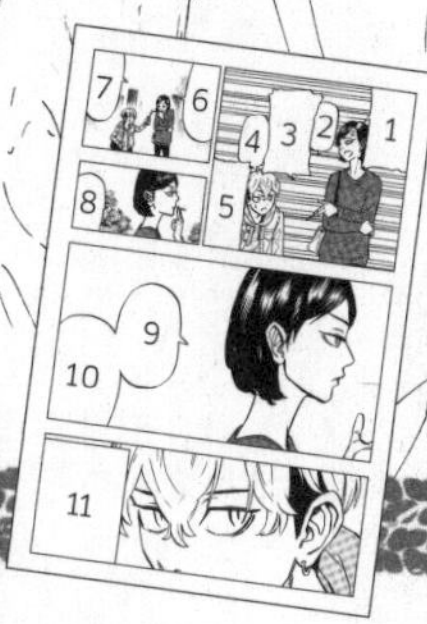

CARLSEN MANGA
Deutsche Ausgabe/German Edition

Aus dem Japanischen von Martin Bachernegg

First published in Japan in 2022 by Kodansha Ltd., Tokyo
Publication rights for this German edition arranged through Kodansha Ltd., Tokyo.
Redaktion: Britta Hellwig · Herstellung: Tobias Hametner

ISBN: 978-3-551-80039-8

Wir produzieren nachhaltig
- Klimaneutrales Produkt
- Papiere aus nachhaltigen und kontrollierten Quellen
- Hergestellt in Europa

FSC www.fsc.org
MIX
Papier | Fördert gute Waldnutzung
FSC® C083411